国家出版基金项目
NATIONAL PUBLICATION FOUNDATION

"十三五"国家重点出版物出版规划项目

中国城市地理丛书

9

中国城市问题

高晓路 等／著

科学出版社
北京

内 容 简 介

本书以1978年改革开放以来中国城镇化和社会经济转型为时代背景，从城市地理学视角探讨了40多年来中国现代城市社会发展中的主要问题，阐明了城市问题的普遍性和客观性，提出以问题为导向、在发展中解决问题的观点。全书共10章，第一章阐述了以集聚为本质的现代城市的特点，从多阶段共存和时空压缩、生产力水平制约、区域差异、制度体制改革和社会转型等方面剖析了中国城市问题的特殊性。第二章回顾了中国城市不同发展阶段的主要问题，分析了城市问题的类型。第三章至第九章以流动人口、资源短缺、城市住房、城市贫困、城市交通、城市环境和公共安全等具有普遍性和紧迫性的七个城市问题为主线分别展开，并通过案例研究提出了一些解决思路。第十章讨论了中国城市规划和管理方面的短板，借鉴西方国家的经验，论述了国际上近年来解决城市问题的理念和实践活动，并对中国城市问题的未来进行了展望。

本书可作为城市地理、城市规划专业研究者的参考资料，也可供城市地理、城市规划专业研究生、关心城市发展问题的普通大众阅读。

审图号：GS（2020）5096号

图书在版编目（CIP）数据

中国城市问题／高晓路等著. —北京：科学出版社，2021.1
（中国城市地理丛书）
“十三五”国家重点出版物出版规划项目　国家出版基金项目
ISBN 978-7-03-066431-0

Ⅰ. ①中…　Ⅱ. ①高…　Ⅲ. ①城市社会学-研究-中国　Ⅳ. ①C912.81

中国版本图书馆CIP数据核字（2020）第201094号

责任编辑：杨　红／责任校对：何艳萍
责任印制：肖　兴／封面设计：黄华斌

科学出版社 出版
北京东黄城根北街16号
邮政编码：100717
http://www.sciencep.com

北京九天鸿城印刷有限责任公司 印刷

科学出版社发行　各地新华书店经销

*

2021年1月第　一　版　开本：787×1092　1/16
2021年1月第一次印刷　印张：20 3/4
字数：480 000

定价：208.00元

（如有印装质量问题，我社负责调换）

“中国城市地理丛书”
编辑委员会

丛书序一

中国进入城市化时代，城市已成为社会经济发展的策源地和主战场。改革开放 40 多年来，城市地理学作为中国地理学的新兴分支学科，从无到有、从弱到强，学术影响力从国内到国际，相关的城市研究成果记录了这几十年来中国城市发展、城市化进程、社会发展和经济增长的点点滴滴，城市地理学科的成长壮大也见证了中国改革开放以来科学技术迅速发展的概貌。欣闻科学出版社获得 2018 年度国家出版基金全额资助出版"中国城市地理丛书"，这是继"中国自然地理丛书""中国人文地理丛书""中国自然地理系列专著"之后，科学出版社推出的又一套地理学大型丛书，反映了改革开放以来中国人文地理学和城市地理学的重要进展和方向，是中国地理学事业发展的重要事件。

城市地理学，主要研究城市形成、发展、空间演化的基本规律。20 世纪 60 年代，随着系统科学和数量地理的引入，西方发达国家城市地理学进入兴盛时期，著名的中心地理论、城市化、城市社会极化等理论推动了人文地理学的社会转型和文化转型研究。中国城市历史悠久，但因长期处在农耕社会，发展缓慢，直到 1978 年以后的改革开放带动的经济持续高速发展才使其进入快速发展时期。经过 40 多年的发展，中国的城镇化水平从 16%提升到 60.6%，城市数量也从 220 个左右增长到 672 个，小城镇更是从 3000 多个增加到 12000 个左右，经济特区、经济技术开发区、高新技术开发区和新城新区这些新生事物，都为中国城市地理工作者提供了广阔的研究空间和研究素材，社会主义城市化、城镇体系、城市群、都市圈、城市社会区等研究，既为国家经济社会发展提供了研究成果和科技支撑，也在国际地理学界标贴了中国城市地理研究的特色和印记。可以说，中国城市地理学，应国家改革开放而生，随国家繁荣富强而壮，成为中国地理学最重要的研究领域之一。

科学出版社本期出版的“中国城市地理丛书”第一辑共9册，分别是：《中国城市地理基础》（张小雷等）、《中国城镇化》（顾朝林）、《中国新城》（周春山）、《中国村镇》（张小林等）、《中国城市空间结构》（柴彦威等）、《中国城市经济空间》（孙斌栋等）、《中国城市社会空间》（李志刚等）、《中国城市生活空间》（冯健等）和《中国城市问题》（高晓路等）。从编写队伍可以看出，“中国城市地理丛书”各分册作者都是中国改革开放以来培养的城市地理学家，在相关的研究领域均做出了国内外城市地理学界公认的成绩，是中国城市地理学研究队伍的中坚力量；从“中国城市地理丛书”选题看，既包括了国家层面的城市地理研究，也涵盖了城市分部门的专业研究，可以说反映了城市地理学者最近相关研究的最好成果；从“中国城市地理丛书”组织和出版看，也是科学性、系统性、可读性、创新性的有机融合。

值此新中国成立70周年之际，出版“中国城市地理丛书”可喜可贺！是为序。

傅伯杰

中国科学院院士
原中国地理学会理事长
国际地理联合会（IGU）副主席
2019年8月

丛书序二

城市是人类文明发展的高度结晶和传承的载体，是经济社会发展的中心。城市是一种人地关系地域综合体，是人流、物流、能量流高度交融和相互作用的场所。城市是地理科学研究的永恒主题和重要方向。城镇化的发展一如既往，将是中国未来20年经济社会发展的重要引擎。

改革开放以来，中国城市地理学者积极参与国家经济和社会发展的研究工作，开展了城镇化、城镇体系、城市空间结构、开发区和城市经济区的研究，在国际和国内发表了一系列高水平学术论文，城市地理学科也从无到有到强，迅速发展壮大起来。然而，进入21世纪以来，尤其自2008年世界金融危机以来，中国经济发展进入新常态，但资源、环境、生态、社会的压力却与日俱增，迫切需要中国城市地理学者加快总结城市地理研究的成果，响应新时代背景下的国家战略需求，特别是国家推进新型城镇化进程的巨大科学需求。因此，出版“中国城市地理丛书”对当下城镇化进程具有重要科学价值，对推动国家经济社会持续健康发展，具有重大的理论意义和现实应用价值。

丛书主编顾朝林教授是中国人文地理学的第一位国家杰出青年基金获得者、首届中国科学院青年科学家奖获得者，是世界知名的地理学家和中国城市地理研究的学术带头人。顾朝林教授曾经主持翻译的《城市化》被评为优秀引进版图书，并被指定为干部读物，销售30000多册。参与该丛书的柴彦威、方创琳、周春山等教授也都是中国知名的城市地理研究学者。因此，该丛书作者阵容强大，可保障该丛书将是一套高质量、高水平的著作。

该丛书均基于各分册作者团队有代表性的科研成果凝练而成，此次推出的 9 个分册自成体系，覆盖了城市地理研究的关键科学问题，并与中国的实际需要相契合，具有很高的科学性、原创性、可读性。

相信该丛书的出版必将会对中国城市地理研究，乃至世界城市地理研究产生重大影响。

中国科学院院士

2019 年 10 月

丛书前言

中国是世界上城市形成和发展历史最久、数量最多、发育水平最高的国家之一。中国城市作为国家政治、经济、社会、环境的空间载体，也成为东方人类社会制度、世界观、价值观彰显的璀璨文化明珠，尤其是1978年以来的改革开放给中国城市发展注入了无尽的活力，中国城市也作为中国经济发展的"发动机"引导和推动着经济、社会、科技、文化等不断向前发展，特别是2015年以来党中央、国务院推进"一带一路（国家级顶层合作倡议）"、"京津冀协调发展"、"长江经济带和长江三角洲区域一体化"和"京津冀城市群"、"粤港澳大湾区"等建设，中国城市发展的影响力开始走向世界，也衍生为成就"中国梦"的华丽篇章。

城市地理学长期以来是中国城市研究的主体学科，城市地理学者尽管人数不多，但一直都在中国城市研究的学科前沿，尤其是改革开放以来，在宋家泰、严重敏、杨吾扬、许学强等城市地理学家的带领下，不断向中国城市研究的深度和广度进军，为国家经济发展和城市建设贡献了巨大的力量，得到了国际同行专家的羡慕和赞誉，成为名副其实"将研究成果写在中国大地"蓬勃发展、欣欣向荣的基础应用学科。

2012年党的十八大提出全面建成小康社会的奋斗目标，将城镇化作为国家发展的新战略，中国已经开始进入从农业大国向城市化、工业化、现代化国家转型发展的新阶段。2019年中国城镇化水平达到了60.6%，这也就是说中国已经有超过一半的人口到城市居住。本丛书本着总结过去、面向未来的学科发展指导思想，以"科学性、系统性、可读性、创新性"为宗旨，面对需要解决的中国城市发展需求和城市发展问题，荟萃全国最优秀的城市地理学者结集出版“中国城市地理丛书”，第一期推出《中国城市地理基础》、《中国城镇化》、《中国新城》、《中国村镇》、《中国城市空间结构》、《中国城市经济空间》、《中国城市社会空间》、《中国城市生活空间》和《中国城市问题》共 9 册。

“中国城市地理丛书”是中国地理学会和科学出版社联合推出继“中国自然地理丛书”（共 13 册）、“中国人文地理丛书”（共 13 册）、“中国自然地理系列专著”（共 10 册）之后中国地理学研究的第四套大型丛书，得到傅伯杰院士、周成虎院士的鼎力支持，科学出版社李锋总编辑、彭斌总经理也对丛书组织和出版工作给予大力支持，朱海燕分社长为丛书组织、编写和编辑倾注了大量心血，赵峰分社长协调丛书编辑组落实具体出版工作，特此鸣谢。

“中国城市地理丛书”编辑委员会

2020 年 8 月于北京

前言

“城市问题”是个“大得不得了”的题目。打开任何一本书、一个资讯网站、一篇文章，似乎都可以看到城市问题。与其对它的概念做一个准确定义，不如说它只是城市社会发展过程中各种矛盾的概称。人类生活的城市就好比一个生命有机体，如果阴阳五行失调，就会表现出各种各样的症状，也就是所谓的“城市病”；而“辨证论治”的过程，就是分析和解决城市问题的过程。

近代工业革命以来，生产方式的巨大变革带来人类生产生活组织方式的革命性变化，使城市逐渐成为世界上大部分人口生活的家园。在1800年以前，全世界生活在城镇的人口只有大约3%，到1900年，生活在城镇的人口增加到14%，如今已经有超过55%的人口、约42亿人居住在城镇地区，城市成为我们星球上最令人瞩目的人工景观。2014年7月联合国发布的《世界城镇化展望》预计，到2050年全世界的城镇人口将再增加25亿，其中绝大部分都集中在亚洲和非洲。随着资本主义世界工业革命的兴起，工业技术和大机器生产的浪潮也波及中国，民族资本主义开始兴起。1840年鸦片战争爆发后，外国资本趁势大举入侵中国，大大刺激了城市商品经济的发展，同时传统乡村经济的解体为城镇提供了劳动力。根据美国学者斯金纳的研究，1843年中国城镇人口（不含边远地区）2070万，占总人口的比例约为5.1%。1949年新中国成立之初，城镇人口比例仅为10.6%，1978年达到7.9%。自此，中国进入迅速而大规模的城镇化发展新阶段，1990年城镇人口比例提高至26.4%，2020年提高至36.2%。

生活在这一新时期的人们，在享受城市发展带来的福利和现代物质文明的同时，开始遭遇种种新的问题和挑战，即所谓的“城市问题”，最典型的包括环境污染、住房紧张、交通堵塞、能源短缺、贫富分化、安全和健康隐患增加，等等。传统意义上的城市问题主要表现在贫穷和社会排斥、住房短缺、市政公共服务设施欠账、公共卫生条件恶劣等方面，当时人们对如何组织和管理城市尚缺乏必要的知识。欧洲和美国城市制定公共卫生法案、改造市政基础设施、制定住房标准、大力建设郊区住宅就是为应对这些问题而采取的普遍措施。

随着现代城市社会的发展，城市问题的外延不断扩展，所涵盖的内容更加广泛，涉及人口、交通、资源、环境、安全、健康、文化、社会管理等方方面面。造成现代城市问题的原因与早期相比也发生了很大变化，它们大多是与人口和经济的过量集聚相关，因而传统的一些就事论事的策略往往很难奏效。有位日本教授曾经做过一个有趣的实验来解释城市里的交通拥堵：让小汽车排成一排顺着一个大圆圈行驶，当小汽车不太多时，只要每辆车都遵守规则，很少会发生速度减慢的情况；可是当小汽车多到一定的数量时，系统无法确保每辆车的速度，拥堵自然而然就发生了。所以结论是，当车辆达到一定密度时，拥堵几乎是必然现象，任何工程技术措施已经无能为力。这个启示完全可以用到许多其他城市现象上，当众多个案集聚而形成复合效应时，其发生的机制便完全难以再用个案来解释了。

事实上，现代城市问题往往涉及众多维度和要素，是一个异常复杂的巨系统。在快速城镇化和社会经济制度转型的背景下，中国城市出现了各种各样的矛盾和问题，如特大城市地区人口和产业过度集聚导致的大城市病，环境污染，水资源、能源和矿产资源枯竭，城市内部的社会极化与社区分异，等等。与西方国家相比，这些城市问题既有共性又具有许多的特殊性。除了特定的地理环境和资源禀赋条件，绝大部分问题还与中国的社会、经济、文化背景、特殊的制度设计和转型背景有着高度关联，在这个过程中，许多城市问题的发生具有必然性和发展性。正因为如此，西方国家的经验借鉴是有限的，对于任何一个具体问题的分析都需要结合本土条件做深入细致的研究。

当我们回顾世界城市发展史时，就会发现，城市问题的产生纵贯工业化、城镇化的整个过程。在 200 多年的人类近现代文明史上，正是对不同时期各种城市问题的发生原因的探寻和针对问题的应对和自我调适，才成就了各个国家和地区、各个不同历史时期的城市规划、建设和管理政策，从 20 世纪初期的田园城市和新城建设，到城市美化运动、城市更新、区域主义、新城市主义、精明增长，到今天的智慧城市、弹性城市，以及更加广泛意义上的城市管治。可见，城市问题从来都不是静止的、孤立的。城市问题是发展中的问题，它们必定要在发展中得到解决。

当中国经历了 40 多年的城镇化而达到今天的发展水平时，社会经济形势与 20 世纪 80 年代以前相比已经发生了很大的变化，而且这几十年中也积累了相当多的经验和教训，有必要加以总结和反思。特别是对快速城镇化和转型发展中一些具有普遍意义的突出问题，如流动人口问题、住房问题、交通问题、环境问题，中央政府和各地采取过许多应对策略。这些问题产生的原因，它们的影响，以及如何应对，一直是城市地理学者关心的热点。

虽然人们在实践中对城市问题的理解在不断深入，但是对许多已往的问题和未来的风险，至今我们仍经常困惑，感到已有认识仍然肤浅，更谈不上拥有充足的知识储备。因此，一方面，我们需要很好地总结过往的经验教训，找到其中的规律；另一方面，还要以前瞻性视野，不断地面向新问题，寻找新答案。

本书是“中国城市地理丛书”分册之一。与丛书中的其他分册相比，这本书的不同章节涉及人口、资源、环境、交通、住房、贫困、安全等多个主题，综合性较强。我本人的研究领域虽说是城市地理，但是一直是在从事城市发展和规划政策领域的研究。20世纪90年代初，当我还是一名研究生时，导师吴良镛先生在《广义建筑学》中提出研究型规划设计和“以问题为导向”的研究方法，对我产生了很深的影响。多年来，我所在研究团队的许多工作，都是在形形色色的城市问题的导向下开展的，涉及的主题自然也比较宽泛一些。所以，当丛书主编顾朝林教授问我是否愿意接受邀请编写这本书时，我便欣然接受了。在全书的组织和章节安排上，不但针对特定的城市问题做一些研究综述和观点、理论的分析，而且在中间的几章里也把我们研究组多年来在各类问题的探讨中积累的学术研究成果作为案例加以展示，以期借此机会和更多的专业人士和广大读者进行交流。这些研究案例很多是以北京为研究区。北京是一个超大城市，也是中国的首都，它所面临的矛盾和问题与其他地方肯定是有区别的，不过本书展现的问题在现代城市中具有相当的普遍性，同时通过研究案例重在展示分析和解决城市问题的科学思路和可行的方法，这些内容并不因为城市的不同有那么大的差异。希望读者见仁见智，只要能于其中获得些许启示，我们就很满足了。

城市地理学的视角和方法对城市问题研究十分重要，也是不可缺少的。作为一个学过城市规划而且多年从事城市地理学研究的人，我对此深有体会。例如，运用地理学的“格局—过程—机理”的分析思路，把时间和空间差异性导入城市问题的分析中，可以有力地拓展我们对城市问题的认识深度。另外，以实际问题为引导，深入地刻画地理现象，追寻和阐释其中的原因，并对不同规划和政策的效果进行分析预测，使得城市地理学的研究拥有了深厚的人文社会背景和明确的应用出口，可以极大地提升研究的理论价值和实际意义。

我们希望通过对中国城市问题的特点、产生的原因及其特殊性和复杂性的剖析，阐述城市问题发生和演化的规律，并通过地理学视角的研究和研究案例的介绍，提出破解城市问题的思路，从而帮助读者树立对城市问题的客观认识，思考解决之策。

这本书的写作得到了丛书编委会，特别是丛书主编顾朝林教授、副主编周春山教授的倾力指导，从章节内容的编排、提纲审定、观点提炼、资料推荐、图件编制，乃至写作风格的确定等，都给予了极大的帮助，顾老师亲自审定内容和提纲，周老师仔细审读各章书稿和图表，提出了许多意见和建议。由于他们在写作过程中的不断督促和指导，本书编写工作才得以如期完成。本书的写作得到了研究组以及研究合作者的大力支持。有的老师和同学远在国外和外地，有的已经毕业走上新的工作岗位，对于他们在教学、科研、工作之余不遗余力的帮助，我深表感谢。除了各章作者，还非常感谢中国科学院地理科学与资源研究所博士研究生吴丹贤、张歆越对全书各个章节进行的细致整理和编辑修改，从接手这项工作之初，她们就对各章内容进行了仔细的审读，并多方查阅文献，提出了大量建设性的调整意见。此外，在写作和出版过程中科学出版社资环分社社长朱海燕及负责丛书出版的杨红、杨帅英、丁传标编辑给予了大力支持和帮助，不但对本书的写作和编辑、出版提出了大量宝贵建议，而且提供了许多相关的参考信息，对我们大有裨益。

本书各章的编写分工如下：第一章由高晓路、甄茂成撰写；第二章由甄茂成、高晓路、颜秉秋撰写；第三章由许泽宁、高晓路撰写；第四章由吴丹贤、王芳、高晓路撰写；第五章由高晓路撰写；第六章由颜秉秋、高晓路撰写；第七章由季珏、吴丹贤撰写；第八章由高晓路、甄茂成、马妍撰写；第九章由袁海红、高晓路撰写；第十章由许泽宁撰写。高晓路负责全书统稿定稿。

从2015年我们即开始写书的准备，断断续续写了几年，在写作和修改过程中不断有新的城市问题和新的困惑出现，在本书即将付梓之际，仍然不断发现已有思想的不完备。与此同时，这几年正是我国全面建成小康社会的决胜期，也是全面深化改革和转变经济发展方式的关键时期，社会经济形势和外部环境发生了极大变化，城市政策也多有调整，此时全球正经历新冠肺炎疫情的袭击，未来发展格局的动荡和不确定性增大。现在看来，书中一些数据和观点没能更新，这不免有些遗憾。我想，可能城市问题本来就是一个需要不断思考和探索的课题，希望我们对上一个阶段认识的总结，能够成为下一个阶段探索的开端。

高晓路

2020年8月于北京

目　　录

第二章 中国城市问题的类型

第三章 城市流动人口问题

第四章　城市资源短缺问题

第五章 城市住房问题

第六章 城市贫困问题

第八章　城市环境问题

第九章　城市公共安全问题

第十章 城市规划管理和主题城市建设

参考文献

索引

第一章 中国城市问题的特点及其特殊性

中国是世界人口第一大国，又在很短的时间内经历了西方发达国家较长历史时期内发生的城镇化历程，因而城镇化进程中的大量矛盾和问题被压缩在一起，并在快速发展的城市中反映出来，表现出“多阶段共存”和“时空压缩”的特点。与此同时，中国城市发展中遇到的不少问题与经济社会制度变革所带来的深层次矛盾相互纠结，因此有些问题很难一下子解决。这些特点使得当今中国的城市问题格外尖锐和复杂，在思考中国城市问题的解决之策时，特别要理解和把握中国城镇化和社会经济转型的特点及其特殊性。

在这一章，我们首先从城市问题的概念、阶段性和表现入手，介绍中国城市问题的主要特征。然后，从时空压缩、体制建设、生产力水平、社会转型等不同角度剖析中国城市问题的特殊性和复杂性。最后，从普遍性、客观性、变化性等方面来阐述怎样正确认识和对待城市问题，这将为后面几章中分析和探讨中国城市问题的解决方案或对策提供一个基本认识。

第一节 我们面临的城市问题

一、现代城市的本质

近现代以来，人类的聚居方式随着工业化和城镇化的进程发生了重大变化，由此造就了现代城市的发展和繁荣。工业文明时代，生产力的驱动逐渐由传统的劳动密集型生产转向集群的机械化生产和创新，这直接导致了城市作为区域经济中心而形成、发展和壮大。那么，人们为什么会离开祖祖辈辈生活的乡村，来到生活成本高昂、环境拥挤、甚至人际关系有些冷漠的城市？诚然，其中有城乡收入差距和寻求城市生活便利的因素，但本质原因是什么？

在经济学教科书中，城市的存在被解释为多种原因综合作用的结果，其中最重要的原因有：不可移动性生产要素的集中、生产的规模效益、集聚的经济性和公共服务配置的效率。

第一，城市的存在是因为存在不能移动的生产要素，如矿藏、能源和自然资源，这些现代工业发展不可或缺的资源只集中在特定地方，因此生产、生活和交通的组织只能围绕这些地点进行。举例来说，矿山开采会衍生出很多与之配套的生产和服务需要，如冶炼、电力、机械、修理、交通运输，以及为生产者及其家庭提供生活服务的住宅、餐饮、商业、邮政、教育、卫生等，于是工矿居民点逐渐发展为城市。工矿型城市的产生主要是这个原因。西方的新古典主义城市经济模型强调，工矿型城市的合理规模由生产要素的资源属性所决定，所以它们也被称作资源型城市。

第二个主要原因是生产的规模效应。规模效应普遍存在于各种生产活动中。生产达到一定规模时，可以更好地共用设备、厂房、工人、技术和管理，大大降低单位产品的生产成本。生产的规模效应对一些专业化城市的作用特别明显，如长春汽车城、义乌小商品城便是典型例子。

第三，城市的不断扩张和发展还缘于集聚所产生的巨大经济效益。这对现代大城市的发展特别重要。Mills 和 Hamilton（1994）从三个方面阐述了集聚的经济效益：①集聚规模的增长使统计学的"大数定律"发生了作用。通俗来说，单个企业或行业很容易受到季节性因素、宏观经济运行环境和其他偶然因素的影响；但是许多企业集聚在一起时，以上制约就会得到有效抑制，当然，前提是企业或产业相互之间具有较强的独立性。其结果显而易见，城市的产业体系和市场稳定性得到了更好的保证。②城市规模越大，人力资源结构的互补性越好，拥有大量人口和不同行业的大城市更具这样的优势。有人以为，城市青壮年劳动力和高层次人才越多越好，不需要低层次人口。但实际上，生产性行业的人口与非生产性服务业的人口一定要保持合理比例，且人口的性别比和年龄比也必须保持协调，城市才能维持平衡和活力。服务性人口与生产性人口之比称作"带眷系数"，利用生产性人口的规模和带眷系数来估算总人口是推算城市人口规模的重要方法之一。③集聚会产生大量交流，进而从思想、行为、物质和活动的交流中诞生大量创新性活动、创新性产品和创新性技术（Jacobs，1969）。所以，科技创新和文化创意等活动在城市特别是大城市里的发展远胜于小城镇和乡村。金融业、广告业、时尚业、甚或高楼大厦的清洁业，有无数专属于大城市的例子可以支撑这个观点。随着信息化的发展，城市不但没有因为信息技术的渗入而变小或消失，反而由于创新性行业的不断出现而继续成长，这也是明证。除了 Mills 和 Hamilton (1994）的三个解释，对现代城市来说另一个十分重要的认识是，空间上的接近会带来上下游产业链的聚合。透过人们生活的城市，我们可以看到，通过交通运输、通信、产品交易和面对面的交流，上下游产业围绕城市日益紧密地联结为一个整体。

现代城市发展和繁荣的第四个原因是，城市通过集聚可以为居民提供更有效的公共服务。1933 年，德国地理学家克里斯塔勒（Christaller）在《德国南部的中心地》中，提出了一个对后世产生广泛影响的学说——"中心地理论"（Center Place Theory）。他通过观察德国南部大小城市和城镇的等级序列以及分析它们的职能结构，发现在一定区域内，城镇（就是为周边地区服务的中心地）的等级、规模和空间结构是有规律的；不同级别的中心地以三角形、四边形或六边形结构相互联结时，可以取得各级中心地服务效率的最优和空间结构的均衡（汉森，2009）。中心地理论还提出了主导中心地空间布局的三个原则：交通原则、行政原则和市场原则。克里斯塔勒认为，在交通距离和成本限制小、城镇发育充分的地区，中心地主要依照市场原则布局；在沿交通线拓展的地区，交通原则对中心地结构的形成起到较大作用；在地理环境受限或比较封闭的地区，中心地主要依照行政原则布局。中心地理论告诉我们，与分散布局相比，将高等级的公共服务设施放置在高等级的中心地城市，有利于为整个地区提供更加高效的服务。

全球城市和世界城市的发展，主要是高水平国际性行业的集聚过程（张敦富，1999），普通城市之所以比农村地区发展更快，成为地域的中心，也是因为其具有良好的集聚效应。城市集聚主要表现为六种功能的极化：①工业生产集聚。②劳动力集聚。③金融资本集聚。④商贸物流集聚。⑤人才、技术、信息的集聚。⑥决策功能集聚（姚士谋等，2006）。两个世纪以来世界城镇化的历史经验表明，人口和产业在城市的空间集聚强化了技术、知识、信息传递和人力资本贡献等方面的溢出效应，相同和相关产业通过共享基础设施、信息、劳动力市场等方式显著提高了生产效率，对城市的依附作用越来越强。

由此可见，现代城市最本质的特征就是各种要素的空间集聚。既然我们认可城市存在的价值，承认城市吸引自然资源、人口、设备、技术、服务等要素的合理性，那么这种聚居方式所产生的问题和副作用也就成为我们必须面对的挑战。

二、现代城市过度集聚带来的问题

（一）城市集聚的周期性、规模和限度

很多理论都认为，事物的集聚存在一个适度规模。生态学家阿利（Allee,1938）提出的“阿利氏规律”认为，生物的群聚一方面会增加个体对营养、食物和空间的竞争；另一方面，群聚具有保护自身、发现资源或调节小气候或微环境条件的能力，因此群聚有利于种群的增加和存活。群聚的适度规模随生物种类和环境条件而变化，过疏和过密都会限制生物种群的存活。这个规律似乎同样适用于城市，处于适度状态时，城市发展最好，过度集聚或集聚不足则会抑制城市发展。

1966年，美国经济学家弗农在《产品周期中的国际投资与国际贸易》中提出了产品生命周期理论，认为产品和生物一样拥有生命周期，会先后经历引入期、成长期、成熟期、衰退期等四个不同阶段。弗农从产品生产的技术变化出发，分析了产品生命周期对贸易格局的影响。奥地利经济学家 Tichy（1998）在弗农的理论基础上，提出了区域产业集聚的生命周期理论。他认为，区域产业集聚也会先后经历诞生、成长、成熟和衰退几个阶段。在衰退阶段，集聚会导致规模不经济。日本区域经济学家、新经济学的开拓者藤田昌久提出了集聚周期模型，当一个地方的产业集聚超过平衡点，集聚的负面效应就会超过正面效应，集聚的效益便开始减弱（Fujita，1988）。在城市发展初期，随着人口、产业、资金、技术、创新等要素不断汇集，城市规模扩大，外部要素引进的同时城市内部的要素利用率逐渐提高，单位产出成本下降，于是城市集

聚的效益不断增长。在城市发展阶段，各项基础设施的利用逐渐达到最优水平，城市发展成本降到最低点，属于适度集聚阶段。然而，随着人口、产业等要素的过度集聚，城市各项基础设施超负荷运转，成本快速增加，一旦这种集聚不经济占据主导，城市便会陷入衰退阶段，产业集聚不再具有整体上的优势。

一个城市不可能无限度扩张，如果其规模超过了城市容纳产业和人口的适宜限度，必将导致集聚不经济，产生社会、经济、生态环境等各方面问题。规模经济效应和集聚效益的存在，使城市在尚未达到一定规模之前普遍会有不断集聚和扩大规模的内在冲动。中国城市化进程中，不乏城市规模盲目求大、以大为美的怪象（齐家福等，2012）。对此，不少经济学家和地理学家试图以人均GDP、劳动工资水平、人口密度、就业密度等指标来界定城市集聚的规模和限度，目标就是找到使城市发展处于适度集聚区间的控制标准（张妍云，2005；陈良文和杨开忠，2007；刘修岩，2009）。

（二）过度集聚的问题

第二产业和第三产业的集聚是城市发展的根本动力。制造业和服务业向城市的不断集聚，带来了人口集聚，其结果是城市数量的增加和城市规模的扩大（张松，2011）。与世界城镇化进程相比，中国的城镇化进程起伏较大，不仅受到自身经济发展的左右和外来因素的影响，各个历史时期的政策引导也对城市发展产生了巨大影响。从图1.1可以看出，1949年新中国成立后，国民经济恢复，中国的城镇化发展迅速，但20世纪50年代末，60年代初知识青年“上山下乡”引发城镇化倒退，之后“文化大革命”期间有一段停滞和缓慢恢复的时期。从改革开放开始，特别是进入90年代以后，城镇人口的比例直线上升，1980年、1990年、2000年和2010年，城镇人口比重分别是

图1.1　1950～2018年中国和世界城镇化的轨迹①

① 资料来源：世界银行. http://data. Worldbank.org。

19.40%、26.40%、36.20%和 49.95%。到 2018 年，中国的城镇化水平已经达到 59.58%，略高于世界平均水平（55.27%）。1980 年至今中国城镇化的迅速发展与经济的高速增长基本对应。

城市人口的增长借由城市数量增加和城市规模增加两条路径实现。相对于城市人口的迅速增长，中国城市数量的增加比较有限。1949 年，中国有 132 座城市。改革开放前，国家对建制市的设置十分慎重，考虑到粮食短缺和非农就业岗位不足的限制，除重要行政中心和工矿基地设立城市建制外，新增城市数量很少。改革开放后，国家于 1983 年开启了“撤县设市”，当年就新增县级市 40 个，县级市总数达到 141 个。1984 年城市数量突破 300 座。“撤县设市”顺应了当时经济社会发展的需要，为非农产业和农业转移人口的空间集聚提供了有效载体。以 1986 年国务院批准民政部《关于调整设市标准和市领导县条件的报告》和 1993 年《关于调整设市标准的报告》为依据，1987～1997 年“撤县设市”出现一个“井喷期”。1995 年年底，全国县级市数量达到 427 个，1996 年又新设立县级市 26 个。但同时出现了不少问题：为了设市有的地方不惜在数据上弄虚作假；有的地方开启设市工作以后大量圈占耕地，严重干扰了粮食生产；一些新建城市大搞基本建设，固定资产投资面临失控风险。由于设市后行政地位变化和政策影响提升的预期，设市成为很多地区竞相争取的目标，不顾标准以各种名义申请“撤县设市”的地区越来越多，城市之间恶性竞争加重。

由于这些负面效果，1997 年下半年国家全面冻结了县级市审批。这次冻结长达 20 年之久，期间建制市的设置基本停滞。这就意味着增加的城市人口主要向已经设立的城市及一些经济强镇集聚，造成城市和城镇规模不断扩大①。如浙江温州的龙港镇 2019 年常住人口 38.2 万，经济总量接近 300 亿元，城镇化率达到 63.2%，广东东莞的虎门镇常住人口 63.9 万，经济总量 648 亿元，这么庞大的经济总量和人口规模再按照镇的行政设置进行管理很难适应。2017 年，国家重新完善了设市标准和申请、审批程序。自 2017 年重启撤县设市工作以来，2017 年、2018 年和 2019 年共有 28 个县通过审批成功改市，2019 年特大镇设市工作也开始启动。

1997～2019 年，全国城镇化水平提高了 30.7 个百分点，城镇人口增加了 4.89 亿人，但城市总数仅增加了 4 个，县级市数量减少了 67 个。2018 年年底，全国（不含香港、澳门和台湾）共有 672 个城市，其中直辖市 4 个，地级市 293 个，县级市 375 个。同世界其他国家相比，中国城市总体数量较少，中小城市的设置标准高、数量少。例如，日本现有 661 个建制市，和中国城市总数相近，但百万人口以上的大城市只有 12 个，大多数是中小城市。而我国千万人口以上的超大城市有 6 个，500 万～1000 万和 100 万～500 万人口的特大城市和大城市数量分别为 10 个、124 个。大部分城市人口生活在大城市中，从城市等级规模分布规律来看存在一定的不合理之处。

在空间布局上，中国的城镇化表现出明显的区域空间差异，沿海和内陆、发达地区和欠发达地区的发展很不均衡。1935 年，地理学家胡焕庸在《中国人口之分布》一

① 朱建华. 2016. 城镇化背景下我国城市型政区调整的演化格局、机理与优化路径. 北京：中国科学院大学博士学位论文。

文中提出著名的“瑷珲（黑河）—腾冲线”即“胡焕庸线”，发现这条线东南半壁36%的国土供养了全国96%的人口，而西北半壁64%的土地仅供养了4%的人口，两侧人口密度的差异高达42.6倍。时至今日，胡焕庸线两侧的人口和经济地理差异格局仍未有大的变化。据2010年第六次全国人口普查数据，东南半壁和西北半壁的人口分别占全国的94.4%和5.6%，京津冀、长三角、珠三角三大城市群和国家城镇化的重点地区仍显著偏于东南沿海。在沿海发达地区，城市人口和产业的集聚程度更高，因而这些地区过度集聚带来的问题更多一些。

当然，中国城市的过度集聚也存在一些主观原因。特别是20世纪90年代中期以来，有些地方把“城镇化”片面地理解成发展大中城市，人为设定很高的城镇化规模和速度目标，盲目大搞城市化建设。2010年中国城市国际形象调查推选活动结果显示，200多个地级市中，竟然有183个城市都提出了建设“国际化大都市”或“国际化城市”的目标①。许多城市都在不断扩张建设用地，表面上是为了追求大城市的集聚和规模效益，实际上更大的主观动机在于实现“土地财政”，即通过土地出让获得土地出让金来满足财政需求。计划经济时期确立的城市土地国有化和农村土地集体化，成为政府垄断土地一级市场的条件。而通过土地的出让，这笔财富由市场机制转化成启动城镇化的巨大资本，帮助地方政府以前所未有的速度积累原始资本，不仅还清了城市基础设施的欠账，而且实现了超常规的城镇化建设速度和规模。不过，土地财政从本质上来说只是一种对未来的“融资”，相当于城市政府长期透支了土地上附着的资本和服务。土地毕竟是有限的，这种寅吃卯粮的做法会给未来的城市发展带来长期隐忧。

表1.1是1952～2018年中国若干特大城市建成区用地情况。从表中可以看出，这60多年间城市扩展少则几十倍，多则上百倍。广州、杭州、重庆、西安等位于东部沿海和中西部的中心城市，建成区扩展尤为迅速。从时间进程来看，城镇用地增长最快的是20世纪90年代中后期和21世纪的头十年。

表1.1　中国若干特大城市建成区用地扩展情况（1952～2018年）　（单位：km^2）

城市	1952年	1978年	1997年	2005年	2014年	2018年
上海	78.5	125.6	412	819	998（2010）	1426
北京	65.4	190.4	488	1182	1505	1485
广州	16.9	68.5	266.7	735	1035	1294
天津	37.3	90.8	380	530	736	913
南京	32.6	78.4	198	512	708	796
杭州	8.5	28.3	105	310	409	527
重庆	12.5	58.3	190	582	921	1379
西安	16.4	83.9	162	280	420	521

① 王冲. 2010. 中国多城国际化　口号成官员护身符. http://www.chinanews.com/hb/2010/07-15/2403585.shtml. 2020-05-30。

近些年来，针对城市过度集聚造成的问题，学术界、政府和公众都在反思。从生态学观点来看，城市是一个以人为主体、以自然资源环境本底为依托、以经济活动为基础、社会联系非常紧密的有机体。城市规模合理与否不应该根据这个地方能容纳多少人口或多少企业来确定，更重要的是考虑居民的生活质量和企业的生产效益，通过最大化这些本质性目标来确定。这就好比一个人，并不是能吃下多少东西就该吃多少，而要看他是否健康、是否快乐，看他身体的各项机能运转得好不好。我们已经知道，城市规模受到能源、生态环境、社会、历史文化等多种因素制约，适度的规模有利于形成集聚经济，带来福利的增加，激发城市发展活力；但规模超过合理限度就会产生集聚的不经济效应，降低福利，最终不利于城市的稳定与和谐发展（吴颖和蒲勇健，2008）。遗憾的是，在经济发展速度面前，这一规律在实践中常常被忽视或被无视。

有学者从以下几个方面归纳了城市过度集聚而产生的负面效应。一是对企业的影响。城市内部企业集聚到一定程度时，将形成巨大的生产能力，如果市场吸纳能力保持不变或者减小，各个企业为了获取利润维持生计，就会在不完善的市场机制下产生恶性竞争，压榨有限的利润空间，使城市陷入产业集聚的无序性、盲目性或掠夺性困境（王缉慈和张晔，2008）。

二是环境资源的拥挤效应。伴随着工业化进程的推进，工业发展吸引了大量的人口和产业流入城市，人口和产业的过度集聚加剧城市环境污染，可能使城市成为“污染避难所”（傅京燕和李丽莎，2010）。根据 Dua 和 Esty（1997）的假说，如果相关政策不完善，环境外部效应得不到控制，大家就会争相向“环境标准底线赛跑”，企业越是接近最低环境标准越是获益，从而进入环境污染的恶性循环。人口、产业、资本的过度集聚与生态环境恶化、水质性缺水、交通拥挤等外部不经济现象的频繁出现有着密切关联，这些环境方面的外部性在特大城市和城市群地区非常普遍。例如，蔺雪芹和方创琳（2008）提出，产业集聚是造成城市群地区水资源短缺、土地占用、土壤退化、大气污染、生物多样性减少等生态环境问题的主要原因，随着人口的不断集聚和产业规模的持续扩大，城市资源和能源供应不足、生态环境受到胁迫的矛盾将会越来越突出。

三是基础设施和公共服务的拥挤效应。在人口快速集聚的过程中，·旦城市建设和管理跟不上迅速增长的人口需求，就会导致城市基础设施和公共服务的不足和拥挤，给住房、交通、给排水、能源供给、教育、医疗、公共卫生等城市基础设施和公共服务造成巨大压力，引发环境污染、房价上涨、公共安全等城市病。

可见，城市问题的产生和集聚密切相关。Hall 在《明日之城》中描述了 19 世纪末伦敦和纽约城市贫民窟的悲惨景象，不由发出这样的感慨：“城市问题的根源就在于‘城市’自身，这的确是一个全球性的问题”（Hall，2002）。英国伦敦是工业化早期城市梦魇的集中表现。一个主要特征是贫困的集聚。在农村，贫困带有一定分散性和隐蔽性；而当大量无产的贫困人口涌入城市，问题就会集中显现。张雷在《中国城镇化进程的资源环境基础》中指出，在生产要素集聚的同时，现代城市也是生活集聚、消费集聚和污染集聚的地方（张雷，2009）。

通过上面的讨论，我们应该建立起一个重要视点，即集聚是认识现代城市遭遇市场消费制约和资源环境瓶颈的出发点。诊断城市问题也必须从城市发展的阶段、类型，以及各种城市要素空间集聚的组织特征和演化规律入手，才能够深入透彻。除此以外，对每一个地区具体特点的贴切把握也不可或缺。当今中国的城市问题完全因地而异，既有高度发达的超大城市因人口过度集聚带来环境污染、资源环境瓶颈和公共服务不均等问题，也有中小城镇和城市由于人口流失带来的空洞化和地方衰退；既有快速成长期城市因空间过度扩张带来土地利用和交通问题，也有资源型城市面临的资源枯竭问题；既有大量城市外来流动人口的就业和生活问题，也有城市老旧社区的衰退和更新重组问题。这些带有普遍性的问题与中国特有的社会组织和经济制度转型的大背景交织在一起，构成了我们对于中国城市问题全貌的认知。当然，我们今天所看到的问题远非问题的全部。城市在发展过程中通过市场、社会、规划、政策等手段不断自我调适，在城市系统的动态运转过程中，总有潜在问题生发，各种新因素、新趋势的出现也经常造成新的矛盾。

三、城市问题的表现

英文文献中，“城市问题”对应的词汇是“urban issues”；在中文语境中我们常常把城市问题的表现称为“城市病”。关于城市问题的研究文献十分广泛，可以说遍布世界上的不同国家和地区。早期的研究内容主要涉及住房短缺、居住环境恶劣、贫民窟、基本公共设施缺乏、环境公害、公共健康损害、景观质量差等。本书中，我们称之为传统城市问题。透过其主要表现，可以得知问题的产生主要是因为工业化和城镇化初期人们对如何规划和建设城市尚缺乏必要的知识。随着城市和城市社会的发展，人们对城市问题的理解越来越深入，今天我们面临的现代城市问题已经超越传统城市问题的范畴，涉及人口、交通、环境、健康、文化、政治、社区治理和公共安全等方方面面。

城市和城镇化是城市规划、城市地理学、城市社会学、城市经济学、区域经济学等众多学科领域的主要研究对象；在问题导向的科学范式下，城市问题研究自然得到重视。根据具体问题的不同，有很多不同的研究视角，一些学者和机构就“城市问题”的研究范畴也发表了很多观点。如日本社会学家矶村英一在《城市问题百科全书》中提出，“城市问题”要研究“个人、社会和集团的生活功能失调情况”（闫彦明，2012）；周加来（2004）认为，要研究“在城市化尚未完全实现的阶段性过程中，社会经济发展和城镇化进程加快，由于城市系统存在缺陷而影响城市系统的整体性运行，从而导致的对社会经济的负面效应。”

从全球城市研究的脉络看，“城市问题”最早起源于工业革命后期的英国。1910年，伦敦人口已经达到726万，成为当时世界上最大的城市。城市人口的超常规发展大大超出了城市的容纳能力，加之政府的无作为，导致严重的住房短缺和环境问题，下层工人阶级住宅区污水横流、瘟疫肆虐，城市人口的1/3生活在贫困之中，失业和犯罪激增，引发了社会公众对经济衰退、政治腐败、社会动荡和骚乱的深切忧虑。这些问题在世界各国早期的城镇化和工业化过程中普遍存在。

许多城市发展和城市规划方面的经典著作都对城市问题进行了描述。Mumford

（1966）在《城市发展史：起源、演变和前景》中，把19世纪的工业城镇形容为“焦炭城”，他这样描述道：“1820～1900年，大城市里的破败和混乱简直形同战场”。贫民窟、恶劣的住房和居住环境以及环境破坏成为工业城镇的标记。Jacobs（1961）在《美国大城市的死与生》中，对当时的城市规划理念和城市建设模式提出了辛辣的嘲讽和批判：城市设计与城市运作机制脱节，城市建设缺乏研究、缺乏尊重，建筑形式千篇一律，忽略人性化关怀等做法，导致城市地区衰败、贫民窟、居住隔离等一系列城市问题。Jacobs提出，保持多样性和活力是城市发展的必然选择，所以城市规划不应该过度关注城市更新、修建高速公路等大规模计划，而要从人的尺度和人性化理念出发进行设计，认真考虑街道空间的安全性、人际交往便利性、街道的合理尺度等，这样才是解决城市问题的正确出路。Hall（2002）的《明日之城：一部关于20世纪城市规划与设计的思想史》从19世纪末城市贫民窟里人间炼狱般的场景、臭名昭著的达姆贝尔火柴盒公寓生活、郊区化和城市蔓延讲起，对恶劣的居住条件、疾病、犯罪、道德败坏和环境污染等城市问题进行了详尽的描述，并以伦敦、纽约、巴黎、柏林等城市为例，讲述了19世纪和20世纪西方城市规划先驱和社会改良思想家们为解决城市问题所提出的各种对策。Glaeser（2011）在《城市的胜利：城市如何让我们变得更加富有、智慧、绿色、健康和幸福》里说，城市是“人类最伟大的发明”。他从经济学家的视角阐释了城市生存与繁荣的原因，同时也对贫民窟、郊区扩张、贫富分化、社会分化、居住隔离、环境污染以及城市衰落等西方城市问题的成因进行了详细阐释。

新中国成立初期，中国城市同样经历了严重的住宅短缺问题和市政公共设施不足等问题。20世纪80年代初期，随着城市建设步伐的加快和人口自由流动政策放开，城市人口开始迅速增长，城镇化加速，各种新的城市问题也随之出现，环境污染问题便是其中之一。以北京市为例，20世纪50年代末提出了以重工业为主的建设方针和建立以钢铁冶金、机械制造、化学工业等为主的完整工业体系的目标；在70年代仍然提出要把北京建成以冶金、机械、石油化工为主的工业基地。因此，在北京的工业发展中，重工业一直占据很高的比重，工业总产值中重工业占比曾高达65%，仅次于全国重工业基地沈阳。1980年全国统一划分的164个工业门类中北京有149个，北京的建设投资约有一半用到发展工业上，其中以首都钢铁公司、燕山石化公司、北京重型机械厂等为主的重工业占88%。过度的能源消耗使空气、水体、固体污染逐年严重，经过日积月累，环境污染问题集中显现出来。80年代初，北京年消耗标煤2100多万吨，其中燃煤占70%，主要集中在市区。每年排放二氧化硫（SO_2）27万t，粉尘42万t，能见度小于4km的烟雾日由50年代的60天迅速增加到190多天；三环以内有1000多个工厂与居住区混杂在一起，各种震动、噪声引起周围居民的不安。由于多年超量开采，地下水位持续下降，比新中国成立初期下降了20～30m，近郊区形成了面积约1000km^{2}的地下漏斗，而且硬度加大，硝酸盐含量增加，水质越来越差；北京市区每天排放工业生产和生活污水200万t，只有10%进入城市污水处理厂，90%都直接或间接排入河道或农田，造成河道严重污染①。

① 北京城市规划学会. 2009. 岁月回响——首都城市规划事业60年纪事. 北京：北京城市规划协会。

屠启宇（2012）在《国际城市蓝皮书：国际城市发展报告（2012）》中指出，城市问题在城镇化中期尤其严重，其背后隐藏着城市规模膨胀和经济社会发展的深层矛盾。“城市问题”的根源，在于城市资源与社会需求在一定发展阶段时产生的矛盾，致使城市“过载”以及因城市各要素之间关系失调而表现出的各种负面效应。归根结底，城市问题的出现就是快速膨胀的人口与城市资源不协调的问题。

从西方国家和中国城市问题的各种表现中，我们可以看出，城市问题普遍存在和贯穿于城市发展过程中。尽管各个国家和地区、不同时期的社会、经济、政治、文化背景有很大差异，但城市问题的许多表现呈现出相似的特征。

四、中国城市问题与社会经济制度的纠结

城市问题的产生和发展与社会经济制度有着极其深切的关联。

计划经济时期，中国城市生活服务的主要组织形式是工作单位。那时，生活服务设施建设让位于生产建设，而住房和基础设施方面的建设投资严重不足。因此，在相当长的时间内，城市建设是见缝插针，在现有空间内零零散散地建一些新的房屋。以北京市为例，城市建设方针是“由内到外，由近及远，行政、办公、教育、医疗、公共服务等城市要素由中心向外围逐渐扩散”。单位制度的特点是配套设施小而全，每个单位大院都是一个小世界。本来就极度紧缺的资源，加之这样大量的重复，导致城市公共服务设施不成体系，资源浪费，经常出现城市道路和轴线被单位大院阻断、整体规划无法落实的情况。

改革开放以来，中国市场经济迅猛发展，包括政治、经济、文化各个层面在内的社会生活迅速转型，导致城市问题的表现形式有了很大变化，同时也更加错综复杂。例如，社会保障是经济体制转型过程中一个突出的问题。生产力布局和发展的不均衡、生产关系的变革、市场经济介入以及工业化带来的职业结构变迁，促使原先的社会结构发生了深刻变化，加深了社会分化带来的矛盾。在原有的计划经济时代，弱势群体由国家、政府、企业和集体照顾，职工的生老病死都是由单位负担。当时的社会分化主要表现为享有单位福利的国有企事业单位职工与那些没有工作单位的人。可是，在向市场经济转轨的过程中，原先的一些社会保障制度开始失效，企业卸下了职工的社会保障负担，不再承担对他们的照顾责任（王冰和贺璇，2014）。自从 1993 年党的十四届三中全会确定国有企业改革的方向，很多效率低下、人员冗余的城镇企业重组裁员，2000 年年末全国下岗职工人数达到 657.2 万人，这些下岗职工一下子成了社会底层的贫困群体。《2018 年民政事业发展统计公报》显示，城市居民最低生活保障户数为 605.1 万，总人数 1007.0 万，这还不包括由于各种原因未能获得有效保障的城市贫困人口。

新中国成立至改革开放前的三十年间，中国实行了严格的户籍管理和城乡二元土地制度。为控制农民进城定居，建立起一套系统的制度，农业户口和非农户口严格区分，人口在城乡之间和不同地区之间的流动受到严格限制，使大量农业富余劳动力滞留农村。城乡二元土地制度则把城市土地和农村土地的归属分别明确为国家和集体，通过集体土地所有权把农民固定在农村。改革开放之后，政策制度的改变使上述社会

体制发生了根本转型，长期以来限制城乡人口自由流动的户籍制度弱化，大量农村劳动力涌入城市，形成了全球罕见的“民工潮”。据有关部门统计，1983 年，中国外出就业的农民工数量约有 200 万，1990 年猛增至 3000 多万，2000 年、2010 年和 2015 年，外出农民工数量分别接近 1 亿、1.5 亿和 1.7 亿。

农民工这支新的劳动大军在补充城市产业经济、促进城市经济发展的同时，对改变农村面貌也做出了特殊贡献，成为推动社会结构变革的重要力量。但是，他们大量涌入城市对城市的住房、交通、就业、环境等也造成了前所未有的压力。1989 年春运时，由于回家过年的农民工旅客数量激增，铁路运力不堪重负，全国许多大型客运站滞留了数以万计的农民工。此后，每年春运农民工势如潮涌，春运客流量猛增至平时的 3 倍以上。由于城市社会和住房市场的排斥作用，很多特大城市都在城中村、城乡结合部等地方形成了一些外来人口高度集聚的地区，使得外来流动人口的问题雪上加霜。时至今日，本地居民和外来劳动者之间在收入层次和公共服务方面仍然存在明显差异，后者对城市资源分配的话语权较弱。农民工群体由于制度阻隔以及财富、教育等原因处于弱势地位，降低了他们的城市归属感，阻碍了社会的融入。

第二节　现阶段中国城市发展的制约条件

改革开放进程中，中国迎来了城镇化快速发展的新阶段（马斌，2013）。与此相呼应的是人口、生产、消费的急速聚集。在很短的时间内，中国创造了城市的繁荣和举世瞩目的“中国速度”；但是，这条路走得太快，又是摸着石头过河，未免会有疏忽，发展中忽视城镇化的质量，导致社会系统、生态系统的整体平衡被打破，加之城镇化的规模前所未有，也带来各种复杂的问题。

一、资源浪费和环境污染

自然资源和生态环境是城市发展的本底条件和物质基础。中国正处在工业化中期，这个阶段的主要特点之一就是对资源的需求特别旺盛。而中国的基本国情是人口众多，资源总量有限，因此资源供需矛盾越来越尖锐，此外，生态环境整体恶化，已构成对工业化和城镇化的严重制约。改革开放以来，中国经济取得了举世瞩目的成就，已发展成为仅次于美国的世界第二大经济体，根据 2018 年世界银行发布的数据，中国创造了全球 15.86%的 GDP。2000～2019 年，中国 GDP 从 9.8 万亿元增长到 99.1 万亿元，按可比价格计算年均增长率为 9.1%。但同时，资源和能源消耗率也随着 GDP 快速增长。根据国家能源部门统计，2000～2019 年，能源消耗从 14.6 亿吨标准煤增长到 48.6 亿吨标准煤，年均增长率接近 6.5%。而这些数字只统计了规模以上工业和消费行业的能源消耗，还没有包含其他领域的能源消耗。虽然近年来全国能源需求开始减缓，但是能源结构中绿色清洁能源的比重不高，2019 年清洁能源比例只有 23.4%，与欧美国家有较大差距。由此可以看出，中国经济总量的高速增长走的是一条粗放式发展道路，高度依赖于资源消耗和资源开发，而消耗掉的资源以废弃物的形式返回自然界，必将对人类健康和生态环境系统产生不利影响。资源消耗和环境污染还涉及中国作为一个大国在全球气候变化中的责任和地位问题。所以说，中国面临着内外两方面的巨大压力。

（一）资源消耗和污染物排放现状

根据中国科学院可持续发展战略研究组的统计，2012 年中国消费了世界 21.9%的一次能源，50.2%的煤炭，23.4% 的水电，44.7%的粗钢，46.1%的成品钢材，55.4%的铁矿石，55%以上的水泥，44.4%的常用有色金属、10.3%的原木，35.1%的人造纤维板，25.3%的纸和纸板，是一个资源消耗大国。1978～2012 年，中国的铜、铝、钢材、水泥、纸和纸板消耗分别增长了 20.7 倍、44.4 倍、26 倍、35.3 倍和 19.7 倍。由于基数本来就大，资源消耗的规模增长效应十分惊人。改革开放 40 年来，中国能源效率的名义增长率达到 3.9%，大幅高于全球不到 0.7%的平均增幅和亚太地区 0.13%的平均增幅，但资源效率的改善仍不足以抵消人口增加而导致的新增资源需求，钢材、水泥、有色金属等资源消耗的总量仍然呈现快速增长态势。

过度的能源消耗是城市环境污染的主要原因之一。近些年来，中国城市环境污染问题十分严峻，呈现出“集中性、结构性、复杂性”的特征。2012 年中国 SO_2 排放总量 2117.63 万 t，超出环境容量（《环境空气质量标准》GB 3095—2012 国家二级标准的最大允许排放量）的 76.4%；化学需氧量（COD）排放总量 2423.73 万 t，超出环境容量（地表水全部达到国家Ⅲ类水质标准时最大允许排放量）的 203%；氨氮（NH）排放总量 253.59 万 t，超出环境容量 7 倍左右。多种污染物的高强度排放，复合型污染日益显现，雾霾频繁发生（陈劭锋等，2014）。部分城市雾霾严重，已经对城市居民的正常生活产生了不小影响。有研究表明[①]，中国每年有 35 万～50 万人因为空气污染导致疾病发生而早死，其中，31 个城市超 25 万人因空气污染而过早死亡。尽管人们对寿命缩短时间的可信度还存在疑问，但空气污染会影响健康是个事实。

（二）过度资源消耗和浪费的原因

第一，城市经济增长模式落后导致资源浪费和环境恶化。中国城市建设和发展取得的成就，在很大程度上以水土资源粗放利用和牺牲环境为代价，尤其是 20 世纪 90 年代各个城市大力发展工业，不合理的产业结构和不科学的经济增长方式对城市环境产生了深远影响。近些年，中国经济增长过度依赖于增加资源投入所积蓄的问题已经暴露出来，对经济潜力的继续释放构成制约。2012 年中国单位 GDP 能耗比美国和欧盟高 4 倍，比日本高 8 倍，比世界平均水平高 3 倍，比印度高 40%。这里虽然有一些不可比因素，但仍然可以反映出，中国的高增长速度对于资源和能源投入的过度依赖。粗放式经营主要从两方面加剧了城市的环境问题：一是原材料和能源投入过多本身会带来严重的环境污染，因为缺乏技术支持和政策的有效约束，企业把利益增长的实现

① 陈竺. 2014. 中国每年因空气污染导致早死 35 万～50 万人. http://news.sciencenet.cn/htmlnews/2014/1/287188.shtm。

建立在对资源的掠夺性开发和低效利用之上；二是地方政府出于强烈的投资和扩张欲望，采取招商引资和扩大产能的做法，出现了许多盲目投资和低水平重复建设的情况，如目前国内许多省区提出打造新能源基地，近百个城市把太阳能、风能作为支柱产业。

第二，城镇化进程加快，加速了自然环境的恶化。城市工业发展加快，特别是"三高一低"的粗放型工业增长，使工业废水、废气、固废等污染物在城市及其周边集中，给生态环境带来了巨大危害。改革开放之后，经济发展成为城市建设的重心，人口流动和城市发展进入快车道，带来城市空间的拓展和城市的集群效应（王秀兰，2000；韦素琼和陈健飞，2004）。一方面，城市通过扩张将大量农民转化为城市居民；另一方面，大量农村剩余劳动力进入城市，这些新增人口和外来人口导致城市消费剧增，给城市的基础设施和资源供给带来了沉重压力。城市空间扩张总是选择地形平坦、接近水源、交通便利的地方，对土地资源，尤其是耕地的侵占较为严重。同时，新增建设用地的利用总体上也十分粗放。2000～2011 年，中国城镇建成区面积增长了76.4%，但同期城镇人口只增加了 50.5%。此外，城市本身就是一个能源消耗高度集中的地方，加上热岛效应，环流将城市上空扩散出去的大气污染物又从近地面带回市区，造成重复污染。

城镇化以及城市人口的急剧膨胀，使得城市交通需求与交通供给的矛盾日益突出，主要表现为交通拥挤以及由此带来的污染和安全等一系列问题，特别是小汽车普及利用造成严重的环境问题。2013 年以来，我国城市汽车拥有量不断增加，成为各个城市的普遍趋势。截至 2016 年年底，全国汽车保有量达 1.94 亿辆，有 49 个城市汽车保有量超过 100 万辆，18 个城市超过 200 万辆，6 个城市超过 300 万辆。2015 年，环境保护部对全国 9 个重点城市开展空气颗粒物来源解析工作，北京、杭州、广州、深圳的首要污染来源都是机动车。北京的 $PM_{2.5}$ 源解析结果表明，28%～36%来自区域传输，其他本地产生的 $PM_{2.5}$ 中机动车排放占 31.1%，显著超过燃煤（22.4%）、工业生产（18.1%）、扬尘（14.3%）及其他排放源（14.1%，包括餐饮、汽车修理、烧烤、畜禽养殖等）。显然，机动化带来的交通污染已不容忽视。

二、社会分化下的贫困、住房和就业问题

改革开放以来，中国的社会结构发生了深刻变化，城市社会结构的多向性分化加剧而且逐渐固化下来，城市居民在经济收入、社会地位和影响力等方面重新形成新的等级差异，由此引起许多新的社会矛盾和冲突。社会分化导致的城市问题主要体现在贫困、住房和就业等方面。

（一）城市贫困人口问题日益严重

许多国家都存在城市贫困问题，发展中国家尤其突出。中国的城市贫困人口问题与体制改革和结构调整有着直接关联。计划经济时期，"单位"是组织生产和生活功能的基本单元，虽然物质生活整体比较匮乏，但因为贫富差距而导致的社会分异并不明显，也少有今天所谓的典型城市贫困社区（柴彦威等，2007）。20 世纪五六十年代，

中国的贫困人口特指一部分“无生活来源、无劳动能力、无法定赡养人和抚养人”（即“三无”）的特殊救济对象。总体上看，20 世纪 90 年代之前，中国主要关注的是农村绝对贫困人口。2000 年以来，随着农村扶贫工作的深入和绝对贫困人口的减少，对城市贫困问题的关注越来越多。根据民政部的统计，到 2018 年年底，全国城市中“最低生活保障对象”超过 1000 万人。市场经济条件下新的社会福利制度尚未健全，对下岗失业人员、外来务工人员等弱势群体的社会保障相对滞后，形成了城市贫困人口。在住房和劳动力市场的过滤效应下，城市贫困人口逐渐在某些地区集聚，形成贫困社区。城市地理学者对上海（李志刚和吴缚龙，2006；李志刚等，2007）、南京（宋伟轩等，2010）、北京（刘长岐和王凯，2004；冯健和周一星，2008）等大城市的社会空间分异现象已经做了很多研究，揭示了大城市中失业、社会保障缺失和社会排斥等因素致使贫困问题加剧、城市阶层空间分化加速的现象。

近年来，“新城市贫困”逐渐成为人们讨论的话题。所谓“新”，主要指这些贫困人口区别于传统的“三无”人口和绝对贫困，他们是经济高速增长中的相对贫困人口：有的是有一定劳动能力和工作意愿，但缺少工作机会；有的是在非正规部门就业，生活和收入稳定性差；有的是得不到必要的家庭和社会支持，被健康或家庭负担拖垮；主要包括外来务工人员、下岗职工、独居老人、低收入大学生等。新城市贫困人口数量大、来源广，而且构成复杂。他们在食品、医疗甚至住房等基本生活方面的消费支出与中等收入人口差别还不算太大，但是在交通通信、教育文化娱乐等方面有很大差别，这在一定程度上限制了他们的发展（表 1.2）。新城市贫困人口的分布具有鲜明的地域特征，从西部欠发达城镇，到一些老工业基地，再到以传统工业为主的中小城市，具有显著的结构差异。如在北京，低收入大学生占据相当高的比例，而在广州和深圳，外来务工人员则占据新城市贫困人口的主体。较之能力方面的原因，社会和制度原因对社会分层的影响更大，所以很多人将城市贫困归因于社会的不公。社会分层已构成当今社会冲突和不稳定的重要风险源。

表 1.2　中国城市贫困家庭与高收入家庭人均消费支出对比（2009 年）

项目	总平均	10%最低收入户		10%低收入户	10%高收入户	10%最高收入户	最高收入户与最低收入户比值
			困难户*				
消费性支出/元	12264.55	4900.56	4256.81	6743.09	19263.88	29004.41	5.92
食品/元	4478.54	2293.82	2041.55	3009.48	6360.33	8135.04	3.55
衣着/元	1284.20	458.48	376.60	684.18	1986.16	2782.30	6.07
居住/元	1228.91	578.93	515.70	735.23	1775.08	2863.28	4.95
家庭设备用品及服务/元	786.94	226.04	173.77	366.43	1325.54	2114.20	9.35
医疗保健/元	856.41	362.60	343.96	504.09	1322.40	1745.91	4.81
交通通信/元	1682.57	394.80	310.28	582.28	3181.88	5858.67	14.84
教育文化娱乐服务/元	1472.76	457.22	390.56	665.96	2461.10	4116.41	9.00
杂项商品与服务/元	474.21	128.67	104.39	195.43	851.39	1388.59	10.79

*困难户包括在最低收入户中，约占总户数的 5%。

（二）住房供给和分配失衡

客观地说，无论是发达国家还是发展中国家，都不同程度地存在住房问题。城镇化高速发展阶段，短期内的住房供应不足、房价上涨是所有城市普遍存在的难题，中国城市也不例外。20 世纪 90 年代中后期以来，住房市场改革和房地产业高速发展，中国城市居民的住房条件整体上有了极大改观，住房面积和质量都大幅提高。但是由于住房市场转型不彻底和政策等方面的原因，住房供需出现了严重的结构失衡、空间失衡和品质失衡。有数据表明，90 年代末期，全国住宅空置面积达到 7000 多万 m^2，但是，全国有数十万城镇居民住房困难。近年来，住房供给相对过剩与住宅有效需求不足的矛盾越发严重。尤其是在大城市，高端楼宇和高档社区鳞次栉比，可不少本地贫困人口和外来人口却连基本的住房和卫生条件也没有保障，有的寄身在地下室和群租房，有的蜗居在城中村的出租房里，有的家庭甚至几代同室。据相关研究对 364 个县级市区的抽样调查，2017 年我国大陆地区城市住房空置率为 21.4%①。

从 2000 年开始，中国房地产发展大热。2018 年商品房屋施工面积、竣工面积、新开工面积、销售面积分别为 2001 年相应指标的 9.3 倍、2.7 倍、5.0 倍、7.4 倍。全国一线城市的平均供求比为 1∶1.31，明显高于全国城市的平均供求比 1∶0.6，住房需求旺盛（表 1.3）。这使得一些城市的房价迅速攀升，越来越超出普通工薪家庭的购买能力。国际上公认的合理房价是收入水平的 3～6 倍，但在北京、上海、广州、深圳等特大城市，房价与收入比值高达十几甚至几十倍。北上广深等一线城市近些年来一直处于住房需求旺盛状态，房价不断上涨。高房价无异于一种新的社会分层机制，使得城市中的不同群体因房价而出现不同方向、不同程度的社会分流，资源分配上的两极分化加重。早期买房的家庭住在宽敞舒适的房子里，有的可能还不止一套，成为富裕阶层，而大部分家庭则错失机会。迅猛上涨的房价使中低收入家庭和年轻的劳动者难以实现改善住房条件或购房置业的愿望。城市居住区的分化和住房的过滤效应，还导致空间隔离现象，高收入、有能力的家庭逐渐向优质居住区集中，社区排斥意识加强；而条件恶劣的棚户区，非政府买单便难以改善。

表 1.3 中国一线城市的住房供求比（2011 年）②

城市	供求比	城市	供求比
北京	1∶0.78	深圳	1∶1.411
上海	1∶0.98	重庆	1∶0.66
广州	1∶1.02	天津	1∶0.31
一线城市均值	1∶1.31	全国均值	1∶0.60

① 数据来源于西南财经大学中国家庭金融调查与研究中心发布的《2017 中国城镇住房空置分析》。

② 丁祖昱. 2013. 中国城市化进程中住房市场发展研究. 上海：华东师范大学博士学位论文。

据国家卫生健康委员会流动人口司《中国流动人口发展报告2018》，2018年年末全国共有2.41亿流动人口，数量上连续三年下降；其中外出农民工约1.73亿，数量仍在增加。2014年李克强总理在《政府工作报告》中提出，今后一段时期要解决好“三个1亿人”问题，即“促进约1亿农业转移人口落户城镇，改造约1亿人居住的城镇棚户区和城中村，引导约1亿人在中西部地区就近城镇化”。在城镇化的驱动下，未来还会有更多外来人口来到城市。但是目前大部分高房价的一线城市，由于社会保障负担过重和担心过度吸引外来人口集聚等原因，还没有建立起针对外来人口的住房保障措施。据统计测算，目前中国约有1.6亿人口在城镇租房，主要是外来务工人员和低收入大学生等。试想，他们平均要把工资的40%交给房东，这不仅形成了房主和租户两个社会阶层，而且还滋生出“二房东”等新的食利阶层。这种状况不能不令人担忧。

中低价位、品质和区位适宜的住宅供应不足及过度依赖市场、住房保障制度建设滞后是加剧城市住房困境的重要原因。一方面，开发商更愿意开发利润丰厚的高档豪宅，对经济适用房、低价房不感兴趣；另一方面，政策没能有效发挥调控作用，中高档住房过量供给，而普通老百姓期盼的住宅却严重不足。住房供应结构失衡是制约我国城市发展的重要因素。

（三）新形势下的就业压力

不同于西方国家的失业问题，中国城市失业问题的成因比较复杂，具有显性失业与隐性失业并存、结构性失业和体制性失业叠加、被动失业和主动失业并存的特点。

计划经济时期，中国城市实施“充分就业政策”，那时几乎不存在真正意义上的失业。但是在高就业、低收入的计划经济体制下，实际上企业中存在大量冗员，隐性失业严重。市场经济转型促进了隐性失业的显性化。进入20世纪90年代，一些历史包袱沉重的国有企业和集体企业越来越不能适应市场竞争的要求，不得不转型、重组或破产，导致大量职工下岗。同时，伴随着城市建设，外来人口大量涌入，加大了城市的就业压力。根据劳动部门公布的数字，2003～2012年我国城镇登记失业率稳定在4.0%～4.3%，但这个数字只包含城镇本地非农户籍的登记失业人员。按照全国第六次人口普查常住人口测算，2010年全国城镇失业率为4.84%，其中城市为5.59%，镇为3.70%。2019年，中国城镇登记失业率3.6%，调查失业率5.2%。经济持续快速发展时，城市失业问题相对较轻。2008年国际金融危机期间，受全球需求放缓影响，中国城市经济规模增长放缓，失业人口猛增，沿海地区出现农民工返乡潮。中国社会科学院的《社会蓝皮书：2009年中国社会形势分析与预测》调查显示，2008年中国城镇经济活动人口的失业率大约是9.4%，以此推算，甚至超过了直接遭受经济危机冲击的美国7%的失业率。

近年来，在经济由高速转向中高速的“新常态”背景下，中国产业结构调整和去产能力度加大，加之一些不确定性因素的影响，对失业率有一定冲击。如新冠肺炎疫情暴发后，全国2020年2月以来城镇调查失业率上升至6.0%左右。同时，中国的城市失业问题中也不乏高速城镇化的影响。在城镇化的“农转居”过程中，由于区域差异，各地农民获得的城市社会保障和土地房屋拆迁补偿有很大不同。在一线城市，不少农民通过拆迁一夜致富且获得稳定的生活补贴，之后工作意愿不高，形成主动失业。

有调查表明，2010 年中国 35 个大中城市居民对所在城市就业状况的满意率仅有 31.3%（倪鹏飞，2013）。可见，城市贫困与失业问题已经成为大中城市发展必须面对和重点考虑的一个问题。

三、分权制下城市之间的竞争

中国的地方政府在城镇化和城市建设中扮演着至关重要的角色。随着经济体制改革不断深入，地方政府不仅获得了独立的决策权，而且有了独立的经济利益，各个城市成为独立的竞争主体。这对传统的城市建设秩序提出了新要求，地方政府不但要兼顾上级政府的统筹安排，还要谋划自身的发展（李善同和刘勇，2001）。但是，由于一些关键的改革和配套措施还没有到位，使得代表各方利益的地方政府在追求经济发展和实现利益最大化的过程中，竞争不断升温，趋向经常化、多样化、激烈化。一方面，这种竞争给城市带来了巨大的压力和发展动力（Motinola et al.，1995），促进城市在生产技术改进、制度创新和基础设施改善等方面做出努力；另一方面，由于正处在社会经济转型期，这种竞争不一定是规范的、合理的。不顾正常市场经济规律，地方保护、重复建设等地方政府行为的负面效果日益凸显。如果中央政府与地方政府之间的权力界限没有明确而合理的界定，地方政府就不能正确地履行其在地方经济发展中应有的作用，造成“该管的管不了、不该管的瞎管”。

四、规划思想和技术的制约

城市规划总是与城市问题很微妙地交织在一起。城市规划是应对城市问题的主要抓手，实践中，规划的失败是最大的浪费。人们常常可以见到城市定位不准、对人口和发展规模的预估失败、规划目标和标准不当、功能分区和设施布局不合理的情况，这些规划失误往往是造成城市交通拥堵、环境污染等问题的重要原因。这一方面反映出战略研究不足，导致缺乏前瞻性和预见性。另一方面，也反映出规划理念和技术标准不科学，不能适应日新月异、日渐复杂的城市系统的发展需要。

长期以来，学术界为了规划的合理性问题争论不休，虽然提出了许多新理念和新想法，但是并没有从技术方法上很好地解决如何确保规划的科学性这个根本问题。举例来说，怎样确定合理的城市人口规模？城市发展的空间界限怎么确定？城市交通系统如何布局？哪些社区服务是必要的？建成率、绿地率达到什么标准最好？针对这些重要的技术问题，规划师通常是套用经验性方法、对标相关标准或学习跟踪国内外经验。因为没有客观的判断标准，规划的科学性无从保证。

有人曾以“纸上画画，墙上挂挂，不如领导一句话”来调侃城市规划。确实如此，一任领导一套规划，随意更改，为实现领导意图盲目规划的问题在现实中常常可以见到。长期以来，各个城市都按照规划编制办法分阶段编制规划，按规划执行。但是由于城镇化发展速度太快，以及各种客观情况变化，规划实施效果不佳。研究显示，20世纪90年代全国城市建设用地面积最大的145个城市均出现快速扩展，其中东部地区扩展最快，中部地区扩展相对最慢，但出现人均用地大幅下降的“不正常”现象。城市建设用地扩展占用耕地比例大，且主要为生产力较高的优质耕地（谈明洪等，2004）。城市的“大饼”越摊越大，导致城市近郊土地资源浪费严重，农民的非农化问题比较突出（周笑非，2011）。在盲目追求“一年一小变，三年一大变”的城市改造中，体现历史文化传统的古建筑和历史遗迹不断遭到破坏、甚至完全消失的事件也时有发生。例如，南京在旧城改造过程中对地下文物保护重视不够，位于清溪路西侧的明太子宫遗址被破坏。为了追求发展指标，许多城市不顾区域一体化趋势和周边地区情况，仅仅从自身意愿出发编制规划，导致产业结构雷同、基础设施和城市发展布局不合理，城市相互之间失去比较优势，陷入不合理的恶性竞争。

中国城市规划制度本身同样存在一些问题：①从城市规划在现有城市管理中的地位来看，不少专项规划处于从属、被动地位，规划执行中缺少必要的话语权，影响了规划目标的实现[①]。②公众参与仍处于起步阶段。事实上，积极的公众参与可以促使规划制定和项目实施更接地气，有助于公众利益和群众利益的实现，从而避免错误规划及其带来的一系列问题。③地方权力过大，监督虚化，未受到有效制衡。由于长期以来主要依靠经验管理和行政管理，地方政策的领导权力缺乏制约，很容易带来规划的主观性和任意性问题，导致决策失误[②]。

五、城市财政能力的制约

财政能力不足是制约一些中国城市发展的重要障碍。相关报告显示，在发展中国家，政府部门承担了大约90%的基础设施建设资金和所有项目的风险，导致政府财政负担十分沉重（世界银行，1995）。尤其是中国，一般按照城市户籍人口分配城市的教育、医疗、卫生、公共设施，随着城市化水平的大幅度提高，有限的地方政府公共财政资金难以满足城市居民对公共产品数量、种类以及质量日益增长的需要。可以说，政府的财政供给能力与城市建设对各项基础设施的需求之间的不协调已然成为制约城市发展的重要障碍。有的急需发展的项目由于建设资金有限而不能列入开发计划，有的正在开发的项目面临停工停产。

中国财政问题有其深刻的财税制度背景。在计划经济时期，国家注重经济职能的实现，由政府调配几乎所有资源直接从事各种生产活动，经济建设支出占财政总收入的比重平均在 60%左右。改革开放以来，经济建设支出占我国财政总支出的比重从1980年的58.2%降至2009年的42.0%，社会管理支出的比重则从40%左右上升至60%左右，社会管理职能得到加强，但仍与欧美发达国家有一定差距。

① 吴生波. 2013. 我国城市规划和管理存在问题的研究. 开封：河南大学博士学位论文。

② 彭恺. 2010. 快速城市化背景下中国地方政府城市规划决策失误分析. 武汉：华中科技大学硕士学位论文。

为了弥补地方财力的不足，出让土地成为地方政府最主要且稳定的财政来源，但以低价出售、批量转让土地的“土地财政”会带来双面影响：一方面，有利于筹集旧城改造升级以及城市基础设施建设所需资金；另一方面，激进的土地出售政策极易造成城市空间不合理的开发和利用、侵占农业用地和土地资源利用率下降等问题。

财政结构上的不合理同样也制约了财政调控能力的发挥。近 5 年来，我国在基础设施、教育、医疗、社会保障等方面的支出比例增长迅速，但 2019 年以来，由于经济增速减缓和政府的减税降费举措，公共财政和土地收入增速大幅放缓，财政调控能力的制约将逐渐加大。

第三节　中国城市问题的特殊性和复杂性

一、多阶段共存和时空压缩

纵观发达国家城市化发展历程，其显著的特征就是时间长、过程完整，先后经历了 4 个阶段：城市化、郊区化、逆城市化、再城市化。具体而言，城市化经历了从 18 世纪中叶的工业革命到 20 世纪 50 年代“二战”结束的百年时间。20 世纪 60 年代，城市中心地区发展势头逐渐减弱，出现了大规模的人口郊区化。此后，又针对旧城更新和恢复中心城区活力出现了再城市化。从发达国家的城市化历程可以看出，城市化水平和阶段与经济发展水平基本协调，针对不同城市发展阶段遇到的城市问题，采取了有效的针对措施。例如，“二战”后，在政府规划和导向下，英国 20 万人口以下的小城镇迅速发展；同时，大城市失去发展活力，人口、产业外溢和城市“空心化”现象明显，内城危机不断加剧。最后，英国政府通过积极的内城改造运动使问题得到了相应解决。在城市化的高级阶段，人口的迅速增加导致住房和基础设施供给不足，城市贫民窟成为普遍现象，兴建工人居住区成为应对问题的主要方法。

由于中国各地区的地理区位不同、地形结构复杂、经济发展水平差异显著，中国城市化水平的东西部和省际差异明显，表现出多阶段共存的特征，每个阶段有其对应的主要城市问题。其中，以西藏、青海为代表属于城市化第一阶段（城市化水平在 30%～50%），随着农村劳动生产率提高，农村人口流入城市明显，一方面为城市发展和建设准备了大量的农村剩余劳动力；另一方面也为城市工业发展积累了大量资本，由此推动了工业的快速发展。同时由于各城市把精力和目标主要放在经济建设上，忽视了生态效益，环境污染也逐渐显现。但在此阶段，“城市病”症状较轻，危害不大，大多表现为单个城市的“病态”反应，尚不足以形成城市联动的大范围负面效应。以湖北、重庆为代表的省（市）属于城市化第二阶段（50%～70%），在此阶段，城市发展的主要特征是规模继续扩大，城市数量持续增加，城市系统的缺陷严重暴露。由于政府对人口、资源和环境的宏观管控能力较为脆弱且缺乏经验，从而使“城市病”集中暴发（周加来，2004）。以北京、上海为代表属于城市化第三阶段（城市化水平在 70%以上）的关键时期，城市化发展速度开始回落，进入平稳阶段，重视城市化质量。同时由于城市化水平高，使得大、中、小各类城市得以形成体系，地区间的不平衡大大缓解，城市间的交流日益频繁，从而增强了城市的辐射力（张忠华和刘飞，2012）。

多阶段共存是中国城镇化的明显特征之一。1980～2013 年，中国国内生产总值的年均增长率达到 10%，实现了中国奇迹。在以农村人口流入城市为主旋律的城镇化主题下，北京、上海等一些大城市为了满足内城发展需要进行了旧城改造，加上中心城区的地价上涨，出现了中心城区人口、工业、服务业郊区化现象，以及中心城区再城市化现象。本来属于不同阶段的城市问题由于“时空压缩”效应同步显现；加上经济转型、社会转型、体制不完善等原因，各种城市问题集中暴发（宁越敏，2012）。中国城市交通建设历程便是中国城市建设和发展问题的一个缩影。2000 年时，中国内地城市中只有北京和上海各拥有 2 条地铁运营线，且运营里程有限，城市快速轨道交通建设严重滞后。此后，城市空间迅速扩张，为机动车尤其是汽车的发展提供了基础，从而带来了严重的交通拥堵问题。2011 年起，北京对小汽车实行限行政策和限购政策，但仍然没有抑制住汽车保有量上升，北京成为全国交通最拥堵的城市之一。

二、生产力水平制约城市发展

城市是生产力发展到一定阶段的产物，城市的规模、发展程度与生产力水平息息相关。一般而言，生产力水平高，城市发展趋于平衡，社会结构相对稳定，便不会出现众多城市问题或城市社会问题较少。生产力水平低，资源利用率不高，城乡矛盾及供需矛盾突出，便会产生各种城市问题。

目前，中国仍处于社会主义初级阶段，生产力水平总体上不高，而且存在比较突出的不平衡、不协调、不可持续问题。2017 年，中国人均生产总值是 8682 美元，还没有达到世界平均水平，与发达国家有明显差距，分别是美国、英国、法国、德国、日本和澳大利亚的 14.5%、21.8%、22.6%、19.3%、22.7%和 15.1%；在单位国土面积的经济产出方面，中国高于加拿大、俄罗斯、澳大利亚、新西兰等土地辽阔、人口稀少的国家，但与韩国、日本、欧洲国家和美国相比，国土利用效率有很大差距（表 1.4）。2017 年，美国、日本和中国分别以 1.2 亿、0.41 亿和 6.4 亿劳动力达到 19.49 万亿美元、4.87 万亿美元和 12.2 万亿美元的经济总量，核算下来，美国和日本的劳动产出效率分别是中国的 8.5 倍和 6.2 倍。生产力发展水平必然会制约城市的发展，特别是限制医疗、教育、环境保护、安全等方面的公共投入，使社会、资源和环境等方面的问题更加突出。

表 1.4　2017 年世界部分国家人口、经济产值和公共投入的比较①

项目	总人口/百万	国土面积/万 km²	GDP：地区生产总值/百亿美元	人均生产总值/美元	每平方千米产值/万美元	GDP 中教育公共投入比重/%	GDP 中健康投入比重/%
世界总计	7547.86	13616.20	8050.14	10665	59.12	—	—
中国	1421.02*	938.82*	1223.78	8682	130.35	4.26	5.15
美国	325.08	914.74	1948.54	60055	213.02	4.99	17.06
日本	126.86[2019]	36.46	487.24	38220	1336.52	3.47[2016]	10.94
德国	82.66	34.94	369.32	44976	1057.13	4.81	11.25
英国	66.73	24.19	263.12	39758	1087.60	5.54	9.63
法国	64.84	54.76	258.25	38415	471.64	5.46	11.31
意大利	60.67	29.41	194.38	32747	660.85	4.08	8.84
加拿大	36.73	909.35	164.71	44974	18.11	5.2744[2011]	10.57
俄罗斯	145.53	1637.69	157.75	10956	9.63	3.82	5.34
澳大利亚	24.58	769.20	140.87	57613	18.31	5.32[2015]	9.21
新西兰	4.70	26.33	20.20	42935	76.73	6.30	9.17
韩国	51.10	9.72	153.08	30025	1574.85	5.25[2015]	7.60
巴西	207.83	835.81	205.55	9821	24.59	6.24	9.47
墨西哥	124.78	194.40	115.82	8967	59.58	5.24[2016]	5.52
印度	1338.68	297.32	257.57	1923	86.63	3.84	3.54

*统计数字中未包含港澳台相关数据。

三、区域发展存在巨大差异

改革开放之初，中国实行“让一部分人先富起来”的发展战略。沿海地区凭借着优越的区位特征、发达的经济基础、较强的科技实力实现了社会经济的快速发展。比较而言，中西部地区城市发展则相对缓慢。为了改变生产力布局不合理所导致的地区城市发展不平衡问题，2000 年以来，国家先后制定了“西部大开发”“振兴东北老工业基地”“中部崛起”等一系列发展战略，但地区间发展不均衡状况并没有明显改善，并且随着时间推移，区域社会经济发展的差距不断扩大。十多年前，有人将之比喻为“一个中国，四个世界”：“第一世界”包括上海、北京等地区，人口约占总数的 2.2%，收入相当于高收入国家；“第二世界”包括广东、福建、江苏、天津等地，人口约占总人口的 21.8%，收入相当于中上等收入国家水平；“第三世界”指山东、东北、华北中部地区，人口约为总数的 26%，收入相当于中下等国家水平；“第四世界”指云

① 根据联合国网站 http://data.un.org 发布的数据计算整理。

南、贵州、陕西、西藏等西部地区，人口约占总数的50%，收入相当于低收入国家水平[①]。由于各地资源禀赋和发展基础的客观差异，区域发展的绝对均衡是不可能的，也不符合竞争的需要。但是这种大多数地区收入低，极少数地区收入高的金字塔模式潜藏着很大危机，北上广深等少数发达地区对整个区域的带动作用有限，且区域发展差距过大会增加社会不稳定的风险。

中国区域差距的扩大，可从东、中、西部和东北地区人均经济指标的对比上反映出来（表1.5）。改革开放以来东部地区依托于众多优惠政策，加上经济发展基础好，生产效益高，成为人口、资金、技术等生产要素的流入区。中西部地区因交通不便、经济落后、劳动力不足、技术创新缺乏，与东部地区形成发展上的“马太效应”。近些年来，政策不断向中西部地区倾斜。其中，2000年开始的“西部大开发计划”已经实施20年（共两轮），范围包括12个省（自治区、直辖市）和3个单独的地级行政区（四川、陕西、甘肃、青海、云南、贵州、重庆、广西、内蒙古、宁夏、新疆、西藏、湖北的恩施土家族苗族自治州、湖南的湘西土家族苗族自治州、吉林的延边朝鲜族自治州），除西部省区市外，内蒙古和广西也一同受益。2004年，国家提出“中部崛起”战略，范围覆盖河南、湖北、湖南、江西、安徽和山西6省。在此期间，中西部地区经济增长速度显著高于东部，且主要人均指标差距缩小。东北地区在新中国成立以后一直是中国经济相对发达的地区，同时也是最重要的工业基地，城镇化水平及人均生产总值都相对较高，但20世纪90年代以后发展速度开始滞后。2003年，国家提出了东北等老工业基地振兴战略，但产业结构和产品结构失衡、资源枯竭型城市转型困难、人口流失和创新性不足等深层次问题至今仍然困扰着东北地区城市的发展。从2018年城镇居民人均可支配收入来看，东北地区不但大幅落后于东部地区，也逐渐被中西部地区超越。2019年，东、中、西部地区GDP分别达到51.1万亿元、21.9万亿元和20.5万亿元[②]，东部地区GDP是中部地区的2.3倍，是西部地区的2.5倍。生产力布局的不均衡导致区域基础设施建设有差异。从文化设施水平看，2012年，东、中、西部地区人均拥有公共图书馆藏量达到0.76册、0.39册和0.45册；从交通设施建设状况来看，2012年，东、中、西部地区每万平方千米国土面积公路里程达到10672km、8429km和2456km（施凤丹，2014）。总体来说，中西部地区经济虽然保持高速增长态势，但并未摆脱粗放型经济增长模式。如2010年，中西部地区很多省份万元GDP能耗达1吨标准煤，超过东部地区的0.8吨标准煤。中西部地区投资率高达60%以上，投资增速近年来保持在30%左右高位运行（刘刚和刘慧，2012）。

中国城市发展的不平衡不仅受自然资源禀赋、环境差异影响，更受制于中国特殊的政治体制，资源和权力的分配按照城市行政权力大小递减（周笑非，2011）。首都、直辖市、省会城市及东部沿海大城市在就业、医疗卫生等方面的投入远远超过中小城市。

① 周涛. 2007. 我国区域经济发展差异及成因分析. 厦门：厦门大学硕士学位论文。

② 资料来源：《中华人民共和国2019年国民经济和社会发展统计公报》。

表 1.5 中国东中西部和东北地区主要人均经济指标变化情况（2005～2018 年）

	人均 GDP/元			城镇居民人均可支配收入/元		
地区	2005 年	2010 年	2018 年	2005 年	2010 年	2018 年
东部	23697	45317	89488	13374.9	23272.8	46432.6
中部	10576	22429	51914	8808.5	15962.0	33803.2
西部	9310	23950	48557	8783.2	15806.5	33388.6
东北	15935	33866	52373	8730.0	15941.0	32993.7

四、体制改革滞后、制度建设不健全

“二元经济结构”是发展中国家的重要经济特征，也是界定发展中国家的一项主要指标。由于历史原因，中国存在的二元经济结构更具复杂性和特殊性。这种特殊的二元结构增加了中国城市发展的复杂性和艰巨性，带来一些至今难以解决的城市顽疾。几十年前，计划经济体制划分出“农村人”和“城里人”，改革开放后，这个鸿沟成为中国农村经济、城镇经济发展的障碍。大量农村剩余劳动力以民工的身份进城打工，但由于户籍制度的阻碍，进城务工农民身份的转换渠道长期受阻，导致劳动力市场的严重分割。大量的农民工只能作为劳动力市场的“蓄水池”，获取较低的工资收入，却无法取得身份认同，成为一个与农民和市民均不同质的群体，构成中国目前社会结构的边缘人，中国传统的二元社会根基，反而演变成三元社会结构。进城务工人员的就业、医疗、子女教育等方面的权利得不到保障，无法取得与市民平等的地位与权利。

近些年来，农民工市民化备受重视。尤其是 2014 年国家出台《国家新型城镇化规划》，明确提出“推进符合条件农业转移人口落户城镇、推进农业转移人口享有城镇基本公共服务、建立健全农业转移人口市民化推进机制”以来，不少地方政府制定相应政策，开展一系列措施，积极改善农民工生活条件，如为农民工子女提供基础教育、努力提供均等化基本公共服务、建立农民工社会保障体系、营造平等竞争的市场环境等。甚至深圳等城市已宣布没有非农业人口与农业人口之分，开拓了中国城市高度重视城市人口问题的先河。但在行政区划刚性约束和区域差异双重影响下，目前大多数城市尚不可能完全放开自身管辖区内的户口（宁越敏，2012），中国还没有为 2.69 亿农民工构建一套全国性保障体系，农民工的福利待遇仍以单一雇主为中心。

五、社会转型加剧城市风险

改革开放 40 年来的中国社会转型与西方社会转型具有明显区别，西方的市场化转型是一个内生的渐变发展过程，这种变革对历史传承性的破坏和冲击相对轻微。而在中国这样的发展中国家，这种矛盾和冲击被压缩到较短时间内（宋林飞，2002）。同时，中国社会转型具备复杂的“双转”特征，即社会体制和经济体制的共同转型，尽管在这一过程中我们取得了很大成就，以市场经济体制为核心的经济体制改革对城市发展起到积极推动作用，但这种“双转”是突发性的，加上中国市场经济缺少积累，使社会转型更复杂，失业、社会分化、流动人口、城市犯罪、社会不安等问题均是社会转型付出的代价。

第四节　对中国城市问题的认识

一、城市问题的普遍性

城市问题不是某一国家所特有的，也不是某一经济体制或社会制度所独有的，它是与城镇化进程相伴而生的一种阶段性现象。无论发达国家还是发展中国家都在城镇化进程中出现过不同形式的“城市病”，尽管各国城市问题表现症状不同、程度不一，但具有普遍性。

城市问题是几乎所有国家都曾经或正在面临的问题。英国历史上 1952 年的伦敦烟雾事件，造成多达 12000 人因空气污染而丧生，由此推动了英国环境保护立法的进程。1930 年比利时马斯河谷烟雾事件、美国 1948 年多诺拉烟雾事件、日本经济高速增长时期的“四大公害”、1959 年墨西哥波萨里卡事件也是环境公害的典型案例。随着小汽车的普及，美国、日本等发达国家都经历过严重的交通拥堵时期，今天发展中国家城市的交通拥堵现象也日益严重。贫民窟也是各国普遍出现的城市问题，英国、日本等发达国家都经历过这一阶段，发展中国家以拉美国家（墨西哥、巴西）最为严重。

二、城市问题存在的客观性

自城市诞生以来就伴随着城市问题，如贫困人口集聚、资源浪费、环境污染、交通拥挤等。在城市发展的动态过程中，旧的问题解决了，新的问题又会出现。实际上，城市问题不断出现和解决的过程，就是城市发展进步的过程。“不回避矛盾，不掩盖问题”，习近平总书记的要求，是对问题应有的态度。改革开放 40 年来，中国城市发展过程就是不断解决城市问题的过程。城市问题的客观存在，为我们认识城市不足，找准城市建设方向提供了基础，为不断提高城市发展水平提供了阶梯。在新时期、新环境和新要求下，还会出现许多新问题需要我们去认识和解决。不能妄图一次解决所有城市问题，这不仅不切实际，而且存在冒进危险。

正确理解城市问题的客观性，就要认识到城市发展是一个连续的过程，会留下不同时代的印记，旧时代合理的东西可能与新时代要求不适应。如计划经济时期单位制有许多好处，但改革开放后，它割裂了个人与社会、国家之间的沟通，单位职能的泛化导致低效率，不能充分有效配置资源，所以，单位逐渐解体，转向以块为主的基层社会网络组织体制——社区（陈志成，2001）。同时，可能存在新时代的发展损坏旧时代价值的现象，如随着大规模的城市建设，往往对珍贵的历史文化遗产造成污染、蚕食和破坏。

正确理解城市问题的客观性，就要认识到城市问题是由主观愿望与客观现实存在的差距造成的。例如，工业化是推动城市发展的重要途径，但随着工业的不断发展（尤其是重工业），可能产生土壤侵蚀、水污染、大气污染等工业环境污染。

正确理解城市问题的客观性，还要认识到城市发展的过程是功能与结构不断协调的过程。以人口增长为例，城市为了解决不断增加的人口压力对现有的城市框架进行简单的机械放大，并未考虑城市结构和功能的协调问题，就会产生出行不便等问题[①]。

三、在发展中解决城市问题

城市问题是发展中的问题，城市问题本身也是不断发展的。随着城市财富增长、科技水平提升、居民素质提高，生产生活方式变革以及新技术、新技能、新方法对城市发展的推动，城市问题会发生变化，旧问题或得到解决，或衍生新问题。尤其对于处在社会主义初级阶段的中国来说，城市生产力水平和科技创新能力仍然有限，发展过程中产生一系列经济、社会、环境、生态问题，实属正常。在发展面前，我们要不断对城市问题进行分析研究，弄清楚当前应该重点关注哪些问题，以免盲目发展产生浪费。

经过几十年的努力，中国城市社会经济建设取得巨大成就，过去一些旧的问题，现在得到了很好的解决。如新中国成立初期，主要的城市问题是城市发展动力不足、物资严重短缺、大量居民失业。经过 40 年的市场经济发展，居民日常生活用品供应充足，失业问题也基本得到解决，不再是城市的主要问题。与此同时，过去一些长期得不到足够重视或是让位于经济优先发展的问题，现在已经严重影响到城市经济发展、城市形象、居民日常生活及身体健康。例如，同是城市水问题，过去主要是给排水设施不足和工程方面的困难，而现在则是资源型缺水和水环境污染。

城市是各种经济活动的载体，各种情况和问题都可能发生。过去没有出现的问题，现在突然出现，如果没有有效的应对措施，就要付出代价。例如，城市老龄化问题，由于几十年来中国城市家庭人口结构发生了很大变化，平均人口减少，空巢老年人家庭比例迅速上升，家庭养老支持能力削弱，大大增加了社会养老服务的压力，使之成为一个严重的城市问题。

城市问题随着经济和社会的发展而产生和演化，任何一个城市都必须面对。因此，必须在发展中不断完善和解决。在信息化的作用下，近 20 年来，城市的功能和结构日趋复杂，各种要素之间的相互作用和衍生作用日益复杂，城市逐渐演化为具有自组织结构的复杂系统，其集聚的特点更加复杂多样而且充满变化。人们惊异地发现，经过多年努力，我们面临的城市问题并未减少反而更多，可能将来还会层出不穷。

随着城市问题的产生，城市规划、城市地理学、经济学、社会学等学科不断进行着各种新思想创造和实践。正是对各种城市问题发生原因的探寻和对各种问题的调适，才成就了各个国家和地区、各个不同时期的城市规划和城市政策，包括 19 世纪末和 20 世纪初英国的田园城市理论和新城建设实践，20 世纪 30 年代西方的城市美化运动，

① 种浩. 2009. 当前制约我国城市发展的问题及对策研究. 天津：天津大学硕士学位论文。

20世纪中期美国的城市更新，芒福德的区域规划思想，吴良镛先生的有机更新理论，美国的“精明增长”理论、新经济理论，TOD交通模式……这些理论和实践经验为城市规划和今天的城市人口管控、环境治理，以及更加广泛意义上的城市管理等提供了很好的经验借鉴。

在当今中国城市问题错综复杂和日益严峻的情况下，再提“坚持在发展中解决城市问题”，有着鲜明的现实意义。环境污染、公共服务缺位、住房供需失衡、交通拥堵等问题是城市可持续发展道路上的“绊脚石”。要想治好这些城市病，需要积极寻找症结，运用规划和政策等手段加以干预。在严峻的态势面前，如果任由“市场决定”，城市功能将陷入紊乱，城市将停滞不前甚至衰败。从现实情况来看，中国城市面临的主要困境或问题是：①依靠土地财政和城镇化拉动的城市发展动力机制存在偏颇，经济社会发展的可持续性存在风险；②虽然城市财富在迅速增长和集聚，但社会公平问题日益严峻；③经济增长的资源环境消耗居高不下，资源环境压力不断加大；④城镇化过程中城乡二元制度造成的外来流动人口和土地利用的矛盾长期得不到解决，问题积累时间越长，解决难度越大。这些城市问题中，有的随着社会和经济进一步发展会逐渐消退；有的必须尽快解决，否则会对社会稳定和经济系统造成严重危害；有的问题与经济和社会制度的改革相互纠结，不是一下子就能解决的，需要耐心等待，待时机成熟时再加以解决。中国只能通过发展，以合理的过渡和转型办法来解决问题。要明确解决城市失业问题要靠发展，破解城乡二元结构要靠发展，维护城市公平公正要靠发展，改善民生需要靠发展，解决环境问题同样要靠发展，发展是解决中国城市问题的必由之路。

第二章　中国城市问题的类型

如前所述，在市场经济快速发展和产业结构加快升级的背景下，中国城市在发展中所积累的矛盾和问题具有多阶段共存和时空压缩的特征。因此，每个城市根据其所处的发展阶段不同，面临的情况有很大差异。对特定地方来说，我们见到的也常常是很多问题交织在一起。要想很好地把握这些问题并且找到合理可行的解决办法，先要了解特定的社会、经济、政治和文化背景下，中国城市发展道路与世界其他国家有哪些共同特征，又有哪些独特性。这样，才能从发展阶段和地域类型等不同维度对城市问题进行解析，把复杂问题简化为可求解的问题，识别真正的原因所在，寻求当时当地的解决对策。在这一章里，我们将回顾中国城市在不同发展阶段所呈现出来的主要问题，并按照它们的成因以及与空间形态、城市规模等级等因素的对应关系，对城市问题的主要类型进行划分，进而分析和总结中国城市发展进程中的重要突出问题，为城市发展建设方向的设计提供参考。

第一节　中国城市问题的阶段性特征

人有生老病死，城市也有生长兴衰，在工业化和城镇化的不同阶段，城市问题的主要表现和严重程度有所不同，具有明显的阶段性。

1979 年，美国城市学者诺瑟姆在《经济地理》一书中，提出了一条“城市化过程曲线”。通过观察世界上一些国家城市人口占总人口比重的变化情况，他发现如果以时间为横轴、城市人口比例为纵轴，那么各个国家的城市化进程普遍表现为一条略为拉平的“S”形曲线。这条曲线就是“诺瑟姆曲线”，它展示了城市人口比重逐渐提升的阶段性规律。根据诺瑟姆的理论，城镇化的过程大体分为三个阶段，也即城市发展水平较低、发展较慢的初期阶段，农业人口向城市迅速聚集的中期加速阶段，以及进入高度城镇化以后城镇人口比重的增长又趋于缓慢甚至停滞的后期阶段。一般来说，当城市人口比重超过 10%且不及 30%时，城市人口比重的增长十分缓慢，可定义为城市化的初期阶段；当城市人口比重超过 30%以后，城市化进程开始加快，城市人口迅猛增长，进入城市化加速阶段；当城市人口超过 70%以后，进入城市化后期阶段，城市化进程停滞或略有下降趋势（段辉，2015）。凡城市化开始较早的国家，城市化发展速度较慢，而城市化和工业化开始较晚的国家，城市化达到相同水平所用时间较短。

中国的城镇化进程大体上也符合“诺瑟姆曲线”规律，不过由于经济和社会政治政策的影响，中间有过许多波折。中国的城镇化经历了以下几个阶段：①第一个阶段是1949～1964年。新中国成立之初，全国城市化水平非常低，仅有132个城市，城市市区人口3960万，占全国总人口的比重只有7.3%。受特定历史条件下的经济发展战略和城乡隔离政策影响，形成了城乡分割的二元体制，城乡之间的人口流动受到严格限制，城镇化速度大大滞后于工业化进程。②第二个阶段是1965～1978年。“文化大革命”期间，城镇建设一度停滞不前。由于大批知识青年“上山下乡”，城市人口规模没有增加反而有所减少。1978年，全国城镇人口（居住在城镇地区半年及以上的人口）有1.72亿，占总人口的比重为17.92%。③第三个阶段是1979～1994年。1980年开始，中国农村开始实行家庭联产承包责任制，农业生产率大大提升，大批剩余劳动力被解放出来，城市建设迎来了快速发展的阶段，但相比工业化进程来说，城镇化进程仍然是滞后的。由于城镇建设欠账很多，又缺乏稳定的资金来源，基础设施建设资金紧张、投入不足，供需矛盾较大。④第四个阶段是1995～2010年。在1995～2005年的国民经济发展第九个和第十个“五年计划”期间，城镇化上升为国家战略。1994年，中国开始推行中央和地方的分税制，土地使用制度的改革使得土地出让金成为地方政府的城市建设资金的重要来源，制约城市建设已久的资金瓶颈被打开。与此同时，在市场经济改革和流动人口管理政策放松的强力推动下，城镇化速度以每年增加1.1%的速度增长，城镇总人口平均每年增加1000万人以上。在这个时期，城镇化对经济增长的拉动作用十分显著，城镇服务职能和要素集聚能力增强，城乡居民收入也快速提高。1990年第四次全国人口普查时，中国有467座城市，城镇总人口为2.97亿。按照北京大学周一星教授对统计口径进行修正以后的结果，城镇化率（城市中常住人口占总人口的比例）是26.62%。而到2000年第五次人口普查时，城市总数已经达到663座，城镇人口达到4.6亿，全国城镇化率达到36.1%。但是高速的城镇化也产生了副作用，特别是关于城镇化的健康发展出现了不少理念上的偏差。2006年，中国科学院陆大道院士等上书国务院，对脱离客观规律和国情条件、人为地盲目拉高城镇化率的“冒进式”城镇化现象提出了质疑。此后一段时期，国家对城镇化和宏观经济政策做了一些调整，但是2008年为应对亚洲金融危机而出台的“四万亿”投资计划再次拉升了城镇化速度。⑤第五个阶段即2011年至今。2011年，中国的城镇化率超过50%，在各级城镇中生活的人口达到6.9亿，首次超过农村人口。

从城镇化曲折的发展历程中，我们可以找出城市问题的一些阶段性特征。

（1）城镇化起步阶段。这一阶段特征是城镇化进程缓慢，受社会经济发展水平的限制，城市建设投资规模小，城市规模小、数量少、体系简单、职能单一，城市系统较为封闭，城市之间、城市与区域之间的联系较少。因为社会生产力水平相对低下，物资短缺，加上流通不畅，所以物资供应紧张。这个阶段的主要城市问题是资源短缺和供应不足，不仅包括粮、油、肉、烟、酒等日常基本保障用品，而且还包括住宅、交通、公共服务配套设施等（周加来，2004）。

（2）城镇化加速期。这个时期，城镇化水平开始加速提升。随着城市工业经济的快速发展和农村劳动生产率的提高，大批农村劳动力涌入城市，城市人口快速增加，经济规模扩大，人们的居住、就业需求急速增加。先前的城市功能在短时间内难以适应城市规模急剧扩张的需求，基础设施不足、城市卫生条件差、环境污染、住房紧缺等问题开始变得尖锐。在这个阶段，城市问题大多为单个城市的病态反应，尚未出现由于城市联动带来的大范围复合效应。

（3）城镇化平台期。平台期的特征是城镇化水平快速提升后速度回落，城市系统更加复杂化，城市功能更加多样性，环境污染的复合效应也日趋严重。一些缺乏前瞻性、不注重资源开发效率和生态环境保护的城市，人口、资源、环境的承载力不断逼近极限，环境、经济社会问题集中暴发；存在过度或超前城市化现象，城市的产业基础薄弱，无法支撑大量的城市人口就业，造成城市失业问题严重；交通拥堵、社会分层、环境污染、生态破坏、基础设施不足等问题频现。平台期的城市病症最多，而且最严重。

（4）城镇化成熟期。这时，农村剩余劳动力已基本被城市吸纳或实现城镇就地转移，人口城镇化水平趋于稳定（张忠华和刘飞，2012）。目前，中国的城镇化尚未达到成熟期。从发达国家的经验来看，美国、澳大利亚等率先步入了郊区城市化阶段，伴随着小汽车的普及和高速公路的大规模建设，大量居民在郊区定居，城市的商业功能和产业功能也出现郊区化趋势，就业、生活中心的逐步分散，使人们的工作、生活方式大为改变，郊区开始成为主要工作、生活空间。然而，城市空间的低密度扩展造成人均服务设施成本增加、土地资源浪费以及城市中心区发展衰退等问题，还带来农用地和生态空间减少、机动车污染加重等矛盾。此外，人口老龄化和由于不同种族或收入的人口的空间隔离而导致的社会矛盾也是城镇化成熟期的城市常常面临的问题。

可见，各个阶段城市问题的主要原因和城市病的严重程度都有所差异。一般而言，城镇化发展初期的主要原因是基础薄弱，因而城市问题主要体现在日常基本保障用品以及住宅、交通、公共服务配套的短缺和供不应求等方面。城镇化发展加速期，城市问题的表现形式更加多样，包括人口膨胀、交通拥挤、住房紧张、居住环境恶劣、基础设施拥挤等；城市建设者和规划者把主要精力和目标放在经济建设上而忽视生态环境建设，环境污染问题日渐显现。同时，一些城市的产业基础薄弱，无法给大量新增城市人口提供足够的就业岗位，造成失业，引发一系列的贫困、社会冲突和犯罪等社会问题。到了城镇化平台期，经济、社会和环境问题的复合效应更加明显。到了城镇化成熟期，随着城市空间扩张和农业用地、开敞空间向建设用地的转化，城市空间体量越来越大，人口和经济密度却越来越低，造成人均服务设施成本增加、土地资源浪费以及城市中心区发展衰退等问题；社会分层以住房或贫富差距的形式固化下来，不同社会阶层在空间上的隔离越加明显，使社会排斥和社区极化等社会问题加剧；城市的蔓延式拓展促进了机动车的使用，同时农耕地、草场、森林、湿地继续减少，粮食生产和生态环境服务功能遭到严重削弱，城市环境污染加重。

2019 年中国的城镇化率刚超过 60%，整体上尚未达到城镇化成熟期。由于我国国土广袤，人口众多，地理环境差异又很大，广大山区、农村、森林草场的开发利用和管理都需要相应的人口支撑，要想达到资源开发条件优越的欧美发达国家 85%甚至更高的城镇化水平既不现实也没有必要。或许在城镇化水平达到65%～70%就会进入城镇化的成熟期。目前，在三大都市圈的核心城市和沿海发达省市，城镇化成熟期的一些问题有所显现：城市人口增长趋缓，甚至出现人口减少的现象和郊区化、地方化等空间迁移现象。这一方面可能会使先前的一些城市问题得到缓解，减轻城市集聚区的资源环境压力；另一方面，城市人口老龄化和人口结构变化使健康支出和公共服务负担加重，城市活力减退。人们生活方式和工作方式转变，可能会带来中心城区衰退、公共服务过剩和区域发展不均衡等新问题，加上城市系统高度精密化和复杂化，加大了自然灾害、公共安全方面的风险；面对的外部压力增大，同时还需要应对全球化和网络化带来的竞争压力。

第二节　不同类型城市的问题

我们很难用一个通用视角来看待所有城市问题，因为每个城市的自然本底条件、发展路径，以及政策等因素都是不同的。我们列举一些有代表性的城市类型，从内在成因上解释它们面临的问题。

一、资源依赖型

（一）中国资源型城市概况

第一章提到，不能移动的生产要素是城市存在的首要原因。能源和矿产资源要素是现代工业发展不可或缺的资源，因为它们集中于特定的地方，所以生产、生活和交通的组织只能围绕这些地点来进行，形成了资源型城市。

广义的资源型城市既包括自然资源型城市，也包括人文资源型城市；狭义的资源型城市仅指以自然资源型产品为产业支柱的城市，特别是那些随着矿产、森林、水能、风能、热能等自然资源的开发利用而兴起，并且因采掘和利用这些资源形成主导产业的城市。出于有利的先天条件，资源型城市很容易形成资源依赖型发展模式，其特点是依靠区域资源特别是矿产资源的比较优势，通过对自然资源的开采和初级加工，形成初级产品的经济增长模式。

资源型城市对驱动区域经济具有重要作用，在国民经济发展中占有举足轻重的地位。根据资源种类的不同，它们有的只是为周边区域提供产品和服务，有的则服务于国家，保证国家经济的正常运行。中国资源型城市中矿产资源开发的增加值约占全部工业增加值的25%，高出全国城市平均水平一倍左右。在工业化初期，资源型城市为国家经济建设集中提供了大量的资源产品和服务，是国家生产力布局的关键因素。

那么哪些城市是资源型城市呢？根据2013年国务院发布的《全国资源型城市可持续发展规划（2013—2020年）》，资源型城市细分为矿业城市和森林工业城市两个子类。矿业城市的判别标准包括产业结构、就业结构、资源市场占有率三项指标，满足其中一项即是矿业城市。森林工业城市的判别标准包括森林资源潜力和资源开发能力两项指标，同时满足两项即是森林工业城市。依据这些标准，综合考虑资源开发历史、有没有布局国家重点资源型企业等因素，中国一共有 262 个资源型城市（表 2.1），占城市总数 40%以上，主要依赖的资源包括煤炭、森林工业、有色冶金等（张文忠等，2014）。按照资源开发利用和城市发展状况，可以把资源型城市划分为成长型、成熟型、衰退型和再生型。其中，有 67 个城市由于自然资源趋于枯竭、经济发展滞后、民生问题突出、生态环境压力大，被列为衰退型城市，是资源型城市中问题最严重的。

表 2.1　中国资源型城市名单

类型	城市名单
成长型城市（31 个）	地级行政区 20 个：朔州市、呼伦贝尔市、鄂尔多斯市、松原市、贺州市、南充市、六盘水市、毕节市、黔南布依族苗族自治州、黔西南布依族苗族自治州、昭通市、楚雄彝族自治州、延安市、咸阳市、榆林市、武威市、庆阳市、陇南市、海西蒙古族藏族自治州、阿勒泰地区 县级市 7 个：霍林郭勒市、锡林浩特市、永城市、禹州市、灵武市、哈密市、阜康市 县 4 个：颍上县、东山县、昌乐县、鄯善县
成熟型城市（141 个）	地级行政区 66 个：张家口市、承德市、邢台市、邯郸市、大同市、阳泉市、长治市、晋城市、忻州市、晋中市、临汾市、运城市、吕梁市、赤峰市、本溪市、吉林市、延边朝鲜族自治州、黑河市、大庆市、鸡西市、牡丹江市、湖州市、宿州市、亳州市、淮南市、滁州市、池州市、宣城市、南平市、三明市、龙岩市、赣州市、宜春市、东营市、济宁市、泰安市、莱芜市、三门峡市、鹤壁市、平顶山市、鄂州市、衡阳市、郴州市、邵阳市、娄底市、云浮市、百色市、河池市、广元市、广安市、自贡市、攀枝花市、达州市、雅安市、凉山彝族自治州、安顺市、曲靖市、保山市、普洱市、临沧市、渭南市、宝鸡市、金昌市、平凉市、克拉玛依市、巴音郭楞蒙古自治州 县级市 29 个：鹿泉市、任丘市、古交市、调兵山市、凤城市、尚志市、巢湖市、龙海市、瑞昌市、贵溪市、德兴市、招远市、平度市、登封市、新密市、巩义市、荥阳市、应城市、宜都市、浏阳市、临湘市、高要市、岑溪市、东方市、绵竹市、清镇市、安宁市、开远市、和田市 县（自治县、林区）46 个：青龙满族自治县、易县、涞源县、曲阳县、宽甸满族自治县、义县、武义县、青田县、平潭县、星子县、万年县、保康县、神农架林区、宁乡县、桃江县、花垣县、连平县、隆安县、龙胜各族自治县、藤县、象州县、琼中黎族苗族自治县、陵水黎族自治县、乐东黎族自治县、铜梁县、荣昌县、垫江县、城口县、奉节县、秀山土家族苗族自治县、兴文县、开阳县、修文县、遵义县、松桃苗族自治县、晋宁县、新平彝族傣族自治县、兰坪白族普米族自治县、马关县、曲松县、略阳县、洛南县、玛曲县、大通回族土族自治县、中宁县、拜城县
衰退型城市（67 个）	地级行政区 24 个：乌海市、阜新市、抚顺市、辽源市、白山市、伊春市、鹤岗市、双鸭山市、七台河市、大兴安岭地区、淮北市、铜陵市、景德镇市、新余市、萍乡市、枣庄市、焦作市、濮阳市、黄石市、韶关市、泸州市、铜川市、白银市、石嘴山市 县级市 22 个：霍州市、阿尔山市、北票市、九台市、舒兰市、敦化市、五大连池市、新泰市、灵宝市、钟祥市、大冶市、松滋市、潜江市、常宁市、耒阳市、资兴市、冷水江市、涟源市、合山市、华蓥市、个旧市、玉门市 县（自治县）5 个：汪清县、大余县、昌江黎族自治县、易门县、潼关县 市辖区（开发区、管理区）16 个：井陉矿区、下花园区、鹰手营子矿区、石拐区、弓长岭区、南票区、杨家杖子开发区、二道江区、贾汪区、淄川区、平桂管理区、南川区、万盛经济开发区、万山区、东川区、红古区

续表

类型	城市名单
再生型城市（23 个）	地级行政区 16 个：唐山市、包头市、鞍山市、盘锦市、葫芦岛市、通化市、徐州市、宿迁市、马鞍山市、淄博市、临沂市、洛阳市、南阳市、阿坝藏族羌族自治州、丽江市、张掖市 县级市 4 个：孝义市、大石桥市、龙口市、莱州市 县 3 个：安阳县、云阳县、香格里拉县

资料来源：陈劭锋等，2014

国际经验表明，资源型城市的繁荣和衰退与自然资源的生命周期和资源产业经济形势密不可分。按照自然资源的生命周期，可以把资源型城市的形成和发展过程划分为四个阶段，即兴起期、成长期、繁荣期、衰退期。在兴起期，矿产资源被发现，人们开始进行资源开发和相应的城镇建设，人口不断向这个地区集中，形成以资源型企业为主的矿区经济。在成长期，人口、资金、技术、政策等要素继续不断向资源型城市集中，产品市场需求量大，产业发展势头强劲，城市化进程加快，规模增加。但在这个阶段，往往会因为过度追求经济效益，出现比较突出的环境污染和生态破坏等问题。在繁荣期，主导资源型产业的产值比重不断增加，城市经济处于鼎盛期，其普遍特点是产业结构畸形发展，经济结构单一。随后，城市进入衰退期，主导型资源逐渐枯竭，由于后续接替产业尚未形成，而城市经济和第三产业发展滞后，出现经济、人口、社会、资源、生态等多方面问题。资源、要素、市场重新洗牌，在这一“痛苦”的过程中，城市只有及时找到转型发展的路径，接续产业及时跟上，才能获得“新生”。

2011 年，全球矿业增加值约占全球 GDP 的 4%，之后连续五年矿业低迷，澳大利亚、加拿大、南非、智利等矿业大国及中东地区经济遭受重创。石油、动力煤、铁矿石的价格深度下跌，致使大量资本逃离矿业界，全球矿业资产蒸发 50%以上。中国的矿业也受到巨大冲击。

资源枯竭、产业衰退和生态环境破坏普遍制约着资源型城市的发展，特别是进入后工业化社会，资源依赖性过强使得城市经济增长缓慢，加之产业转型压力、环境污染、生态破坏、人才下岗流失和资金要素集聚能力越来越弱等问题，资源型城市的发展面临极大困扰。即便是一些资源丰裕的城市，也很容易遭遇“资源诅咒”：一开始它们总是优先发展资源型产业，对现代加工制造业和第三产业等非资源型产业的发展不够重视，由此引发一系列不利于长期经济增长的负面效应，终将拖累城市和区域经济的发展（邵帅和杨莉莉，2010）。

在一个特定区域内，资源型产业必然随着资源的耗竭和产业生命周期的结束而走向衰退，这是一个客观规律。因此，资源型城市的发展必须未雨绸缪，到了一定的时期，就要根据城市的特点，寻求针对性的措施，推动资源型城市转型，实现城市经济可持续发展。现在中国已经有 67 个衰退型资源城市，未来还会有其他资源型城市陆续加入这一行列。资源型城市的问题是我国经济社会发展中必须持续重点关注的问题。

（二）资源型城市的基本特征

1. 城市建设以资源开发为核心

中国的大部分资源型城市都是为了开发资源而在短时间内集中大量人力、物力、财力迅速发展起来的。因为建设初期对未来的预估尚存在很多不确定性，所以生产、生活配套设施的建设往往缺乏合理的总体布局设计和系统规划，城市建设缺乏特色。1980年以前，中国长期流行着“先生产、后生活”的口号，甚至把“先生产、后生活”当作国民经济建设的方针，在企业文化中大力奉行。很自然地，资源型城市建设也是“先矿井，后配套”，城市社会服务功能和基础设施建设没有得到应有的重视，随着人口的增长，住房、交通等城市基础设施跟不上，很难满足社会、文化、交通、通信等方面的要求。

2. 城市空间结构松散

今天看来，除了一些早期进行了较好规划的新兴工业城市，如“一五”时期选点布局的包头、兰州等工业基地，很多资源型城市的布局存在“点多、线长、面广”的特点，工矿居民点布局跟着资源分布走，实际城市建成区面积小而零散，不少城市里还夹杂着农田、菜地等非城市景观，人口和城市建设密度很低。这种城市形态的弊端显而易见。“点多”，导致城市建设过于分散，没有重点；“线长”，导致道路交通、水、电等基础设施和公共服务的整合性差，建设成本高，利用效率低；“面广”，使得城市建设铺得太大，空间结构松散，无法形成集聚效应，各个区块也缺乏城市特色。

3. 产业结构不合理

资源型城市的产业结构绝大多数是以第二产业为主，第一产业和第三产业所占比重较低，尤其是第三产业普遍落后，第三产业从业人员的比重显著低于其他类型城市的平均水平。在第二产业内部，也是以资源性产业占据主导地位，资源产业一业独大，城市经济严重依赖资源的开采和初级加工，产业链条短，自然会降低抗风险能力，削弱可持续发展的后劲。

4. 城市具有双重属性

从矿业和森林工业中化身而来的资源型城市通常具有城市和产业基地的双重属性，既具备行政中心、经济中心、文化中心、交通中心等一般的城市职能，又具有因资源和产品优势而成为国家重要工业基地的特殊属性。双重的属性决定了它们的双重功能，即城市经济社会发展的综合服务功能和发展工业的产业支柱功能。如果两者的关系处理不当，就会导致资源型城市的社会经济发展失调①。例如，很多钢铁、石油城市里的大型企业，都拥有自己专用的供水、供气系统和学校、医院等设施，而城市政府则另有市政掌管的同类设施，很多是重复建设。

---

① 沈镭. 2005. 我国资源型城市转型的理论与案例研究. 北京：中国科学院研究生院博士学位论文。

5. 社会矛盾整体性强

过度单一的产业结构，导致从业人员具有同质性，往往面临共同的社会问题，因而社会矛盾具有整体性强的特征。例如，一些矿产资源枯竭的城市，有大批下岗失业工人或发不出工资的情况，如果处置不当，就会严重影响城市的和谐与社会稳定。

（三）资源型城市面临的问题

尽管资源型城市为经济发展做出了重大贡献,但因为外部原因和内部条件的限制，出现的问题还是很明显的。归纳起来，主要有以下几个方面。

1. 管理体制改革滞后，产权制度模糊

大多数资源型城市在形成和发展过程中，实行的是企业与政府“两张皮”的制度，即企业和政府同时经营着城市。工矿企业在城市规划、管理及建设过程中起着举足轻重的作用，有些企业直接隶属于中央或省，行政级别比城市还高，这些企业基本封闭运行。企业办社会、企业办城市的现象普遍，企业功能和城市功能相混合，两者利益关系未理顺。

2. 主体资源面临枯竭，城市后续发展动力不足

资源是资源型城市赖以存在与发展的基础,许多资源型城市由于长期高强度开采，加上资源的不可再生性，已探明的主体资源已枯竭或趋于枯竭，面临“矿竭城衰”的境地。

3. 产业结构单一，产业间关联度低

我国资源型城市主要依赖于资源开采，而对非资源型产业的培育和发展不够重视，导致主要产业单一，三次产业比例失调，尤其是第三产业结构内部以传统服务业为主，缺乏高层次的新型服务业。同时，资源依托型城市的主导产业以初级产品为主，产品附加值低，经济效益低下，没有形成向下有产品延伸的产业链（贾庆和卜正学，2010）。

4. 经济二元性现象突出

资源型城市的经济二元性，首先表现在大工业小农业。资源型城市在建设过程中强调对资源的开发，忽视农村经济的发展，城乡差距日益拉大。其次是大国有经济、小民营经济。一方面是由中央、省有关部门投资兴建起来的装备精良、技术密集、具有国际国内先进水平的特大型、大中型企业群；另一方面是技术装备差、管理水平落后的地方企业群，两者共处一地，各成体系，双轨并行发展，结构上出现断层，关联性较差。

5. 下岗和就业问题严峻

随着资源枯竭或主导产业萎缩，资源型城市在资产和资本的重新组建过程中面临

大量下岗工人再就业的压力。由于城市产业结构不平衡，特别是第三产业发展滞后，所能吸纳的再就业人数有限，再加上下岗失业人员的文化程度普遍偏低，年龄偏大，再就业面临不少现实难题。在一些城市，失业造成社会负面情绪蔓延，矛盾时有激化，给社会增加了不安定因素。

6. 生态环境问题严重

资源开采和消耗所带来的环境污染和生态破坏巨大，也危害着公众的健康和社会安定。矿产资源的开发和冶炼属于重污染行业，在资源开发过程中只重视眼前利益，忽视生态环境保护，生态环境问题就更为突出。急功近利的粗放式开发和过度开发，不仅会造成资源的浪费，而且会使环境质量遭到严重损害，山体裸露、土地塌陷、废水污染、土壤重金属超标，甚至还会诱发生态危机，直接威胁城市居民的正常生活和健康。在中国资源型城市当中，生态环境问题主要表现为大气污染、工业“三废”排放、水资源和水环境污染，耕地和林地的占用和破坏、采空区地面塌陷等，特别是水资源破坏的现象较为严重，许多城市的水体多次受到污染，饮用水水源地的水质安全受到威胁。

二、资源环境制约型

（一）中国资源环境的现状

1. 人口增长导致资源供需矛盾加剧

在世界范围内，无论是土地、水、森林等资源还是煤炭、石油、金属和非金属矿藏资源，中国的资源储量都很丰富，但由于人口基数大，人均占有量大大低于世界平均水平。水、森林、石油和煤炭的人均占有量仅为世界平均水平的 1/4、1/6、1/5、1/2。过去三十多年里，欧盟每年能源消费增长维持在 1%～2%的速度，美国已经进入微量增长阶段，但是中国经济的快速发展使得资源消耗总量迅速增加，现在每年的能源消耗还在以 5%～6%的速度增长。2010 年，中国超越美国成为全球最大的能源消耗国。近年来，清洁能源比例虽然有明显提升，但能源消耗增速还是较快。据《中国能源发展报告 2018》，2018 年全国能源消费总量 46.4 亿吨标准煤，同比增长 3.3%，增速又有所反弹。

城市人口的增长与资源环境之间的矛盾日益加大。中国不同区域的水资源、能源、矿产资源和耕地资源是很不均衡的（表 2.2）。以长江三角洲、珠江三角洲、京津冀为代表的中国沿海发达地区，人口集聚和城市经济增长已经超过资源和环境约束的底线。其中，生活能耗和生活污染源排放成为城市污染和能耗不断增加的重要原因之一。2014 年，中国城市的生活废水排放、氨氮排放、COD 排放分别占排放总量的 71.3%、57.9%、37.7%。以往，人们一直把关注的重点放在企业生产领域的污染控制，对生活类污染的防控相对不够重视，随着越来越多的人口进入城市，生活类污染逐渐变得更加严重。

表 2.2　中国各区域资源禀赋差异的比较

地区	水资源/%	能源/%	矿产资源/%	耕地资源/%
西部地区	46.45	35.77	31.57	23.7
东北地区	5.74	3.33	17.66	16.97
黄河中下游	6.17	54.45	25.52	31.19
长江中下游	22.36	5.19	21.91	21.07
东南沿海	19.28	1.26	3.34	7.07

2. 资源总量丰富，空间分布不均

中国的气候和地理环境类型多样，水土资源空间分布不均。在这样的国情下，水土资源与人口、产业的空间分布不匹配，加剧了资源环境矛盾。例如，北方地区（秦岭—淮河一线以北）人多水少，城市发展普遍面临水资源制约，其水资源总量占全国的比值仅为 20%，人口却占全国总人口的 40%以上。尤其是北京、天津、河北、山东等省市的人均水资源占有量更低，属于严重缺水型地区，如天津的人均水资源占有量仅为全国平均水平的 1/5。

对土地资源丰富的内陆城市来说，土地资源的开发利用成本低，而对于土地资源稀缺的沿海城市，尤其是大城市来说，土地资源价格昂贵，开发代价大。从表 2.2 可以看出，中国资源禀赋的分布大体上是从西向东逐步减少，能源和矿产资源的地域分布尤其集中，近 80%的能源和矿产资源分布在西部和北部地区。在 2008 年全国查明的矿产资源储量中，77%的煤炭资源集中在山西、内蒙古、陕西和新疆，75.9%的铁矿资源集中在辽宁、四川、河北、安徽、山西、云南、山东和内蒙古，62.4%的铜矿资源集中在江西、西藏、云南、内蒙古和山西。但是，上述资源的分布与人口和经济格局极不匹配，事实上，中国 60%的能源消费是在经济发达的东南部地区，那里虽然工业密集，但能源和矿产资源却严重依赖于外来供给。虽说水资源、矿产资源和能源可以通过区域调运的方式来缓解，但资源环境禀赋的制约具有区域性特征，过度依靠外来输入，不仅会提高成本，而且存在系统不确定性的风险。

3. 局部地区严重超载，城市建设的环境代价不断攀升

中国很多城市的污染排放量已超过城市的环境承载能力，城市发展中资源环境代价比较高。一是环境污染严重。2016 年对 138 条城市河段的统计调查中，有 133 个受到了不同程度的污染。全国范围内 78%的河段不适宜作饮用水水源，50%的地下水受到污染。城市大气质量严重恶化①，北方城市二氧化硫浓度平均值达到 83μg/m^3。二是生态环境恶化。2009 年，全国荒漠化土地总面积 262.4 万 km^2。据生态环境部统计，全国约 90%的天然草地存在不同程度的退化。2018 年，全国水土流失面积达 273.7 万 km^2。三是局部地区综合承载力超过警戒线。2013 年发布的《京津冀蓝皮书：京津冀发展报告（2013）》指出，北京的综合承载力已经进入危机状态，天津已达到警戒线，河北的发展空间也已经非常有限。以水资源为例，京津冀地区现有水资源只能承载其

① 余辉. 2017. 2016 年最新城市环境污染调查报告. http://www.cnfla.com/diaochabaogao/56048.html. 2020-05-30。

60%的人口，而北京市现有水资源仅能承载667万人，相当于现有人口规模的40%。

我国城市化和工业化过程中的环境代价是相当高昂的。《中国环境经济核算研究报告2009—2010》显示，环境污染及生态破坏造成的经济损失共计达15389.5亿元，占当年GDP的3.5%左右。在近年来环境质量相对较差的2013年，京津冀大部分城市所在的海河流域为中度污染，劣V类水质断面比例为39.1%；黄河流域、淮河流域、松花江流域、辽河流域均为轻度污染，部分城市河段污染较重。2013年环境保护部的监测结果表明，在建设体量大、发展速度最快的长江三角洲和京津冀及周边地区空气污染均最为严重。

（二）资源环境紧缺引发的城市问题

发达国家的历史经验表明，一个国家要想实现现代化和经济快速增长，工业化和城镇化是必由之路。而在这个过程中，特别是工业化的前期和中期，一个通病是采取粗放的经济增长方式，通过资源和能源的投入来换取城市的发展。中国近现代经济的增长具有明显的资源驱动特征（金碚，2008）。曾几何时，冒着浓烟的厂房和机车、钢花四溅的钢厂，拔地而起的高楼，一度是人们心目中城市现代文明的象征物。随着城市的发展和壮大，钢铁、煤炭、有色金属等矿产资源消费和非农建设用地大幅增加。如果我们继续延续这种增长方式，那么按照目前中国工业化和城镇化的发展速度，资源供给和生态环境约束的“天花板”很快就会达到。

人们常常把中国的资源环境短缺问题笼统地归咎于“人口过多”，其实，更重要的原因在于粗放式的发展模式。我国人均水资源占有量虽然仅有世界平均水平的1/4，但是却相当于以色列的9倍。而以色列以正确的用水观念、科学的用水制度和用水方式，在水资源极其稀少的状况下实现了供需平衡。可见，城镇化和城市人口增长只是造成资源环境压力的外在因素，最根本的决定因素还是在于其先天的自然环境基础和对资源的利用模式。

从宏观角度来看，城市发展所依赖的资源其实也是整个生态环境系统的一部分，对资源的过度开发和不合理利用，不可避免地会造成生态环境问题。空气污染、水体污染、噪声污染和固体废弃物的排放会随着城市规模的不断扩大、建筑密度的不断提高和机动车数量的增加而加剧。2000年以来，中国百万人口以上的大城市已经频繁观察到光化学烟雾污染的迹象，不仅造成巨大的经济损失，还严重威胁居民的健康和生态系统的安全。有研究估测，上海和西安每年约有1000人由于空气污染所导致的多种疾病而死亡，大气污染造成的经济损失已经占全国GDP的2%～3%（安树伟，2013）。

三、公共产品不足型

（一）城市公共产品的特征

所谓公共产品，是指那些在消费或使用上具有非竞争性和在受益上具有非排他性的产品。非竞争性指的是一个人对公共产品的使用不会减少其他人对公共产品的使用；非排他性指的是没法把不付费者，也就是“搭便车”的人，排除在公共产品的使用者之外。空气、水、公园绿地等就是典型的公共产品。城市里的公共产品除了上面两个基本属性，还有一些特殊性质。一是城市公共产品受益范围有限，超过一定的范围，人们就享受不到某个城市公共产品。二是城市公共产品是为了满足城市居民、企业和团体的生活和生产需要。三是使用人数要适度，否则就会产生拥挤成本。此外，城市公共产品的使用率通常比较高。这些特点使得城市公共产品的数量、结构和空间配置成为重要的课题。

因为具有非排他性的特点，所以城市公共产品的“搭便车”行为普遍存在。因而靠市场来提供充足的公共产品的想法不切实际，否则必定会发生公共产品供给不足的情况。因此，那些关乎居民的最基本需求的公共产品应该由政府和公共部门来提供，如保障房、医疗、教育、道路、供水、供电等。随着社会经济的发展，市场也开始介入公共产品的供给，这提高了公共产品的多样性。

从公共政策的公平性视角来看，基本公共产品和服务的均等化是一个基本战略导向。由于体制改革、住宅商品化制度等因素影响，城市社会空间分化已成为当下中国居民的日常体验。基本公共服务均等化的目标，就是要实现社会利益在不同利益群体之间的公平分配，实现社会利益在不同地区之间的合理配置，这样城市或区域的民生发展质量才能得到保证。然而，从现状来看，优质公共产品或服务集中在个别城市或城市里个别地区的情况很多。例如，在京津冀地区，由于行政权力的影响，大部分优质的公共服务资源都集中在北京和天津，北京的福利、社保标准也都高于河北。这种不均衡的配置使北京和天津的吸引力大增，外来的人才、产业、资金被源源不断地吸引到京津地区，其中对河北的“虹吸”现象尤甚。《中国连片特困区发展报告（2014—2015）》指出，河北、山西、内蒙古有33个贫困县环绕北京和天津，形成了“环京津贫困带”，总人口超千万，其中河北省有22个县。

有学者指出，中国市场经济的改革特别是住房制度的改革等伴随着社会阶层分化和社会空间重构，城市特别是大城市空间转型的主要特征表现为社会空间异质性的增加。这种变化反映了全球化背景下城市转型的普遍规律，事实上社会空间极化也是西方后福特主义城市转型的主要特征（李志刚等，2004）。在这种形势下，城市基本公共服务的均等化配置就不仅仅是城市规划的问题，而是会遇到来自制度、资本等多个层面的挑战。

（二）公共产品供给的非有效性

2011年中国城镇化率突破50%，2018年已达到59.58%，城镇人口达到8.3亿。随着城市规模不断增长，各类城市经济单位和社会成员对公共产品和服务的需求急剧增加。政府作为供给主体，给城市公共产品的规划添加了不小行政指令和“计划”色彩。在这个过程中，市场在城市公共产品供给中的优化配置作用没能充分发挥出来，导致公共产品和服务的供给相对有限，效率不高。加之我国进入较高的城镇化发展阶段后，城市居民收入快速增加，人们对公共产品和服务的种类、规模和服务水平的需求更高，政府提供的公共产品难以满足多样化的需求，这已经成为影响民生和社会稳定的一大社会问题。归纳起来，城市公共产品供给主要存在以下问题。

1. 教育、住房、医疗等领域供给不足，短缺现象严重

随着经济社会的快速发展和人民生活水平的提高，城市居民对教育、交通、医疗等领域的公共服务需求日益增加，而我国实行财政分权之后，地方财政收入占全国财政收入比例不断下降，公共产品供给能力有所下降，加剧了公共产品的供需矛盾。其中，教育、住房、养老等方面的缺口尤为严重。2013 年中央公共财政支出 68491.68 亿元，其中，教育支出 3883.93 亿元，占 5.67%；医疗和卫生支出 2588.27 亿元，占 3.78%；社会保障和就业支持 6571.79 亿元，占 9.6%，保障性住房 2320.94 亿元，占 3.39%。以上四大民生支出总占比为 22.44%，与发达国家的通常水平（50%以上）相比还有很大差距。在社会保障方面，体系建设不完善，水平较低且覆盖面窄；根据中国社科院 2015 年发布的《中国养老金发展报告 2015》，养老保险金整体负债情况不容乐观，至 2014 年年底，养老金个人账户的空账超过 3.5 万亿元。

根据 2018 年《公共服务蓝皮书：中国城市基本公共服务力评价（2018）》对我国 38 个主要城市公共服务满意度的调查结果，城市公共住房满意度最低。2012 年，《小康》杂志对杭州、沈阳、深圳、北京和上海等 15 个城市“政府公共服务满意度”进行调查，结果发现受访者对所在城市公共服务的总体满意度不高，感到“非常满意”和“比较满意”者仅占三成多（34.5%），半数人感觉一般。同时，广大中小城市居民的满意度与深圳、北京、上海、杭州等一二线城市有较大差距（欧阳海燕，2012）。

2. 供给结构不合理，盲目追求高层次供给

我国很多城市对公共产品的供给顺序倒逆。按马斯洛的需求层级理论，人类的需求分为生理需求、安全需求、社交需求、尊重需求和自我实现需求五个层次。城市公共产品的供给也有相应的层级，如通过给排水、能源供给和环保设施的提供满足居民基础的衣食住行需求，通过居所、公共安全、卫生和健康服务保证人身财产和环境的安全，通过社区建设和公园绿地、活动中心等设施的建设满足人们对友情、爱情和亲情的需求。高等级文教体育娱乐设施的提供则有助于满足人们的成就感和自我实现需求。需求的满足应该遵循由低至高的顺序，首先保证与民生密切相关的基础设施和公共服务，而后再提供高等级公共产品。然而，一些城市过度追求高层次产品供给，不合时宜的豪华公共设施在各地频繁出现，不免给人以“面子工程”“形象工程”的疑惑。另外，生活道路、给排水、污水处理、燃气等基本层次的产品和城市安全设施的供给不受重视。例如，公共安全方面，2015 年 21 个省份共发生了 38 起重特大事故，包括天津“8 · 12”滨海新区危险品仓库特大火灾爆炸事故、深圳“12 · 20”特大滑坡事故，不但造成重大人员伤亡和财产损失，而且对公众安全感造成很大冲击。这些事故警醒我们，关乎人们健康和生命安全的体系和设施建设乃是城市公共服务的重中之重。

3. 公共产品供给空间上不均衡

不同经济发展水平的城市在公共产品供给方面具有明显差异。经济发达地区往往拥有较高的城市公共产品供给能力。比较我国东、中、西部的高速公路、学校、卫生

机构数量和人均拥有量等指标，可以看出公共产品存在明显的地区差异。总体而言，东部沿海地区显著高于中西部地区。

即使是在同一个区域，城市之间也存在着差异。例如，2014 年北京、天津、河北每百万人拥有普通高校数分别为 4.14 所、3.29 所、1.57 所，表明三地教育资源分配极度不均，且教育质量也呈现明显的“梯度差”。与此相似，2017 年北京、天津、河北每百万人拥有普通高等学校 4.24 所、3.66 所、1.61 所；每千人卫生机构床位数 5.55 张、4.38 张、5.26 张。基本公共服务的不均衡造成被动的人口流动，而且给北京市人口向河北等地的疏解造成一定障碍。

4. 供给渠道单一，政府财政压力加大

长期以来，我国公共产品供给采取政府垄断的经营管理模式，社会投资者自主经营、自主管理的机制还没有形成。城市政府提供的公共产品和服务满足不了需求，日积月累，政府背负的“包袱”越发沉重。近年来，北京、上海、广州等大城市正尝试进行市场化投融资改革，例如，通过政府和社会资本合作（public private partnership，PPP）模式，采用外包、特许经营、私有化等方式，让市场主体与政府合作建设城市基础设施项目或提供某种公共物品和服务。不过 PPP 模式的公共产品供给也存在一些难题，特别是社会资本会有选择性地参与利润高、资本回收期短的项目，而这些项目主要集中在经济发展前景较好的地区。在那些欠发达地区，目前的市场化投融资改革仍带有很浓的政府融资色彩，公共产品市场化供给还处于起步阶段。

5. 市政基础设施缺位严重，制约城市进一步发展

1990～2010 年，中国城市市政基础设施投资比重偏低。据联合国开发计划署研究，发展中国家城市基础设施投资最好占 GDP 的 3%～5%，1994～2006 年，我国城市建设基础设施投资占 GDP 的比重平均为 2.6%。投资不足导致公共产品供给缺位严重，不能满足城市扩张发展的需求。以城市基础设施建设为例，首先，城市供水问题仍然没有解决。2014 年 11 月至 2015 年 1 月，中国水安全公益基金对全国 29 个城市进行水质检验，一半城市水质不合格，尤其在西北等资源性缺水地区，一些城市供水设施不足导致自建供水设施无序发展，供水水质安全无法得到保障①。其次，城市道路与公共交通建设滞后，城市拥堵现象严重，几乎所有的特大城市和大城市都面临严重的交通拥堵问题。最后，污水处理和生活垃圾无害化处理设施不足导致环境恶化，污染日益严重。

四、人力资源流失型

进入 21 世纪以来，信息、生物、新材料、新能源、空间和海洋等高新技术迅速发展，经济形态日益转变，人力资源尤其是人才超过金融资源成为新的稀缺资源（张雨浦，2012）。城市之间的竞争不仅仅是资源和市场的竞争，而成为深层次的人力资源竞争、知识竞争。城市要发展、企业要壮大，与人力资源的培养和保留密切相

① 瞭望东方周刊. 2015. 全国 29 城饮用水质抽检报告：14 城水质存不合格项. http://news.sina.com.cn/c/2015-01-31/232631466840.shtml. 2020-05-30。

关。近些年来，我国不少城市存在人才流失的现象，企业人才流失率普遍约为15%，其中，民营企业的人才流失尤为严重，流失率接近50%[①]。对于中小城市而言，人才特别是高层次人才的流失使得中小城市发展失去活力，甚至面临衰败的命运，例如，2006～2009年，浙江省温岭市共引进高级人才139人，流失30人，流失率达到21.6%。

（一）人力资源流失现状及特征

1. 人力资源流动存在体制障碍

中国人力资源的单向流动特点比较突出。一是有大量农民工进城务工，为城市特别是发达地区城市提供了充足而廉价的劳动力。但囿于户籍、土地等方面的制约，高素质劳动力向农村和外地流出的很少。二是由于受身份、年龄、性别、教育等因素的限制，使得人才从体制外流向体制内难以实现，造成人才浪费。

2. 优质人力资源向发达地区集聚

中国沿海地区经济发展迅速，人才需求量大，高级人力资源在此容易找到发挥才能的位置。加上各地城市为了争夺优质人力资源而给以高薪和住房、落户、子女教育等方面的政策优惠，使得高质量人力资源不断向东南沿海发达地区和北上广等大城市集聚，影响了中西部地区城市的竞争力。从某种程度上来说，西部地区经济落后、人才流失、城市建设缓慢构成一个恶性循环。一项全国企业管理人员及专业技术人员的调查显示，东、中、西部民营企业人才所占比例分别为64.4%、22.0%和13.6%，东部与西部差距悬殊。

3. 人力资源流向经济效益高的行业

从行业来看，我国人才主要流向商业贸易、高科技企业和外资企业以及教育业、部分高端制造业、行政机关和社团、科研、医疗卫生、金融保险、邮电通信等行业部门，其“高职位、高薪酬、高福利”的优厚条件，对优秀人力资源具有很强的吸引力。由于人才严重流失，许多传统行业和国有老企业失去了发展动力，逐渐萎缩、亏损甚至破产。

（二）人力资源流失的影响

人力资源的流动加大了不同地区和城市之间的发展差距，给欠发达地区的城市建设造成了严重影响，形成“马太效应”。例如，东北老工业基地国有企业人才大量流失，而且高层次人才占多数，其影响之深已经越来越引起关注。

人才流失对城市和企业都造成巨大损害。对于城市企业来说，人力资源的流失尤其是优秀人才的流失会给企业带来成本损失和降低企业竞争力。相关资料显示，有50%的小微企业遇到过员工不稳定的情况，小微企业人才流失率大多超过25%，我国民营小微企业员工流失率甚至达到70%（顾杰和姚流盛，2014）。人才流失不但给企业带

① 郑代新. 2010. 我国民营企业人才流失及对策研究. 重庆：重庆大学硕士学位论文。

来直接的竞争力和成本损失，而且还会影响企业形象，造成间接成本。对于城市来说，人才流失严重影响了一个城市的人才结构，容易出现人才断层现象，影响了技术创新和产业结构升级，阻碍了城市的可持续发展。

五、规划和管理不当型城市问题

城市建成环境一旦形成，短期内很难改变，所以规划的失误是最大的失误。此外，“三分靠规划，七分靠管理”，环境污染、社会极化、流动人口、就业、城市特色等问题的解决离不开科学合理、高效系统的规划和管理。城市发展的过程中，科学的规划显得尤为重要，必须合理确定城市的性质、规模和发展目标，重要项目和公共服务设施的落地方案，以及它们对周边区域的影响。规划一经产生，就需要通过科学的管理、多方协调和资源分配，保证规划的落实。科学的城市规划能促进城市社会经济的迅速发展，实现城市土地的合理利用，提高城市形象，改善居民生活水平。

客观来说，当前中国城市的不少问题是由不合理的规划理念造成的，若不尽快纠正这些偏差，必将严重影响未来的长远发展。

（一）追求速度忽视质量，盲目规划

在城市建设过程中，不少城市为了搞政绩工程、献礼工程、形象工程，片面追求建设的高速度，许多规划没有考虑本地资源环境特点和发展基础，盲目求大求全，追求国际化、“现代化”、世界第一，创建各种“一流”，导致遍地高楼，城市形象大打折扣（李龙萍，2013）。一些地方将“城镇化”片面地理解为发展大中城市，短期内靠城市规划来盲目扩大人口和用地规模，开辟新区和新城，不切实际地建设“国际化大都市”或“国际化城市”。

（二）文化保护意识淡薄，城市规划缺乏个性和特色

目前，中国的城市建设规划千城一面，城市特色趋同性越来越明显，无论是新城建设还是旧城改造均缺少历史文化特色。有的地方对历史文化资源的价值认识不足，很多古迹被破坏，有的地方牵强附会地大建假文化，并未对城市特色资源进行精心的挖掘和保护利用，在城市建设尤其是旧城改造过程中，大量历史建筑、文物古迹遭到严重破坏。

（三）城市规划与现实需求脱节，规划滞后

一些地方的城市定位缺少对本底条件、社会经济状况、发展潜力和发展趋势的科学分析和研判，导致城市规划与现实脱节。具体表现包括：中小城市规划超前，近于空想；大城市规划滞后，对问题预判不足，捉襟见肘；城市规划尚未到期，而城市规模早已突破规划框架；规划实施滞后于规划期限，特别是基础设施建设滞后，跟不上人口和经济发展的需要。

（四）优先效率，忽视公平

改革开放的前 30 年，中国的城市规划和管理以保障发展为主要目标，经济增长效

率优先，侧重于对市场经济的扶持和推动。面对社会极化、空间隔离、社会排斥等现象，采取了相对不积极的态度。例如，许多城市特别是特大城市对于外来人口和农民工等弱势群体的住房和公共服务问题，至今规划思想仍然很不统一。城市规划中公平性的缺失人为加剧了社会各阶层利益的不平衡和城市社会空间的破碎，引发了就业、居住、公共卫生、社会保障、教育等方面的社会矛盾（于英华，2008）。自2000年以来，随着我国产业结构转型升级，经济发展进入“新常态”，《全国主体功能区规划》和《国家新型城镇化规划（2014—2020年）》相继编制出台，城市规划不再局限于单纯地土地和空间资源的分配，更加注重人地关系协调下的城市环境和社会生活质量，“多规合一”的探索与实践不断推进（顾朝林，2015）。

第三节　不同空间形态城市的问题

一、单中心过度集聚

单中心城市是在城市中心的强大吸引力作用下形成的一种城市形态，城市的生产和生活在市中心地区集中。直到20世纪初以前，世界上的绝大多数主要城市都可以归入单中心城市范畴。这是由当时单个城市的人口规模较小，没有现代化的交通工具，以及生产活动规模相对不大等因素所决定的。单中心的城市布局和形态可以有效地组织不同的城市要素，强化中心区的影响力，较好地利用有限的城市基础设施。当前，我国许多中小城市仍是沿用这种单中心的格局。然而，当单中心城市的规模超过一定的限度时，就会产生中心区过度集聚的现象，城市生产的规模经济效应也会被负的外部经济效果逐渐抵消，导致各种城市问题。

（一）中心区空间资源紧张，交通拥堵严重

为了在单中心的结构下保持平衡，单中心城市需要有一个强有力的城市中心，而且这个中心要有高于其他城市地区的优位度。这种优位度通常是由交通优势以及人口、就业和产业优势共同构成的，因此城市空间的结构会形成以城市中心为集聚核心，圈层放射状向外发展的形态。如果城市规模很大，城市中心的密度就会越来越高，空间资源越来越紧张。当有限的空间里集聚了太多的社会经济活动和人口、建筑物时，道路交通和基础设施都会饱和，进入超负荷运行状态，城市空间的发展走向失衡。

中国有很多特大城市是单中心结构，最典型的就是北京，以天安门为几何中心向外拓展，修建了二环、三环、四环、五环、六环。1949年新中国成立后，作为首都的北京城开始进行第一次（1950～1957年）总体规划，这次规划决定了北京后来的“单中心”发展模式。此后随着城镇化和城市建设步伐加快，城市中心组团越来越大，交通拥堵也越来越严重。2005年的总体规划中，才首次提出了“两轴-两带-多中心”的格局。

机动化和私人小汽车的快速发展加剧了单中心城市的外部扩张。近些年来，中国城市机动车拥有量迅速增长。2003～2018 年，全国机动车保有量从 2400 万辆增加到近 2.32 亿辆，年均增加 1386 万多辆，15 年内新增车辆占全部机动车的比例达到 89.6%。以北京市为例，2015 年北京市机动车总量已经达到 548 万辆，每 10 个人中就有 2.77 辆汽车，年排放污染物 70 万 t。2015 年北京市第五次综合交通调查结果显示，轨道交通出行比例大幅度提高，公交车出行比例持续下滑，且近 1/3 的交通出行仍然是小汽车。大量的私家车使得原本拥挤不堪的城市交通进一步恶化，因而北京被称为“首堵”。一般而言，低密度分散形态的城市比较适合以小汽车为主的交通工具，但在单中心城市里，运量小、占地多的小汽车很不适合。由于居住地与工作地之间的职住出行距离较长，当交通出行距离与时耗超过人们可以接受的范围时，仅仅靠调节供需是无济于事的，需要建立以公共交通体系为主的城市交通模式，否则将带来严重的交通问题。人口和建筑高度密集的北京，必然要求大运量的公共交通与其适应。

（二）外围地区基础设施和城市服务不足

单中心城市在某种程度上提供了更高的生产效率，但城市中心区和外围地区的不均衡，很容易使需求和供给过多地集中在中心区，交通、住房、公园等服务设施供不应求，生活在中心区的居民需要承受高房价和拥挤的压力。然而在外围圈层，基础设施和城市服务相对稀疏，人们除了要承受较长的通勤时间，还需要忍受相对较少的城市服务。

（三）单中心城市的其他负面效应

在单中心同心圆外展的城市形态下，城市中心与周边的自然环境隔得越来越远，新鲜空气难以进入，污浊空气受到高楼的阻隔不易排放，这很不利于空气环境的自然调节，容易产生较强的中心热岛效应。在人口和工商业活动高度集中的建成区，服务业、制造业和居住区经常混杂在一起，导致城市环境的恶化；土地利用与道路交通系统的脱节造成资源浪费。单中心城市的城市管理集中度较高，不容易分区管理，也会加大管理难度，有时会出现治安和环境管理不力问题。

二、低密度分散式蔓延

多点分散式蔓延的城市形态具有低密度、功能单一和过度依赖小汽车等完全不同于传统单中心城市的特点。城市的外向延伸和扩展，主要有沿交通要道轴向扩展和“跨越式”扩张两种方式，随着城市建成区的不断生长扩大，在土地利用形态上呈现出低密度、缺乏连续性的特点。在土地广袤、汽车高度发达的社会，有不少这样的城市，如澳大利亚的堪培拉等。在中国，这一类型的城市常见于中小城市，城市蔓延的形式主要是城市活动从中心商务区（CBD）及其周边开始，以较低的密度不断扩散到外围郊区，还有一些郊区板块或新城在发展和建设过程中逐渐拓展，渐渐地模糊了与主城区之间的界限，两者融为一片。

中国城市在蔓延过程中表现出这样一些特征：①多种方式并存。既有“摊大饼”式的外延扩张，也有“蛙跳式”扩展和沿交通线轴向扩张。②强中心与外围蔓延并行。与西方国家不太一样的是，中国城市人口和产业向外部的低密度扩张并不是因为老城区的衰败，而往往是在原有老城区的中心性不断增强的同时，城市向郊区不断扩展。③在蔓延过程中土地利用呈现低密度、均质、缺乏系统性等特征（饶传坤和韩卫敏，2011）。

（一）政府主导下的低密度分散式蔓延

其实，中国城市的分散蔓延常常是政府主导的，伴随着在城镇化过程中城区周边盲目的土地开发规划和对扩大城区面积的刻意追求。城市建设用地蔓延的过程涉及村庄的城镇化，城市周边的耕地、农田和开敞空间以及集体建设用地向城市建设用地转化。2006年陆大道院士曾指出，改革开放后的十几年中我国的城市规划格局失控形势十分严峻，形成了一种分散、跳跃式、重复基础设施建设的格局，如果不采用有效手段解决这种不合理蔓延，将会阻碍城市经济的发展。

旧城更新改造和新区新城建设是推动城市蔓延的重要原因。老城区地租价格比较贵，基础设施改造压力大，为了缓解人口压力，改善就业环境，降低企业成本，许多城市出台了鼓励人口和企业向新区和新城搬迁的政策，中心区旧城改造和居民的拆迁安置也主要是安排在郊区。城市中心区的部分居民、企业和资源或是为了方便利用外部资源和优惠政策而主动外迁，或是迫于成本和政策压力被迫迁往地价较为低廉的郊区。以新城、新区建设为代表的城市开发模式，成为低速蔓延的表现形式。对于新区和新城的开发，政府会进行包括广场、道路、机场等基础设施建设，吸引老城区人口和资源向新城转移，这原本是一个打造多个城市中心的设想，但中国的新区和新城建设和老城区在空间上往往缺乏明显的隔离，一些城市原本规划了绿化隔离带，但在实施中逐渐被蚕食，使得城市空间呈现低密度蔓延的状态。

近年来城市郊区道路交通条件的改善和小汽车的发展，使得居住区和工作地可以远离市中心而单独存在，也为城市的低密度分散式蔓延创造了条件。此外，影响因素还包括城市经济发展水平、人口增长对空间的需求、郊区经济发展、交通条件改善、政策因素、行政管理体制、城市规划、城乡经济差异等（李秀霞和刘金国，1996；秦蒙等，2016）。可以说，中国城市的低密度分散式蔓延是老城区疏解、郊区化和周边地区自发城镇化共同作用的结果。

（二）低密度分散式蔓延产生的问题

1. 大量侵占农业和生态空间

农业和生态空间的侵占是低密度城市蔓延所带来的最严重的问题。在城市扩张的过程中，为了满足新的居住区、工业区、商业区及配套服务设施的建设需要，大量耕地、林地和生态保留地被转为城市建设用地。城市的分散式发展离不开发达的交通体系作为支撑，而公路、铁路等交通基础设施的建设也是很占土地的。据统计，2011 年中国耕地减少了532.7万亩（1亩≈666.67m^2，后同），其中城市建设用地占用485万亩；2015年，全国因建设占用、灾毁、生态退耕、农业结构调整等原因减少耕地面积450万亩。

2. 公共基础服务效率低，重复建设

较之紧凑型的城市，低密度分散型城市的规模经济效益小得多，支撑城市运转所需要的道路、给排水、供电、燃气等基础设施的数量也要多得多。举一个我在地方城市调研时看到的例子，这个城市为了垃圾处理的生态环保，建设了集中式的垃圾焚烧厂，但是因为城区密度很低，从各个地方把垃圾集运起来成本太高，所以很多地方还是得自己另想垃圾处理的办法。由于每种公共服务都有一定的服务半径，为了覆盖所有人群必须要建设更多小型的服务设施，这就不可避免地要降低服务设施的等级，很容易造成重复建设和资源浪费。

3. 生态环境问题

较之单中心结构下的高度集聚，分散型城市的环境污染相对简单，但是缺少中心的松散型城市结构也有一些问题。譬如，城市的摊子铺得很大，在增加道路长度和交通用地的同时，增加了居民上班、上学、购物、娱乐等日常出行的平均行程，带来时间成本和能源消耗的增加。所以这种城市形态下公共交通的效率较低，城市居民通常更加依赖私人交通工具特别是小汽车，使机动车尾气的排放量总体上增加。已有研究证明，城市蔓延会降低城市空间效率，从而降低资源利用率，增加碳排放[①]。

图 2.1 是国外一些城市人均交通能耗的比较。可以看出，低密度发展的美国、澳

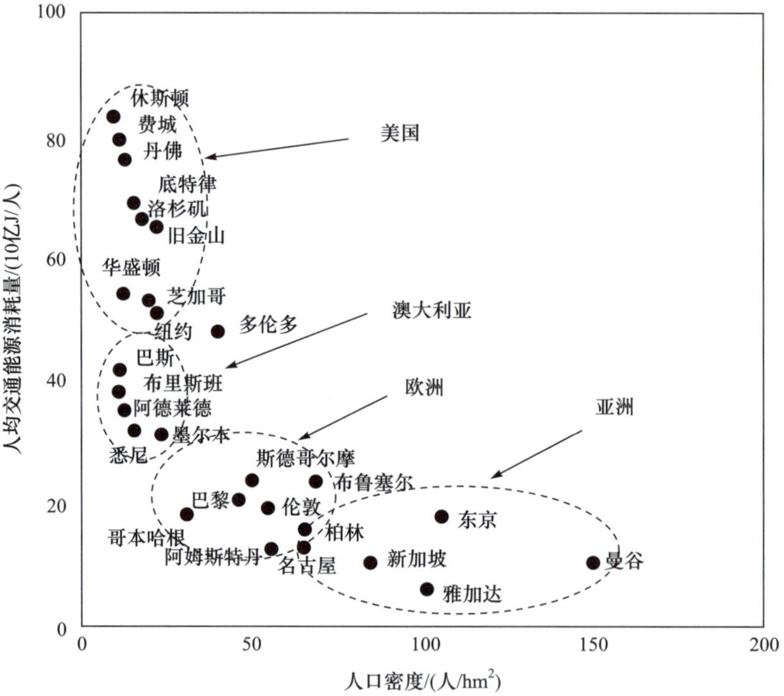

图 2.1 国外城市人均交通能源消耗的比较

① 卢婧. 2016. 中国城市蔓延现状及其对碳排放的影响. 广州：暨南大学硕士学位论文。

大利亚等国的城市人均交通能源消耗明显高于较为集约的欧洲和亚洲城市。尽管前者的城市拓展空间更加广阔，但这种低效率的开发模式所付出的资源环境代价不容忽视。

三、多中心城市

随着城市人口和产业向城市中心区集聚，中心城区的交通、住房、教育等基础设施压力越来越大。为了避免城市单中心过度集聚的不经济性和分散式发展的高成本，多中心成为许多大城市和特大城市积极的战略选择。这种趋势甚至超越了单个城市的范畴，成为区域发展的重要导向。近年来，在轨道交通、高速公路、高速铁路等快速交通方式的支持下和现代信息通信技术的帮助下，城市和城市之间、城市和区域之间的关系更为密切、更加便捷，出现了城市“区域化”和区域“城市化”的趋势。在全球高度发达的地区，以单个或几个大城市为核心，众多城镇组团联系在一起，形成了以产业集群为主要形态的多中心地域空间结构。

在欧洲，德国的莱茵-鲁尔地区、英格兰东南部地区和荷兰兰斯塔德地区成为多中心巨型城市区域（The Mega-city Region）和多中心区域的代表；在北美，多中心被列为美国 2050 远景规划的重大议题；在中国，多中心概念被广泛应用于特大城市的空间规划中（徐江，2008）。规划师把多中心与空间协调、均衡发展、社会公平等政治理念联系起来，这正是他们多年苦苦追寻的梦想（昆思曼·克劳兹和唐燕，2008）。

（一）中国城市的多中心发展历程

20 世纪 90 年代后期，中国一些大城市的工业和人口开始向城市外围地区转移，出现了早期的被动郊区化现象。与此同时，出现了大量的工业园区、经济开发区、高新技术开发区、大学城等新的城市空间。城市开始由封闭的单中心结构向开放的多中心结构转变。

进入 21 世纪以来，随着城市经济的蓬勃发展，一二线城市的地租和房价不断攀升，越来越多的企业和居民迁出中心城区，在郊区寻找发展机会。特别是东南沿海发达地区，这种现象尤为明显。随着人口的外迁和交通通信条件的改善，部分商业和办公功能也迁移到原有中心以外的地区，依托新建的住宅、良好的配套设施和便利的交通区位，逐渐吸引人口，逐渐形成新的城市中心（冯健和刘玉，2007）。它们当中既包括城市建成区内部新的职能中心，紧邻城市建成区的边缘中心区，也包括新城、新区或卫星城市。

理解多中心的关键不仅在于实体空间结构上的多个中心，而且在于功能格局上的分工。21 世纪初，Hall 和 Pain 曾经领导了一个欧盟区域发展基金的国际合作项目欧洲多中心巨型城市区域可持续发展管理（Sustainable Management of European Polycentric Mega-City Regions），通过对欧洲英格兰东南部、荷兰兰斯塔德、比利时中部、莱茵鲁尔区、莱茵-美因区、瑞士北部、巴黎地区、大柏林地区等八个巨型城市区域的研究发现，它们的多中心结构特征十分明显，这些地区的分工通过商业流指标，而不只是通勤流指标表现出来，尽管一些高端的生产服务功能仍然集中在最高等级的城市经济中心区（徐江，2008）。可见，城市功能的合理分工和网络体系的共建是成功打造多中心城市格局的关键。

（二）多中心城市发展存在的问题

从降低中心区建筑密度，缓解拥堵和热岛效应等方面，多中心结构是解决单中心城市弊端的“良药”。可是脱离城市的用地和资源条件，不考虑人口特点和财政能力等因素而盲目追求多中心化，或者不注重城市中心的分工和网络的形成，就会产生其他一些问题。

北京、上海等城市正在有计划地由近及远地发展新城和卫星城，试图将城市空间结构由单中心向多中心转变。例如，上海打造了浦东新区，发展了闵行、吴泾、松江、嘉定、安亭和吴淞等卫星城镇；广州提出要发展南沙新区和东部山水新城城市；北京的2004～2020年版城市总体规划提出发展11个卫星城，把顺义、通州、亦庄确定为重点新城，2016～2035年北京城市总体规划提出核（首都功能核心区）-主（中心城区）-副（位于通州的城市副中心）和5个新城的空间布局。城市空间结构的调整需要从土地利用、基础设施、产业业态、住宅建设、公共服务等方面进行许多要素的重新配置和调整，需要持久的人口、技术、资金和政策投入，是一个复杂的巨工程，而且也不是只靠规划和政府的意愿就能实现的。从目前多中心城市空间结构发展的过程来看，仍然存在不少问题，下面列举一些具有典型性的问题。

1. 城市空间形态分散

新的城市中心常常包括CBD、高新技术开发区、大学城、交通物流枢纽等。这些新的城市功能中心往往有自身的区位和环境要求，并在自身的辐射范围内吸引各类资源。本底条件的差异，使它们在空间形态上呈现较大差异，形成一个个或大或小的独立单元，进而导致城市空间的破碎化和分散化。特别是在发展的初期，新的中心组团的要素集聚能力相对有限，致使城市空间结构分散，甚至被割裂。一些刻意规划的功能片区，并没有形成真正的中心，它们之间漫无边界，与周围地区融为一体。这种过度分散的空间形态降低了土地利用效率，浪费了大量土地资源。周春山和叶昌东（2013）曾经研究过国内52个特大城市的空间形态，发现其中很多城市的空间紧凑度在持续下降，破碎化程度加深。

2. 联系网络不通畅

在一个真正的多中心城市里，各个城市中心在满足自身片区的服务需求的同时，相互之间具有紧密的功能联系。因此，中心之间要有便捷而强大的交通、通信网络作为支撑，否则难以成为一个整体，反而会降低基础设施和公共服务的共享化程度和效率。就目前来看，我国很多城市的多空间单元之间的联系网络不通畅，多中心之间缺乏功能性交通，导致部分居民在不同组团之间进行长距离通勤。同时，单个中心内部的微循环交通建设滞后。

3. 新的城市中心功能不完善

多中心城市在发展过程中，如果各个中心之间功能趋同，肯定会产生不合理的竞争，难以实现功能互补，产业互动。特别是中心太多的时候，很容易出现功能分工不明确的情况。外围城市中心起点比较低，发展速度相对缓慢，加之基础设施和公共服务水平相对较低，城市综合功能不完善，因此吸引力有限，对人口和产业的吸引力低，达不到预期的分流效果。缺乏应有的独立性，会过度依赖强大的中心城区，成为"睡城"或空城。多中心城市中"一强多弱"的情况比较普遍，中心城区基础设施完善，经济活力强盛，而外围的新城起点低、速度慢，在起步过程中，难以形成对中心城市的反磁力作用。

4. 中心区边缘的发展问题

大城市中心区边缘地带具有其历史特征和发展的局限性：第一，沉淀与叠加了不同发展时期的发展特征，导致碎片化现象严重。第二，中心区边缘是重要的对外联系通道，过境交通众多，交通切割作用明显。第三，中心区边缘土地权属复杂，该区是城市扩展和农村城市化发展过程中，城市与乡村各种要素功能相互作用、相互渗透所形成的独特地域，是城市最难管理、矛盾表现最为尖锐的地区。

5. 新的城市中心开发和管理体制滞后

新的城市中心的培育和发展，需要人口、产业、公共设施等要素的植入，待达到一定规模后才能形成集聚效应，进而发展成功能相对完善、具有一定独立性的空间单元。在以行政为主导的开发建设模式下，这一过程中城市中心的管理存在一些行政体制上的障碍。例如，在实践中，为了统筹城市新区和新城的开发建设，有不少城市设立了管委会等新的管辖单位，但是根据特殊的建设需要，如跨行政区或者重大产业项目中涉及多个职能部门时，很容易出现管理职权交叉、部门利益分歧的情况，难以形成合力。

第四节　不同规模等级城市的问题

一、特大城市

（一）特大城市的标准和发展现状

我们把特大城市的问题单独强调出来是很有意义的。首先，中国的特大城市在区域发展中的中心作用越来越突出。除了北京、上海、天津和重庆四个直辖市，特大城市和超大城市中有 2/3 是省会城市，包括广州、武汉、成都、南京、西安、沈阳、杭州、哈尔滨，都是在本区域行政中心的基础上逐步发展成为特大城市或超大城市的。随着市场经济发展，这些特大城市在区域经济体系中的中心性地位日益突出，在集聚人才、资源、技术、创新等众多要素实现自身发展的同时，也对周围地区起着重要的辐射作用，成为区域发展的“领头羊”。其次，特大城市在人才、信息、交通、市场、管理和效益等方面存在强大的比较优势。它们常常拥有现代工业、高端生产服务业、信息产业等各种产业门类，科学技术领先，技术人才集中，是新产品、新技术、新方法的产生源地；与此同时，商业、金融业、办公服务业也十分发达，现代服务业是主要的经济增长引擎。此外，各特大城市在城市群、城市带和都市经济区的发展中承担着极其重要的空间支点的作用。凭借良好的软硬件环境，它们吸引着人流、技术、资金不断向其周边集聚，形成巨大的吸引力和强大的集聚效益，而且源源不断发挥辐射作用，带动周围中小城市和农村地区的发展，形成了以特大城市为核心的城市群或城市经济圈。

为便于统一比较，联合国把100万人口以上的城市划定为特大城市，但是中国城市的规模普遍偏大，有自己的标准。1955年国家建设委员会《关于当前城市建设工作的情况和几个问题的报告》中提出50万人口以上为大城市。1980年，中国调整了城市划定标准，规定中心城区和近郊区非农业人口100万以上的城市为特大城市。按照这个标准，中国1997年有34座特大城市，2006年特大城市的数目增加到55个，而到2013年，已经增加到140个，数量增长十分迅猛。2014年，国务院发布《关于调整城市规模划分标准的通知》，对原有的城市规模划分标准进行了调整：以城区常住人口为统计口径，将城市划分为五类：50万以下的是小城市（其中20万以上和20万以下的分别为Ⅰ型和Ⅱ型）；50万以上100万以下的是中等城市；100万以上500万以下的是大城市（其中300万以上和300万以下的分别为Ⅰ型和Ⅱ型）；500万以上1000万以下的是特大城市；1000万以上的是超大城市。按照新的标准，目前中国有6座超大城市——北京、上海、天津、重庆、广州、深圳，还有10座特大城市——武汉、成都、南京、沈阳、西安、杭州、哈尔滨、东莞、佛山、苏州。在这里，我们将它们统称为特大城市。从它们的布局来看，主要集中在中东部地区。

（二）特大城市发展中存在的问题

特大城市是区域发展的“增长极”。只要集聚的效益大于增长成本，在市场经济条件下城市规模的扩大几乎是必然的。但是达到一定的人口和经济规模时，增长的边际效益就会逐渐减少，与此同时，随着资源消耗、环境污染等方面的负外部性逐渐增加，净效益迅速消减。如果在这个过程中资源环境的支撑能力有限，而城市没有有效地进行自我调整，就会出现严重的问题，产生诸如交通拥堵、资源保障不足、房价过高、生态环境恶化等一系列的“大城市病”，制约特大城市的进一步发展。特大城市的交通、人口等问题，我们在后面几章中还将深入探讨，所以这里仅择其共性问题列举一二。

1. 资源环境问题严峻

特大城市地区在城镇化和全球化过程中扮演着重要角色，但是资源紧缺、生态破坏、各种污染，使得特大城市的环境问题越来越严重。水资源严重短缺是中国特大城市的普遍问题，北京市在1956～2000年的多年平均水资源总量是37.4亿m^3。自1999年以来进入连续枯水期，地表水资源量衰减59%，近几年北京用水总量达36亿m^3，而年均水资源总量仅21亿m^3，用水缺口高达15亿m^3，虽然2014年南水北调中线供水10亿m^3，但仍不能从根本上解决缺水问题。

特大城市地区的环境问题通常具有跨界的性质。部分区域出现的问题通过大气运动、河流及海水流动等介质活动影响到另外一些地区，如沙尘暴、酸雨、水污染、赤潮等。环境问题的区域性特征、跨界现象的存在增加了治理的难度（于长明和郝石盟，2016）。

2. 生活质量下降

高企的房价、频繁出现的雾霾天气、超长的通勤时间和拥堵、孩子上学的压力，让许多人感受到特大城市特有的生活压力。最近几年，年轻人"逃离北上广"的报道时而见诸报端。《2015年度中国主要城市交通分析报告》表明：在交通大数据监测到的全国最拥堵城市中，北京、哈尔滨、杭州、广州、上海、深圳、重庆等特大城市赫然在目；杭州市处于拥堵和严重拥堵状态的时间全年累计超过1600小时，平均每天堵7小时，成为堵车时间最长的城市。

3. 城市创新能力不足

与其他国际化大都市相比，中国的大部分特大城市在产品生产和集散、交通枢纽等传统功能方面发挥得较好，但是在创新、服务、信息等现代化职能方面则相对滞后。从服务业比重来看，很多特大城市的服务功能仍然比较单一，传统服务业占据较大比重，金融保险、信息技术等现代服务业的比重不高。这样的经济结构体现在城市创新能力上，表现为特大城市发展模式少有创新，创新型人才总体紧缺，城市的创新能力不足（曾青，2012）。此外，不少特大城市开放程度不足，仍停留在对外贸易的初级水平上，与其他国家或跨国公司缺少人才培养、技术研发等更深层次的合作，不利于全球化背景下特大城市竞争力和可持续发展能力的提升。

4. 外来人口压力和社会风险不断加大

特大城市提供的就业岗位和发展机会吸引了大量外来人口。这些人口需要城市提供较高的生活、生产环境条件和高效运转的基础设施作为支撑，使特大城市成为社会风险最容易暴发的地区。基础设施供不应求、住房条件差、外来人口难以融入社会等问题都加剧了特大城市的社会风险。如果不能从制度上避免资源、环境和基础设施造成的体系性问题，一味从政策上推动特大城市作为未来发展的重心，将会带来更大的社会风险（吴唯佳，2009）。

二、中小城市

（一）中小城市发展历程及现状

三十多年来，随着中国的城镇化从补欠账到进入超高速发展阶段，城市的数量和规模都大幅增加，不但大城市的规模在快速扩张，中小城市的规模也在迅速扩大。不少原来的中小城市的规模已经接近于大城市的规模。2001～2009年，我国设市城市中100万～200万人口的城市由28个增加到35个，80万～100万人口的城市由11个增加到19个，50万～80万人口的城市由50个增加到73个，30万～50万人口的城市由102个增加到118个。2019年年底，全国常住人口100万以下的建制市有530个。

纵观中国中小城市的发展历程，可以分成四个阶段：①早期发展阶段（1949～1978年）。新中国成立后，工业化进程的发展带动了城市化快速发展，在当时倡导的“控制大城市规模，积极发展小城市”的政策方针推动下，小城市迅速发展。之后，由于“大跃进”和“文化大革命”的波折，中小城市发展进程缓慢甚至一度停止。②初步恢复阶段（1978～1987年）。党的十一届三中全会以后，国家的工作重心开始转移到经济建设，重新重视城镇发展。农村经济体制改革和遵循农村剩余劳动力自由迁徙的户籍政策极大促进了中小城市的发展。1978～1987年，我国中小城市的数量翻了一番。③稳步提升阶段（1988～1995年）。1990年开始实施的《中华人民共和国城市规划法》，提出了“严格控制大城市规模，合理发展中等城市和小城市”的方针。在1988～1995年，中小城市数量增加了238个。④快速发展阶段（1996～2012年）。1996年以后，中国加快了“农转非”（农业户口转为非农业户口）的步伐。2000年，国家进一步松动了对城乡人口流动的管制，方便了外来人口转为城市户口。2012年年底，中国大陆地区的285 个地级市中有163个中小城市，占比57.2%。在368个县级建制市中，多数城市的市区人口在几万至数十万之间（牛明，2015）。2018年年底，地级市中有190个中小城市，县级市中有375个。可以看出，中小城市的发展与国家在各个阶段推行的政策密不可分。

2013年，我国中小城市及其直接影响和辐射的区域城镇化率远低于全国平均水平，仅为35.1%[①]，还有将近6亿农民没有辐射到。现在，中国的总人口规模仍处于上升期，特别是受计划生育政策放松的影响，2015年全面放开“二孩”以后，人口基数将继续增加。未来，中小城市将成为乡村人口城镇化的重要承载体，中小城市数目的增加在城市人口数量比重提高中将会起到比大城市更大的作用。

（二）中小城市发展中存在的问题

1. 城市经济发展水平偏低，城市建设滞后

总体而言，中国中小城市的城镇化和经济发展水平不高，和一二线大城市相比，城市建设明显滞后。城市道路、交通、给排水、公园等基础设施和服务设施不足的情况比较明显。除了一些在历史文化、交通区位等方面有鲜明特色，普通中小城市的吸引力有限，难以实施大规模的投资建设和更新改造。同时，中小城市的第三产业发展相对滞后，城市功能不完善，综合竞争力整体较弱。

① https://www.chinanews.com/house/2013/10-21/5405807.shtml。

2. 城市特色丧失，历史文脉断裂严重

其实，和大城市相比，许多中小城市是有特色的。在一个均衡发展的城市体系里，并不是所有人都愿意在大城市生活，舒适的尺度、富有人情味的社会和地域特色是许多人愿意生活在小城市的原因。可是，很多中小城市在建设过程中盲目贪大、求洋、求新，提出一些不切合实际的城市建设目标，反而丢弃了其珍贵的历史文化遗产和地域特色，千篇一律地模仿和照搬其他城市的样子，导致城市历史的隔断和个性的丧失[①]。另外，很多新建的中小城市也缺乏地方特色和文化形象的创造。中小城市如果失去了自己的特色，相比其他城市也就没有了生命力，又何谈竞争力？长此下去，势必影响到居民的地方归属感和城市的对外形象，发展机会越来越少。

3. 追求“小而全”，产业结构不合理

有一些中小城市热衷于“小而全”的发展模式，确立了众多主导产业而没有重点。为了发展地方经济、增加收入，往往把精力放在少数几个高税收产业上，导致整个区域缺乏产业分工，产业结构雷同，造成相邻城市之间的激烈竞争。还有不少中小城市热衷于把信息技术、生物制药、节能环保等产业作为主导产业，似乎只要有了这些新兴产业，就显得高大上，完全不考虑自身条件和优势劣势，使得投资和生产大量重复，导致生产能力的闲置和浪费（任光欣，2010）。此外，一些中小城市不注重传统产业的传承和发展，使自己逐渐丧失了比较优势。

4. 规划建设科学性不足，缺乏长远谋划

相比大城市，中小城市在规划和建设中科学性不足，规划实施的随意性较强，规划执行无力、不到位、任意变更规划、曲意执行规划，造成城市形态差、功能缺位（盖文学，2004）。有的城市为了迎合上级政府或是管理者的意愿，将城市人口规模和经济指标盲目做大，对实际中的困难视而不见，盲目乐观，导致城市规模目标不断被修改，影响规划的可操作性和持久性。另外，现有中小城市规划普遍存在重视规划，而轻视城市发展的运行机制设计的问题，虽然有好的意愿，也会因为资金等各方面的困难而导致规划难以贯彻实施。

三、小城镇

（一）发展现状及作用

小城镇，是介于散点状分布的乡村和土地集中利用、人口和社会经济集聚发展的城市之间的过渡空间（吴闫，2014）。在城市规模等级体系中，小城镇起着沟通城市和乡村的桥梁和纽带作用，对于弥合城乡差异、推动城乡融合具有特殊而重要的意义。在中国的二元体制结构下，小城镇的作用更为特殊，关于其重要性的表述很多，如有

① 程明. 2007. 关于中小城市发展的国际经验与中国中小城市发展的思考. 武汉：华中师范大学硕士学位论文。

利于促进乡镇企业的集聚发展；有利于转移农村剩余劳动力，避免他们向大中城市盲目流动；有利于带动投资和消费需求的增长，扩大内需；有利于提高农民素质，改善生活质量（尹伟和张力元，2017）；有利于促进城乡一体化和农业现代化；有利于生产要素的集中和农村服务业的发展。

小城镇的建设和发展对提高城镇化整体水平具有重要意义①。发展小城镇，是带动农村经济和社会发展的一个大战略，是推进中国城镇化的重要途径。自改革开放以来，“小城镇，大战略”的政策方针得到落实，小城镇一直以较快的速度发展；特别是 20 世纪 90 年代后，市场经济逐渐壮大，全国撤乡并镇工作推行，小城镇发展加速，取得了令人瞩目的成绩。

数量上，建制镇不断增多，吸纳的人口数量增加。1978～2015 年的 37 年间，建制镇的数量从 2173 个增加到 20515 个，年均增长近 496 个。截至 2015 年年底全国有 17848 个建制镇、11478 个乡（苏木、民族乡、民族苏木）和 643 个镇乡级特殊区域，建制镇建成区人口 1.6 亿，占村镇总人口的 16.73%；从空间布局来看，东、中、西部地区的经济发展水平与建制镇数量存在明显正向关联性，经济发展水平越高，城镇数量越多，发展速度越快（李培林，2013）。

从发展规模来看，我国小城镇的人口规模存在明显的两极分化现象。建制镇的平均人口 3.7 万，而镇区人口在 1 万人以下的小城镇将近 80%。但是有许多小城镇人口规模飞快增长，根据 2013 年的《中国建制镇统计年鉴》，全国镇区人口超过 10 万人的有 206 个，大部分是大城市市辖区的镇和县城的城关镇，主要分布在长江三角洲、珠江三角洲等东部沿海地区，中西部地区的数量仅占 1/3。如浙江温州市龙港镇总人口有 44 万人，广东东莞市虎门镇常住人口 71 万。这些特大镇虽然在行政区划上仍然是镇，但“小城镇”的称谓其实已不再适用。

（二）小城镇发展中存在的问题

小城镇的蓬勃发展，有力推动了我国城镇化水平的提高，但在发展中面临着一系列问题。

1. 规模弱小，辐射带动能力有限

人们一般认为，2 万人以上的城镇可以真正形成集聚效应。2010 年，全国建制镇平均镇区常住人口只有 7000 人，因而它们的辐射区域通常比较狭小，能够统筹的资源也很有限。这种在很小的腹地和辐射范围内发展的内部积累式自发发展模式，难以产生极化效应，发展速度和服务能力的提高比较缓慢②。

2. 基础设施落后，公共配套水平低

中国小城镇的基础设施建设普遍滞后，道路、供水、排水等公用设施不健全，环

① 李国武. 2008. 陕西小城镇发展问题研究. 西安：西北大学硕士学位论文。
② 袁中金. 2006. 中国小城镇发展战略研究. 上海：华东师范大学博士学位论文。

保、体育、文化、交通等问题比较突出（张小静，2016）。像路灯这样在大一点的城市里司空见惯的设施，大部分小城镇除了工商业地区和主街有配备以外，其他很多道路都还没有。由于资金缺乏，小城镇存在不同程度的公共产品不齐全的现象，尽管有一些广场、公园等设施，配套建设的水平也往往不高。

3. 乡镇企业弱小，发展后劲不足

乡镇企业是小城镇发展的核心动力，是乡镇财政收入的主要来源之一。但是乡镇企业多数是小微企业，起点低，技术含量低，经营管理粗放，布局分散，市场竞争力弱，对第三产业的拉动作用甚微[①]。受国家产业政策等因素的影响，乡镇企业生存与发展的外部环境变得日益严峻，其经济增速明显放慢，亏损增加，直接导致小城镇对农村的带动作用减弱。

4. 环境基础设施薄弱，监管能力有限

随着人口数量和乡镇企业的增加，小城镇环境恶化的态势比较明显。小城镇的环境问题主要来自于乡镇企业。它们本来就布局不太合理，有很多混杂在居住用地之间，乱圈乱建的情况很多，加上城市一些污染企业和工厂逐渐向小城镇转移，更加重了污染。另外，小城镇的环境基础设施整体上比较薄弱，监管能力相对有限，拖延了问题的解决。

四、分类探讨中国城市问题

城市问题的解决需要一个过程，这个过程的长短受到自身条件和技术、资金、政策等外部条件的影响。为寻求合适的解决之道，必须尊重城市发展的规律，认识和理解中国城市问题的阶段特征和类型特点。

城市问题是绝大多数城市在发展过程中的普遍经历，而且不同阶段的问题呈现不同特点。聚焦到中国当前的发展阶段，正是城市病集中显现的时期，在人口高度集聚、功能高度复杂的城市群和特大城市地区，城市病尤其明显。近些年来，流动人口管理、住房市场和保障房政策、水资源短缺、空气污染和环境恶化、交通拥堵、公共安全风险等问题尤为突出，受到社会各界的高度关注。学术界已经从规划科学、区域经济、人口学、社会学、资源环境科学、城市交通、住房政策等各种学科视角，对国家或特定区域、特定城市开展了广泛研究。在第三章到第九章，我们将按照七个不同的主题进行更深入的探讨。

① 陈天明. 2014. 当前中国乡镇企业发展中存在的问题与应对之策. 武汉：华中师范大学硕士学位论文。

第三章　城市流动人口问题

自 20 世纪 80 年代初开始，中国放开了人口流动的限制，引发了人类历史上规模最大的人口流动和迁移。随着城镇化的不断深入和城乡劳动力制度、土地制度、城市住房制度的改革，大批农民从农业生产中解放出来，成为流动人口的主力军。1990 年，全国离开户籍所在县、市一年以上的流动人口有 2100 多万，如果按照第五次全国人口普查统计口径，这一数字超过 5000 万；2000 年，全国流动人口 1.44 亿，2010 年增加至 2.6 亿；到 2018 年年末，流动人口略有下降，为 2.41 亿。

沿海发达地区的城市凭借其强大的经济吸引力和辐射力，成为流动人口的主要流入地。2019 年，上海和广州的外来常住人口分别为 973 万和 967 万，北京的外来常住人口为 794 万，超过常住人口总数的 1/3。由于城乡、地区间显著的发展差异，流动人口的空间分布也表现出向发达城市过度集聚的趋势，人口向东部地区迁移的趋势已持续了数十年，北京、上海、广州、深圳等一线城市成为多数流动人口的首选。这些发达城市流动人口基数大、空间集聚度高，有些地区流动人口数量甚至超过本地居民，如深圳的外来常住人口为 818 万，占常住人口总数的 60%以上。流动人口是城镇化发展过程中一支不可或缺的力量，推动了中国经济的飞速发展，创造了大量的社会财富。但是，大城市和特大城市的人口膨胀和流动人口集聚也引发了严重的城市发展问题，人口与资源环境的关系持续紧张，社会服务和管理的压力不断增加，这些都成为城市发展过程中不容回避的客观事实。

我国城市外来人口的构成和流动原因较为复杂。按照户籍身份和流入地类别分，有农村到城市流动人口、城市到城市流动人口；按照流动原因分，有务工经商、就学、工作调动、家属随迁、投亲靠友、养老度假等。城市外来人口来自五湖四海，社会经济背景千差万别，他们的流动和迁移行为不仅与自身的年龄、性别、家庭情况、文化背景有关，还受到流出区和流入区的社会文化、经济状况、自然环境的共同影响。随着经济社会的发展以及外部环境的变化，城市外来流动人口的社会结构和他们的生活、就业空间也在不断发生变化。例如，日常生活中流动人口常被“低技能农民工群体”“低收入大学生群体”“自营经商群体”等称谓代替。另外，流动人口聚居形态也由 20 世纪 90 年代比较常见的同乡聚居，逐渐变成在城郊的城中村、城乡结合部混杂聚居。随着在流入地生活的时间逐渐加长、城市基本公共服务的逐步改善，流动人口居留稳定性增强，家庭随迁比例增加，越来越多的流动家庭开始携带老人流动，这些都是近年来流动人口新的发展趋势与特征。

由于流动人口的构成差异和动态变化，城市流动人口问题兼具复杂性和不确定性。

本章旨在对我国流动人口的基本特征、未来趋势、现存问题进行全面的梳理与分析。在城镇化进程中，流动人口始终是各个地方管理的焦点，其中很重要的原因在于流动人口的不稳定性，从而触发流动人口问题的突发性与多变性。因此，想要对流动人口进行有效的管理，就必须及时、有效地了解流动人口及其问题的动态变化。这也是本章的切入点。

第一节 中国城市流动人口问题的形成

人口的迁移与流动是人类社会发展过程中的一个普遍现象，伴随着人类历史的不断发展，人口在区域间的迁移从未停止过。进入现代社会，随着工业化技术的不断进步，生产要素在区域内部的集聚效应明显提高，吸引了周边大量的劳动力，产生了人口的区域间流动。人口的迁移打破了传统社会相对静止的人口分布状况，是经济发展与社会进步的必然结果。它不仅是个体追求自身利益最大化的具体体现，也是社会系统、自然系统达到平衡与稳定的必然结果。

人是发展的主体，是社会发展的最主要生产力，人口对社会经济发展产生的重要影响主要体现在人口的出生、死亡和迁移三个方面。人口的出生与死亡决定了人口的自然变动，人口迁移导致了人口的机械变动。出生、死亡和迁移三者共同影响了区域的人口规模和人口结构，从而决定地区、区域甚至国家的发展潜力与发展活力。在现代化进程中，人口的出生率和死亡率逐渐趋于稳定，人口的迁移与流动逐渐成为影响社会发展的主要因素。

一、流动人口的界定标准

在人口可以自由流动的国家，一般只有“人口迁移”的概念。联合国 1982 年出版的《多种语言人口学辞典》将之定义为“人口在一个地区和另一个地区之间的地理或空间移动，通常指人口从迁出地向迁入地的永久性迁移”。与暂时性外出或短距离的搬家等其他形式的迁移不同，人口迁移的概念强调迁移人口应在迁入地居住足够长的时间；同时，他们应在空间位置上发生了较远的位移。这两个规则对中国的流动人口同样适用，但同时，“流动人口”在中国还具有更为特殊的含义。

由于中国户籍制度的特点，流动人口与迁移人口被视作两类不同迁移行为的群体，流动人口一般指因工作、生活、学习等原因离开户籍所在地到其他地方居住的人群，特点是非户籍变动，如从农村流入城市的打工群体、随迁的子女和父母，以及到异地读书的学生等。在中国官方的人口流动统计中，流动人口没有明显的时间和空间限定，一般是按照异地居住的时间（如三个月以上、半年或一年以上），跨越行政区的等级（如跨乡镇、跨县、跨市、跨省）进行统计。

由于研究视角以及研究目的的不同，流动人口可以从不同角度进行划分。如按照流动方向，可将流动人口分为流入人口和流出人口；根据流动性和流动时间，可将流动人口分为短期流动人口和常住流动人口；或将流动人口按照不同等级区域划分为省际、县际、乡际流动人口。根据不同的研究视角，与流动人口相关的名词多达十余种，如外来人口、暂住人口、外来务工经商人员、流迁人口、农民工、盲流、人户分离人口等（段成荣，1998）。同时，学术界也从不同角度对流动人口进行概念的界定。魏津生（1999）认为，流动人口是指在不改变其户口登记常住地的条件下，到该常住地所在的乡、镇、街道范围以外的城市的暂住人口，也包含来自港澳台和国外的暂住人口。张展新和侯亚非（2009）认为，流动人口是在户籍制度安排和改革开放背景下产生的一个具有中国特色的概念，有别于改变户口登记地的迁移人口，流动人口的户口登记地未发生改变，且一个地区的流动人口应当既包括该地区向外流出的人口，也应包括从外地流入的人口。

经过不断的探索与积累，我国在流动人口的调查与统计方面也在不断修正与改进。1982 年和 1990 年的第三次和第四次全国人口普查将流动人口定义为跨越县（区、市）、离开户口所在县（区、市）一年以上且没有发生户口变动的人口。1995 年的全国 1%人口抽样调查将流动人口的节点变为跨越乡（镇、街道）半年以上。20 世纪 90 年代以后，城市内人户分离的情况越来越多，2000 年第五次全国人口普查将城市市区范围内的人户分离人口从流动人口中区分出来，将流动人口分为远离家乡到外地经营、就业、学习等的人和在一个城市市区范围内因搬迁等原因而形成居住地与户口登记地相分离的人。2005 年的全国 1%人口抽样调查又将流动人口统计进行了细化，不仅统计了某个地区的流入人口信息，也统计了流出人口的信息，另外，抽样调查也统计了离开户口登记地半年以内的“短期”流动人口信息。考虑到人口流动的复杂性与信息的有效性，2010 年的第六次全国人口普查取消了半年以内流动人口的统计，仍将流动人口界定为“居住地与户口登记地所在的乡镇街道不一致且离开户口登记地半年以上的人口”。

除了统计局对流动人口的统计，包括公安部门、计划生育委员会在内的其他部门也对迁移人口有着各自的定义与统计办法。例如，公安部门将暂住人口定义为离开常住户口地的市区或乡、镇到其他地区居住 3 日以上的人员。同时规定，公民在常住地市、县范围以外的城市暂住 3 日以上的，由暂住地的户主或本人在 3 日内向户口登记机关申报暂住登记，离开前申报注销；暂住在旅店的，由旅店设置旅客登记簿随时登记。原国家人口和计划生育委员会在 2009 年开始进行流动人口动态监测，统计全国 31 个省（自治区、直辖市）和新疆建设兵团的人口流动情况。动态监测将流动人口界定为在流入地居住一个月以上，非本区、县、市户口的人口。调查内容还包括年龄、性别等个体基本情况，以及户口情况、家庭关系、流动原因等多个方面。

二、城乡和区域人口流动的阶段性特征

人口流动的阶段性特征与社会经济发展因素有关，更与政府对流动人口的管理思路与管理政策有关，这也使流动人口的阶段性特征留下了浓重的时代色彩。从 20 世纪 50 年代以来，人口流动大致可以分为四个阶段（彭希哲，2009）：

一是人口流动低潮时期（1958～1978年）。1958年通过的《中华人民共和国户口登记条例》规定，公民由农村迁往城市，必须持有城市劳动部门的录用证明、学校的录取证明，或者是城市户口登记机关的准迁证明，同时向常住地户口登记机关申请办理迁出手续。这一规定体现了计划经济时代的传统管理思路，实行以“户籍属地”为基础的防范型管理模式，标志着户籍管理制度和城乡“二元”体制的形成。在这一时期，城乡人口的自由流动被严格控制，人口迁移受到高度集中统一的计划管理。

二是人口流动的初显时期（1979年至20世纪80年代末）。改革开放以后，城乡壁垒逐渐冰释，劳动用工制度改革开始试行。1985年，公安部颁布了城镇暂住人口管理的暂行规定和相关政策措施，一定程度松绑了束缚已久的制约。随着农村家庭联产承包责任制的形成，农村开始出现剩余劳动力，市场对人口的引导作用逐渐凸显，开始出现劳动力流动趋势。但是，由于相关政策处于试行与推广阶段，人们对迁移的接受程度还不够，人口的流动规模还处于初级阶段。

三是人口流动的持续时期（20世纪80年代末至90年代末）。随着改革开放的深入，社会主义市场经济体制初步建立。受收入和发展前景的拉动作用，大量人口涌向发达城市和沿海地区，流动人口数量急剧增加，大量农村青壮年劳动力进入城市打工成为普遍现象。大量流动人口在获得收入提升的同时，也为沿海地区，特别是北上广等大城市的发展做出了贡献。据统计，在1984年至1999年的15年间，深圳市总人口从74.1万增加到632.6万，其中流动人口从30.6万增加到512.7万，而同期本地户籍人口只增加了76.4万。

四是人口流动多元化时期（21世纪至今）。21世纪初，流动人口进入一个新的发展时期，大量流动人口涌入北上广等特大城市，这些城市的流动人口每年以两位数的增幅迅速增长，庞大的人口规模已经远远超过城市现有的承载能力，基础设施、养老教育、环境均已接近承载的极限，各类问题开始集中凸显。人口的过度集聚给新世纪的流动人口管理工作提出了新的要求，以防范与管控为主体的流动人口管理模式已不再适用，与流动人口密切相关的户籍改革和其他制度改革迫在眉睫。在这一时期，流动人口不仅追求更高的收入，也开始追求教育、医疗等更高层次的需求。如何引导流动人口合理流动，适应城市发展需求成为亟须关注的问题。

三、人口迁移的驱动要素

集聚经济、人口政策、公共服务差异、区域规划政策、社会制度尤其是分割城乡的户籍制度在中国人口流动过程中扮演着相当重要的角色。改革开放以来中国发生的大规模人口迁移，是制度变迁和经济转型共同作用的结果，经济发展水平和市场发育程度在地区之间的不平衡，决定了人口流动的基本方向不仅是从农村向城市的迁移，而且是从中西部地区向东部地区的迁移。总体来说，人口流动的驱动力可以概括为以下三个因素。

一是城市对流动人口的经济吸引力。经济因素是影响人口流动的主要因素。流动人口在选择迁移城市过程中，会考虑就业机会和预期收入，预期工资回报率越高的地区，流动人口流入的可能性也越大。拥有高收入水平的地区更易成为流动人口的集中地区。2012 年人均 GDP 超过 1 万美元的天津、北京、上海、江苏、内蒙古和浙江，除内蒙古外，其他几个地区都是跨省劳动力流入的主要地区。2005～2010 年 45%的省外流入人口中，上海、北京、浙江的人口迁入率高居全国前三位。由于经济因素的吸引，我国人口流动一直表现出从中西部向东部、东南部沿海地区流动的趋势。广东省的流入人口始终居于全国首位，珠江三角洲、长江三角洲和京津冀都市圈成为目前人口流入最为集中的地区。同样，经济因素也是推动人口流出的重要因素，从人口流出规律来看，人口流出率较高的省份基本是人均 GDP 偏低的省份，如安徽、江西、贵州、河南等地。同样，城乡间的收入格局也引起了人口的城乡流动。根据 2010 年第六次全国人口普查数据推算，2010 年乡村到城市的流动人口占流动人口总数的 63.3%，城市到城市的流动人口占流动人口总数的 21.16%，乡村到乡村的流动人口占比仅 15.54%（马小红等，2014）。即使一个地区的工资水平不高，但如果很容易就业的话，也会对流动人口起到很大的吸引作用。东南沿海劳动密集型产业的飞速发展，给这一地区带来了巨大且持久的劳动力需求，吸引了大量青年劳动力前去务工。

二是农村劳动力剩余与生产经营收入偏低的推力。随着农村人均耕地的减少和农业机械化程度的提高，农村剩余劳动力数量不断增加，部分农民在农村“无事可做”，无法充分就业。据测算，全国农村绝对剩余劳动力总数约为 1.5 亿，由此带来的剩余劳动力转移及相关的人口转移总数至少达到 4 亿～5 亿（段小梅，2003）。即使已有了相当规模的农村劳动力转移，但是，由于农村普遍缺乏有效人力资本，农业技术与规模经营难以普及，农业生产经营活动依然处于低效率水平，农民很难依靠农业生产获得足够的收益，这势必进一步推动农村劳动力向外流动。此外，由于农村基础设施不足、生活条件相对落后、文化生活单一，使得农村青年劳动力很难在农村长期稳定居住。

三是其他因素的影响，其中比较重要的有迁移信息、城市承载能力、交通距离等。迁移信息是指流动人口对于潜在流入地区相关信息的获取，一般通过亲戚、朋友、老乡等紧密的社会链条传递，这也是我国流动人口获取迁移信息最主要的途径。在流动人口聚居区出现的“新疆村”“河南村”“浙江村”等就是最好的印证。城市承载能力主要体现在自然资源和社会经济两个方面。过量的人口流入会造成城市的饱和，从而限制人口继续向大城市集聚。如果人口过多，则会出现土地、水、环境等自然资源无法满足人们的日常需求，也会产生交通拥堵、污染严重、公共服务供给压力过大等问题，这些都会给流动人口的迁入带来负向效用，降低其迁入意愿。交通距离也是流动人口需要考虑的一个因素。流动迁移距离对迁移成本、信息获取、社会文化的近似程度都会产生影响，一般认为，距离越远，流动迁移的人数就会越少。但随着现代交通运输业发展，空间距离被大大压缩。有研究表明，迁移距离不超过 500km 时，人口流动的距离衰减作用较强；但迁移距离超过 1500km 时，随距离的衰减就很弱了，换言之，人们的迁移决策对距离变得不那么敏感（雷光和等，2013）。

地理学为了解流动人口迁移现象、迁移过程及作用机制而提出了许多模型。如英国地理学家雷温斯坦 1885 年提出的“人口迁移法则”（Laws of Migration），解释了人口迁移的距离和空间迭代规律、大城市和工商业及交通发展对人口迁移的驱动作用、人口迁移的年龄和性别差异等；刘易斯在 20 世纪 50 年代提出的劳动人口流动模型、托达罗在 20 世纪 70 年代提出的托达罗模型、克鲁格曼在 20 世纪 80 年代提出的核心-边缘模式分别从城市工商业吸引、经济收入的城乡二元结构、城乡就业率的巨大差距来诠释特大城市人口变动；博格于 20 世纪 50 年代后期提出的人口推力-拉力模型则系统考虑迁入地与迁出地的人口推力和拉力影响。

下面是国内外学者经常使用的一些分析模型。

（1）距离模型：假设两地之间的迁移人口为距离的负指数函数。模型揭示了两地之间人口迁移量与迁出、迁入地之间距离衰减关系。此模型只考虑两地的距离，没有考虑其他因素的影响，也未区分人口迁移的方向。

（2）引力模型：假设两地之间的迁移人口为两地人口与距离衰减函数的乘积。模型形式借鉴了万有引力模型，用迁出地和迁入地的人口来代替相互吸引的两个物体的质量。模型广泛应用于人口迁移空间格局的实证研究，但现实中影响人口迁移的因素要复杂得多。

（3）引力场模型：在考虑迁入地的人口和经济活力的基础上，基于场强随距离衰减的假设，来测算一个地方对周边地区人口产生的吸引力。

（4）经济引力模型：将一个地方到另一个地方的人口迁移表达为两地之间多个经济差异变量与距离衰减系数的乘积。除此以外，还引入资源比、劳动力数量比、工资比等反映区域差距的经济变量来解释人口迁移空间格局，变量设计灵活，贴近现实人口迁移过程。

（5）空间相互作用模型：把整个地域视为一个封闭系统，在总量平衡和存在相互作用的条件下考虑各个地区的人口在空间上的宏观运动。模型变量包括任意两地之间的流入和流出人口、距离，以及每个地方对人口的释放能力（通常用农村剩余劳动力、家庭结构、耕地面积及产出等变量代替）和吸引能力（通常用工资、住房、教育、医疗水平等变量来反映）。该模型主要用于国家或大区域尺度的空间经济分析。

（6）机会模型：迁入一个地方的人口表达为该地为人口提供的潜在机会（如工作岗位、工资、教育机会等）与一定距离范围内其他机会的比值。机会模型假设人们总是在一个固定的范围进行比较，同时人们的迁移动机是相同的。该模型要求所有地方提供的机会可以量化，在实证模型中这是比较困难的。

（7）推拉模型：由 Lee 在《移民人口学之理论》一文中提出，认为人口流动是拉力因素、推力因素和中间障碍因素（如距离、环境阻隔、语言文化差异等）综合作用的结果，因而，将人口迁移表达为“（拉力+推力）/中间障碍”的形式。这是一个高度概括的理论模型。

（8）个体效用模型：在微观层面，迁移决策取决于迁入地与迁出地的福利差，即在预期迁移时期内增加的收入和其他收益，同时，迁移成本（如交通方式、距离、家庭安排等）也通常要在模型中加以考虑。

人口迁移研究所使用的方法还有很多。在这里，我们重点关注流动人口的特征及其对城市的影响，所以人口迁移的空间格局模型的借鉴意义较大，如引力模型、空间相互作用模型等计量地理模型。人口迁移的空间分析主要是运用 GIS 技术进行人口迁移空间模拟和迁移过程的可视化表达，对计量模型中的变量及涉及位置和空间变量的假设进行检验，例如，识别人口迁移的影响因素、估计人口迁移模型中的距离衰减函数等。

第二节　中国城市流动人口的特征

一、流动人口构成

20 世纪 80 年代以来，中国流动人口的规模不断增长。第三次和第四次全国人口普查显示，1982 年和 1990 年的全国流动人口分别为 657 万和 3261 万，仅占全国总人口的 0.65%和 2.80%。随着经济的快速发展和城镇化的加速推进，流动人口规模保持高速增长态势。2000 年第五次全国人口普查、2005 年全国 1%人口抽样调查和 2010 年第六次全国人口普查时，流动人口分别达到 1.44 亿、1.56 亿和 2.61 亿，占总人口的 11.60%、11.90%和 19.58%，十年间流动人口增加了 81%，年增速保持在 10%以上。

第六次全国人口普查数据的流动人口中，除市辖区内人户分离以外的流动人口有 2.21 亿。从流动人口性别来看，男女比例较为均衡，其中，男性占比为 53.2%；女性占比为 46.8%。全国大部分省份的流动人口中，男性略多于女性。在年龄结构方面，流动人口以中青年为主。20～29 岁的流动人口为 7236 万人，占总流动人口总数的 27.7%；30～39 岁的流动人口有 5545 万人，占流动人口总数的 21.3%；40～49 岁的流动人口有 4169 万人，占流动人口总数的 16.0%。20～49 岁流动人口总共占比 65.0%。在受教育程度方面，流动人口以初中文化为主，占总流动人口的 41.0%，之后依次为高中（22.7%），小学（16.4%），大学专科（9.9%）和大学本科及以上（8.1%），未上学比例为 1.9%。

图 3.1 和图 3.2 分别展示了各省跨县域流出人口和流入人口的数量分布。从人口流出情况来看，人口流出大省基本也是人口大省，包括四川、河南、安徽、广东、湖南、山东等地，其中四川、河南、安徽三省的人口流出总数约占全国总流动人口的 22.08%，特别是四川省，总流出人口达到 1816 万人，占总体的 8.22%（王桂新等，2012）。主要人口流入地则是分布在东部地区的江苏、浙江、福建、山东、广东以及西部地区的四川省。广东省流入人口数量最多，达到 3431 万人，是第二位浙江省的近两倍。总体来看，流入省份主要集中在经济发达的东部地区。

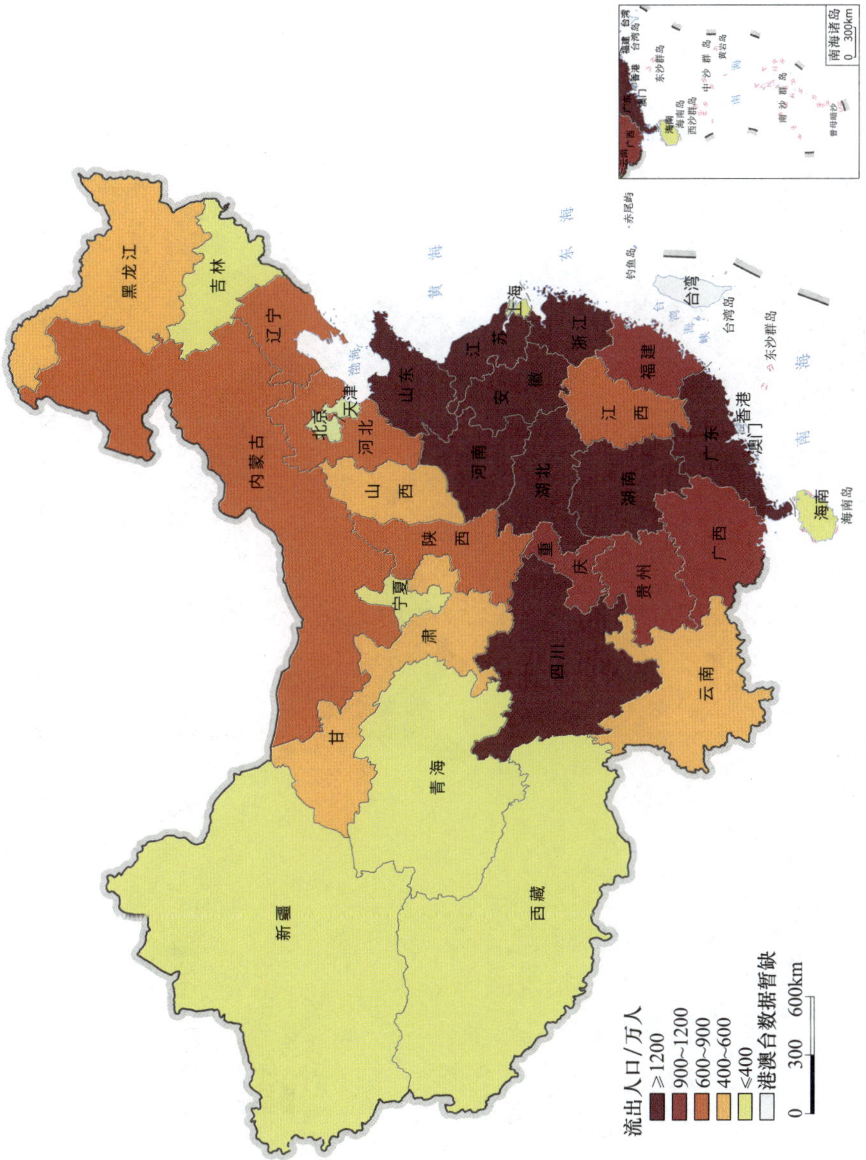

图3.1　全国跨县域流出人口分省统计（2010年）

注：流出人口包括省外流出人口及省内各市市辖区以外的流出人口

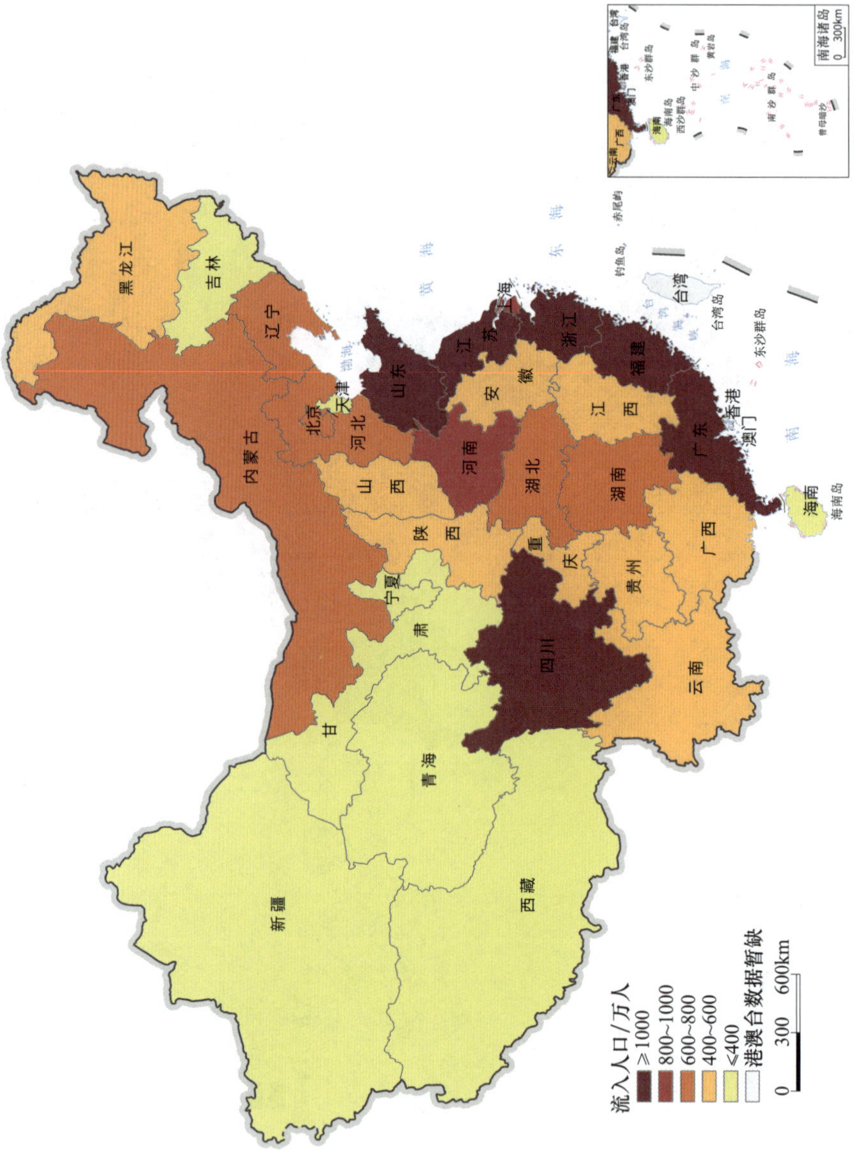

图3.2 全国跨县域流入人口分省统计（2010年）

注：流入人口指外出半年以上人口

二、流动人口的变化态势

来自农村的流动人口构成城市外来流动人口的主体。近年来，城市外来流动人口呈现以下特征。

（一）稳定性逐渐增加

人口流动的家庭化过程大致有四个阶段：第一阶段，个人外出阶段。流动人口利用农闲季节外出务工，以短距离流动为主，大多数青壮年人口单身外出，农忙季节依然回家，没有脱离家庭生活。第二阶段，夫妻共同流动阶段。随着流动范围扩大，跨省跨区域流动成为主体，流动人口基本脱离农业生产，不少家庭中夫妻双方均外出务工经商，子女留给家里的祖父母或其他亲属照顾。第三阶段，核心家庭化阶段。青壮年流动人口在外地站稳脚跟后，并且在经济条件许可的情况下，安排子女随迁，在流入地生活、就学。第四阶段，扩展家庭化阶段。核心家庭在流入地稳定下来之后，青壮年流动人口进一步将父母列入随迁的考虑范围（段成荣等，2013）。

随着就业机会的增加和城市生活质量的提高，越来越多的流动人口不再进行城乡间的“候鸟式”迁徙，逐渐在城市稳定下来。2010 年流动人口中离开户籍地 6 年以上的占 24%，上海和北京的相应比例更高达 32%和 30%（郑真真和杨舸，2013）。流动人口的年龄中位数从 1982 年的 23 岁上升到 2010 年的 29 岁，而且外出务工的流动人口在城市长期居住下来，不再返回农村，成为稳定的城市居民。2010 年第六次全国人口普查显示，流动人口离开户籍所在地的平均时间为 4.5 年。《福建省流动人口发展报告 2013》显示，流动人口距第一次离开老家外出打工的平均年限为 9.08 年，其中在外十年以上约占 40%，五至十年的占 26.5%，在现流入地居住的平均时间达到 4.54 年。2011 年全国流动人口动态监测数据显示，在全部流动人口中，在流入地居住五年以上者所占比例达 37.4%，十年以上者占 15.4%，十五年以上者占 5.0%。流动人口通常被人们认为是居无定所、四处漂泊，但实际情况却是他们的流动性越来越弱，大部分流动人口都成为城市的稳定居住者。

流动人口在个体稳定后，逐渐把家人带到城市，举家迁移的人数越来越多，单个流入转变为家庭化迁入，流动人口的家庭结构随之发生变化。据统计，1990 年流动人口中的已婚人口比例是 59.7%，到 2000 年，已婚人口比例上升到 64.8%，2005 年达到 68.4%（段成荣等，2008）。全国流动人口动态监测调查数据显示，2011 年流动妇女的已婚率达到 78.0%。同时，在流动人口同住的家庭成员中，也已经包括了二代人或三代人，开始进入携妻带子、扶老携幼的共同流动状态。2010 年，流动人口二代户、三代户家庭比例已经达到 38.5%和 5.0%，独自一人流动的情况仅占 26.8%。另外，与以往先完成婚姻大事后再外出务工的情况不同，越来越多的流动人口选择先外出后结婚，在外出流动中完成婚姻大事的现象已经非常普遍。在 1980 年以后出生的已婚新生代农民工中，超过一半（53.7%）的人结婚时间晚于外出务工时间，约是老一代农民工的两倍（27.5%）。初婚时间晚于初次外出务工时间的比例随着农民工年龄的下降而上升，1986 年以后出生的已婚新生代农民工中先外出务工后结婚的比例一直稳定在

60%以上。可以看出，我国流动人口家庭化特征正在由第二阶段向第三阶段过渡，家庭化特征已十分明显。

（二）外出务工经商比例突出

2010年流动人口外出原因统计中，务工经商比例占到近一半，达到45.1%。其他外出原因所占比重较小，随迁、学习培训、拆迁、婚姻迁入、投亲靠友、工作调动分别占14.2%、11.4%、9.3%、4.8%、4.2%和3.9%。以务工经商为目的的流动在北京、上海、广州等特大城市更为突出。根据《首都社会管理发展报告（2012～2013）》，2010年北京市流动人口中“务工经商”比例高达73.9%，男性务工经商比例更是达到了78.9%。第二大类原因“家属随迁”占比为8.0%，而包括学习培训、投亲靠友、工作调动等其他原因则仅占18.1%。

就流动人口的就业情况而言，根据2013年流动人口动态监测调查数据显示，劳动年龄流动人口就业比例为89.3%。在就业流动人口中，雇员占65.6%，自营劳动者占24.2%，雇主占7.6%，家庭帮工占2.6%。就业流动人口主要分布在制造业、批发零售业、住宿餐饮业、社会服务业和建筑业五大行业，分别占全部就业流动人口的33.3%、20.1%、11.3%、9.2%和6.9%，合计80.8%。

（三）收入逐年提升，但仍与本地居民有较大差距

在城镇化推进过程中，收入分配不均问题引起了社会的广泛关注。在众多结构性收入差距中，城市流动人口和本地居民的收入差距问题则更为严重。从2008年中国城乡劳动力流动调查数据可以看出，流动人口平均每周工作63个小时，比城市居民平均每周44小时工作时间多了1/3。城市居民平均月收入为2303元，外来居民平均月工资为1655元，低了39%。如果考虑到流动人口更长的平均工作时间，他们在每小时工资上的差异则更大（温兴祥，2014）。事实上，并非整个流动人口群体的收入都低于城市居民，在流动人口内部，也存在着明显的“城乡差别”。据调查显示，从城市向城市流动的人口收入水平一般持平甚至会超过本地居民，而从农村向城市流动人口的人口收入水平则显著低于本地市民（杨菊华，2011）。这意味着来自城市和农村的流动人口存在明显的社会分层。城市和城市之间的流动人口大多受过良好教育，职业能力强、社交范围广，受到户籍的限制也较少，有更多的机会融入城市，获得高水平的收入；来自农村的流动人口受教育程度普遍较低，劳动时间长、职业地位低，因此收入水平明显低于城市居民。

（四）受教育程度逐渐提高

随着九年制义务教育的普及和社会整体教育水平的提高，社会对流动人口教育程度的要求也促使其不断提高自己的文化水平。同时，随着城市基础教育的普及和教育方式的多样化，流动人口也更容易提高自己的文化知识水平。在流动人口群体中，小学、初中文化程度的比例逐步减少，高中、大学以及更高学历水平的群体在不断增加。

2010年我国初中以下文化水平人口比重为59.3%，高中文化程度人口比重为22.6%，大专及以上学历人口比重为18.1%。与2000年相比，高中以上文化水平人口所占比重增加了1.9%，大专以上文化水平人口所占比重增加了4%。我国流动人口平均受教育年限已经从1982年的5.58年增加到了2005年的8.89年。2015年流动人口动态监测数据显示，我国流动人口平均受教育年限为9.3年，“80后”流动人口平均受教育年限为9.8年。目前，全国流动人口中研究生已超过15万，本科生已超过399万，流动人口中接受过高等教育的人数越来越多。

三、流动人口的空间分布

（一）空间分布上，东部地区流动人口占比很大，东北地区偏弱

根据2000年和2010年全国人口普查数据，东部地区流动人口最多，达到13798.4万人，占全国流动人口总量的52.8%；西部和中部的流动人口数量次之，分别为5754.4万和4608.1万；东北地区流动人口最少，仅有1933.0万人。流动人口的区域构成在十年间没有明显的改变，东部和西部地区分别增加了1.2%和0.8%，中部和东北地区分别减少了0.3%和1.7%，东部地区仍为我国流动人口的主要集聚地。从十年间的流动人口增长速度来看，东部、中部和西部都表现出了较高的水平。其中，西部地区最高，增速为86.8%，东部、中部次之，达到85.4%和77.6%。东北地区相对偏弱，增速仅有46.4%。从流动人口占地区总人口的比重来看，2010年，东部、中部、西部和东北地区流动人口所占的比例分别为27.3%、12.9%、16.0%和17.7%，所占比例较2000年都有明显上升，其中东部地区增幅最大，增加了10.5%（表3.1）（陈丙欣和叶裕民，2013）。

表3.1 中国流动人口总体和分区域变化情况（2000～2010年）

地区	2000年			2010年			
	流动人口/万人	区域构成/%	占总人口比重/%	流动人口/万人	区域构成/%	占总人口比重/%	增速/%
东部	7444.6	51.6	16.8	13798.4	52.8	27.3	85.3
中部	2594.5	18.0	7.5	4608.1	17.7	12.9	77.6
西部	3080.0	21.3	8.8	5754.4	22.1	16.0	86.8
东北	1320.0	9.1	12.6	1933.0	7.4	17.7	46.4
总计	14439.1	100.0	11.6	26093.9	100.0	19.6	80.7

（二）跨省流动人口持续增加，形成了典型的人口流入和流出区

根据第五次全国人口普查数据，2000年跨省流动人口为4242万人，占总流动人口的29.4%；第六次全国人口普查数据显示，2010年跨省流动人口达到8587万人，占总流动人口的32.91%。十年间，跨省流动人口数增加了一倍多。在跨省流动人口持

续增加的同时，逐渐形成了典型的人口流入和流出区，并呈现出由中西部向东部、东南部沿海流动的趋势。中西部地区的安徽、湖南、四川人口迁出比例达到10%，成为全国人口迁出最为显著的三个省份。另外，江西、河南、湖北、广西等地的省际人口迁移比例也都达到了 5%。据统计，1995～2000 年，安徽、湖南、四川三大迁出地的迁出人口规模分别达到 289.30 万人、326.12 万人和 439.55 万人。2005～2010 年，河南与安徽、湖南、四川一起构成全国四大迁出地，迁出人口规模在 460 万～550 万人，占全国省际迁移人口的比例均在 9%以上（王桂新等，2012）。另外，贵州省也逐渐成为重要的人口迁出地，迁出人口规模达到 268 万人。

伴随着经济的快速发展及地区协同的逐渐增强，城市群逐渐形成并成为经济发展最为迅速的地区。珠江三角洲、长江三角洲和京津冀城市群在吸引流动人口方面表现得极为突出。2010 年中国流动人口规模超过 200 万的城市共有 12 个，其中 9 个位于长江三角洲、珠江三角洲和京津冀城市群。在长江三角洲地区，上海作为全国流动人口最多的城市，吸引了 1085.2 万流动人口，另外，杭州和南京的流动人口也超过 200 万人；在京津冀地区，北京和天津的流动人口数分别达到了 879.1 万和 371.5 万；珠江三角洲流动人口集聚地有广州、深圳、东莞和佛山等地，流动人口总规模达到 2331.5 万人。

同时，流动人口始终表现出高度集聚在少数城市的特点。根据第五次全国人口普查和第六次全国人口普查分县数据计算，2000 年前 1%（23 个）的市辖区或县域单元吸纳了全国 45.5%的流动人口，2010 年吸纳了 45.6%。而这些地区在 2000 年和 2010 年的户籍人口占全国的比重仅为 7.6%和 8.8%。2000 年，全国有超过 2/3 的流动人口集中在前 100 个市县，这个比例甚至在 2010 年达到 70.6%（刘涛等，2015）。

（三）流动人口在城市内部形成明显的集聚区

流动人口在城市内局部地区集中已成为大城市普遍存在的一种空间现象，并自发形成了以外来人口为居住主体、以房屋租赁为构成方式、以城乡结合部和城中村为集聚地的流动人口聚居区。20 世纪八九十年代，北京市南部的“浙江村”就已广为人知。

一般来说，流动人口聚居区并没有明确规模和范围界线。当流动人口规模超过常住户籍人口规模时，都可以称为流动人口聚居区。随着流动人口规模的增加，有些地区甚至形成了巨型流动人口社区，不少村庄人口倒挂。据统计，仅深圳市“同乡村”概念的群体就有 643 个，居住人口近 200 万人，其中聚居人数在 1000 至 3000 人的“同乡村”达 437 个，共 73 万多人；6000 至 10000 人的有 50 个，共 36 万多人；万人以上的“同乡村”有 15 个，共 23 万人[①]。根据 2000 年第五次全国人口普查数据，北京市外来人口上万人以上的街道有 102 个，占街道总数的 30.4%，其中居住着全市 74.4%的外来流动人口。2010 年第六次全国人口普查资料显示，北京市已有 39 个外来常住人口超过 5 万人的街道和乡镇，主要集中在五环和六环之间的城市建成区边缘，其中

① 南方都市报．2005．深圳市治安攻坚战：“同乡村”治乱已经刻不容缓．http://news.sohu.com/20051116/n227511543. shtml. 2020-05-30。

最大的流动人口集聚地——昌平区北七家镇，流动人口规模接近 23 万人。

从社区构成和组织来看，流动人口聚居区可以分为两大类（吴晓，2003）：一类是“缘聚型”聚居区，这类聚居区以同乡、同村、同业或同族为群体集结，形成亲缘、地缘上的纽带关系或经济上的联系，如北京的“浙江村”、南京的“河南村”和广州的“新疆村”等。一些聚居区不但为流动人口家庭提供了居住机会，还逐渐形成了进货、加工、销售的生产体系。后来，聚居区内的“外地人”也被纳入到生产当中。如北京的“浙江村”，既有来自温州的私人老板和个体户，又有大批来自他省的雇佣工。他们中的大部分人都在区内从事服装的生产和加工，借助于高效的产业体系，组织者、生产者和营销者之间建立起紧密的分工协作。与缘聚型聚居区不同，另一类聚居区则是混居型聚居区，此类居住区没有明确的社会纽带或产业体系，居民来源混杂且彼此关系松散，在内聚性和聚居的典型性上均无法与前者相比。

第三节　外来流动人口引发的典型社会问题

一、外来流动人口对城市公共服务的压力

人是城市发展的主体，人口出现问题一定会引发城市问题。大规模流动人口在推动城市发展的同时，也给城市公共服务和社会管理带来巨大的压力和严峻的挑战。

首先是公共服务均等化的压力。《“十三五”推进基本公共服务均等化规划》提出，均等地满足公民在公共教育、就业创业、社会保险、医疗卫生、社会服务、住房保障、文化体育、残疾人服务等八个领域的基本公共需求，使得所有社会公民都能够学有所教、劳有所得、病有所医、老有所养、住有所居。由于人口基数大、地区发展不均衡，我国公共服务本身就存在城乡和区域间资源配置不均衡、硬件软件不协调、服务水平差异较大等问题，一些服务项目存在覆盖盲区，尚未有效惠及全部群体。由于流动人口在大城市、特大城市的集聚，这些地区的公共服务均等化面临着更大的压力。以流动人口的医疗卫生服务为例，国家人口和计划生育委员会发布的《中国流动人口发展报告 2010》显示，2008 年农业户口流动妇女住院分娩率为 89.5%，远低于城镇居民 97.5%的水平；有 17.7%的农业流动人口子女未能在流入地得到免疫规划接种；患病时，仅有不到 70%的农业流动人口表示会去流入地县级及以上医院就医；在参加了医疗保险的流动人口中，如果在流入地就医，仅有 26.8%的流动人口表示医药费可以部分报销，64.9%的人需要全部自付。

说到公共服务均等化，还不得不提及流动人口的社会保障问题，特别是大批农民工的社会保障。农民工在城市通常处于弱势地位，即使签订了劳动合同，在养老、医疗、失业、工伤等社会保障方面也与城市居民有着很大的差距，遭遇工资拖欠是普遍的现象。因此，他们对包括住房、教育培训、社会保障在内的各种公共服务的需求十分迫切。但是由于城乡二元体制和社会保障制度限制，社会保障关系往往难以转移续接，造成了流动人口享受社会保障的碎片化现象。根据《中国流动人口发展报告2011》

调查，就业的流动人口中，52%没有参加任何社会保险，特别是在工伤风险较高的采掘、制造、建筑业中，参加工伤保险的比例分别为 58.4%、48.9%和 25.1%，远未达到《工伤保险条例》规定的全部参保要求。

流动人口管理和公共服务的内容与户籍人口有很大差别，在治安、房屋租赁、环境卫生等方面管理压力很大。但由于流动人口的不稳定性，公共服务资源和人员的配置、服务经费预算等难以根据流动人口的实际变化情况调整。于是在人口大量流入的地区，城市基本公共服务人员短缺成为显著问题。根据《中国流动人口发展报告 2014》调查，在 6 个流动人口占比很高的调查区中，一半地区的公共卫生人员、2/3 地区的公务员编制还停留在 2009 年以前的标准，而近年来流动人口大量增加，原有的人员配置很难满足实际需要。同时，流动人口集聚地的公共服务资金缺口也很大。基本公共服务经费是由中央和地方政府共同负担的，中央经费按照常住人口拨付，而地方政府往往按照本地人口进行补助，很少考虑流动人口数量因素。在经济发达的城市，资金缺口还相对容易解决，其他外来流动人口集中的城市，资金紧张的局面更严重。

流动人口的集聚也给城市资源带来了巨大压力。人口的迅速膨胀带来了水资源、能源消费、粮食资源的紧缺，加剧了人流、车流、物流带来的交通问题。工作日的早晚高峰、双休日的进出城拥堵、公园景点的集聚和人口过密都是当下城市的普遍问题。以北京市为例，2020 年规划人口为 1800 万人，而在 2009 年北京市常住人口就已达到 1972 万；作为资源输入型城市，《北京市 2013—2017 年清洁空气行动计划》中提到，2017 年外调电比例达到 70%左右。

二、流动人口与社会隔离

农村外来流动人口的社会隔离主要源于城乡二元体制。在城市户籍制度背景下，流动人口在就业、社会保障、医疗、教育等方面都无法公平平等地享有本地城市居民的福利和待遇。据有关部门分析，隐藏在户口本背后的农民与城里人的待遇差别达 47 项之多。由户籍引发的不平等成为城市生活中的文化与风气，体现在各个方面。在人们社会地位可以上升的职业渠道、经济渠道、政治渠道、教育渠道、婚姻渠道等主要方式中，流动人口都受到户籍制度的阻碍（李强，2004）。

二元体制及户籍制度造成了劳动力市场的城乡二元分割。受到自身素质及能力限制，大部分流动人口处于低水平的经济地位，从事低端低薪的职业，逐渐与本地居民形成了职业隔离。流动人口也无法享受公平的住房保障和住房公积金待遇，在住房市场上，微薄的收入让大多数流动人口无法承担高额的房价和租金。以地缘、亲缘为纽带的群租选择让他们逐渐产生了与城市居民的居住隔离。同时，文化差异和经济承受能力也逐渐形成了公共空间使用上的隔离现象（图 3.3）。

城郊地区是流动人口的主要聚居点，他们常常以血缘、亲缘、地缘和业缘为基础居住在一起。为节约房租支出，与朋友或老乡合租住房成为流动人口的普遍选择。这样做一方面可以有效节省开支，另一方面可以相互照应。以初级群体为基础的社交网络可以给进入新环境的流动人口以精神和经济上的支持，促使其更快地适应环境。但是，初级社交网络的强化也给流动人口融入城市带来一定阻力。在进入这一封闭的社

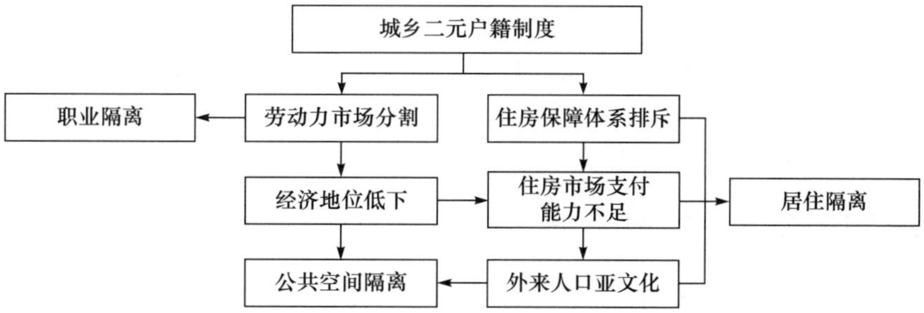

图 3.3　流动人口空间隔离形成过程①

交网络之后，网络内部的群体大多不愿主动打破这一封闭状态，于是与外部城市社会日渐疏远，逐渐形成了自我隔离的状况。同时，受原有社会观念的影响，大多数流动人口都不认为自己是城市的主人，仅把自己定位为城市的“过客”，无法建立对城市的归属感，始终保持着与城市的距离。以上海为例，2010 年外来常住人口分布在近郊和远郊的比例分别达到 53.7%和 27.0%，合计达到 80.7%；外来人口大多是在低层次制造业和服务业部门工作，收入水平相对较低，生活居住条件较差（郭秀云，2014）。

受到就业歧视以及不公平待遇的影响，流动人口与城市居民在就业方面存在着一定程度的隔离现象。流动人口的职业大多属于低技术要求的劳动密集型产业，而在政府、企事业单位以及专业技术部门，流动人口所占的比例极小。在从业过程中，大部分流动人口很少有机会和本地市民打交道。同时，外来人口在城市就业过程中也存在着集中化就业的现象。据调查，北京市外来人口集聚就业的行业比例占到 59.2%，城市居民集聚就业的行业比例占 32.1%，仅有 8.7%的行业外来人口与本地人口数相当（卢显国，2010）。流动人口与城市居民的职业隔离不仅体现在不同职业从业人数的分布上，还体现在相同职业内部的差异上。受身份的影响，即使流动人口进入到工作岗位，并且具备一定的工作能力，他们在职业发展方面往往也会受到限制，无法与相同职业的城市居民相竞争，难以晋升或从事管理性的工作。

2000 年以来，流动人口的构成情况发生了很大的变化。80 后、90 后的新生代农民工逐渐成为流动人口的主体。“新生代农民工研究”课题组 2009 年对 31 个省（自治区、直辖市）的农民工监测调查显示，新生代农民工的数量已经达到 8487 万人，占外出农民工总数的 58.4%。据《中国流动人口发展报告 2013》，2012 年流动人口 2.36 亿，过半流动人口为新生代农民工。新生代农民工大多生长在城市，由父辈的“离土不离乡”已经转变为“离土又离乡”。他们有着比父辈更强的竞争优势和更高的生活期望，在城市工作不仅仅为挣钱，而是为了更好的发展，实现自己的社会价值。然而他们在融入城市社会的过程中，却面临着许多实际问题与困境。除了就业困难、经济基础较差之外，最主要的问题在于社会归属。他们想在城市生活，却得不到认同；想回到农村，却不会务农。融不进城市，回不到农村，只能漂泊在城市边缘。时间一长，他们就会以边缘群体为标签，产生与主流社会的隔阂与矛盾。

① 景晓芬. 2013. 空间隔离及其对外来人口城市融入的影响研究. 杨凌:西北农林科技大学博士学位论文。

社会隔离对流动人口融入城市有非常大的负面作用，给他们带来了强烈的不公正感，并引起他们对社会的不满，极易引发失范和违法犯罪行为。目前大多数的流动人口政策仍然将这一群体当作临时的城市人口来看待。因此，打破社会隔离，公平分配城市资源，使长期定居的农民工融入城市生活显得刻不容缓。

三、流动人口的社会安全隐患

具有流动性、多样性和不稳定性的流动人口是一个较为复杂的社会群体。他们既能给城市带来发展动力，增添生机与活力，但也给城市带来负面效应。流动人口的负面效应突出表现在犯罪问题上，流动人口犯罪比例已经达到全国各地犯罪总数的 70%以上。随着流动人口向特大城市以及沿海城市的流动，北京、上海、广州等特大城市违法犯罪案件呈上升趋势。据《2014 年广州市社会治安形势分析与对策建议》，广州近年来抓获的违法犯罪人员中，流动人员犯罪约占全市犯罪总量的 86%，集中于暴力型和侵财型犯罪，故意伤害、故意杀人、绑架等犯罪中流动人员占 85.88%，盗窃、抢劫、抢夺等犯罪中流动人员占 80.7%。

流动人口犯罪种类很多，但所占比重最大的还是侵财型犯罪。流动人口迁移最主要的目的是获得更高的劳动收入，当劳动收入无法满足其预期时，部分流动人口就会选择非法手段获得财产收入，这是其侵财型犯罪的主要原因。南京市 2005 年破获的治安案件中，涉及流动人口作案案件达到 60.7%，其中盗窃案件占到 86.8%；2006 年破获的治安案件中，涉及流动人口作案案件达到 62.1%，其中盗窃案件占到 87.5%（郑秀辉，2007）。

与犯罪统计结果相似，青壮年犯罪占总流动人口犯罪比例最大。据问卷调查显示，厦门在押流动人口中，19～40 岁的青壮年占 80.36%（福建省厦门市公安局课题组，2011）。

流动人口团伙犯罪问题也较为突出。一是由于流动人口处于相似的社会阶层，所感受的社会压力或社会剥夺比较相似。二是大部分流动人口来自农村，乡土观念及地域情感比较浓厚，在相对冷漠的城市中容易形成抱团心理。因此，不法分子比较容易利用地缘、亲缘纽带拉帮结伙，诱骗、勾结老乡从事违法犯罪活动。有不少人明知违法，也会碍于朋友、同乡之间互相帮助的角度，协助参与非法活动。

犯罪学研究表明，未婚男性、文化程度较低、无固定职业者的犯罪可能性更高，而这样的特点在流动人口中比例不低。另外，管理松散的城乡结合部也为违法犯罪提供了条件。城乡结合部地区人口密度大、流动性强，而这些地区又多紧邻城市繁华地区，交通四通八达，给违法犯罪活动提供了便利条件。加之群居与贫困相结合，违法犯罪活动居高不下。根据北京市丰台区公安局的调查（典型城乡结合部地区），治安案件中 70%的发案源于流动人口，70%发生在流动人口聚集场所，70%的受害人为流动人口。

四、流动人口聚居区

流动人口聚居区已经成为我国发达城市的普遍现象。这些聚居区一般以城乡结合部作为区位选择，交通便利、房价低廉，且房屋较为集中，易于形成集聚优势。聚居区在社会属性、区位分布、成员构成等方面呈现出与城市社区不同的特征，被视为城市的边缘异质性产物。由于城乡二元结构，流动人口聚居区在一定程度上游离于城市管理体系之外，给社会发展带来诸多问题：环境卫生问题普遍、脏乱差现象明显、基础设施匮乏、功能布局混乱，被人们称作“城市烂边”。

城乡结合部聚集了过多的外来人口，首先出现的就是居住环境恶化的问题。受“瓦片经济”利益驱使，这些地区超标违建行为极为普遍，农民会围绕自家的宅基地尽可能多地加盖房屋，通过扩容空间谋取利益。以北京市城中村为例，居民在宅基地上随意翻盖加盖的现象十分普遍，加盖的出租屋按自然间分隔，一般 $10m^2$ 左右，远远低于城区人均 $31m^2$ 的居住面积。房屋加盖扩建不仅在空地上延伸，还会向上扩张，几乎每家都在原有平房基础上加盖二层或三层。聚居区内建筑物十分密集，由于是村民随意加盖的住房，房屋质量也良莠不齐。房屋大多由劣质简易材料构成，空间狭小、质量差、安全隐患突出，简陋的外观也严重影响着城市公共空间的环境。另外，私搭乱建的房屋还经常侵占道路和公共空间，导致应急车辆（救护车和消防车等）无法正常通行，加之农村本就缺少安全设施，使公共安全隐患大增。

基础设施落后陈旧也是流动人口聚居区的普遍特征。基础设施大多按户籍人口数量配套修建，设计标准通常较低，无法满足需求。许多道路狭窄不平，雨天过后道路泥泞、难以通行。垃圾露天堆积在某些固定的角落，散发着难闻的气味，蚊蝇乱飞，路人绕道而行。很多厕所是以前搭建的简易旱厕，早已破败不堪，卫生条件极差。供水能力同样捉襟见肘，自来水管不能正常出水的情况时有发生，人们大多形成了储水的习惯，以备不时之需。另外，公共排水系统同样不过关，经常因淤泥杂物而堵塞，污水、雨水只能通过地表排泄，极易造成疾病的传播。原先居住着数百人的村镇，如今却承载着上万人的流动人口，基础设施压力可想而知。

出于大量流动人口的生活需要，流动人口聚居区内的饭馆、超市、照相馆、理发馆、诊所等生活服务业通常都发展起来，但店铺无照经营现象比较普遍。为了改善环境和疏解人口，一些地方针对城中村、居民社区内的不规范个体经营，特别是小饮食店、小食品经营、小理发美容、小公共浴室、小歌舞厅、小旅馆等“六小行业”进行打击整治，但管理往往受到经营者和当地居民的排斥，“钉子户”“难缠户”“游击户”屡见不鲜，管理阻力很大。即使一时管理见效，死灰复燃的情况依旧时有发生。

第四节 案例：北京市城乡结合部的流动人口问题及对策研究

一、北京市城乡结合部外来流动人口现状

2018 年年底，北京市常住人口 2154.2 万人，其中，在京居住半年以上的外来常住

人口 764.6 万，占总人口的 35.5%。以首都功能区来划分，城市功能拓展区（朝阳、丰台、石景山、海淀）外来人口数量最多，达到 280 万，占外来人口总数的 40%；城市发展新区（房山、通州、顺义、昌平、大兴）外来人口约 240 万人，约占该区域总人口的 40%。

据估计，外来流动人口约 85%居住在城乡结合部地区，包括在城市就业的人员和 4 万多在乡镇企业务工的人员。2010 年，北京制定了《城乡结合部规划和实施措施》，其中所指的城乡结合部为 2004 版总体规划的中心城边界范围内朝阳、海淀、丰台和石景山四区的边缘和与大兴、昌平接壤的农村地区，地域范围 753km^2，涵盖 62 万户籍人口和 280 万流动人口，改造涉及约 450 处自然村落，227 个行政村。2010 年第六次全国人口普查资料显示，北京市已有 39 个外来常住人口过 5 万的乡镇、街道（图 3.4）。统计表明，北京市外来流动人口主要集中在五环和六环之间，在城市建成区边缘形成了一大批以流动人口为主体的巨型居住区。

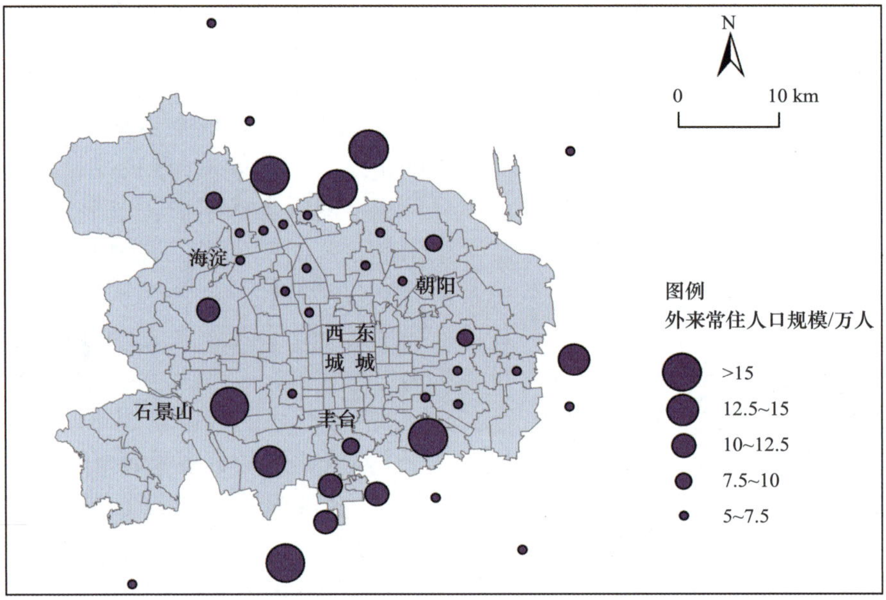

图 3.4　北京市 39 个常住外来人口超过 5 万的乡镇、街道分布（2010 年）

2011 年，北京市确定对城乡结合部 50 个重点村整建制农转居的工作任务。2015 年，北京市政府颁布《北京市城乡结合部建设三年行动计划（2015—2017 年）》，此后城乡结合部流动人口的空间集聚强度有所减缓。不过，流动人口高度集聚形成的巨型化社区仍然存在，流动人口的公共服务和社会管理仍然是一个不容忽视的重要社会问题。

第六次全国人口普查统计数据显示，北京市城乡结合部地区本地户籍人口外流和人口倒挂的现象十分普遍。在五环和六环之间，一些乡镇流动人口与户籍人口比值为 2.5（图 3.5）。例如，昌平区北七家镇白庙村，本地户籍的居民有 2130 多人，其中常住人口 1000 人左右，而外来流动人口有 3 万多人；海淀区上地街道树村，本地居民不到 2500 人，外来流动人口近 5 万人。

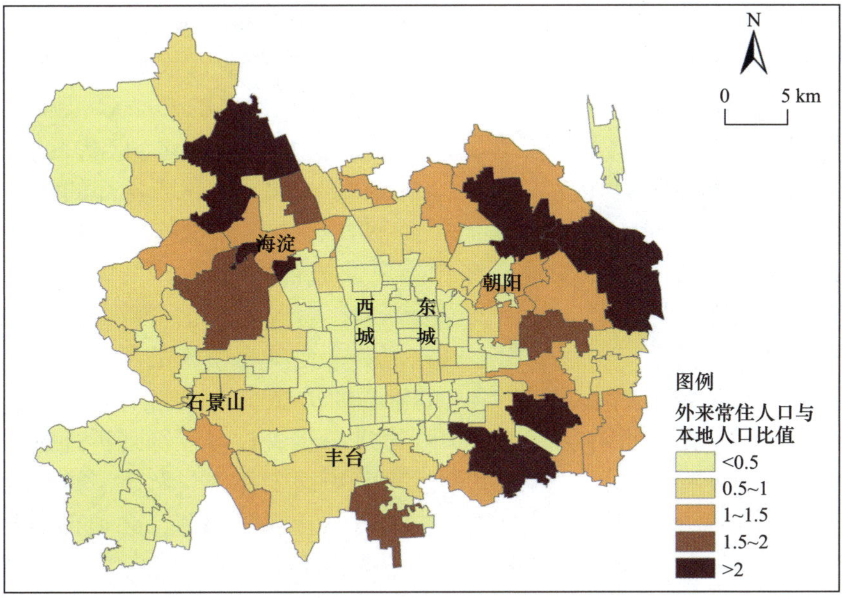

图 3.5　北京市中心城区各街道乡镇外来常住人口与本地人口的比值

在城乡结合部乡镇街道的本地户籍人口中，青壮年进城工作和居住的比例较大，滞留下来的主要是老年人，房屋出租构成本地居民的主要收入来源。虽然只有一面墙或一条路之隔，高楼林立的城市和垃圾污水横流的农村形成了鲜明的对比。高度的城乡隔离和恶劣的生活环境，使城乡结合部居民（包括本地人口和流动人口）产生了“非市民”心态，缺少社会归属感和社区参与意识，对社区事务冷漠。这种社会隔离极易造成外来流动人口聚居区与城市社会的冲突与交锋，不仅构成巨大的社会风险，也很容易使这些地区成为恐怖和暴力组织的藏身之所，给首都的社会安全和稳定带来严峻的考验。

流动人口居住的环境十分恶劣，除有线电视和网络之外，其他城市基础设施和市政公共服务在城乡结合部地区十分薄弱，特别是供水、供电、燃气、公厕、垃圾处理等。因为城乡结合部地区的基础设施和公共服务配置是以本地户籍人口为基数进行配置的，所以面对大量外来人口的涌入，显然远远不够，严重超容。

外来人口流动性较强，同时，城乡结合部地区道路四通八达，出入口很多，这些都给治安管理带来了很大的难度。由于城乡结合部农村社区的治安管理力量不足和管理对象过于分散，也制约了流动人口的管理和服务。有些村集体出资雇请村协警和保安来强化治安管理，但此举在很大程度上受到农村经济组织财力的限制，不同地区存在差异较大、管理力量难以满足需求等问题。另外，绝大多数流动人口分散居住在简易出租屋内，具有居住随意性大、居住时间短等特点，给流动人口的统计和管理带来难度。

二、城乡结合部外来流动人口调控的主要问题

（一）规划目标不明确，流动人口存量的调控缺乏科学思路

城乡结合部功能定位不清，规划目标之间存在矛盾。在新型城镇化规划中提到，

城乡结合部既具有防止城市过度扩散、维持生态环境服务的功能，又具有“疏解城市中心人口和资源的作用”。在此引导下，生态防护、产业发展和旧村改造与城镇化建设的总体目标出现背离。北京市在1958年规划中提出的两条绿化隔离带，最初目的是为保护北京市生态环境、控制城市规模过度发展而设立。但从目前状况来看，城乡结合部成了疏解城市中心人口和产业的空间载体，城乡结合部的整治相对更加注重城市居住和商业功能，而忽视生态屏障和发展边界的功能，村居改造后农业用地几乎全部转化为工业或建筑用地，绿化隔离带被蚕食。

长期以来，北京“摊大饼”的现象饱受诟病，这与城乡结合部整治和流动人口调控政策的脱节有很大关系。为缓解中心区人口、产业集聚带来的压力，城乡结合部地区拆迁改造成为实现城市扩张、中心区人口疏解的重要途径，城区范围随之不断扩张，造成城乡结合部不断向外推移，城市人口规模进一步失控。在征地拆迁过程中，重点村的流动人口被迫外移到临近村落或其他社区，表面上在本村解决了流动人口问题，而实际只是将其外推到其他地区。要想解决城乡结合部的问题，必须正视要将流动人口疏导到哪里，以及他们合理的住房和公共服务需求等问题。

（二）城乡结合部地区情况复杂，驱赶式的外来人口管理对策并非对症下药

地域权属和管理界限交叉混杂的局面为流动人口管理带来了很大困难。城乡结合部具有不同于普通城市或农村地区的“交叉”特征，即城乡地域交叉、农（民）居（民）生活交叉、街乡行政管理交叉。北京特有的农转非实施方案（为保证家庭之间的公平以家庭为单位抽取农转非名额），使同一个宅院、同一个家庭的人口户籍属性参差不齐，农居混杂、一地多主现象普遍。转居者归街道办事处管理，而其土地、房屋依然由乡镇管辖；转居者享受城市医保社保，而未转居者只能依靠乡镇微薄的补贴。在城乡分治、权属交叉背景下，相关责任主体出于自身利益考虑，谁都不愿意将建设投资用于环境改善和基础设施投资上。各级政府、村委会和居委会在流动人口、公共服务和环境治理方面经常出现相互争利、扯皮、推诿的现象，投入资金严重不足，改造缺乏积极性，形成“城市不想管、农村管不了，外来没人管”的三不管局面。

单一的征地拆迁和运动式的城镇化改造不可持续，无法实现对流动人口的有效控制。北京市城乡结合部改造普遍套用“拆迁、腾退、改造、上楼”的模式。在50个重点村改造过程中，虽然重点村脏、乱、差的环境得到了明显改善，村民也通过城镇化获得了很大实惠，但在解决流动人口的去处等问题上，重点村政策可以说是无效的。随着城中村的改造，流动人口从一个地区被驱赶到另一个地区，流动人口数量没有减少，生态空间反而随着流动人口聚居区的外迁而不断被蚕食，一定程度上加速了北京“摊大饼”式的发展。另外，在这种模式下，农民就业问题也不容忽视——农民失地后一次性获得了较大一笔补偿款后，短期内生活没有压力，缺乏主动就业意愿，加之职业技能培训滞后，找不到合适的工作。因此，农民转非后依然还是利用补偿的房屋从事出租等活动。出租屋吸引了大量外来流动人口，使城乡结合部地区的社会环境持续

恶化，失去了可持续发展的原生动力。

（三）流动人口合理的公共服务和住房需求未能得到满足，管理和服务模式亟待探索

在基本公共服务均等化方面，现有政策缺乏一定的灵活性与综合性。单纯以本地户籍人口为基数配置公共服务，不仅严重地忽视了流动人口的基本需求，也带来很多社会问题。而以常住人口为基数的公共服务供给机制也很难执行，因为流动人口的变动也会造成公共资源的过剩与浪费。由于保障性住房数量较少，商品房价格过高，使得流动人口无法获得稳定、适宜的居住条件，如何存身成为流动人口面临的最大问题。据《社会建设蓝皮书：2013 年北京社会建设分析报告》调查显示，84.4%的流动人口选择“城中村”、地下室、工棚及群租房等非正规住房，流动人口住房人均使用面积仅 5.6m^2。

由于缺乏成熟经验，流动人口租住管理成为城乡结合部各级政府面临的重要难题。一直以来，外来流动人口多为临时和暂时性居住，缺乏统一有效的管理办法。虽然在公安局建立了外来流动人口管理办公室（简称“流管办”），但在实际工作中，流管办的主要工作是以治安为重点的流动人口监督和防范，在流动人口规模的调控和居住、就业、迁移的管控方面，缺乏具体的疏导和管理办法。自愿登记的管理模式由于缺乏引导与激励，部分外来流动人口并不到流管办进行暂住登记，带来了极大的安全隐患。

城乡结合部地区流动人口管理面临两个特殊困难。一是流动人口社会管理的工作量很大，造成管理成本上升和人员配置不足。二是城乡结合部的管理对象非常分散。村庄社区化改造后，围合起来的只是村域的一部分，社区之外仍残留着不少居住和工业大院等经营性用地，这些周边地区的流动人口管理相当困难。

三、在大都市区范围内完善城乡结合部政策

要想解决外来流动人口问题，就必须要调整城乡结合部的功能定位和发展方向，与城市中心区作为整体进行合理的规划，落实人口调控战略。这时，一个重要的规划问题是合理确定哪些地方应该纳入整体规划的空间范围。为此，可以按照外围地区到中心城区的通勤人口比例加以确定，或者是根据城市活动强度的空间分析来确定。例如，到中心城区的通勤人口比例超过 15%的地区，可以认为与中心城区同属于一个就业市场，应该一体化配置城市的各种服务和功能。

许泽宁和高晓路（2016）提出，城市活动强度分布可用兴趣点（point of interest，POI）的核密度函数来表现，POI 密度越高，城市活动强度越高。在城市集聚规律的作用下，核密度函数值在城市建成区边缘会出现明显的下降，依据这个特点，设计了表现城市活动变化的 Densi-graph 函数（图 3.6），并根据 Densi-graph 函数的特异点来识别城市建成区的合理边界。运用以上方法和 2013 年百度 POI 数据，可以得到北京城市活动强度的等值线分布图（图 3.7）。图中粗实线为利用 Densi-graph 函数识别出来的城市建成区边界，线内是城市活动一体化程度较高区域。从图中可以看出，城乡结合部的大部分地区都在边界之内。完善的大都市区规划，应该统一这个范围内

的规划标准，将流动人口、产业、交通、土地利用、基础设施、环境保护、住房建设、公共服务纳入总体规划中，使城乡结合部的建设和发展方向有章可循，有法可依。建成区边界的识别，对空间规划中确定城市增长边界和生态安全区边界也具有重要参考意义。

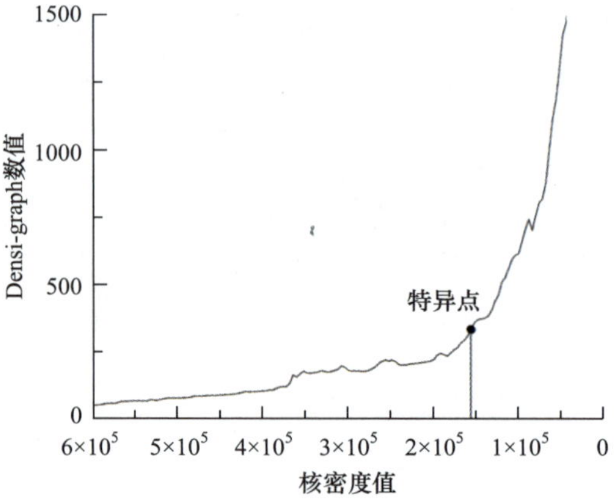

图 3.6　北京市百度地图 POI 的 Densi-graph 函数图

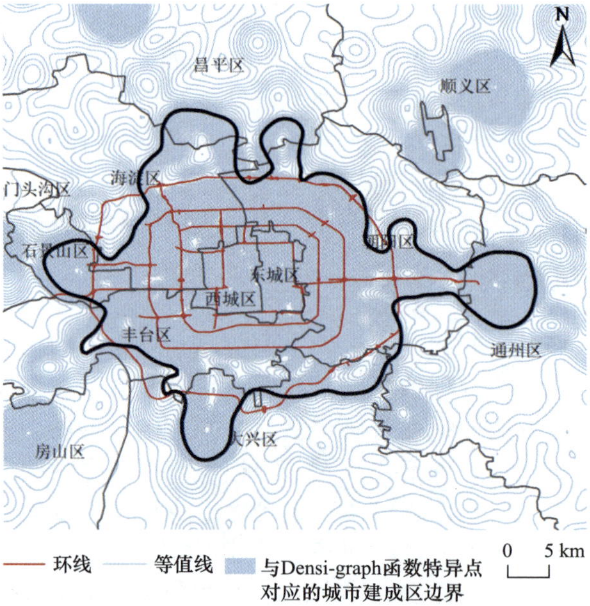

图 3.7　北京城市活动强度的等值线分布图

运用大数据和 Densi-graph 等方法能够较为客观地识别都市区核心功能板块的范围，为规划提供了新的依据，同时，对城乡结合部这样人口构成和空间形态不稳定的地区，能大大提高规划的空间精度，比简单地采用街道（城市行政区）的行政界线作为规划范围更加有利。当然，在精准识别现状边界的基础上，还需要对未来发展趋势有所把握，以免规划缺乏前瞻性。

在以上分析的基础上，我们针对城乡结合部的流动人口问题，提出以下规划对策。

（一）加强人口调控的顶层设计，落实城乡结合部功能定位

合理修订产业准入目录，明确调控人群和门槛，合理控制外来流动人口。在京津冀协同发展的基础上，从产业发展的客观规律入手，认真研究高中低产业和从业人口的配比，调整现有产业指导目录。通过北京市与周边地区的产业协同与合理配置，缩小京津冀都市圈的发展差距，增强区域发展的系统性与协调性，统筹各方面利益，实现真正意义上的“以业控人”“以业引导人”，避免因盲目淘汰低端产业而带来的城市发展、居民生活需求和流动人口安置等新的社会问题。同时，加强对宅基地建设和出租屋的管理，规范农村宅基地房屋使用类型，对污染环境、吸引外来人口、加重基础设施和公共服务超容的垃圾场、工厂、酒吧、餐饮等产业进行限制；完善集体建设用地上产业和建设的管理，按照规模和类型加强审批，实现控制外来人口和改善环境的目的。

将限定城市增长边界和保障生态系统服务置于城乡结合部功能定位的首位。大都市区视角下，发挥城乡结合部绿化隔离带限定城市增长边界、保障生态系统服务的重要功能，应秉承有限空间、生态优先、适度发展的原则，将上述功能置于城乡结合部功能定位之首；限定产业开发和房屋建设的类型、规模和强度，确立疏解人口而非承接人口集聚的原则，通过引导产业和建设配套公共服务设施，将流动人口吸引到绿化隔离带以外的新城和小城镇。

（二）因地制宜，探索城乡结合部整治的多元化模式

实践证明，征地拆迁的单一模式不可套用于所有地区，应积极探索多元化的地域发展模式，根据城乡结合部各类型地区的整治进展和重点问题，分类指导，基于村庄的生态环境、文化特色、资源禀赋和经济发展的基础与条件，制定整治规划，确定发展方向。

加快整片推动城中村地区的农转非和村改居的城镇化进程。第一道绿化隔离带中的城中村已经基本失去农村面貌，面临的主要难题是城镇化成本过高和整理出来的土地转变为平原造林和城市绿地后农民的失地失业问题。通过整片推动城中村地区的农转非和村改居的城镇化进程，可避免流动人口在不同村庄之间相互迁移而带来更多问题；集体土地征用后保留一部分集体拥有使用权的耕地或经营性土地，耕地的性质或转变为国有耕地，用于发展都市农业和市民农园等休闲旅游项目；或转变为建设用地用于经营集体产业，以此为村民提供就近就业的机会。

支持在大都市规划引导下，利用集体产业用地开展面向外来流动人口的公租房建设，盘活土地资源。城乡结合部的大部分巨型流动人口社区轨道交通便利，周边城市基础设施和公共服务设施比较完善，具备较好的发展条件。可借鉴海淀区唐家岭等地已取得的经验，城市政府通过基础设施投入等方式共同参与融资和建设，并通过趸租房源等方式提供规范的管理和服务。农村集体土地建设公租房的关键问题，不在于是否属于“小产权房”，而在于由此造成的基础设施增容由谁买单和不同区位的农村之间会由于发展机遇和规划的不同而带来不平衡和无序攀比。因此，在法律上承认城乡

结合部地区集体建设用地入市的合法性的同时，应加强都市区规划，由城市政府牵头建立收益转移机制，以缩减不同区域村庄之间的发展差距，实现协同发展。

以环境整治为重点，采用乡村环境改造模式整治改造有一定地方特色、风貌保持较完整的城乡结合部村庄，实现个性发展。整治的目标从腾退土地搞经济建设、一心追求利益转向整治环境、造福居民。积极探索保留个性与独特乡村风貌的城乡结合部整治模式，注重生态保护，突出乡村文化传承，发展生态化、个性化的城乡结合部村庄，充分利用自身优势，将整治与乡村特色相结合，把本村风貌作为发展的亮点和增加经济效益的突破点。

（三）正视外来流动人口的公共服务需求，实质性推进均等化发展

流动人口的公共服务需求是客观存在的，因此，应当以促进基本公共服务均等化为原则，加大市、区级财政对城乡结合部基础设施和公共服务的投入，完善公共服务的弹性供给和费用分担机制。为实现人口的引导和调控、缩小边缘区与中心城区差距、兼顾外来流动人口基本权益的多重目标，一是要加大政府对基础设施和环境、治安等社会公共服务的投入。建议对农村的文化、教育、卫生、体育、社会福利等公共服务设施分级分类，建立符合实际情况的公共服务指标体系，以各乡、镇、街道常住外来人口与本地人口的比例为基数，乘以一定的人口调控系数（如 0.3～0.5）来确定各类型公共服务的增容比例（增容比例可根据流动人口动态监测情况进行调整，根据目前北京市农民住房面积和宅基地冗余度估算，刚性人口承载力在户籍人口基础上至少可增加 1/3）。二是探索公共服务设施的动态需求与弹性供给方式，如流动医疗服务、民营服务设施的厕所对外开放等。三是建立公共服务成本的合理分担和价格形成机制，向流动人口征收合理的管理费用于社区基础设施和公共服务建设，以便补偿流动人口对社区公共资源的损耗，提高社区更新和发展能力。由此使规划的长期性与实际需求的动态性相互补充，统筹社会资源，实现本外一体、主客共享的公共服务设施配置。

（四）完善居住地登记制度，建立社区和企业协同的流动人口管理措施

进一步完善与公共服务相关联的外来流动人口居住地登记制度的改革。北京市是全国户籍制度改革的试点与示范，应结合改革试点工作在外来流动人口居住地登记的法律和制度的创建方面积极尝试和创新。借鉴新冠肺炎疫情防控的人口流动管理经验，明确居民在变更居住地一个月内均需到社区登记备案的法律义务，并构建完善的大数据人口流动追踪和人口信息管理系统，作为网络化的人口流动管理的依据；使居住证成为外来流动人口在北京生活和工作都必不可少的身份证件，如租房、就业、办理电话业务、购买公交卡必须提供居住证。将居民个人利益与居住登记制度相关联，把居住登记制度所记录的居住地点和居住时间等信息，作为判定居民能否享受交通、养老、医疗卫生、子女教育等公共服务的依据。通过制度引导，使居住登记成为流动人口生存与生活的必需，实现流动人口主动登记的目的。基于居住登记信息，还应建立北京

与其他省市的财政转移支付制度，避免流动人口对公共资源的双重占用，减少有限公共资源的无效配置，提高公共服务的效率和均等化水平。

开展“社区化管理”与企业管理的协同模式。打破户籍属地界限，将“人户分离、农居混居”人口全部纳入社区日常管理和服务范畴。市、区级政府应加大按照流动人口规模对应的社区管理和治安维稳的人员和资金投入，建立中心警务站和综治维稳中心作为治安管理平台，以便民警和其他各类管理人员就地办案，就近出勤；对村庄进行物防、人防、技防的综合改造，实现立体式、全天候的信息化管理。倡导全体居民参与，增加社区意识，促进社区融合，增强广大居民对社区的认同感和归属感。

同时，可要求各类聘用外地户籍人员的用人单位，提供或保证被聘用人员有正规居住场所，或者向有关主管部门提供受聘人员的合法居住地证明。在聘用外来流动人口超过一定数量的企业、园区或单位，应指定流动人口协管人员或建立专职办公室，负责协调处理流动人口管理的工作。

第四章　城市资源短缺问题

城市形成和发展的历史就是一部资源开发的历史。人类社会从农业社会进入工业社会，城市的生产功能不断强化，城市发展的主导资源由水土资源转变为能源矿产资源。西方发达国家的实践表明，工业化的高速发展需要依赖大量廉价的能源矿产投入来实现，而人类历史上规模最大、速度最快的中国城镇化进程也是建立在同样的基础之上。中国城市的资源短缺问题早已存在，但由于改革开放以前国家现代化发展目标主要强调国家工业生产体系的建设，资源短缺问题常被列为经济（工业）问题的范畴，而非城市问题。改革开放 40 年来，中国的城镇化进程始终未能摆脱资源供应不足的挑战，资源短缺及其衍生问题日益凸显。资源短缺问题主要有两类：一是随时间逐渐暴露出来，因而城市需要转型（如资源枯竭型城市）；二是城市对外部资源依赖性过强而自身条件不足（如资源稀缺型城市）。资源保障是国家、地区和城市发展的物质基础和基本前提，在中国经济社会转型期，城市资源短缺问题的研究至关重要。

第一节　城市资源短缺的形成

一、城市资源的界定

狭义的资源指的是自然资源，即特定时间、地域条件下，能够产生经济价值，以提高人类当前和未来福利的所有自然环境因素和条件。在工业革命以前，自然资源最早被人类利用并成为其财富来源，包括土地、气候、草场、森林、矿产、水资源、动植物资源等。随着社会发展和技术的进步，资源的外延不断拓展。广义的资源不仅包括水土、矿产等自然资源，还延伸到经济资源、人力资源、信息资源、文化资源、旅游资源、港口资源等社会资源。

城市作为人类社会物质、能量和信息交流的节点和交换中心，其生存和发育本身就是一个不断寻求物质、能量和信息投入与产出的动态平衡过程。因此，城市发展必须建立在相应的资源基础之上，这种城市赖以生存发展的资源就是城市资源。根据所起作用，城市资源可以分为两大类：一类是作为城市起源基础条件的生存资源，主要是指淡水、土地等自然资源；另一类是促进城市发育成长的发展资源，既可以是自然资源也可以是社会资源。绝大部分城市依赖的生存资源几乎一样，但不同阶段城市发展的主导资源有所不同。农业社会是以土地资源的开发为主导，农村才是生产功能的主要承担者，城市职能主要体现为政治、宗教中心和军事堡垒，数量少且在经济上不占统治地位。工业革命以后，机械化的社会生产开启了人类大规模利用能源和矿产资源的“闸门”，城市以工业化为基本动力，生产功能不断强化且逐渐占据社会经济活动的主导地位。进入信息化社会后，部分发达城市实现了经济转型，人才、信息、技术等社会资源成为其竞争力的主要来源。

为了避免概念的泛化，我们还是聚焦一下。改革开放以来是中国工业化和城市化高速推进的“黄金时期”，主要得益于基础性生存资源的支撑，但更多的是依赖大量而廉价的能源和矿产品投入来实现的。

在改革开放后的迅猛发展中，中国城市的资源短缺主要有以下几种情况：一是随时间推移资源短缺矛盾暴露出来，需要转型（即资源枯竭）；二是外部依赖性过强而自身条件不足（即资源稀缺）。还有一种情况是由于发展过快过猛，超过适当的承载能力，这种情况带来的资源环境超载问题与本书的其他几章内容有所重叠，故本章主要探讨城市的能源矿产资源短缺问题。第一类资源短缺的城市转型后，有可能变成第二类。如资源枯竭城市，在原有的产业基础上调整产业结构，但是这些接续产业还是对地区其他资源的简单加工或者是依赖外部资源的低端制造业，从整体上讲经济发展对资源的依赖性和结构初级化的特征仍然存在，不同的只是资源基础由本市转向了其他地方。

资源型城市作为我国重要的能源资源战略保障基地，是国民经济持续健康发展的重要支撑，其资源短缺问题最为突出，也最为值得关注。

其中，矿产资源开发进入后期、晚期或末期阶段，累计采出储量已达到可采储量的70%以上的城市被称作“资源枯竭型城市”。资源枯竭型城市转型是世界各国经济和社会发展中都经历过的突出问题，如德国鲁尔矿区和法国洛林矿区。它们往往因资源而生，也因资源而亡，难逃“建设—发展—萎缩—报废”的宿命。中国的资源枯竭型城市名录由国务院发布，国家发展和改革委员会、自然资源部、财政部等单位评定。2008年、2009年、2012年，中国分三批确定了69个资源枯竭型城市（县、区）。这类城市主要是由于矿产资源开发而形成发展起来的，如黑龙江的鹤岗、贵州的六盘水、辽宁的盘锦和鞍山、山东的东营、甘肃的白银等，主要资源类型有煤炭、石油、金属和森林等。当大部分资源被开采后资源产量开始下滑，失业或隐性失业上升，经济不振，长期资源开发的生态环境破坏后果日益严重。由于长期依赖资源的开采，忽视经济的多元化发展和技术创新，加上环境污染，城市走向衰败。

资源稀缺型城市主要是指由于资源有限性和需求无限性之间的矛盾而产生问题的城市。这类城市主要是依托能源矿产资源和重工业基地布局而建设的工业城市，如内蒙古的二连浩特、湖北的黄石、贵州的安顺、河南的三门峡、陕西的咸阳等，都属于资源稀缺型城市，资源类型主要是不可再生资源，有钢铁型、机械型、化工型、水电型、轻纺型等。因为本地资源的有限性，90%的城市都需要从外地输入资源，而这些城市传统的制造业发展模式具有显著的资源消耗和环境污染特征，所以在城市发展建设过程中，需要寻求可持续发展的途径。资源枯竭型城市同资源稀缺型城市有很多相似之处，都是以资源为基础，发展初期专业化都很强，等等，但是二者在发展动力和发展规律上有一定差别，前者的兴起和发展主要依赖于当地资源开发，而后者则以加工制造业的发展为依托。

二、城市资源短缺问题的形成

资源的大规模开发利用是伴随着工业化和城镇化推进的，大工业发展对能源矿产资源的强烈需求是资源短缺问题产生的根本原因。普遍的观点认为，中国工业化的起点是在新中国成立以后。自新中国成立以来就一直比较重视对本国能源矿产资源的开发，大多数城市都有资源开发活动。因此，中国城市资源短缺问题的形成，要从新中国成立后的工业化历史开始谈起。

（一）新中国成立至改革开放前（1949～1977 年）

新中国成立之初，持续百年的内忧外患给中国留下的遗产是“一穷二白”，工业生产体系遭到严重破坏。1949 年全国工业总产值只有抗战前最高年份的一半，全国工农业总产值只有 4 亿元，人均国民收入仅 66.1 元。在工农业总产值中，农业总产值比重为 70%，而重工业产值占工农业总产值的比重仅为 7.9%。新中国成立后就遇到了以美国为首的西方资本主义阵营的封锁围堵，无法利用西方国家的资金、技术来建立自身的工业体系。在这种背景下，新中国立足于“地大物博”的特点、劳动力丰富但资金和外汇稀缺的基本国情，选择了基于国内资源开发、优先发展重化工业的工业化道路。最初的工业化启动得益于新中国成立前残存的工业基础和苏联的资金和技术援助，以钢铁工业为基础的重工业体系按照中央的统一计划逐渐建立。

由于重工业主要是资本、技术密集型产业，在当时资金、技术缺乏的情况下，对本国矿产资源的需求迅速增长。这就引发了对国内资源的一系列勘探开发活动：一是为了稳定与改善人民生活，恢复因长年战争损坏的矿山生产；二是组织地质队伍对现有资源情况进行勘察，摸清资源家底，为恢复生产和扩大建设新矿山创造条件。在此期间，我国对煤、铁、石油、有色金属等资源的勘探取得一系列突破，“一五”期间布局了 156 个重点项目。“大跃进”期间，为了响应“全民大办钢铁”而提出“全民大办煤矿”，国内小煤矿数量急剧增加到 10 万多个，煤炭资源勘探开采在全国范围展开。新中国成立初期许多大型、超大型矿床的发现为建立矿产开发基地奠定了资源条件，围绕资源的开发，在全国各地兴建了一大批资源开发基地，许多基地后来都设立了城市建制。1949～1979 年是我国资源型城市形成的第一个主要时期，如全国矿业城市的数量由新中国成立前的 22 座增加到 1980 年的 64 座，在建制市中的比重由 16.7% 提高到 28.7%。20 世纪 90 年代许多矿业城镇改市，使矿业城市数量再次快速增加，由 1990 年的 99 座增加到 2000 年的 178 座（表 4.1）。

表 4.1 中国资源型城市的数量（1949～2000 年）[①]

年份	全国建制市数量/座	矿业城市数量/座	矿业城市所占比重/%
1949	132	22	16.7
1960	179	53	29.6
1980	223	64	28.7
1990	467	99	21.2
1997	668	122	18.3
2000	663	178	26.8

这一时期中国城镇化有两大特征：高度依赖工业化和严重滞后于工业化，城市数量与空间特征完全随着工业化的走向，而产业布局和选择又高度依赖于国内自然资源（尤其是矿产资源）的分布和开发，这不仅导致城市发展的资源依赖特征，而且为后来的资源短缺问题埋下了隐患。很多城市的主导产业和发展路径确定为资源导向型，如 50 年代全国工业重点建设城市大部分都是依赖于矿产资源，并成为后来的资源型城市。优先发展重工业的道路、计划经济制度和 1958 年后严格的户籍制度使城镇化严重落后于工业化发展，1949 年工业化率比城镇化率高出 1.93%，到 1977 年时已扩大到 30.22%。城镇化和工业化的分离，使得部分地区的资源短缺更多地被认为是工业发展问题而非城市问题。其他城市问题也开始出现并积累，这在很大程度上增加了后来城市资源短缺问题的复杂性。

（二）改革开放早期（1978～2000 年）

改革开放后，中国经济体制从计划经济向有计划的商品经济过渡，直至最终确立社会主义市场经济体制，又逐步加入国际经济贸易体系，结束了多年封闭的工业化状态，这使中国工业化的模式发生了显著改变。同时，工业发展与资源开发利用的关系也发生了变化，工业的发展不再单纯地依靠本国的资源优势，而是在保持本国劳动力优势和市场优势的基础上，增加了对国外的资本、技术、更加廉价的国际市场资源的利用。伴随着经济结构的调整和全球产业分工的形成，工业化的重点领域也在发生转移。另外，经济发展步伐加快带动了对各种能源、原材料需求的迅速增长。

1980～1990 年，能源消费弹性系数（能源消费增长率与 GDP 增长率之比）总体处于 0～1 之间，能源、原材料资源的生产一度处于严重的供不应求状态，被称为经济发展的“瓶颈产业”。直到现在，中国能源生产的速度仍然远远落后于经济增长的速度（表 4.2）。总体而言，中国在资源战略上具有明显的内向性，积极利用本国资源仍是中国资源战略的一个基本原则，同时资源消费结构多元化和国际化的趋势不断增强。

① 沈镭. 2005. 我国资源型城市转型的理论与案例研究. 北京：中国科学院研究生院博士学位论文。

表 4.2　中国 GDP 与能源生产增长情况（1979～2018 年）

年份	能源消费增长率/%	GDP 增长率/%	能源消费弹性系数	年份	能源消费增长率/%	GDP 增长率/%	能源消费弹性系数
1979	2.5	7.6	0.33	1999	3.2	7.7	0.42
1980	2.9	7.8	0.37	2000	4.5	8.5	0.54
1981	−1.4	5.1	−0.27	2001	5.8	8.3	0.70
1982	5.4	9	0.60	2002	9.0	9.1	0.99
1983	5.4	10.8	0.50	2003	16.2	10	1.62
1984	7.4	15.2	0.48	2004	16.8	10.1	1.67
1985	8.1	13.4	0.61	2005	13.5	11.4	1.18
1986	6.5	8.9	0.73	2006	9.6	12.7	0.76
1987	6.1	11.7	0.52	2007	8.7	14.2	0.61
1988	7.3	11.2	0.66	2008	2.9	9.7	0.30
1989	4.2	4.2	1.01	2009	4.8	9.4	0.51
1990	1.8	3.9	0.47	2010	7.3	10.6	0.69
1991	5.1	9.3	0.55	2011	7.3	9.5	0.77
1992	5.2	14.2	0.37	2012	3.9	7.9	0.49
1993	6.2	13.9	0.45	2013	−6.7	7.8	−0.87
1994	5.8	13	0.45	2014	13.6	7.3	1.86
1995	6.9	11	0.63	2015	0.9	6.9	0.14
1996	3.1	9.9	0.31	2016	1.4	6.8	0.20
1997	0.5	9.2	0.06	2017	2.9	6.9	0.42
1998	0.2	7.8	0.03	2018	3.4	6.7	0.51

在此阶段，我国对各种资源的开发力度虽然仍在不断加强，但由于开发机制的变化，资源开发对城市发展的作用发生了一定变化。矿产资源开发管理工作逐渐正规化和法制化，地质工作以地质矿产部（1979 年由国家地质总局改建，1982 年改为地质矿产部）为主、地方为辅的双重领导体制重新确立。基地建设的模式也逐渐发生了变化，资源开发的投资主体趋向于多元化、资源开发行为趋向于企业化，非国有资本也逐步介入了资源开发领域，资源开发逐步走向市场化。在这种背景下，资源开发企业开始注重生产效率和经济效益的提高，“大而全、小而全”的现象得到缓解，这使新建资源基地的规模大都偏小，而且管理结构更加简单，基地人口规模的扩张受到遏制，更多的资源基地维持在简单的矿区形态上。这个时期兴起的资源型城市有两种类型：一种是由国家计划兴建的以大型油气或煤炭开发和加工基地为依托的城市，如东营、盘锦、库尔勒；另一种是由于地方积极发展经济和根据市场导向而形成的资源型城市，如福鼎、岑溪、河池。

这个时期，我国经济与城镇化一同高速发展，城市空间正是“中国奇迹”的实现及资源财富增值、积累和再分配的核心载体。城市发展与资源利用的关系不再是资源促进城市兴起和城市数量的增加，而是城市快速发展对资源的需求剧增。自 20 世纪 70 年代末开始，中国多年保持 GDP 高速增长，带来矿产资源的巨大消耗，特别是 20 世纪 90 年代以来，资源短缺暴露得更加明显，如有色金属消费总量从 1990 年的 202.5 万 t 增加到 2000 年的 730 多万吨；石油消费量从 1990 年的 1.18 亿 t 增加到 2000 年的 2.32 亿 t，增加了近一倍。城市建设步伐加快和消费结构升级，也使住房、汽车、家用电器等终端消费需求大幅上升。此外，中国作为“世界工厂”，生产和输出大量耗能产品和设备；国内和国际市场的双重牵引，拉动了高能耗产品产量的急剧增长。对于在计划经济时期因资源而兴起的城市，资源产业仍以采掘为主，造成城市的发展受到限制，城市功能不全，资源开发进入衰退或枯竭过程；在资源稀缺型城市中表现为资源加工仍是粗放型的，精品不多，产业链短，附加值低，城市对资源产业的依赖性过大。

（三）转型期（2001 年至今）

进入 21 世纪，我国基本上不再建设新的资源型城市，资源枯竭型城市和资源稀缺型城市都面临着存续和转型发展的挑战。2001 年 12 月，阜新市被国务院确定为资源城市经济转型试点城市，拉开了全国资源型城市可持续发展工作的序幕。

资源枯竭型城市历史遗留问题严重，转型发展内生动力不强。据统计，有 60%以上尤其是计划经济时期形成的资源型城市由于长期不合理发展，积累了大量问题，如生态环境破坏、尾矿和废弃物无法处理、产业过于单一等，约有 1/4 的资源型城市陷入资源枯竭的困境。2014 年，中国采矿业固定资产投资保持增长，但增势趋缓，增速为 12 年以来最低值，占全国固定资产投资的比重下降。其中，煤炭开采和洗选业固定资产投资连续两年负增长。矿产品生产虽然仍在增长，但增速明显回落，与基础设施建设相关的原材料如粗钢、多种有色金属、水泥产量增速皆放缓。资源枯竭型城市有近 7000 万 m^2 棚户区需要改造，约 14 万 hm^2 沉陷区需要治理，失业矿工人数达 60 多万，城市低保人数超过 180 万。其他资源富集地区也出现了很多新的矛盾，部分地区开发强度过大，资源综合利用水平低；生态环境破坏严重，新的地质灾害隐患不断出现；资源开发和征地拆迁引发的利益分配矛盾较多，维稳压力大；资源开发与经济社会发展、生态环境保护之间不平衡、不协调的矛盾十分突出。

资源稀缺型城市的产业发展对外部资源的依赖性过强，采掘业占二次产业的比重超过 20%，现代制造业、高技术产业等处于起步阶段。人才、资金等要素集聚能力弱，创新水平低，进一步发展接续替代产业的支撑保障能力严重不足。高耗能、高污染、高排放项目低水平重复建设，接续替代产业发展滞后，也面临着可持续发展的难题。

21 世纪以来，国际政治经济的不确定性和不稳定性上升，国内经济发展中不平衡、不协调、不可持续问题突出，内外部因素的叠加增加了城市资源短缺的矛盾。可以说，关乎国家能源安全、区域经济协调发展和我国经济社会发展全局的城市资源短缺问题到了不得不面对和解决的关键时期。

三、全国资源供给总体情况

城市资源短缺的本质是供给与需求不平衡。由于矿产资源的生产消费主要都集中在城市，故全国整体的资源供需情况在很大程度上也是城市资源供需情况的反映。

中国矿产资源供给具有以下几个特点。

（1）资源总量丰富，但人均拥有量少。中国是一个资源大国，品种丰富，一些重要资源拥有量位居世界前列；已经发现171种矿产资源，查明资源储量的有158种，已查明的矿产资源总量占世界的12%，仅次于美国和俄罗斯。但从人均资源占有量看，仅为世界人均水平的58%，居世界第53位。

（2）资源质量不高，开采难度大。化石能源资源探明储量中90%以上是煤炭，一些重要的矿产资源却储量不足，需要依赖进口。贫矿多富矿少，如铁矿石平均品位为33.5%，比世界平均水平低10个百分点以上；锰矿平均品位为22%，离世界商品矿石工业标准（48%）相差甚远；铜矿平均品位仅为0.87%；磷矿平均品位仅16.95%；铝土矿几乎全为一水硬铝石，分离提取难度很大。大型、超大型矿床少，中、小型矿床多：以铜矿为例，迄今发现的铜矿产地900余处，其中大型-超大型矿床仅占3%，中型矿床占9%，小型矿床占88%。单一矿种的矿床少，共生矿床多，据统计共、伴生矿床约占已探明矿产储量的80%。

（3）资源空间分布不均衡。油气资源主要集中于松辽、鄂尔多斯盆地等11大油气盆地，煤炭资源主要集中于13个大型基地，规划设立的45片国家规划矿区占资源总量的70%左右；重要金属矿产品主要集中在19个重点成矿区带。资源分布与经济发展布局特别是工业布局不相匹配，资源集中带主要分布于经济相对落后的区域，经济发展程度较高，资源耗费量较高的区域，资源储量却相对较少。因此就产生了北煤南调、西煤东运、西气东输、南磷北调等长途调运现象，受运力和成本等影响，东部发达地区的资源保障受到一定的影响。

四、全国资源消费总体情况

（一）资源消费总量迅速增加，已成为世界资源消费增长的重要区域

与英美日等发达国家相比，中国发展需求强劲但所处阶段较晚，在经济快速发展时期承接了全球制造业基地的定位，从而成为全球钢铁、有色冶金、石化等产品最大的生产国和消费国。改革开放40年来，中国经济持续高速增长，拉动能源消费规模持续升高，在2011年超越美国成为全球一次能源消费大国。目前中国已经是全球最大的铁矿石、铜精矿、铝土矿等矿石资源消费国，且工业化已经进入产业结构调整、升级和优化的工业化中后期阶段，而城镇化则仍在“加速”和“快速”发展时期（陆大道和樊杰，2009）。矿产资源消费量仍在快速增长，供需矛盾十分突出。2018年全国能源消耗总量为46.4亿吨标准煤，占全球一次能源消费总量的23.6%。能源消耗总量连

续十年居全球第一位，已成为全球矿产资源消费增长的主体（表 4.3）。

表 4.3　中国能源消耗总量及构成（2001～2018 年）

年份	能源消耗总量/万吨标准煤	占能源消费的比重/%			
		煤炭	石油	天然气	新能源
2001	150406	68.3	21.8	2.4	7.5
2002	159431	68.0	22.3	2.4	7.3
2003	183792	69.8	21.2	2.5	6.5
2004	213456	69.5	21.3	2.5	6.7
2005	235997	70.8	19.8	2.6	6.8
2006	258676	71.1	19.3	2.9	6.7
2007	280508	71.1	18.8	3.3	6.8
2008	291448	70.3	18.3	3.7	7.7
2009	306647	70.4	17.9	3.9	7.8
2010	324939	68.0	19.0	4.4	8.6
2011	348002	68.4	18.6	5.0	8.0
2012	361732	66.6	18.8	5.2	9.4
2013	416913	67.4	17.1	5.3	10.2
2014	425806	65.6	17.4	5.7	11.3
2015	429905	63.7	18.3	5.9	12.1
2016	435819	62.0	18.5	6.2	13.3
2017	448529	60.4	18.8	7.0	13.8
2018	464000	59.0	18.9	7.8	14.3

（二）重要矿产资源的对外依存度居高不下

自 20 世纪 80 年代以来，中国开始放弃能源供应完全自给的政策，通过开拓国际市场来增强自身能源供应的安全，能源供应自给率持续下降。随着资源消费量的不断增长，我国对石油、铁、铜、铝、钾盐等大宗矿产的进口量大幅攀升，对外依存度居高不下。从近 10 年的统计来看，几大主要矿产的进口额均有大幅增加，石油、铁矿石、铜、钾盐、铝等产品的对外依存度都超过了 50%。除了原油，其他均是世界第一进口大国。

与此同时，新能源开发利用进展比较慢。尽管煤炭消费占比从 2011 年后逐步下降，新能源消费占比逐步提高（表 4.3），但新能源的研究、开发和利用存在着力度不足的问题，太阳能、地热能、风能、海洋能、生物质能和核聚变能的开展运用仍处于初级阶段，且存在非化石能源发展保障机制不完善、化石能源清洁化利用水平较低、能源核心技术自主研发能力有待提高等一系列问题。

在石油方面，中国目前是仅次于美国的全球第二、亚洲第一大石油消费国。进口原油不仅是为了解决国内原油不足问题，也是出于战略需要。过分开采使原油储备量下降，环境受到破坏，还有一个重要原因是中国技术相对落后，开采一吨原油所需要的成本要高于采购国外原油的成本。1990 年中国开始从国外石油市场进口原油，1993 年原油进口量首次超过出口量，成为原油净进口国。此后，随着经济增长，原油消费量持续增长，原油净进口量几乎呈直线上升。2003 年原油净进口量攀升至 9113 万 t，2009 年原油进口量首次超过国内生产量，2018 年原油对外依存度达到了 70.95%（表 4.4）。

表 4.4　中国原油出口、进口及对外依存度情况（1990～2018 年）　（单位：万 t）

年份	产量	原油出口	原油进口	对外依存度
1990	13831	2399	292	2.50%
1995	15004	1823	1709	11.51%
2000	16300	1031	7027	33.10%
2005	18084	807	12708	39.69%
2006	18368	634	14518	43.05%
2007	18666	383	16318	46.05%
2008	18973	373	17889	48.00%
2009	18949	518	20379	51.17%
2010	20301	304	23931	53.72%
2011	20365	252	25255	55.11%
2012	20748	24	27102	56.42%
2013	20813	162	28195	57.39%
2014	21143	60	30837	59.32%
2015	21456	287	33550	60.99%
2016	19968	294	38101	65.61%
2017	19151	486	41957	68.66%
2018	18911	263	46189	70.95%

中国天然气的开发历史较短，累计探明地质储量的开发程度总体较低，还有很大潜力。但天然气资源开发利用的前期资金投入和运输成本都比较高，并且用气量在很大程度上受到季节的影响，使得天然气资源难以扩张市场份额。

中国目前是世界上最大的煤炭生产国。煤炭作为最主要的能源资源，储量多、分布广、煤质较好且品种较为齐全。2018 年中国煤炭产量为 46.2 亿 t（18.4 亿吨油当量）。煤炭在一次能源供应中占据着绝对主导地位，虽然近十多年有所下降，但仍占据一半以上的份额，2018 年占比为 59%。2001 年以前进口煤炭数量还不多，煤炭资源一直处于自给自足的状态，但从 2002 年开始进口煤炭量猛增，到 2018 年进口煤炭增至 28189 万 t。

（三）资源开发利用效率一直处于较低水平

与国际先进水平相比，中国资源开发利用效率较低。一方面，矿产开发较为粗放，一些地方采富弃贫、一矿多开、大矿小开的现象较为普遍。矿产资源总回收率和共伴生矿产资源综合利用率分别为30%和35%左右，比国外先进水平低约20%；金属矿山采选回收率平均比国际水平低10%～20%；已综合利用的矿山，资源综合利用率不到20%；尾矿利用率仅为10%。大中型矿山中，几乎没有开展综合利用的矿山占43%。另一方面，开采后的利用效率较低，以单位GDP能耗为例，尽管处于下降态势，但与发达国家相比仍处于较高水平。据计算，2010年我国单位GDP能耗为4.18千克油当量/美元，是同期美国的2.7倍、日本的4.5倍，是世界平均水平的2.2倍。

第二节　城市资源短缺问题的特征

一、形成背景的特殊性

中国大规模工业化发端于20世纪50年代，落后于西方发达国家的近代工业化历程，发展背景和条件明显不同。中国工业化的起步和发展阶段用的是发达国家已经淘汰的中间技术和传统技术，因此，中国的工业化过程是一个获取扩散后的成熟技术，然后“赶超”的过程。和同时期开始工业化的发展中国家相比，中国的工业化在相当长的时期内还受到严密的技术封锁和意识形态的影响，具有技术落后、内向性明显和计划经济体制下运行的特点（张文忠等，2014）。

从中国城市资源短缺问题的历史过程可以看到，问题形成于中国特殊的计划经济背景之下，受到中国工业化模式的强烈影响。由于资源开发受到国家计划的直接控制，资源型城市的兴起也直接受制于国家的资源需求和宏观资源开发战略。从这一点看，大多数资源型城市的形成都不是一个自发的过程，它们的兴起都受到国家资源开发计划的直接影响。随着人类文明的不断发展，制度和政策对资源型城市的间接作用对其发展起到更深刻的作用，也使得资源型城市问题变得更加复杂，既可以变为一种障碍使城市消亡，又可以变成一种“润滑剂”使城市实现转型，得以继续发展（李汝资等，2016）。

二、长期性

在过去的几十年里，传统的生产模式和评价体系导致了工业化过程中对自然资源的掠夺式开发。一般来说，资源型城市所依附的自然资源都是在短期内不可再生的自然资源，它们的最大特点就是可耗竭性。由此，资源型城市具有与非资源型城市不同的发展规律，对应于自然资源的消耗速度，表现出鲜明的“兴起—成长—成熟—繁荣—衰退”的周期性特点（毛蒋兴和何邕健，2008）。成长期，资源型城市产业一般为矿产开发及初级加工，而且由于资源储量大，可供开采时间长，城市人口规模不大，城市发展潜力很大。这一阶段的产业结构是低层次资源型产业结构，特点是开发历史较短、生产力发展水平不高和商品经济不够发达。这时区域内虽然资源条件优越，但仍然停留于初级产品生产和出口阶段，加工工业不够发达，产业结构层次低。成熟和繁荣期，资源型产业占据主导地位，并带动其他产业发展，基础产业有所发展，加工工业也达到相当水平，运输业迅速发展，贸易、服务业增长，城市人口增长较快，区内交通运输网和经济联系都达到相当规模。衰退期，由于不可再生资源的耗竭，或由于采选条件恶化、成本攀升导致效益低下，或由于主打产品市场萎缩，作为主导产业的资源型产业陷入衰退，城市经济进入结构调整和转型期，经济增长乏力，失业率升高。城市的衰退往往比资源的衰退要经历更长的时间，只有经过艰苦转型，城市才能进入新生期。这种周期性的演化过程如图 4.1 所示，图中实线表示城市因资源的枯竭而走向衰退，虚线表示城市通过一系列艰苦的转型，开始了新一轮的成长期。

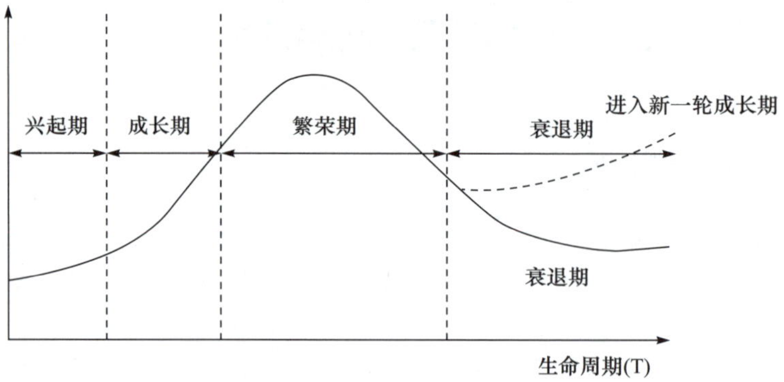

图 4.1　资源型城市的开发周期①

三、普遍性

资源有限性与需求无限性的矛盾是人类社会的普遍问题。资源的不平衡性有两层含义：一是相对于人们不断升级的需求结构和多样化的需求而言是不平衡的，人们不得不分出需求的轻重缓急，利用有限的资源优先满足最迫切的需求。二是资源在不同区域和不同的社会群体之间的分布是不平衡的。结构和分布不平衡带来的资源短缺是所有城市在不同时期都会遇到的问题。

从 1953 年开始的“一五”时期，中国进入全面工业化建设阶段。这一时期，主要围绕苏联援建的 156 个建设项目，大力增强中国的工业基础。资源产业是这一时期发展的重点。1958 年到 1960 年，在“以钢为纲”的“大跃进”背景下，国家进一步增强了对资源型工业的投入，并且在工业布局上追求“遍地开花”的模式，使资源型城市得到空前的发展，而且在地域空间布局上高度分散化。在 1950～1990 年的 40 年间，中国城镇化的空间发育从沿海局部地区向内陆及周围广大农村地区的扩散主要是通过矿产资源开发活动来实现的。

2013 年国务院正式确定了 262 个资源型城市的名单，占全国城市总数的近 40%。这些城市遍布华北、东北、华东、中南、西南、西北地区，其中有 67 个城市自然资源趋于枯竭，接近资源型城市总数的 1/4，这些城市的经济发展滞后、民生问题突出、

① 赵栋. 2008. 资源型城市发展演变与动力机制研究——以金昌市为例. 兰州：西北师范大学硕士学位论文。

生态环境压力大，被列为衰退型城市。这些资源枯竭型城市包括全国各地 24 个地级行政区、22 个县级市、5 个县（自治县）、16 个市辖区（开发区、管理区）。除了分布广泛外，各个城市的稀缺资源也具有种类的多样性。

四、复杂性

资源型城市是中国资源供需矛盾最严重的地区，也是问题最复杂的地区。

新中国成立初期，在苏联工业地域综合体思想的指导下，由于工业生产强调专业化与综合发展相结合，造成大多数资源开发基地都与加工基地相分离，资源区产业结构单一初级化；同时在基地建设中强调“大而全”“小而全”，使资源基地的规模日益扩大。中国的资源型城市如大庆、抚顺、大同、阳泉、唐山，等等，人口规模普遍超过几十万人，许多具有地级或县级城市的行政建制；许多城市不仅承担着资源开发功能，而且是所在区域经济发展的推进器，承担着地区政治和经济中心的职能；迄今为止，它们中的大部分一直处于增长的状态，包括许多资源已经濒临枯竭的城市，如抚顺、焦作、辽源、淮南，等等。中国资源型城市一般都具有更大的人口规模、更加综合的职能和更加多样化的发展可能性，这些特征和西方资源型城市有很大不同。在中国的城市中，我们很少能看到像西方国家那样单纯的资源开发型城镇。

计划经济时期形成的资源型城市是为保证国家工业化发展的需求，城市建设速度很快，短时间内一座城市就拔地而起。这些资源型城市通常具有矿地一体化的城市管理体制，对当时各种社会问题的处理机制比较完善，诸如就业、生活服务、社会治安、城乡关系等问题均纳入政府的计划体系。然而，在计划经济条件下发展起来的资源型城市比其他城市更加依赖计划经济体制，旧体制、旧模式、旧观念的惯性更大，为后来的改革和转型增加了难度。

五、空间不均衡性

受地理环境的影响，我国城市的能源资源短缺危机体现在以下几个方面。一是地域性不平衡，主要是沿海及经济发达地区缺煤、缺电，超出了电网错峰调节能力。二是结构性不平衡，石油制品供应不足，国内部分城市柴油、汽油的品种调配经常出现断档现象。三是政策性不平衡，国家的宏观经济调控政策是决定能源生产、调度、运输的主要因素，这也客观上造成部分城市的能源不足。《全国资源型城市可持续发展规划（2013—2020 年）》确定的 262 个资源型城市主要分布在东北地区及中西部地区。其中东三省各类资源型城市共 37 个，占资源型城市总数的 14%。东北地区是全国自然资源禀赋条件组合最佳的地区，许多产业因资源而兴，许多城市因资源而立。尽管大规模的开发已有百年历史，一些主要的能源矿产资源已经进入了稳产、减产期，但是未来资源潜力仍有一定的开发空间，在未来的 20～30 年，资源型产业仍将是东北地区产业体系的重要组成部分（金凤君等，2006；宋玉祥和满强，2008；赵映慧等，2009）。除台湾和 4 个直辖市，资源型城市分布比较密集的依次为黑龙江、辽宁、山西、山东、河南和安徽等省，而湖北、浙江、福建、海南、青海、西藏 6 个省（自治区）则没有资源型城市分布。

中国森林资源主要分布在东北和西南，而森林型城市都分布在开发条件较好的东北地区；煤、石油、盐类等矿产资源主要分布在中西部的大型沉积盆地，因为中部更加靠近经济发达而资源贫乏的东部地区，开发条件比较好，所以资源型城市比较发育；黑色和有色金属矿藏主要分布在中西部的褶皱山系，相应的资源型城市也分布这些山区之中。

中国工业化的地域推移特点也是造成资源型城市分布不均的重要原因。近代中国的殖民地半殖民地工业化在地域上主要集中在东北和近东部地区，这些地区的资源较早得到开发，产生了东北抚顺、鞍山、本溪、阜新、鹤岗、鸡西，河北唐山，河南焦作等一批资源型城市。新中国成立以后，国家加快了资源开发强度，从“一五”开始，不断扩建和新建大型资源开发基地，而且在布局上兼顾国防、地域均衡，使中西部的资源型城市得以大量兴起。可以说，虽然资源的赋存对于资源型城市是一个必要条件，但是国家的计划投资指向是决定资源型城市能否发育的根本原因。世纪之交，国家提出了“西部大开发”战略，资源开发重点向西部地区转移。拥有大量石油资源赋存的塔里木盆地、大量煤炭资源赋存的内蒙古中部地区等成为资源型城市新的发生源地。未来，资源型城市的空间重心将会进一步向西部偏移。

第三节　资源枯竭型城市的困境与转型路径

一、资源枯竭型城市的主要问题

自然资源作为不可再生资源，总量不会改变，随着开发利用最终资源生产量总会逐年减少。但是在开发建设资源型城市时，人们往往只考虑资源的开采，而忽略未来。资源枯竭型城市面临的困境，突出表现在以下方面。

（一）产业效益直线下降

资源型城市大都由资源开发基地演变而来，资源开发企业在城市中占有举足轻重的地位。这些企业在规模上都是大型、特大型企业，在所有制上是国有企业。国家的支持保证了企业的资金、人力和物力，因而一般在城市经济结构中居垄断地位，如在大同、孝义、阜新、六盘水等城市，国有控股企业占本市工业总产值比重均超过 50%。这些企业在城市经济中起着主导和支柱地位，城市对企业的依赖性很大。受其专业化生产模式的影响，城市通常表现出产业结构单一和畸重的特征，造成城市功能不全，第三产业以及可替代产业发展滞后。在随后的发展过程中，由于主导企业在资源开发上的垄断优势，在产业发展上又具有“大而全、小而全”的特点，造成城市的多数其他产业都被资源开发企业控制或影响，围绕资源开发而展开，并和资源主导产业形成千丝万缕的联系。在这种情况下，虽然相关的其他产业也有所发展，但是受制于地区发展条件，大都发展规模小、速度慢，无法对资源开发主导企业产生根本性的触动。

资源型城市的资源开采和加工业占工业总产值的比重多在30%以上，很多城市超过50%，如大庆市石油采掘业占工业产值的比重超过70%。与产业结构单一相对应的是就业结构的单一性，大量劳动力集中于资源开发、加工与经营，从事第二产业的劳动力明显高于其他类型城市。如黑龙江省鸡西市煤炭工业从业人员占城镇就业人数的38.4%，鹤岗为43.3%，七台河为50.1%，大庆石油采掘业就业人数占城镇总就业人数的25%，伊春木材业就业人数占城镇总就业人数的49%。尽管有些城市出现了产业结构多样化的趋向，但新的产业部门仍然主要是围绕当地资源开发的采掘、粗加工和综合利用行业，并且大都依附于主体资源产业而存在和发展，与主业一荣俱荣，一损俱损，实质上仍属于同一产业集团。刘云刚（2000）对部分城市的工业结构进行了分析，从他的结论中可以清楚地看出这一点（图4.2和图4.3）。

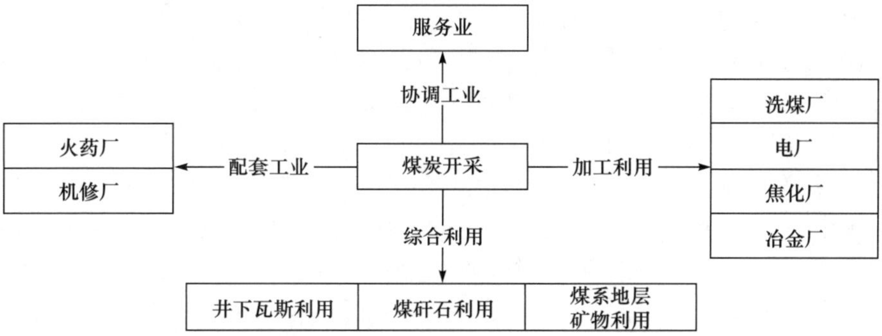

图4.2　一般煤炭型城市工业结构示意图

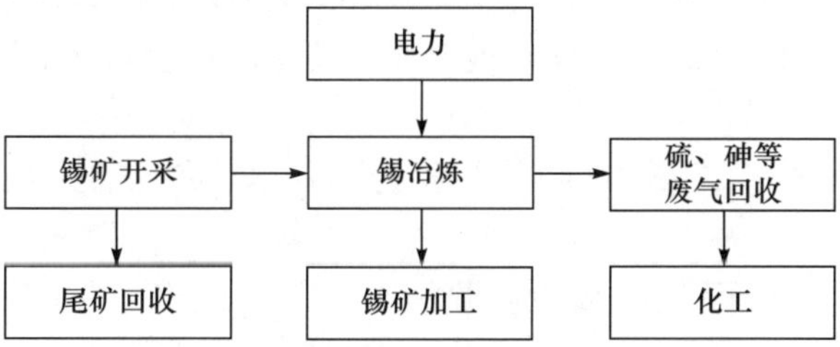

图4.3　金属型城市（个旧）工业结构

单一的城市产业结构具有明显的脆弱性和不稳定性，它使城市经济的弹性和回旋能力低下，并且受到资源储量、开发条件和资源市场需求的强烈影响，一旦资源枯竭或者主导资源产品需求下降，这种经济结构下的城市发展也必将遭遇危机。世界工业化最先在英国、法国和德国等西欧国家开始，资源型城市在那里最先发展起来，也最先开始转型。法国的洛林、德国的鲁尔等资源型城市早在20世纪70年代初就开始了转型，采取了政府主导、高投入的转型模式，至今进行了40多年才见到效果，但仍然难以恢复转型前在国家的相应地位。其他大多数城市或地区乃至发展中国家的资源型城市还处于艰难的转型之中。

（二）地方财力严重削弱

资源型企业的投入成本是可变的，当资源减产后，不管投入如何增加，产量一定是下降的，使企业的收益递减。由于资源开采一般遵循“先上后下，先易后难”的原则，随着资源开采深度的增加，开采成本也越来越高，必然会造成收益的递减。

以甘肃省玉门市为例，其经济发展以油田为主，地方财政收入来源主要是油田企业，全市经济总量的65%、财政收入的60%均来源于玉门油田。玉门油田探明石油储量17000万t，自1938年大规模开发到现在，从生产稳定期逐渐进入到濒临枯竭期。半个世纪中，玉门油田先后开发了老君庙、石油沟、鸭儿峡、白杨河、单北、青西等6个油田，采储量4300.8万t。1999年原油产量由1960年的142.3万t降到37万t，下降了71%。20世纪90年代，玉门油田开发进入低产后期开发，油田产量总体呈递减趋势，在复杂的地质结构下，开采难度大、开采成本高、采收率低。石油沟、白杨河、单北等3个油田已濒临衰竭，老君庙、鸭儿峡已经进入后期阶段，为了开采剩余的石油，需要往油井里加入大量的水，最大注水量达到每开采13t原油需注水75t。2000年后，新油田的开采并不能满足工业产业对石油炼化的要求。新开发的青西油田剩余可采量仅510万t，整体上玉门油田剩余可采储量仅为1019.5万t。如果按每年开采量为79万～101万t的规模来测算，大概还能开采10年。

2004年，玉门油田的生活基地搬迁至酒泉，导致玉门市直接流失税收3600余万元。由于城市人口迅速减少，三产服务业大幅萎缩，造成平均每年减少地方税源1200万元。玉门市2005年至2007年的财政收入分别为1.51亿元、1.66亿元、1.9亿元，而财政支出分别为1.91亿元、2.39亿元、3.36亿元。全市财政收支缺口大，财政赤字严重。2005年、2006年、2007年玉门市采掘业产值分别是108.6亿元、136亿元、159.2亿元，占工业总产值比重分别是88.12%、90.64%、90.49%；采掘业从业人员分别为10292人、11134人、12342人，采掘业从业人员数占全部工业从业人数的比例分别达到66.3%、63.4%、72.5%，经济上仍然是以采掘业为支柱。但采掘业从业人数已经比鼎盛时期减少了63%，石油资源枯竭现象日益严重，油田税收以年均7.1%的速度下降。

河南省焦作也是一个面临严重的资源枯竭的矿业城市。焦作矿区自20世纪90年代进入大规模资源衰减阶段，市区及近郊的煤矿陆续关闭，尚能正常生产的只有远郊的少数煤矿。大批煤矿的关闭，不仅直接减少了城市税收收入，而且需要安置煤矿关闭后数万下岗工人和供养数量众多的离退休人员，进一步加重了地方财政负担。企业是地区经济发展的支柱和财政收入的主要来源。但近年来，由于市场环境的变化，焦作市主要的大型骨干企业经济效益普遍下滑甚至亏损，从而造成焦作市的地方税收收入没有稳定的来源。

资源枯竭造成大量矿山关闭和支柱企业经济效益下滑导致地方税收入不足，是资源枯竭型城市普遍存在的经济和社会问题。在政府收入严重不足的情况下，很多城市转向土地财政，以城市土地使用权作抵押获得的借贷收入维持城市经济运转。这虽然在一定程度上补充了地方政府的可支配收入，使城市的转型有了希望，但耕地占用、财政和金融风险加大、房价推高等负面效应非常严重。

（三）职工再就业困难

三大产业对劳动力就业的吸纳能力各不相同，按强弱顺序排列依次为第三、第二、第一产业。从我国各产业就业人数来看，第三产业是目前吸纳劳动力就业最重要的部门，随着经济的发展，其吸纳劳动力的能力还将提高（表 4.5）。在资源枯竭型城市，人口就业主要以第二产业为主，企业绝大多数是国有企业，因此企业不振必然会导致从业人员过剩的问题。自 20 世纪 90 年代中期开始，深化国有企业体制改革更加剧了体制性失业。因为资源型城市以国有经济为主体，所以这种情况在资源型城市更是异常严峻。职工的家庭成员及亲属几乎都在同一个行业工作，社会网络单一且其他社会资源缺乏。因资源的枯竭导致企业不振、收入下降，职工只能是现实的被动接受者。而城市经济太弱，本来就遭遇发展困境，很难安排职工的转岗就业，由此社会负担就会变得越来越重，社会矛盾也会越积越多。

表 4.5　中国第一、二、三产业就业人口结构（2011～2018 年）

年份	总就业人口/亿人	第一产业		第二产业		第三产业	
		就业人口/亿人	比重	就业人口/亿人	比重	就业人口/亿人	比重
2011	7.642	2.659	0.348	2.254	0.295	2.728	0.357
2012	7.670	2.577	0.336	2.324	0.303	2.769	0.361
2013	7.698	2.417	0.314	2.317	0.301	2.964	0.385
2014	7.725	2.279	0.295	2.310	0.299	3.136	0.406
2015	7.745	2.192	0.283	2.269	0.293	3.284	0.424
2016	7.760	2.150	0.277	2.235	0.288	3.376	0.435
2017	7.764	2.094	0.270	2.182	0.281	3.487	0.449
2018	7.759	2.026	0.261	2.139	0.276	3.594	0.463

以辽宁西部的阜新市为例，阜新是一座因煤而立、因煤而兴，又因煤而衰的城市。其煤炭资源存储量 10 余亿 t，是中国最早建立起来的能源基地之一。这个完全依赖煤炭资源的城市，在计划经济时代为我国的经济建设做出了突出的贡献，但在煤炭资源不断枯竭并日趋减少的今天，阜新市经济逐渐放缓，越来越多的煤矿工作人员被迫下岗失业，使整个城市的经济发展陷入困境。很多下岗职工文化程度较低，且长期从事单一的劳动，没有其他生存技能，因此在社会上很难再找到与之前相似的工作。

失业问题能不能得到妥善解决对城市社会的和谐稳定、居民生活质量的提高具有十分重要的意义。自从 2001 年 12 月阜新市被国务院确定为全国第一个资源城市经济转型试点城市后，阜新市在国家和政府的指导下为失业人员的再就业问题积极寻求出路，但直到现在再就业情况还是不尽人意。经历了十余年的转型，2018 年阜新市的生产总值仍为辽宁省最低，可见转型难度之大。

二、资源枯竭型城市的转型路径

（一）产业转型和升级

资源枯竭型城市在转型前主要依赖当地的优势资源，发展资源产业以带动城市经济发展。随着资源枯竭，城市必须转型。资源型城市应主动调整城市发展战略，遵循资源型城市建设和发展规律，告别过去传统城市发展模式，积极借鉴先进经验，坚持环境修复与提升中心城区功能双管齐下，对现有产业进行转型和升级①②，以此来再造城市竞争优势，推动资源型城市的可持续发展。产业优化、资金政策、技术创新等是资源型城市产业转型和升级的关键。所以应根据不同主导资源的资源型城市区别制定并实施转型策略。

1. 产业优化

产业的调整优化是资源枯竭型城市转型的核心与关键。首先应延伸产业链条，结合当地的资源型产业特点进行产业结构上的调整，实现资源型产业与非资源型产业协调发展。其次要培育新兴产业，培育和发展战略性新兴产业是我国资源型城市转型升级的重要方向之一。依托资源优势、产业基础以及技术积累，在新能源、节能环保、新材料和信息产业等新兴产业中，选择一批具有比较优势的产业与产品，加大研发投入力度，积极承接产业转移，使新兴产业逐步发展成为新的产业支撑。传统产业是战略性新兴产业发展的基础，一些传统产业通过技术改造、产品升级，完全有可能转化为新兴产业。因此，资源型城市应重视挖掘传统优势产业中的潜力，在传统产业的基础上通过嫁接、提升等手段发展战略性新兴产业，以缩短时间、减少成本，加快新兴产业的培育和发展步伐。

推动资源型城市转型升级必须使工业发展由粗放型向集聚型、生态型、制造型、高新型转变，从而更新产业形态。应从区域经济协同性、空间布局合理性和经济功能完整性出发，强化产业配套，以龙头企业、核心企业为主导，以产业合理布局和健全完善产业链为主线，加快引进产业层次高、带动力强的龙头型、基地型项目，促进同类和关联企业、项目高效集聚，培育和建设一批以大企业、大集团为骨干，以中小企业为配套，关联企业高度集中的优势产业基地及新兴产业基地。改变技术水平落后、产品低端的面貌，就要以传统产业高新化、高新产业规模化为目标，加强高新技术的应用，推动产业高端化、产品高附加值、企业高新化发展。另外，大力发展服务性产业，尤其是以旅游业为主的文化产业，充分利用与保护资源环境的生态性，打造生态旅游品牌，扩大旅游业的影响力度，引导旅游业发展成为城市未来支柱产业之一。此外鼓励各种企业依法投资旅游产业，建设旅游基础设施，也可促进旅游产业的进一步发展。通过变资源索取型产业为资源保护型产业，从而达到产业转型升级与社会经济可持续的协调发展。

① 陈慧女. 2010.中国资源枯竭型城市产业转型研究，武汉：武汉大学博士学位论文。
② 杨波. 2014. 资源型城市转型系统与评价研究. 天津：天津大学博士学位论文。

如白山、珲春尚属于中期开发阶段就出现了经济衰落，根本原因在于产品不适应市场需求结构的变化以及产品缺乏市场竞争力，同时在向市场经济转型过程中计划经济时期积累的问题集中显化。这类资源型城市的产业结构终将随着资源的递减、枯竭和城市的发展而产生巨大的变动，资源产业的主导地位终将被其他产业取代，城市的性质和功能亦将相应变化。所以，城市发展的方向应是以资源为基础，在推进市场经济的过程中，发展接续性产业，向经济多元化发展。依据资源开发的规律和资源型城市所处的发展阶段，及时地进行资源的转化，延长产业链，提高资源产品的附加值，及早培育替代产业。

再如抚松县，森林资源目前仍是资源的主体，虽然森林资源可采资源已经相对枯竭，但其他利用方式下的资源优势仍然存在。并且，森林为可再生资源，通过森林资源的抚育，未来的发展仍可立足于森林资源，依靠森林工业支持地区经济的持续发展。具体做法是，首先要不断挖掘森林资源的多样化利用潜力，大力发展森林生态经济，形成多元的开发利用结构；其次，在开发中要注意后备森林资源的培育，逐步建立科学、有效的森林资源更新保护机制，长短结合抚育经济林木，促进森林资源的可持续发展。另外，在依托林木资源的同时，可在森林旅游产业的开发等方面形成具有地方特色的经济增长点。

2. 资金支持

资源枯竭型城市转型和升级过程中需要大量资金支持。从政府、企业筹集的资金数量有限，因此要加强投资鼓励政策，拓宽融资渠道。利用产业调整援助政策，引导资本投入资源型城市；扩大开放，加大招商引资力度，增加资本投资；拓宽融资渠道，政府鼓励银行拓宽信贷规模和理财资金配置，做大信贷增量，立足于民生，加大对基础建设的信贷投放额度；建立多元化投资机制，利用土地、市场等国有资产吸纳社会资金流入，改变以往由政府主导的直接融资向市场主导的直接融资与间接融资相结合的方向转变。

3. 科技创新

科学技术是生产力的重要组成部分，是影响资源型城市转型升级的重要条件。先进科技的引进可以带动产业的发展和生产工艺的更新，使之前无法探测到、无法开采的资源变成新的可利用资源，还可以发明新型资源来替代传统资源，促进资源型产业的升级。通过培育和发展新兴产业和高科技产业等非资源型产业，使经济结构不再以生产原材料及其初级产品为主，而是有更多的高经济附加值、高技术含量的产品外销，成为新的经济增长点。从资源导向转变为科技导向，是资源枯竭型城市实现产业发展的跨越式升级，保持可持续发展的关键出路。

（二）生态环境治理

资源枯竭型城市在资源开采、利用期间污染显著增加，尤其开采末期环境污染最严重。为增强生态系统对城市活力的支撑，应坚持经济发展与生态环境保护并重，加快生态修复治理，抓好资源型城市的环境综合整治工作。

从满足资源市场需求和城市经济综合化发展的角度出发，坚持资源开发与加工转化相结合、开采与保护生态环境相结合、引进技术与自主创新相结合的原则，协调好资源开发与经济建设和环境整治的关系，加速资源采掘开发加工行业的环境保护技术改造，争取在生态治理方面取得技术突破。通过产业结构调整和产品的升级换代，生产附加值高的清洁产品，减少污染物的排放。

构建环境治理的机制。坚持“谁污染谁治理，谁开发谁保护”的方针，切实预防环境污染和生态破坏。制定有关资源开发过程、生产加工过程中环境保护方面的政策，以约束企业行为，形成良性的激励机制。对主动实施产业环境治理的企业实施补贴、减税、优先申报项目等优惠政策。按照“三线一单”（生态保护红线、环境质量底线、资源利用上线、生态环境准入清单）要求，实行严格的环境准入和淘汰制度，制定强制性的能耗与环境标准，坚决取缔落后工艺与技术，促使企业开展清洁生产。开征地方资源环境保护税，一方面可以增加地方税收收入，另一方面也对环境保护起到促进作用。环境保护税的所得收入应当真正用于保护环境和治理历史遗留环境问题上。

（三）加强基础设施建设

资源枯竭型城市普遍存在城市生活服务设施不完善的问题。城市供水、排水、供热能力弱，工业和城市生活污水处理率低，有的城市至今没有污水处理厂，污染极其严重；市政设施老化，环卫工作不到位，市区“脏、乱、差”现象严重，生活垃圾处理能力落后；房屋破旧，存在大面积的“棚户区”，居民生存环境较为恶劣。因此，需要加强区域性基础设施建设，主要包括以下几点。

（1）加强交通基础设施建设。如争取国债资金支持，安排一批高等级公路和国家铁路建设项目；完善区域路网结构，提升现有公路的通行能力。加强机场建设对当地接续产业尤其是旅游业的发展具有重要意义，选择一些区位条件好，旅游资源丰富的城市，优先规划机场建设项目，实现资源型城市与经济中心城市和国内其他地区的便捷交通联系。

（2）加大市政公用管网设施改造力度。高度重视解决地下管网设施陈旧、老化的问题，加快维护改造步伐，加快供水管网改造的进度。编制燃气、排水、供热等管网改造规划，争取将资源型城市供水、排水、供热、燃气等地下管网的建设和改造，列为国债资金支持的城市基础设施建设重点项目。

（3）完善城市公共设施，改善人居环境。针对资源型城镇中与人居环境改善和生态环境建设密切相关的公共设施缺口大、配套不完善的问题，大力加强各项公共设施建设的统筹规划和协调实施，增强可持续发展能力。推行生活垃圾的分类收集，提高垃圾综合利用和资源化水平。国家在确定城市公共设施建设补助资金时，应适当向资源型城市倾斜。

增强社会化服务功能，促进中央直属企业后勤管理和服务社会化，剥离资源型企业承担的市政公用设施建设和经营管理职能。加快市政公用事业市场化步伐，推进城市基础设施投资主体多元化。进一步打破市政公用事业的垄断经营，加快建立市政公用事业特许经营制度，吸引和鼓励社会资本投入城市公共设施的建设和经营。

（四）体制改革

合适的制度环境对于资源枯竭型城市的成功转型具有重要意义。首先，进行可持续发展的执政能力建设，包括可持续发展的行政部门协调机制的建立、综合决策机制的建立，可持续发展创新体系的建立，公众参与机制的建立，可持续发展市场体系培育能力的建设等。通过加强可持续发展执政能力建设，使执政能力与资源型城市转型和可持续发展的要求相适应。其次，建立城市转型和可持续发展的考核激励机制。最后，建立健全资源型城市可持续发展的法制政策体系，加大对可持续发展的支持力度。应进一步健全与完善可持续发展的有关法律法规，同时建立和健全可持续发展的政策体系，包括可持续发展的产业技术政策、区域政策、投资与金融政策、税收政策、煤炭资源产权政策等。如制定倾斜性、鼓励性的产业政策和财政政策，促进企业积极转型。关闭污染严重、浪费资源的企业，淘汰落后的设备和工艺，多渠道多途径的鼓励和支持那些具有一定科技水平、资源利用率高的企业发展壮大。积极参与城市居民息息相关的一些项目的规划和建设，把基础设施的建设与城市规划结合起来。实行接续产业和新兴产业税收减免制度，使其有能力进行持续发展。

第四节　资源稀缺型城市的困境与转型路径

从经济支柱产业来看，资源稀缺型城市与资源枯竭型城市的工业结构很相似，二者的差别在于：资源枯竭型城市的发展以当地的资源为依托，资源是其发展的主要动力，是典型的资源型城市；而资源稀缺型城市的本地资源是不足的，其加工制造业 90% 的原料需依靠外界输入，工业企业的布局是其发展的主要优势。因此二者存在的问题不尽相同。

一、资源稀缺型城市的主要问题

资源稀缺型城市存在的问题主要体现在以下几个方面。

（1）城市经济独立性差。企业的生产原料受到制约，存在供货稳定性的风险。离开大量外部资源输入就不能独立运作，这就使城市经济发展产生被动性，资源价格的波动、供货方经济状况的变动、环境气候状况的变动甚至公共关系、国际局势的变动都会影响原材料的供应，一旦原材料供应出现问题，产业链就会受到影响，而生产企业的困境很快就会在城市中反映出来。如水电型工业城市——青铜峡，主要依靠黄河上游的地理位置发展水电工业，近年来气候变化使黄河水量不足，导致青铜峡的水电供应不稳定，城市发展受到严重影响。

（2）产业链价值低，产业集群效应发挥不足。目前很多资源稀缺型城市主要是原材料的生产和初级加工，技术资本和信息资本的开发不足，在研发、生产和销售的链条中处于价值最低的生产环节①。另外，资源运送还会产生不可忽视的运费成本，长途运输运费高昂致使产品成本增加，在压缩利润的同时降低了产品的价格优势。由于工业基地建设的计划经济，资源稀缺型城市除了少数具有竞争力的大型工业企业，还有很多布局分散的小企业，它们对资源利用的规划不足，不仅容易导致资源的浪费和环境的污染，且投资风险高、风险抵抗能力弱，对当地经济的带动作用小。主导企业与小企业难以形成产业集群效应，导致信息沟通不及时、产品知名度小、集约化程度低、资源利用率和产品利润低。

（3）城市环境污染严重。当代工业型城市中典型的钢铁型城市、机械型城市、化工型城市，都是以加工制造业为主导行业，对环境污染较大，废气、废水及固体污染物排放过多。

（4）专业技术人才流失，创新潜力不足。资源稀缺型城市就其自身资源拥有量而言，在与资源型城市的竞争中处于劣势地位，想要与其争夺更多的利润，最根本有效的方法就是提高技术水平、吸纳高质量的专业人才、创新经营方式。但由于城市吸引力不足，目前各大工业城市普遍存在专业技术人才流失，创新发展后备力量不足等问题。

二、资源稀缺型城市的转型路径

从国内外经验来看，推进资源稀缺型城市转型主要从以下三个方向开展。

（一）加强循环经济的发展

循环经济作为一种新的经济增长方式或者说是发展模式，在当前越来越得到世界各国的认可。发展循环经济需要一定的前提条件，而资源稀缺型城市较好的产业基础为发展循环经济提供了有利条件。资源稀缺型城市在发展循环经济上可以从三个层面展开。

1. 发展有一定规模的企业集群

企业集群的发展，有利于发挥群体效应，建立区域性品牌，形成专业市场，推动产业的发展。我国在计划经济条件下形成的资源稀缺型城市，一般都有一到两个特大型企业，而且对资源的开采、冶炼都形成了一套比较完整的体系。关键在于一般只生产初级产品，对产品的深度加工不够，没有形成较为完整的产业链条，在这种情况下，引入外来投资，发展企业集群，形成复合型的产业结构，延伸产业链条，可能是推进资源稀缺型城市发展的一个较为可行的选择。

这种企业集群与一般意义上的企业集群有一定差别：第一，这种企业集群出现在资源型城市内部，是由政府引导形成的一种企业集群；第二，这种企业集群依托于城

① 李晶. 2011. 基于利益冲突与协调的产业转移承接研究——以湖南为例. 南京：南京航空航天大学硕士学位论文。

市的资源型经济基础，是原有产业链条的拉长或延伸；第三，这种企业集群具有循环经济的特点，换句话说，中小企业是寄生在大企业身上的，它们要么为企业提供服务，要么以大企业的产品或副产品为生产原料，产业结构是一种复合型的；第四，这种企业集群处在不断发展的过程中，目前是以大企业的存在为前提，但随着时间的推移，原来的主业可能会消亡，但又会生成新的不以资源为依托的主业，从而使整个城市的产业结构变得更加柔性化。这些新的变化，会形成资源稀缺型城市新的竞争优势。

2. 发展生态工业园

伴随着计划经济体制向社会主义市场经济体制的转型，中国的城市空间正在发生剧烈的变迁，各类开发区、工业园、新城区、大学城、生态城、低碳示范区、文化创意产业园区等新型城市空间不断出现。它们的出现，从某种意义上代表了中国新型工业化的进程，也是资本在空间上强力推动的一个结果。资源稀缺型城市在推进转型过程中，可以利用这个浪潮，加快发展生态工业园区。

所谓生态工业园区，来源于生态学与工业活动相结合的新兴交叉学科。欧内斯特·洛认为，生态工业园区是由制造业和服务业等企业组成的企业群体。他认为这些企业之间应当有上下游的联系,即一个企业的产品或副产品是另一个企业的生产原料，这样园区的产品和效益应该比一个个单个企业的生产效益要好。理由是显而易见的，毕竟在同一个园区内，企业间的运输成本很低甚至可以忽略不计，再就是企业间形成了上下游的产业链条，同时企业的聚集也使它们相互之间也很容易产生交流，对技术的改进乃至技术的原始创新都会产生促进作用。生态工业园区的建立一方面可以产生集聚效应，使企业的生产成本得到最大限度地降低，另一方面由于工业废弃物的充分利用，对生态和环境的影响也会降到最低程度。佩伦伯格认为，生态工业园区是一个涉及十几个领域的综合性的概念，既有清洁生产的问题，又有工业规划学的问题，还涉及可持续发展，是这些领域在空间上的一种有效组合。佩伦伯格还对荷兰发展生态工业园区的实践进行了总结，由此得出了两点结论，一方面是政府主动引导的结果，即政府有意识地将经济与环境保护实现了一种有机结合；另一方面是企业对所在区位的一种主动调整和分化，即由于利益最大化导向，关联企业在空间上主动聚集。

资源稀缺型城市发展生态工业园区有其先天的优势：一是有大企业作为核心，为中小企业的聚集提供了前提条件；二是有比较完善的管理体制，在管理体制的运行中可以大大减少磨合的时间，因为城市本身就培养和储备了大量现成的城市管理人才，而且这些人都已经经受了管理城市的锻炼，这样建设新城可以在很短的时间内就可以运行。因此，通过建设生态工业园区，加快调整资源稀缺型城市的产业结构，是推进资源型稀缺城市转型的一条捷径。

3. 发展生态城市

“生态城市”是在世界范围内环境污染和资源破坏越来越严重、城市发展面临前所未有的挑战的新形势下提出的一个全新的伦理观。生态城市是国际第四代城市的发展目标，是现代文明和人类理性及道德在发达城市的集中体现。按照美国生态学者理查德·瑞杰斯特的论述，生态城市是追求人类与自然的健康与活力，即生态健康的城市，是人与自然达到和谐共存的人工复合系统和聚居形态。其基础是经济发达，社会繁荣，生态保护及相互之间的高度和谐，技术和自然能够充分融合，城乡环境清新宜人，有利于人的创造力和生产力的最佳发挥。生态城市的“社会—经济—自然”复合生态系统，结构合理、功能稳定，能够达到人们所追求的动态平衡状态。

资源稀缺型城市，要实现可持续发展，应当向生态城市的方向发展。一是从经济发展的角度看，城市经济是可循环的。二是城市生态环境可持续。对生产原料要节约，对生产过程要节约，对进入市场的产品要节约。这样对大自然的索取越少，自然生态环境也就保护的越好。三是人的可持续。在生态社会，人与自然和环境的关系发生了根本的转变。人类不是大自然的主宰，而是与自然、环境共存共荣的一个部分，没有大自然的馈赠，没有优美的环境，人类就难以生存；没有人类的辛勤劳作，自然和环境也将失去勃勃生机，也就会缺乏不断演进的动力。在整个人类社会走向后工业化社会的新形势下，资源稀缺型城市作为工业化的产物，必须顺应时代潮流，加快向生态城市转变的步伐。

（二）构建多元创新主体

推进资源稀缺型城市的技术创新，与创新型城市一样，必须要有创新的主体。资源稀缺型城市的创新主体主要包括城市政府部门、高等院校、科研院所、企业和其他主体。

资源稀缺型城市转型要发挥企业技术创新主体的作用。据统计，创新型国家70%的研发投入都来自于企业，80%以上的知识产权也产生于企业。企业是基于自身需要而进行自主创新的，掌握着技术创新的主动权，是研发投入和知识产权创造的主体。我国企业特别是资源型企业在技术创新方面存在着技术开发和自主创新能力不强、忽视消化吸收再创新、技术引进方式落后等问题，因此要提高城市的开放度，增强国内外科技交流与合作，引进先进的科技成果和新兴的科技产业，快速提升整个城市的科技水平。要注重通过配套协作、合作开发、购买专利等方式大力引进关键和高新技术，同时正确把握引进技术和自主创新的关系，加强对引进技术的消化吸收和再创新，加大自主创新的力度，提高产品的科技含量，并努力形成具有自主知识产权的新产品。企业在技术创新中要注意搞好三个结合：一是加强与高等院校和科研院所的联系，将生产与研发结合起来；二是将引进消化与再创新结合起来；三是将自主创新与人才培养结合起来。

在资源稀缺型城市经济转型的过程中，大部分城市以建设开发区或者高新技术园区为突破口，吸纳中小企业和高新技术落地，实践证明这种形式是非常有效的，收效也十分明显。在新的形势下，资源稀缺型城市建设产业园区一定要注意以下几点：一是以创新的思路推进园区的转型升级，要重点推进园区从投资驱动向创新驱动、从资源依赖向科技依托的转变，打造园区综合竞争的新优势；二是通过建设高效的资源循环系统，推进共享化的配套设施集成，建设绿色化的园区景观环境，完善一体化的园区服务体系，推动产业园区向生态园区升级；三是通过明确园区定位和核心价值取向，推进集群形象建设，做好区域品牌的营销推广，努力培育产业园区的共有品牌。

（三）加强区域互动机制

资源稀缺型城市作为计划经济的产物，非常突出的一个特征就是外部的强行“嵌入”，特别是西部的资源稀缺型城市，由于原来的经济发展水平落后，在建设初期，大部分管理和技术人员、建设施工人员和生产工人来自五湖四海，外来文化和社会色彩特别浓厚，城市发展过程就是外来要素本体化的过程。随着后工业化时代的到来，人力资源、信息资源、市场资源等替代资源的作用越来越大。在资源型稀缺城市发展中，需要正确处理城市与区域的关系，实施区域互动，加快经济的、文化的和社会的融合，来推进经济和社会的一体化过程。

为此，需要建立资源型城市与周边区域的互动机制，包括建立资源稀缺型城市与周边区域互动的人口流动机制，鼓励区域内人口向中心城市和新建设的工业区聚集，鼓励区内人员到城市创业或发展服务业等第三产业；建立资源型城市与区域互动的产业聚集与扩散机制。在这个过程中要发展产品外包，依托大企业进行产业深化；建立资源型城市与区域互动的土地利用机制。

资源稀缺型城市发展战略中一个重要的部分是“制定合理的区域政策”。区域环境是一个包括自然地理（硬环境）以及人文社会（软环境）在内的复杂综合体。在资源稀缺型城市转型所处的区域环境中，自然环境具有不可选择性，是硬性环境，对于它我们只能适应，但包括国家区域政策在内的社会人文环境则是一种软环境，是资源稀缺型城市发展中可以大有作为的领域。这就需要制定合理的区域政策，制定有利于资源稀缺型城市转型的经济政策、生态补偿政策、社会政策，并为资源稀缺型城市转型提供必要的法律保障。

第五章　城市住房问题

在改革开放以来中国社会转型和重构的历史进程中，住房问题是民众切身感受最强烈、与经济社会发展之间联系最密切的问题。四十年间，中国不仅经历了前所未有的大规模、快速的城镇化，而且仅仅用很短的时间就从制度上完成了从福利性住房分配体系向市场化住房供给的转变。在住房制度改革的不同阶段，城市住房问题的表现各有不同。总体而言，住房短缺，过度商品化、房地产泡沫、房价上涨、分配不公是不同时期、不同城市中普遍出现，而且备受社会各界关注的主要问题。中国城市住房问题的形成及其演化与中国特殊的土地制度、发展阶段和制度转型历程中采取的各种政策有着密切的关系，如中国特有的社会组织结构——单位、城乡分割的土地制度、实施了三十年的人口和计划生育政策、传统的家庭文化观念、信贷和税收制度安排等。面向这些复杂的问题，住房政策的顶层设计仍然需要深入的探讨；同时，城市住房问题的解决，有赖于对市场供需的深入研究和空间规划的不断完善。

第一节　中国城镇居民的住房状况

住房是一种具有“双重属性”的特殊产品，它既是社会民生福祉中最为关键的实现环节之一，也是国民经济建设中最为重要的组成部分。在城镇化和城镇建设的快速推进过程中，中国的城市住房制度和城镇居民的住房状况都发生了重要的变化。其中，从公有住房分配到商品房市场供给的住房体制改革，给中国各个地区的城市、城镇、家庭、单位和个人带来了多方面的深刻影响，既有效提升了居民住房条件，改善了居民的生活质量，也带来了房价增长过快等社会问题。而住房改革以及延续改革线索的住房市场调控与住房保障政策至今仍在不断变革和调整中。让我们首先回顾城市住房制度的转型历程。

中国的城市住房制度主要经历了三个阶段，即福利分配期、市场化改革期和由市场化再次转向商品房+保障房的改革期。在第一阶段的福利分配期，城市住房普遍质量不高、居住面积小。第二阶段是市场化改革期。中央政府在住房补贴的巨大财政压力下先后进行了两次全国性的房改，特别是自 1998 年开始的第二次，福利分房全面停止，城市房地产市场快速兴起，新的市场化体制下的住房保障制度逐步完善。然而，全面市场化导致住房的资产和投资属性被过度强调，产生了城市房价上涨过快、住房供给结构失衡等问题。因而，自 2007 年开始，住房政策重新进行调整，进入市场化和住房保障并重的第三阶段。

城市之间、城市内部不同地区之间的房价差异，推动了城市内部居住空间的社会分异。与此同时，城市内部居住空间格局的变化也给公共服务设施配置和居民日常出行等带来了很大的负面影响。例如，一些大城市由于职住关系失衡出现了严重的钟摆式通勤现象，给城市交通和环境造成巨大压力。因此，城市住房问题一直是城市地理学关注的热点。

一、城市住房制度转型及其影响

在 20 世纪 80 年代以前，中国实施的是公有住房的供给和福利分配制度，即每个劳动者所属的单位，根据工龄、年龄、职位职称级别等向本单位职工分配公有住房，收取低廉的房租。城市里除了少量私有房产外，约 90%的住房都是这种性质的公有住房，它们的维护和管理由单位或城市房屋管理部门来实施。在改革开放之初，这一体制已经很难满足既有和新增城市居民的住房需求，中国面临极其严重的住房问题。

首先是严重的住房短缺。1978 年城市人均居住面积只有 6.7m^2，约 30%的家庭没有住房，那些没有正式工作单位的居民、待业者和从农村来到城市的人，住房更是困难。严重的住房短缺导致一些家庭不得不几代成年人挤在人均居住面积不足 4m^2 的房间里，很多家庭必须共用厨房和卫生间，住宅成套率很低。其次，房屋危旧和老化现象十分严重，1980 年的时候，全国大约有 5000 万 m^2 的危房需要拆除或改造，这种状况加重了住房困难的状况。另外，住房建设的投资和福利在不同地区和不同类型的工作单位之间很不均衡，有的单位很好，有的单位很差。对职工个人来说，分到多大的房子，就相当于获得了多少住房补贴，因此，分到大房子的职工享受了更多的福利，而分得少或没分到房的职工则享受得少、甚至享受不到福利。职工在福利房分配的过程中也没有其他渠道解决自己的住房问题，这显然有失公允。完全公有化的住房建设和管理体制给城市财政造成了巨大的负担。1985 年，中国在公有住房建设和管理方面的投资超过了当年 GDP 的 8%。

为了适应改革开放和经济体制改革的进程，中国于 20 世纪 80 年代初开始进行住房体制改革，逐步构建起新的市场化住房体制。总体来讲，可以划分为三个阶段：1980 年之前为住房福利分配阶段；1980 年至 2006 年为市场化改革阶段，政策目标是住房私有化和住房市场培育；2007 年开始为市场和保障并重的阶段，政策重点是公共保障性住房的建设和供给。

（一）第一阶段：住房福利分配

1949 年新中国成立以后，中国城镇实行低工资制度，较低的住房支出使私有房主缺乏维护住房的积极性，私房领域存在居住拥挤、房主只收租不修缮、房屋租金混乱等问题[①]。为应对住房的两个基本矛盾，即“数量不足”与“分配不均”，中国着手

① 中央书记处《关于目前城市私有房产基本情况及进行社会主义改造的意见》，1955。

推进私房公有化，实行政府与单位建房、以行政办法分配给职工、收取低房租的城镇住房制度（林志群，1989）。

实践证明，这种方式并没有如期解决数量不足和分配不均的基本问题。一方面，住房数量不足的问题依然存在。其原因在于，首先，受国家经济发展水平和“重工业优先”政策限制，住宅建设投资的整体水平很低。据估算，1950～1978年全国住宅投资占GDP比重仅为1.5%（林志群，1986）。据1977年年底的统计资料，全国190个城市人均居住面积仅为3.6m^2，“比解放初期的4.5m^{2}还下降0.9m^2”[①]。其次，过低的公房租金给国家财政带来了沉重负担。当时职工房租支出一般仅“占家庭收入的2%～3%，有些只占1%左右”[②]。因为房租太低，不能满足维修住房的最低要求，随着公房年年增多，维修管理费用的缺口逐年扩大，造成房屋严重失修（林志群，1982）。最后，低房租刺激了过度的住房需求，使住房始终处于短缺状态，“引起职工群众都想向公房里挤，并且要求住得宽，造成人为房荒”[③]。

另一方面，虽然是福利分配，也没能解决住房分配不均的问题，因为当时实行的行政分配方式在城镇中厚全民所有制职工而薄其他居民。例如，当时北京市人均居住水平虽然达到4.6m^2，但中央、国务院所属单位职工的居住面积达到人均7m^2，北京市直属职工人均5m^2，一般居民只有3.6m^2。在不同性质的单位的职工之间，存在着显著的住房水平差距。与此同时，因为住房牵动利益太大，使住房投资和分配领域有许多不正之风，使差别更为扩大（林志群，1982）。可见，行政分配无法避免效率低下和官僚腐败的缺陷，住房分配上的不公平，成为一个严重的社会问题[④]。

（二）第二阶段：市场化改革

城镇住房体制改革是改革开放最重要的内容。

改革的重要时间节点包括：1980年，进行出售公房的试验，同时选择一些城市实行由国家、单位和个人共同出资建设新房的试点。1986年，提租补贴试点，即提高公房租金，同时发放住房补贴。随着城市居民工资水平的提高，逐步提高公房租金，实施由实物住房补贴转向货币化住房补贴的试点。1988年，开展住房市场化试点，将新建的和原有的公房以优惠价格卖给个人，对租住公有住房的居民家庭，补贴和优惠幅度平均达到5年到8年的租金。1991年进入全方位的住房改革时期。在新建住宅中，建设资金采取国家、单位和个人各出一部分的做法，由此构建了新的住房建设融资体系。此外，面向现有住户的公房出售全面启动，但是由于旧的福利住房政策惯性太大，这一期间住房建设和分配实际上仍然是双轨制并行，并出现了大量公房被低价出售的现象。为此，国务院在1993年年底叫停公房出售，1994年年初停止审批地方性房改方案，“以售代租”的第一阶段房改到此宣告终结，此后房改进程总体进展缓慢。1998

① 国务院批转国家建设委员会《关于加快城市住宅建设的报告》，1978。

② 国务院批转国家房产管理局《关于制止降低公有住宅租金标准问题的报告》，1965。

③《城市服务部关于召集城市房产工作座谈会给国务院第五办公室的报告》，1957。

④《关于印发在全国城镇分期分批推行住房制度改革实施方案的通知》，1988。

年，中国停止福利分房，货币化住房福利制度全面实施。这是住房体制改革中的核心环节，从此停止福利性住房的实物分配制度，并建立了住房公积金制度。

这些重要的改革措施为此后城市房地产市场的迅速发展和大规模的住房建设奠定了重要的经济和制度基础。

（三）第三阶段：由市场化再次转向商品房+保障房

第一阶段改革进程中，由于住房建设、分配和管理模式的变更，利益权属关系发生了重大转变。2005 年年底，城市住房私有化率已达到 80.6%。然而，过度市场化带来了许多问题。1994 年、2003 年、2007 年和 2009 年，住房市场出现了几次明显的泡沫迹象，特别是 2007 年前后，住房市场价格持续走高，远远超过同期居民可支配收入的增长幅度，房价收入比飙升（图 5.1）。住房价格的快速上涨不但动摇了市场稳定性，而且使得城市内部贫富差距迅速扩大，有房和无房家庭的社会阶层快速分化，许多中低收入家庭沦为住房困难家庭。与此同时，保障性住房覆盖面非常有限，建设量难以满足社会需求。

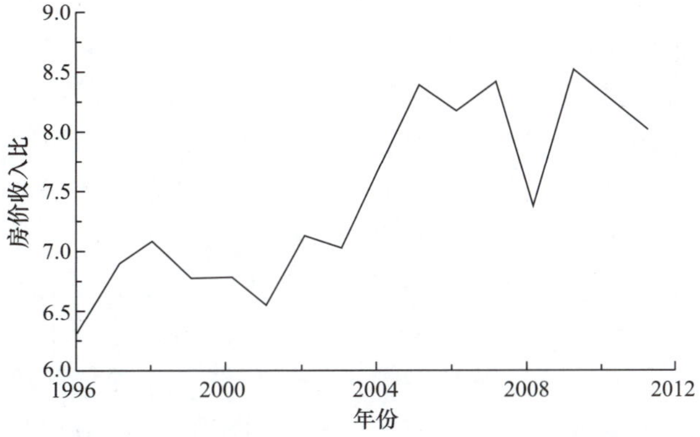

图 5.1　全国城镇房价收入比的总体走势①

针对过度市场化带来的问题，住房政策进行了较大的调整，进入第三个阶段。2007 年 8 月，中央政府对 1998 年房改政策进行修正，出台了《国务院关于解决城市低收入家庭住房困难的若干意见》（简称国务院“24 号文”），明确了地方政府对住房保障的责任，提出要扩大廉租房保障的范围。这个标志性文件的出台，意味着中国住房体制改革步入市场配置和住房保障相结合的新阶段。

实际上，为了帮助中低收入家庭获得住房，1994 年中国政府就已经启动了“安居工程”，以大中城市为重点由政府提供土地和税费补贴的住宅，以优惠价格出售给特定的家庭（中低收入家庭，优先出售给无房户、危房户和住房困难户，在同等条件下优先出售给离退休职工、教师中的住房困难户）。1998 年，中央政府提出建立和完善以经济适用住房为主的多层次城镇住房供应体系。2003 年进一步提出，经济适用房是

① 房价收入比按城镇人均住房建筑面积 × 城镇住房均价/城镇人均年可支配收入计算而得。因为统计样本中未含集体户等无房人群，城镇人均住房建筑面积存在高估，所以房价收入比与其他国家和地区不具可比性。

具有保障性质的政策性住房，是解决中等偏下收入家庭住房的重要途径。然而，在如火如荼的房地产开发建设中，公共保障性住房的建设却被忽视了。

第三阶段住房体制改革的特征，一是确立了“政策+市场”的住房模式，把住房保障作为政府公共服务的一部分，明确了地方政府的责任和保障房数量和比例的要求。二是建立了多渠道解决城市低收入家庭住房困难的政策体系，即由廉租住房、经济适用住房和政策性租赁住房等共同构成的保障性住房体系。此外，中央政府组建了专门的保障房建设和管理部门，从组织机制上为保障性住房的建设和管理提供了支持。最近几年，提出以公租房、政策性租赁住房和共有产权住房为主体，并结合推进城镇棚户区改造和老旧小区改造的住房保障体系基本框架。在上面一系列配套政策的强力支持下，保障房建设和发展迅速。以北京市为例，2007 年用于保障房建设的土地供应占居住用地审批数量的 13.3%，到 2010 年该比例达到 40.7%；2018 年计划安排 12km^2 住宅用地中，共有产权住房用地 2km^2、保障性安居工程用地安排 3.5km^2、集体土地租赁住房用地 2km^2。

从种类上来说，这一期间的改革中出现了很多新的住房类别，如两限商品房（即“限套型、限房价”的商品房，2007 年提出）、共有产权住房（中低收入住房困难家庭购房时，按个人与政府的出资比例，共同拥有房屋产权，2007 年自江苏省淮安提出后推广）、集体土地租赁住房（2017 年结合农村集体建设用地制度改革，国土资源部、住房和城乡建设部发布 13 个城市《利用集体建设用地建设租赁住房试点方案》）等。严格意义上这些房屋与保障房是有区别的，但它们又分别对住房产权交易或转租做出了限定，这些似是而非的住房种类表现出住房制度的不成熟。

从上面的回顾可见，中国在城镇住房制度改革的过程中走过了不少弯路，特别是 2000 年之后的市场化改革过程中，主要采取以房地产开发为主的建设经营模式，过度强调市场经济的主导作用。这样做虽然推进了住房建设和房地产市场的发展，实则存在很大缺陷，导致房价暴涨不下，广大中低收入社会群体住房短缺。美国学者鲍尔在 1934 年出版的《近代住宅》一书中即指责当时住宅经营为奢侈的投机（the luxury of speculative），说“不好的制度不能产生好的住房，但只有良好的制度也不一定能产生好的住房”。四十年来，中国社会发生了翻天覆地的巨大变化，但我们从中应该认识到市场经济并不是万能的，不能盲目遵循美国房地产市场的发展途径，而荷兰、新加坡等地建设“社会住宅”的经验更值得思考和借鉴①。

国务院“24 号文”及其后促进保障房发展建设的一系列政策的提出，既是出于保障和改善民生的愿望，也是出于提高社会制度公平性、保持社会稳定的客观需要。政府希望通过保障类住房体制运作架构的细化和完善，同时保证商品房和保障房在住宅供应市场中的供应比例。2010 年，中国在“十二五”规划中，提出要在五年之内建设保障房 3600 万套，使保障房覆盖率达到 20%。

与以往的经验一样，上述数字和比例的设定也充满了试错的色彩，在不少人看来，

① 吴良镛. 2010. 住房 · 完整社区 · 和谐社会. 上海世界博览会闭幕式发言。

它们并无特别明确的依据。当然，其中的原因有很多，例如，对于整个社会住房需求结构把握的不够透彻，对未来人口、社会经济的发展和需求的变化缺乏较为准确的前瞻和预见能力，等等，本章第五节的案例还将专门就这个问题进行探讨。不同于以往的是，政府越来越清晰地认识到，日趋严峻的资源和环境压力已使得规划和政策失误的成本变得越来越大，整个社会的容错能力变得越来越小。

二、改革的成效及新问题

通过住房体制改革，中国已经基本建立起一套新的保障和市场互为补充的住房体制，而且经过各种各样的成功和失败，积累的经验越来越丰富了。

中国城市住房体制改革的成效不容置疑。首先，城市住宅数量大幅增加，严重的住宅短缺和过度拥挤问题得到根本缓解。同时，房地产业的发展和住宅建设的步伐为中国快速城镇化提供了支撑，尽管这期间城镇化速度以年均 1%的速度增加，但中国并没有像一些拉美国家一样出现严重的贫民窟问题。1980～2018 年，中国城镇人口由 1.91 亿增加至 8.31 亿人，增长了将近 5 倍。由于家庭户均人口减少，同期家庭数增长了十余倍。1980 年，城市住宅房屋建筑竣工面积只有 683.8 万 m^2，而到 2018 年，提高到 6.66 亿 m^2，增加近 100 倍；2018 年房地产开发企业的住宅竣工套数高达 622.92 万套（图 5.2）。

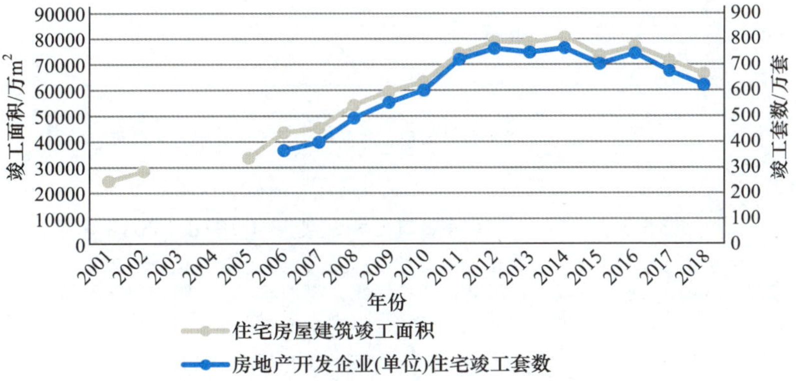

图 5.2　中国城市住宅建设数量（2001～2018 年）

2005 年，中国城市住宅总套数与家庭户数的比例是 0.85∶1，2010 年，该比例已经达到 1.02∶1，而随着家庭规模小型化，2012 年该比例又变为 0.98∶1。两者基本持平。1985 年，中国城镇拥有独立厨房和卫生间的居民住宅成套率仅为 24%，2005 年该比例为 80.6%，2010 年，居民住宅成套率上升至 81.1%，截至 2015 年，住宅成套比例为 80%左右，据《2016 年上海市国民经济和社会发展统计公报》的数据，上海的居民住宅成套率高达 96%左右。这些数字表明，住房总量不足和数量短缺的基本矛盾已经得到解决。

但是，住房供需的格局存在较大的社会和空间不均衡。一方面，北京、上海、广州等一线特大城市由于人口产业继续集聚，新增人口和投资性的住房需求仍然强劲，而内陆的三四线城市供需比趋于平稳甚至出现商品房库存量过多的情况。另一方面，在一些居民家庭拥有多套住房的同时，另一些无房户家庭却面临严重的住房困难。在 2007 年的房地产过热时期，追求大宅、豪宅的奢靡之风盛行，贫富差距越加明显，特别是城市外来务工人员和刚刚就业的年轻人群体住房条件恶劣，成为新的亟待解决的社会问题。

住房体制改革带来的另一个显著变化是住房私有化率的快速上升。改革之初，中国城市住宅的 90%都是公房，而 2005 年私有化率达到 81.6%，2010 年超过了 85%，远远高于大部分西方市场经济国家。这是大量公房出售给原先租住的家庭以及新兴房地产市场快速发展的共同结果。另外，过高的私有化率反映出住房体制改革的前期过于偏重住房私有化的倾向，政府大力鼓励居民购买住房，而同期住房租赁市场发展严重滞后。近年来，政府大力推动公租房的建设，这种情况才有了一定的缓解。

这一时期住房质量也有了大幅度的提升。通过旧城改造和房地产开发，大部分城镇危旧房被改造或清除。1980 年，城市人均住宅建筑面积只有 7.2m^2，经过几十年的发展，人们的居住水平有了很大提高，特别是 1998 年实行住房商品化以来，改善速度进一步加快。2010 年城镇人均住宅建筑面积增加到 31.6m^2（图 5.3），2018 年已经超过 39m^2。

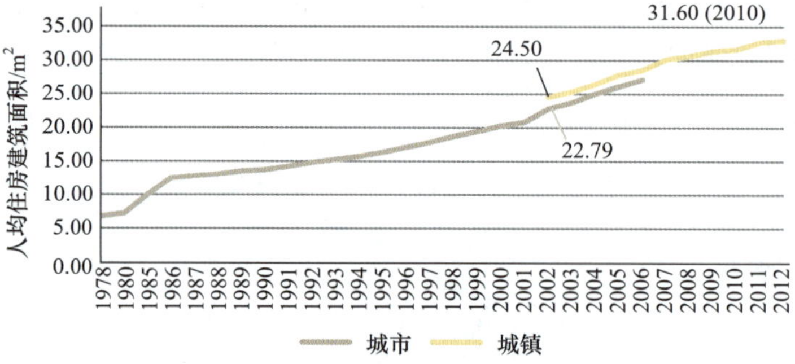

图 5.3　城市人均住房建筑面积的变化（1978～2012 年）

注：1. 城市人均住宅建筑面积（1978～2006 年）与城镇居民人均住房建筑面积（2002～2012 年）数据分别来自 2010 年和 2013 年《中国统计年鉴》。因城市和城镇统计口径差异，城镇人均住房面积高于城市人均住房面积。2. 城市与城镇住户抽样调查样本均未包含集体户

从数字来看，中国已经接近日本等发达国家的人均住房水平（图 5.4）。可是，中国城镇人均住房面积的统计包含了公摊部分的建筑面积，而不是像国外一样通常是指套内住房面积；而且数字从城镇住户的抽样调查得来，不包含集体户等没有住房的人口，没有住房的外来流动人口在采样中也存在一定的低估。由于统计口径上的问题，统计数字与实际相比存在偏高的情况，并不能完全反映所有城镇常住人口的住房情况。

近年来人均住宅建筑面积的增加已经开始放缓，这表明，中国城镇居民个体的住房需求已经有出现拐点的迹象。也就是说，面积不再是人们追求的主要目标，相比之下，对住房品质的追求将变得更加重要。相应地，住房发展的目标也必然要从增量房屋的建设转向存量资产的管理和运营上来。

尽管人均住宅面积的平均数增加很快，但城市居民住房支付能力却在整体下降。中国城市，特别是人口迁移增长迅速、发展需求旺盛的东部大城市出现了日益严重的

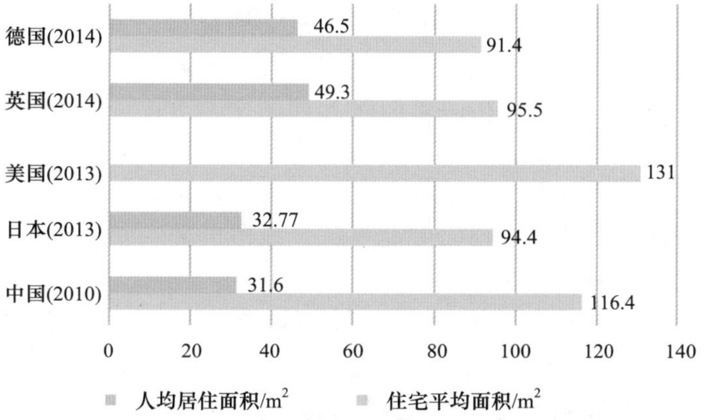

图 5.4　中国住房面积与德国、英国、美国和日本等国家的对比

居民住房支付能力危机。判断住房支付能力的常用指标有房价收入比（price to income ratio，PIR）、住房可支付性指数（housing affordability index，HAI，指根据住房消费支出占收入比例的上限要求，考察住房市场中中位数收入水平的家庭对中位数房价住房的承受能力）、月供收入比（monthly mortgage payment to income ratio）、月供消费节余等。研究发现，从房价收入比看，中国城市的房价呈现十分明显的区域差异，表现出东部趋升、中西部趋降的态势，其中上海、北京的房价收入比较高（张清勇，2007）；吴刚（2009）分析了北京、上海、天津、南京、杭州、武汉、广州、深圳、成都和重庆等十个城市的房价和收入，发现如果套均建筑面积按照 $80m^2$ 计算，十个城市的房价收入比普遍过高；从月供收入比来看，在购房者具备首期付款支付能力的前提下，北京的平均收入家庭购买 $60m^2$ 的住房通过 30 年按揭才有可能实现；按照美国房地产经纪人协会采用的“住房可支付性指数”来看，只有南京和重庆的平均收入家庭才具备购买建筑面积 $60m^2$ 住房的支付能力。

住房支付能力是家庭收入和消费水平在住房领域的一个缩影，中国住房支付能力不仅存在整体水平恶化的问题，更主要的是，随着城镇贫富差距的扩大，住房支付能力的相对差距变得越来越明显。例如，2005 年中国平均房价收入比为 6.77，看起来似乎并不算很高，但其中 10%的最低收入户的房价收入比平均是 22.69，10%的最高收入户平均是 2.45，前者是后者的 9.3 倍（金三林，2007）。夏刚等（2008）利用剩余收入法计算了城市不同收入家庭的住房支付能力，发现在住房供应结构上，低收入到中等收入家庭住房供应不足，同时，低收入家庭对经济波动极为敏感，其购房风险要显著高于高收入家庭。周仁等（2010）基于上海的情况进行考察，也得到了类似的结论，即除住宅价格的迅速上涨之外，贫富差距逐步扩大和住房户型结构供应不合理是中国住房支付能力恶化的重要原因。

回顾中国住房体系改革的历程，可以说，中国的住房制度和政策一开始并没有明确的顶层设计，在发展进程中决策者不断进行试错和探索，对于快速城镇化背景下怎样让老百姓实现“居者有其屋”的社会理想没有成熟的理论指导和实践经验。直到今天，相关政策依然在应付不断出现的住房问题中调整和完善。

针对中国的住房制度改革及其影响，国内外学术界开展了大量讨论。根据不同时期所面临的住房问题，中国住房改革政策方面的文献可以分成两个阶段。

前一个阶段，即 20 世纪 80 年代初住房制度改革启动到 21 世纪初的这段时间。当时，住房改革正处于进行中，还不太彻底。尽管政府不断推进住房的市场化，单位的住房实物分配仍具有相当的规模。因此，这个阶段的研究集中在梳理与评价改革政策的实施和效果上。Huang（2001）[①]，Li（2000）和 Wang（2001）用个案研究、对比研究、家庭或住房调查研究证明，一方面我国城市家庭的社会经济因素（家庭户规模、收入、教育水平等）已经开始影响家庭住房消费水平，显示出与其他市场经济体相似的特征，表明住房市场化取得了一定进展；另一方面，单位制等制度层面的因素仍然决定着居民的居住水平差异，表明住房的市场化和社会化程度仍然不够高。Wang（2002）[②]认为，将公有单位职工的住房实物福利转变成货币补助，并允许职工自主选择住房能够提高他们的福利。Rosen 和 Ross（2000）则认为，鉴于住房市场价格与居民支付能力之间尚存在较大差距，仍然要保持一定程度的折中，政府的实物住房补贴不能马上停止，单位在短期内仍然应该发挥住房分配中介的作用，在改革进程中应该允许地区差异的存在。

21 世纪初期，中国住房市场经济体制已基本得到确立，改革的冲击并不局限于住房领域，而是产生了十分广泛的影响。Wang（2008）[③]认为，住房改革通过赋予个人以房屋财产权，促进了就业流动性和创业，其原因一是个人通过公房私有化获得资产，可以作为创业的启动资金，二是国有企业住房福利与就业的分离增加了就业流动性。Li（2007）[④]从公民政治权利的角度分析了改革的影响，认为改革确立了新的利益关系，公民财产权使中产阶级住房所有者这一利益群体得以出现，他们通过业主团体等形式组织起来维护自身权益，这促进了我国公民社会的形成。

后一个阶段自《国务院关于促进房地产市场持续健康发展的通知》提出调整住房供应结构、改进规划管理等宏观调控手段起，在这个时期，中央政府更加重视住房市场的宏观调控，不断出台干预住房市场的各种政策指令，特别是从 2005 年开始一再强调加强房地产市场的宏观调控（Li and Yuan，2012）。然而，各大城市的房价并没有得到很好的控制，一线城市的住宅价格严重背离了普通居民的实际支付能力，成为笼罩在社会大众心头的阴影。2006 年 5 月，国务院常务会议针对房价涨幅过高过快等问题，提出了与过往不同的整治理念和六条举措，即后来常常提到的“国六条”：一是切实调整住房供应结构，重点发展中低价位、中小套型普通商品住房、经济适用住房和廉租住房。

① Huang Y Q. 2001. Housing Choice in Transitional Urban China. PhD Thesis, University of California。

② Wang W. 2002. China's Urban Housing Reform: Implications from Wage Determination, Inequality and Welfare Improvement. PhD Thesis, Indiana University。

③ Wang S Y. 2008. Credit Constraint, Job Mobility and Housing Markets in China. PhD Thesis, Yale University。

④ Li L M. 2007. A Home of One's Own: Ways of Life in Privately Governed Commodity Housing Estates in Urban China. PhD Thesis, Hong Kong Baptist University。

各地都要制定和实施住房建设规划，对新建住房结构提出具体比例要求。具体来说，新开工的商品住房建设，套型建筑面积 90m^2 以下住房比重必须达到 70%以上。二是进一步发挥税收、信贷、土地政策的调节作用。严格执行住房开发、销售有关政策，完善住房转让环节税收政策，有区别地适度调整信贷政策，引导和调节住房需求。科学确定房地产开发土地供应规模，加强土地使用监管，制止囤积土地行为。三是合理控制城市房屋拆迁规模和进度，减缓被动性住房需求过快增长。四是进一步整顿和规范房地产市场秩序。加强房地产开发建设全过程监管，制止擅自变更项目、违规交易、囤积房源和哄抬房价行为。五是加快城镇廉租住房制度建设，规范发展经济适用住房，积极发展住房二级市场和租赁市场，有步骤地解决低收入家庭的住房困难。六是完善房地产统计和信息披露制度，增强房地产市场信息透明度，全面、及时、准确地发布市场供求信息，坚持正确的舆论导向。

袁奇峰和马晓亚（2007）认为，“国六条”试图通过增加小户型住宅、推进节约型社会建设，是国家理性的显现，其“70/90”政策充分尊重中国国情，将使市场结构得到重塑；唐小飞等（2012）认为，保障性住房建设能够起到分流商品需求、抑制住房价格和压缩房地产利润空间的作用。除了供给结构的调整，王芳等（2014）指出，如果不注重城市空间结构的调整，那么由城市空间结构不合理所导致的房价上涨仍将持续。

事实上，后一个阶段的政策调整体现了从对价格自身的调控到对供给结构进行调控的方向性转变。高晓路和浅见泰司（2010）认为，从调控方向来说，以往以商品化住宅价格为调控目标，试图通过行政手段来控制市场价格，本身是存在缺陷的。在一个完全市场里，市场会通过价格进行供求关系的自我调整，没有必要对价格进行干预。如果由于市场不健全，如住房的价格成本信息不对称或利益关系纠结而造成价格机制失灵，那么必须对机制进行调整，否则价格的调控从长远来看也会是徒劳无功的。

三、住房政策架构设计及其特点

目前，中国城镇的住房资源包含多种正式和非正式的住房，适应了不同层次人群的居住需要。正式的城市住房供给主要分为商品房和保障性住房两部分。此外，存量住房中还包括不少简易楼、地下室、宿舍、城中村等非正式住房。

按照当前的住房政策，以下几种类型的住房应纳入保障性住房的管理。

第一类是面向公众配租配售的住房：包括廉租住房、公共租赁住房、经济适用住房、限价商品房等政策性住房，是面向中低收入、住房困难家庭的具有社会福利和保障性质的住房。第二类是定向安置住房：针对政府重点工程建设（如道路交通、基础设施）、公益事业（如工矿棚户区改造）、城乡结合部拆迁整治、土地储备等涉及城镇居民和农民安置的各类定向安置住房。剩下的都归为其他：中央直属机关、国有企事业单位、部队等享受经济适用住房政策的住房、单位自建的周转住房等。

在面向公众配租配售的保障性住房中，限价商品房虽然纳入了保障性住房的管理和统计，但并非严格意义上的保障性住房。2010 年以来，在中央政府的大力推动和土地供给等配套政策的支持下，保障性住房的建设力度有了很大提高，但总体而言，商品住宅仍然是住房供给的主要形式。

除了经济适用房等保障性住房，中国的住房政策体系还包括政府为所有国有企事业单位的职工提供货币化的住房补贴，包括租金补贴和购房补贴。住房补贴的数额则是基于“核定住房面积标准”，根据每个人的职位和职级来确定。此外，建立了比较系统的住房公积金制度和房地产投融资体系。

在城市更新改造中，根据相关法律，居民可以选择定向安置，也可以选择货币化补偿。为了推动城市基础设施的升级和成片危旧房地区的改造，地方政府普遍会给拆迁家庭提供一些优惠条件，如扩大住宅面积、以优惠价格购买回迁住房、入住经济适用房（定向安置）、享受相对较低的税率等。通过政府投入，城市环境有了很大的提升。然而，这与“谁受益，谁负担”的公平原则显然是有差异的。上述政策在公平方面受到了诟病。很多地方出于环境和形象的需要或利益驱使，急于进行拆迁改造，省略了对被拆迁家庭的资格审查，因而给一些希望通过拆迁获益的人以可乘之机。

始自 2007 年前后的新一阶段住房体制改革更加关注低收入住房困难群体，调整住房供给结构，增加面向中低收入家庭的有效住房供给。2006 年，中央政府提出，要求各地方政府必须制订本地的“住房建设规划”，其中应该包括以下内容：住房建设总量；公共住房比例和各种面积住宅的比例；中低价位和中小套型住宅的比例以及空间布局安排；廉租房建设和供给方式的规划；住宅建设的时序安排。住房建设规划为政策的落实提供了必要保证。

四、城市居民住房条件的空间差异

改革开放以来，中国东南沿海地区发展较快，而中西部发展相对滞后。2000 年实施西部大开发战略后，国家加大了对西部地区的支持力度，西部地区的发展速度较之中部和东北地区加快。区域经济差异在住房的空间差异中也反映出来。同时，各个阶段住房水平的差异也体现了地价和空间资源的差异。例如，1980 年东部沿海和西部的新疆、西藏等地广人稀省（区）人均住宅建筑面积较大，到了 2010 年，虽然人均住宅建筑面积普遍得到了大幅度提高，但东部地区人均居住水准明显高于中部和西部地区。新疆、青海等省（区）人均住宅建筑面积小于 $25m^2$，大幅低于全国平均水平 $31.6m^2$（图 5.5）。

从房屋质量状况来看，中国城镇房屋的平均寿命仅为 25～30 年。随着房地产市场的快速发展和城市投资建设步伐的加快，旧城改造力度也在不断加大，特别是经济比较发达的东南沿海地区，城市拆迁规模巨大，老旧危房和棚户区的面貌得到了很大改观。但是，20 世纪 70～80 年代改革开放初期建成的许多房屋，受当时经济条件所限，房屋质量不高，规划单一，而且大部分是砖混结构的多层“排排房”，户型不尽合理，土地利用效率很低。现在，很多房屋因为结构和设施老化，面临再次改造。这种情况在中部和东北地区省份尤其突出（图 5.6）。

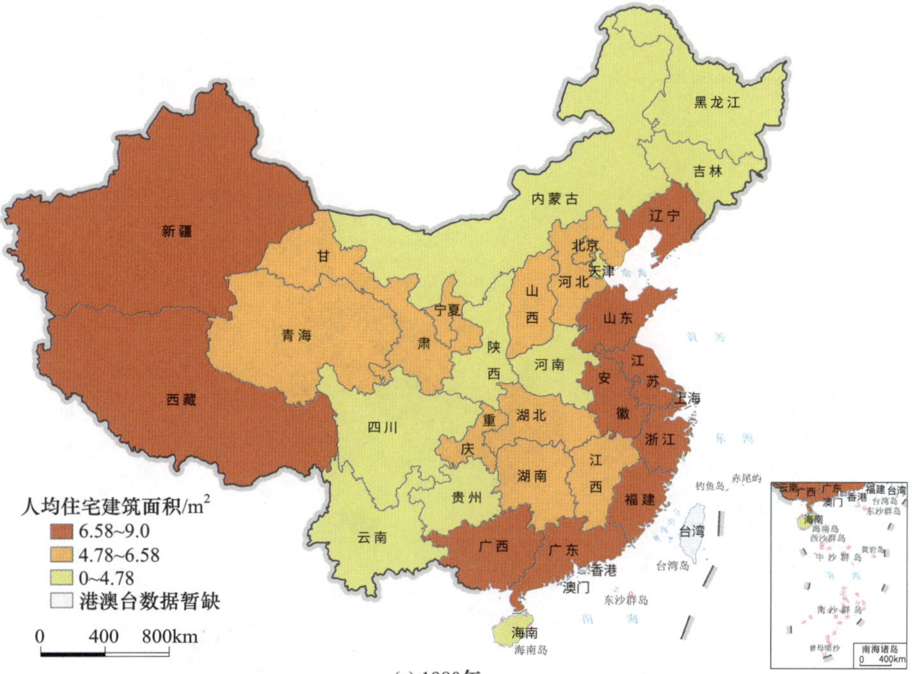

(a) 1980年

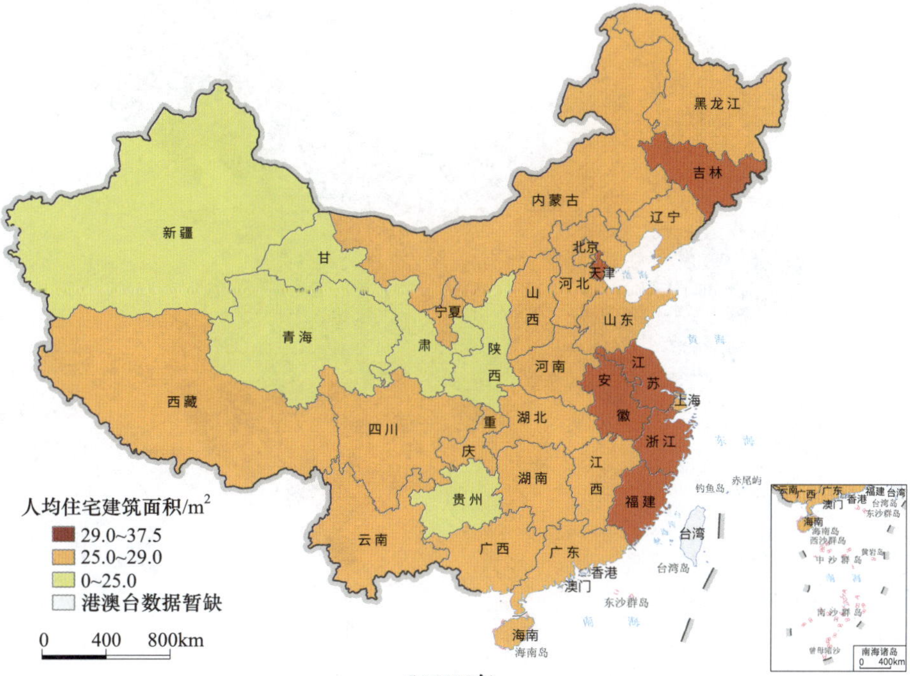

(b) 2010年

图 5.5　各省份城市人均住宅建筑面积的比较

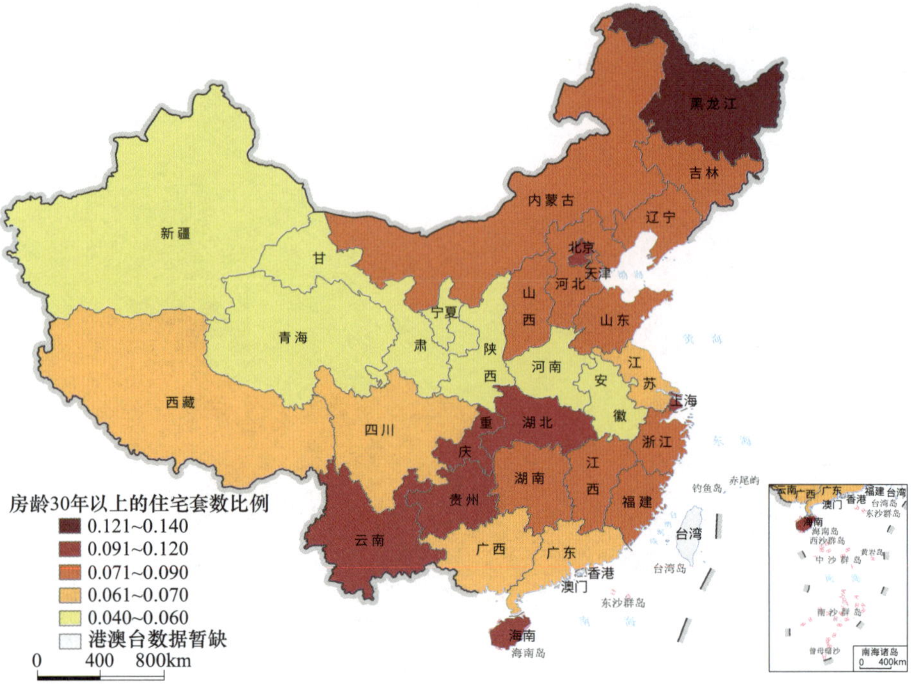

(a) 2005年

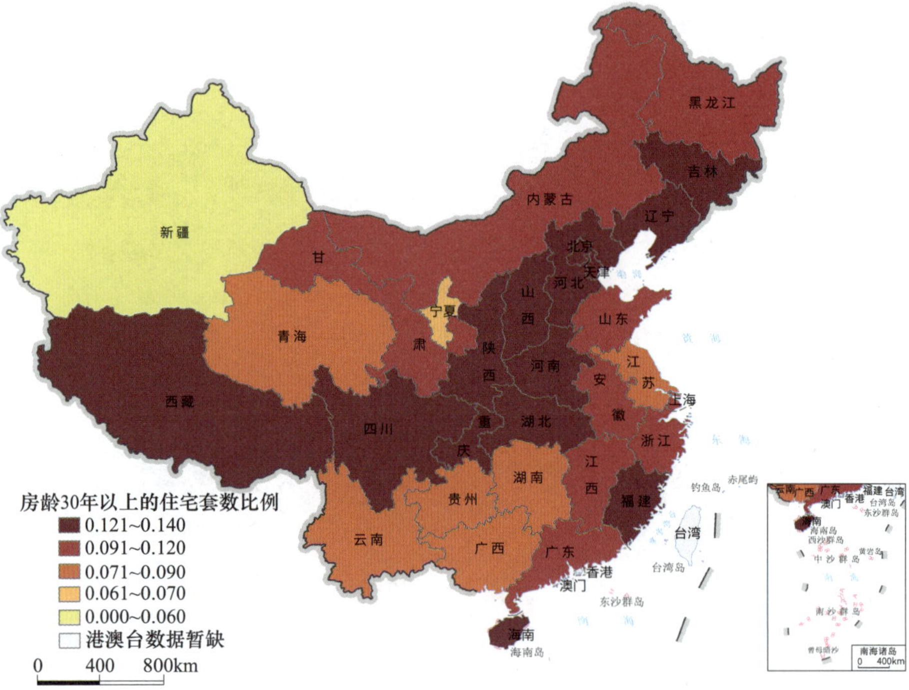

(b) 2010年

图 5.6　各省城市住宅中房龄 30 年以上住宅套数比例的比较

五、城市内部居住空间格局的变化

经济体制改革、城市土地与住房改革的相互促进，显著改变了中国城市的居住空间结构。特别是单位分房及其他福利制度的解体，赋予居民选择住房和职业的自由，这大大增加了住房对人口迁移的阻滞作用，增加了就业流动性，城市空间结构开始出现不同于以一个个单位为组织单元的郊区化、分散化和多中心特征，这在人口增长迅速的大城市尤其突出。以北京为例，孙铁山等（2009）研究发现，住房改革后北京的市域范围呈现出与西方大城市类似的变化趋势，即以更加分散和多中心的空间组织结构取代了改革前紧凑的城市形式。但是与西方城市相比，北京的分散程度仍然相当有限，从旧城迁出来的人口和就业又重新聚集在紧邻城市中心的近郊区，并没有扩散到整个市域范围。事实上，近郊区的快速增长仍属于中心城扩展的一部分——北京仍然高度中心化，只不过是以一个更大的中心聚集体控制整个市域范围。人口与就业的次中心已经形成，但数量和规模都还很小。冯健和周一星（2003）对北京人口增长的研究、谷一桢等（2009）对北京就业中心的研究，也都得到了类似的结论。这提醒我们，看待中国城市居住空间结构的变化要关注其与西方城市不同的机制和制约条件。

大城市空间结构的变化对居民的出行和通勤方式具有十分显著的影响。刘志林等（2009b）对北京十个典型居住区居民的日常通勤行为的问卷调查表明，不同居住区位的居民的通勤行为出现了显著分化，老城的居住区存在相当比例的长距离逆向通勤，而郊区新建商品房和政策性住房则存在较高比例的长距离内向通勤，即出现了明显的城市职住分离现象。值得注意的是，大城市居住与就业空间关系的变化在很大程度上取决于城市转型过程中的制度性和结构性因素，包括土地市场化改革、住房政策（如拆迁和公共住房选址）、单位制度改革、城市空间扩张等造成的个体日常生活经历的差异性（柴彦威等，2011）。

在这一过程中，无论是以家庭收入划分的经济弱势群体、还是以户口划分的制度弱势群体，都呈现出一定程度的空间聚集现象。大城市弱势群体普遍呈现在近郊区集聚的特征，主要是受居住成本与通勤成本的限制。例如，袁媛和许学强（2008）通过对广州城市低保数据的分析发现，贫困人口在内城外围区的集聚程度明显增加。谌丽等（2012）发现，北京市低收入人口呈现初步集聚化特征，西北五环外和二环内的低收入集聚程度有所增加。高晓路团队早期研究发现[①]，北京市城乡结合部由于外来流动人口的涌入已形成数十个外来常住人口超过 5 万的巨型流动人口居住区，外来人口与原有本地人口的置换现象显著。Wang（2011）观察到，以户口、住房保有状态和居住水平来划分，武汉的中心城与郊区也已经出现了明显的居住分异集团，但尚未形成大规模的居住空间隔离[②]。

① 高晓路，许泽宁. 2014. 北京市城乡结合部外来流动人口管理服务的调查和建议. 提交民进北京市委的研究报告。

② Wang M. 2011. Dynamics of housing attainment in urban China: A case study of Wuhan. PhD Thesis, University of Washington。

第二节　城市住房价格问题

一、房地产价格上涨的态势

近些年来，中国城镇商品住房价格快速增长，引起民众和政府的高度关注。1987年全国商品房平均单价408元/m²，到1992年之前基本维持每年上涨约100元/m²。例如，1989年，北京黄金地段商品房每平方米最高2000元。1993年，在海南大开发的带动下，全国沿海城市商品房价格有一波明显上涨。1993年上海市中心房价涨到6000元/m²。从1995年开始，全国平均房价以每年约200元/m²的涨幅上涨。1999年后，房价虽有小波动，但总体上是快速增长。2005年1月到2014年2月，上海市区房价从1.33万元/m²上涨到3.82万元/m²，九年之间上涨了1.87倍。根据2016年中国统计年鉴，住房商品化之初的2000年，全国商品房平均销售额为2112元/m²，到2015年已上涨至6793元/m²。

从近十年房屋销售价格按消费物价指数调整后的数据计算，2010年全国城镇住宅平均销售价格是1999年的2.54倍，大中城市的房价涨幅更加显著。以北京为例，从2005年到2012年7年间，住宅价格均值由5982元/m²增长到26633元/m²(按可比价格折算)，增长了3.45倍。从空间上来看，价格呈现蔓延式增长的态势，如7500～8000元/m²的等值区由2005年的二环内延伸到2012年的五环外，环线之间基本上没有空隙，形成一个紧密的“中心大团”。虽然从城镇化进程来说，北京郊区新城的发展也很快，但是中心城区由于基础设施完善、生活和出行便捷等原因，对城市居民的吸引力更大，其结果是住宅价格呈现出不规则的多中心圈层分布的格局(图5.7)。

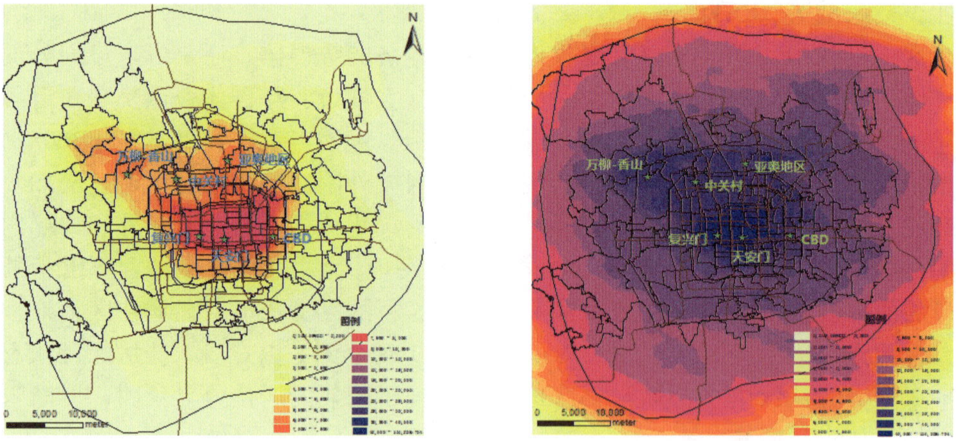

(a) 2005年　　(b) 2012年

图5.7　北京市住宅价格的增长

中国城镇房价上涨是多重因素共同作用的结果。胥玲(2011)将其归结为下面的理由：收入水平不断提高、城镇化带来人口增长、住房制度改革、土地供给制度、房地产信贷、金融和税收制度安排、宏观经济调控、国际热钱流入等。此外，人口在特大城市中心区的高度集聚也是造成住房价格非理性上扬的重要因素（王芳等，2014）。尽管城市居民的收入也在不断增加，但房价的上涨速度远高于收入的上涨速度。

在空间分布上，房价涨势再现了由东南沿海和长江流域构成的区域经济发展的"T"形构架。一二线城市（东部沿海地区大中城市和长江沿线内陆省会城市）与三四线城市（内陆地区中小城市）的差异不断加大。尤其是北京、上海、广州、深圳、杭州等人口和产业集聚程度最高的城市，房价始终居高不下，每平方米建筑面积的平均房价过万（图 5.8）。尽管这些城市拥有较多的就业机会和良好的环境，但不断高企的房价和居住成本提高了劳动力自由流动的门槛，对人口和产业的进一步优化构成严重制约。房价的空间差异反映了中国城镇化战略的不均衡，要想彻底解决这个问题，需要大力促进中小城市的产业发展和环境建设。

二、房地产泡沫

2007 年以来，房价快速上涨，中国主要一线城市的房地产市场出现明显的泡沫迹象。城镇化带来的新增住房需求和土地资源稀缺是房价上涨的一部分原因，但主要还是房地产投机和住房市场不透明的问题。

从 2006 年以来的住房价格指数来看，住房投资的平均回报率在 6%以上，大幅超出金融市场的一般回报率。对于房价上涨的全民预期，使房价脱离了价格的基本面，过剩的流动资金源源不断地流入房地产市场，使房地产市场成为投机家追逐利益的舞台。由此引发的泡沫投机行为进一步推高房价，从而形成了房地产泡沫。普通民众出于资产保值和避险的需求，忽视了房地产投资的风险，形成买房和房价上涨的恶性循环。金融监管不严使这一行为演化为利用银行资金炒房，金融风险加剧。

过快的房价上涨与地方政府的土地财政模式也是分不开的。中国的城市土地属于国有，地方政府承担着土地提供者、市场调控者和市场参与者的功能。据《2007 年中国社会形势分析与预测》统计，土地出让金收入占地方财政收入的 40%～50%，是地方政府最主要的收入来源。这种模式使地方政府与开发商和房价形成了畸形的依赖关系。此外，中央政府对土地收入的掌控力不足，也带来了地方政府寅吃卯粮和规划不合理等问题，降低了资源分配的效率。不仅如此，地方政府还承担着住房市场参与者的角色，拥有大量直接从事房地产开发的国有企业并直接从中获益。因此，地方政府的利益与中央政府调控房价的目标存在一定的矛盾和冲突。在这种情况下，地方政府的社会责任弱化，难以维持作为市场调控者的中立地位。

近年来，针对房价过快上涨的问题，中央和各地方政府出台了多项"严厉"的调控措施，包括通过行政手段限购（如北京不允许已经拥有两套住房的本地居民家庭和

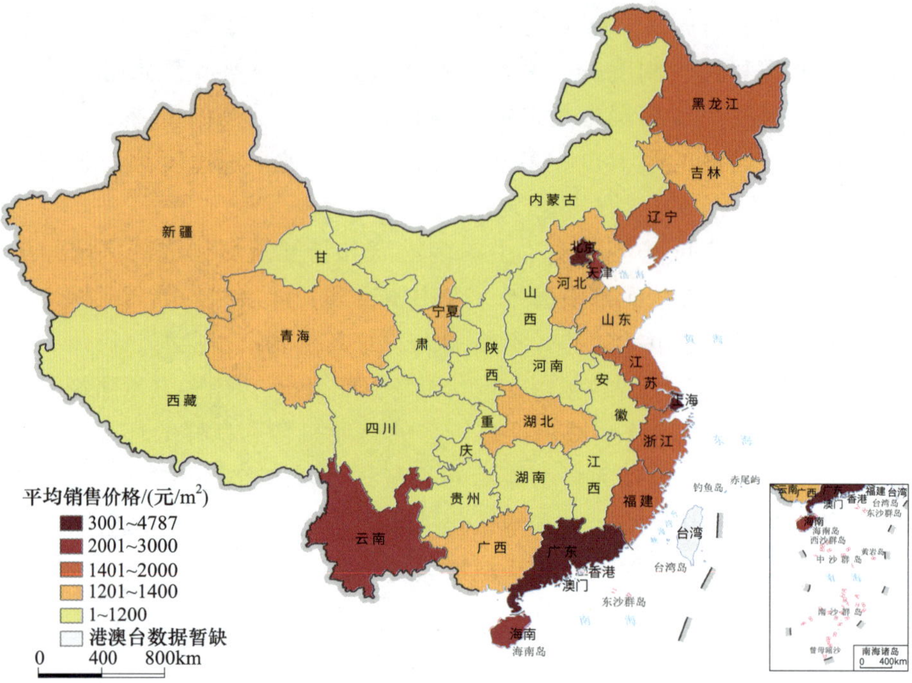

(a) 1999年

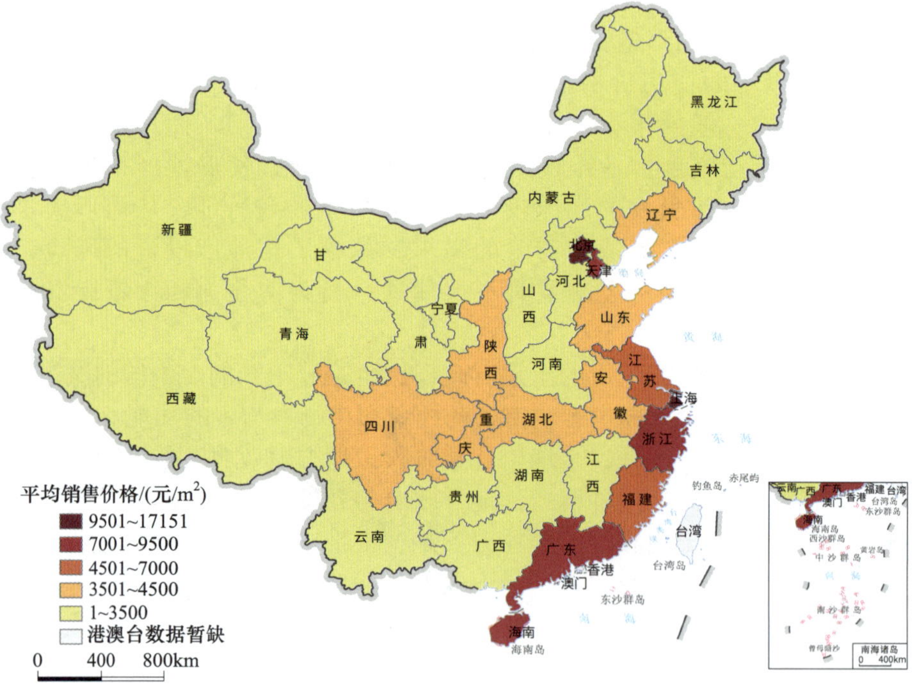

(b) 2010年

图 5.8　各省份住宅商品房平均销售价格对比

在京纳税不到五年的外地居民申购住房）、限贷、扩大房产交易所得税的征收范围和幅度，等等。但这些行政措施的长期效果有限。同时，一些措施在限制投资需求的同时，也对刚性需求群体构成了一定的限制。2010 年开始，上海、重庆等城市开始房产税试点，对人均住宅面积超过一定标准的家庭征收房产税，但力度还是比较小，到目前为止对抑制房价还是没有起到十分明显的效果。

学术界就住宅价格问题进行了广泛持久的讨论。关于住房市场和价格问题呈现出不同的声音，甚至是截然相反的观点。吕江林（2010）用房价收入比推算我国城市住房市场的泡沫水平，得到的结论表明 2009 年我国平均房价收入比达到 12.99、第 3 季度 35 个大中城市住房市场泡沫平均高达 85.6%；郑思齐和王寅啸（2007）利用成都市调研数据进行实证研究发现，居民预期具有放大住房需求的作用；余壮雄和林建浩（2010）认为，成本的不确定性、过度乐观与投机行为促进了房地产泡沫的形成，政府的金融支持则加剧了泡沫的持续放大；Wu 等（2012）也认为，预期增值只要稍有下降，就能大幅降低北京住房市场的价格。

而部分学者的看法则有所差别，例如，邹至庄和牛霖琳（2010）利用耐用消费品需求与供给联立方程进行回归，认为城镇住房价格的快速上涨主要可由需求与供给作用解释，在截至 2006 年的样本区间内未发生全国性房价泡沫；况伟大（2010）基于住房存量调整模型进行回归，也认为我国经济基本面对房价波动的影响大于预期和投机。但他们都强调，所得结论并不排除房价泡沫在个别城市和地区的出现。认为全国范围内住房市场有效的观点，似乎与民众的直观感受不符，但从本质上来讲，我国大多数居民住房支付能力不足的根源在于居民收入和贫富差距；住房市场的问题主要集中在少数大城市。

尽管国内外机构和专家提出了多次警告，但中国的诸大城市幸运地在 2006～2008 年、2012 年躲开了市场泡沫崩溃的风险。客观而言，在控制房地产泡沫和经济过热风险方面，政府的软着陆政策和强硬的行政调控手段起到了一定的作用。2017 年，党的十九大报告提出，坚持“房子是用来住的，不是用来炒的”定位。这意味着今后的住房政策会着重于住房的居住功能，而着力抑制住房的金融属性。这在多大程度上能抑制住住房市场的投机还有待实践检验。

三、土地财政

房地产市场不透明，缺乏有效的监管机制，给开发商追求高额利润和随意定价创造了机会。捂地、捂盘惜售、隐藏成本信息等控制房价的做法成为业界常态。严重的价格垄断行为使房地产开发成为暴利行业。根据 2009 年国土资源部对全国 620 个房地产项目土地成本调查的资料[①]，开发商的建设成本、管理成本、销售成本之和最高不超过 30%，税费成本占 10%，平均土地成本占 23%。

全国工商联房地产商会 2008 年对 9 个城市的房地产开发费用调研发现，所选样本中土地成本占开发直接成本的 58.2%，开发项目总费用支出的 49.42%流向政府（土地成本+总税收），开发项目总销售收入的 37.36%流向政府，超过企业的比例（26.14%）；

① 国土资源部专项调查揭秘房地产项目地价房价比．http://finance.china.com.cn/roll/20090817/109739.shtml. 2020-5-20。

如果把各种非税收费和总成本中市政建设和公共配套设施投入也算作政府收入，政府收入份额将超过 40%[①]。这一调研本意是探讨现有地方政府干预能给住房开发带来多少成本，但在媒体报道中却被错误地导向“地价与房价谁决定谁”的老话题。早在 2006 年，国土资源部就针对“地价上涨导致房价上涨”的舆论指责进行了反驳（岳晓武和王小映，2006）。有意思的是，英国蒂灵厄姆市政厅的规划督察曾表达“是房价决定地价而不是相反”的观点，推脱规划等行政干预在导致房价升高中的责任，但 Cheshire 和 Sheppard（1989）认为，是开发控制限制了新建住房的供给，同时提高了住房和土地的价格。

这就涉及了中国土地制度的核心问题，即所谓的土地财政问题。1994 年中国实施分税制改革，压缩了地方政府的税收比例，却将当时规模很小的土地收益划给了地方政府，奠定了地方政府走向“土地财政”的制度基础。随着 2003 年城市土地招拍挂制度的实施，税收分成大减的地方政府不仅没有衰落，反而迅速“暴富”，不仅很快还清了城市基础设施欠账，而且开展了大规模城市开发建设。城镇化和城市建设的速度和规模，超过了改革之初最大胆的想象。土地财政模式为地方政府制造了抬高土地价格的动机。

不仅如此，政府还拥有大量直接从事房地产开发的国有企业并直接从中获益。前文提到的吴静等认为，央企推动地价上涨的作用十分明显，与其他竞价企业相比，它们对同样地块的支付价格要高出 27%。王松涛和刘洪玉（2009）通过对 1998～2006 年 35 个大中城市的数据分析证明，土地供应紧缩政策会降低住房供给弹性，最终推高住房价格。Li（2010）[②]从住房、土地、财政制度改革后，我国中央政府与地方政府的利益冲突出发，研究了政府影响房价的作用，结论是，地方政府存在政治晋升、财政收入和经济增长的激励机制，因而具有提高经营性用地的拍卖比例、推高地价和房价的动机，中央政府则有抑制通胀和保持社会福利的压力，倾向于引入保障房政策稳定土地与住房市场的繁荣。但总体上，随着市场经济的确立，中央政府对住房市场的影响有所削弱。

第三节　城市住房市场的突出问题

一、供需错位

相关数据分析表明，住房供给和需求存在比较严重的错位，主要表现在价格错位、品质错位、区位错位等几个方面，具有“合理”价格和标准的住宅不足。首先，市场价格远远超出普通居民的实际承受能力，大量刚性需求群体被排除在住房市场之外，

① 新京报. 2009. 全国工商联称 9 城市房产开发费近一半流向政府. http://finance.sina.lom.cn/g/20090306/03595938649.shtml.2020-5-30。

② Li J.2010.Incentive Structure and Market Performance: Institutional Analysis of Governments' Roles Affecting Land and Housing Prices in China. PhD Thesis, Hong Kong Polytechnic University。

给住房保障带来巨大压力。同时，大量高端商品房却处于有价无市的状况或空置状态。这些城市空间资源本来就非常有限，住房空置是空间资源的严重浪费。有媒体称，在北京、上海等地，普通居民住宅（含尚未出售）的长期空置率高达 25%～30%。有人用数字电视用户数据做过估测，2016 年上海市有 811.9 万套房子，而数字电视用户只有 562 万户，入住率大约为 70%[①]。任泽平[②]提出，三四线城市的住房空置率比一二线城市更加严重。中小城市空置率更高的主要原因是过度建设，而大城市的空置率可能跟过度投机有关。

品质方面的供需错位还表现在市场供应的住宅户型面积过大，过于奢华。2006 年全国 40 个重点城市开发的住宅平均每套的建筑面积是 113m^2，其中有 16 个城市平均套型面积超过 120m^2，在 100 万套可出售的住房里面 80m^2 以下的只占 23%。在 24 个大中城市里，120m^2 以下的套型不足 50%，同期北京市待售商品房的平均套型面积高达 143.9m^2。2010 年，中国城市家庭平均人口只有 2.9 人，按照国家统计局的标准，20%的居民划归高收入家庭，而高收入家庭的人均可支配收入也不过 28386 元。对绝大多数居民而言，既负担不起面积很大的豪宅，又找不到符合自己需求的中小户型住宅。

同时，相关住房建设标准体系的不合理也致使不同类型的住宅产品在品质上出现错位。例如，2005 年经济适用房和普通商品房的平均户型面积分别为 108m^2 和 113m^2，在品质上两者也没有太大差异，在价格上却有巨大差别。由此形成的反差变成了获利的渠道，不但监管起来十分困难，而且滋生了多种形式的腐败和阴阳合同等现象。

在空间分布上，城市的中心地段和景观环境较好的地区大部分是面向高收入阶层的高档住宅，而面向中低收入家庭的住房位置通常比较偏远。绝大部分保障性住房的位置也是在城市近郊区和新城区。根据北京市 2011 年的统计，新建保障房中五环和六环之间占 70.1%（280 万 m^2），六环之外占 15%（82 万 m^2）。空间布局不均衡带来交通和公共服务等一系列其他问题。

二、过度投机

我国在福利分房阶段，住房的商品和金融属性被严重忽略，致使政府财政负担过重，居民居住条件差等问题。伴随着我国住房商品化改革，住房的商品属性被充分挖掘。经济的高速发展和大规模的产业、基础设施投资和建设为中国城市的现代化发展提供了保障。然而大规模的投资和建设给很多人提供了获益的机会，如国家级经济新区、新城建设和产业区规划带来的“炒房热”、城市基础设施建设中屡屡遭遇的“钉子户”等。依靠拆迁一夜致富的例子屡见不鲜，炒房、钉子户等多种形式的“土地投机”困扰着房地产市场。从本质上说，拆迁致富和土地投机并没有差别，其所带来的不公平必然导致社会矛盾的激化。

① 格隆汇. 2017. 上海住宅空置率高到吓人. http://finance.jrj.com.cn/2017/03/10160722163247.shtml. 2020-05-30。

② 任泽平. 2016. 44 张图解读中国楼市风险. http://news.sohu.com/20160924/n469080057.shtml. 2020-05-30。

“房子是用来住的”，如果这一基本属性被忽视，成为投资甚至是投机的重要载体，那么，房地产无论如何都将走向泡沫化。20 世纪 90 年代初日本爆发的房地产泡沫破裂，是世界各国历史上迄今为止最大也是最深的一次房地产危机。此次危机直接将日本经济拖入谷底，不计其数的投机客血本无归。但是日本的惨痛教训并没有阻止包括美国在内的房地产投机行为。美国的次贷危机正是房地产泡沫破裂的结果，并由此引发 2008 年金融危机。反观中国，在某种意义上，如今也有大量资金被吸附到房地产投机中，实体经济发展所需的资金链条越来越脆弱。

《金融博览 · 财富》杂志联合北京数字一百市场咨询有限公司曾经就中国人海外置业行为展开在线调查。调查数据显示，超过四成的受访者表明他们在海外置业的最主要目的是为了子女的教育；澳大利亚和加拿大成为海外购房者的首选国家；近四成的人打算投入 300 万元以上的资金在海外置业；而在置业过程中，移民政策是受访者最关心的问题。提到海外置业，64.5%的受访者最先想到的是海外置业能送绿卡，国外福利和教育都很好；47%的受访者则认为国外房地产价位低，比较划算；而 24.2%的人则认为国内买房政策严，海外门槛较低；另有 19.3%的人认为海外置业是一种资产配置的方式，是资产保值增值的最佳途径。不过，海外置业的诸多不确定性和风险，也令有些潜在买家踌躇。

其实，中国在房地产投机方面是有过教训的，20 世纪 90 年代以“炒地皮”著称的投机行为波及全国，曾经使许多城市经济大幅度倒退。例如，90 年代中期广西的北海一度聚集了 1200 多家房地产开发公司，导致大量新开发的楼盘无人问津。无独有偶，长期处于浙江经济发展前列的温州，由于受房地产拖累，2012 年在 16 个主要经济指标中，大多数指标处于浙江省“倒数”行列，其中人均 GDP、GDP 增幅、财政总收入等九项指标倒数第一，另有四项指标倒数第二。2012 年房地产过度投资的内蒙古自治区鄂尔多斯市出现民间借贷危机，房价一落千丈，与其类似，一批城市“无人区”正在出现。这些现象和教训都揭示了住房过度投机可能产生的负面问题。

三、市场分化

房价的上涨加速了住房市场的分化，加剧了国民收入分配的失衡。高端住房、普通住房、公有住房等不同类型住房市场的购买者以及无房者，由于房价过快上涨迅速分化成为不同的社会阶层，并逐渐形成相互隔离的排他居住区。高级居住区的居民占据了更多的公共资源，而且他们在城市事务中逐渐获得了越来越多的话语权。

住房价格的上涨还大大增加了公共事业的拆迁成本，由公众一起负担的公共事业投资，却只有一部分居民从拆迁中获益，产生了利益分配的严重不公，其影响是长远和深刻的。这些问题已经对社会稳定构成了潜在威胁，而且风险的积蓄越来越大。

四、过度依赖行政调控的后果

中国城市，特别是一二线城市的房价收入比过高是一个不争的事实，因此中央政府将房地产市场调控的主要目标定位在控制房价。然而多高的房价是合理的，并没有一个定论，所以房地产调控政策的目标导向不明确，政策稳定性较差。近些年来，为了解决投机带来的价格过快上涨等问题，政府运用了土地、金融、税收、市场监管、政绩考核等诸多手段，但仍感乏力，且出现很多顾此失彼或矫枉过正的问题。反之，当房地产价格下跌时，为避免金融风险和市场动荡，又忙着出手救市。因为调控政策定得过于严厉，所以通过违法行为获益的机会成本大大提高，因此很多本来是遵纪守法的人也甘愿冒险，阴阳合同、甚至假离婚等钻政策空子的现象屡禁不绝。在这种环境下，非常容易滋生相关腐败。

当前政策偏重于购房价格，而很少考虑租金价格。实际上，根据国际经验，经济要素的流动性越强，金融商贸活动就越发达。因此即使在发达国家的城市，如纽约、东京、巴黎等特大城市的租房率也远高于其他城市。换言之，高度的经济活动要求住房政策满足流动性的需求，过高的住房自有率会对劳动力市场构成限制。在北京、上海等许多大城市，最需要住房的是买不起房的人和由于工作需要而流动性较高的人，租房是解决他们居住问题的首要途径。从这个意义上说，对于租金的控制比对商品房价格的控制更加重要。

为了控制泡沫和投机而出台的限购政策，主要针对购买多套房产的投资者和投机者。其实，只要住房得到了合理利用，就不应视为投机。当房产购买价格与租金比例过高时，如果购买高价商品住房的房主将它们以合适的价格出租，实际上是对住房供给起到了积极调节作用。

第四节　住房保障和公共住房政策的问题

一、住房保障的定位不清

作为基本社会福利政策之一，住房保障的对象是城镇低收入住房困难群体。住房保障的政策思路看似清晰，实则不然。在中国迄今为止的住房政策中，住房保障的政策目标、门槛设定、准入和退出方面不断地出现问题。

2006 年之前，中国城市住房保障的覆盖面非常有限。全国 230 多个地级市中只有 76%实施了廉租房计划，具有廉租房申请资格的 2200 万户家庭中实际入住的只有 32 万户，不到 5%。2000～2005 年，在新建住房中经济适用房的比重平均只有 6%。近五年来，保障性住房建设力度显著加大。然而，迫于高房价的挤压，具有刚性需求的住房困难群体正从低收入、中低收入家庭蔓延到社会的大部分阶层。因而覆盖面依然有限。

中国的保障房种类五花八门，有廉租房、公租房、经济适用房、两限房、自住房，等等，适用于不同对象的住房政策具有很大差异。其结果是不断出现新的“夹心层”群体，例如，既买不起商品房又享受不了政策房，既买不起两限房又达不到经济适用房标准，衍生为新的社会问题。住房难对劳动力的合理配置已构成了制约，也使得社会的两极分化和社区隔离日益严重。这些问题不但降低了住房政策的效率，也带来一系列的公平性问题。

面对日益庞大的住房困难阶层，公共财源在提供足够的保障性住房方面面临很大压力。随着房价上涨，经济适用房、限价商品房也陆续承担起住房保障的角色。但是，这些“类保障房”在实际管理中问题层出不穷，如资格作假、私自出租、投资套利、难以清退等。2006年以前，拥有者补交少量土地费用后，其房产即可上市交易。因此，经济适用房成为部分投机者的获利工具，甚至出现了买卖资格的黑市。近年来，北京等城市开始实施独立于市场的经济适用房封闭运行机制，出售只能由政府回购，但是未来效果并不乐观。

问题出在哪里？关键在于住房保障的定位偏差。住房保障的基本原则是对符合条件的低收入住房困难家庭“应保尽保”，但实际操作过程不切实际，保障标准过高，而由于公共财力限制，做不到应保尽保。要想解决这些问题，必须坚守基本保障的原则，根据居民生活最基本的需要（日本的住房基本保障面积为 1 人户 15m^2，两人户 25 m^2）和公共财政能力确定。基本保障标准一旦确立，所有符合条件的家庭都应纳入保障范围，以免出现纵向的不公平（即得到保障与应保未保家庭之间的不公平）。住房保障的绩效应该用应保尽保完成率来评估，而数量或面积指标的意义很小。如果能够这样做，就没必要再把经济适用房、限价商品房拉来凑数，实际上，它们在住房保障中也确实起不到太大作用。

为了避免由于保障标准不同造成人口流动，住房保障的基本标准在区域层面上应该相对平稳。对于大城市和特大城市来说，要想吸引高端产业和高素质人口，相对较高的工资水准和房价水平是正常的。相应地，需要提高针对中低收入家庭的住房保障能力。

二、住房保障层次混乱

住房保障政策存在的另一个主要问题是住房保障层次过多，标准体系不统一。中国实施的是多层次住房保障体系，但是保障层次的划分不尽合理，如按收入分为面向高收入、中收入、中低收入、低收入的住宅；按品质分为豪华型、改善型、基本需求型等。太多的数值门槛既不利于调整，也增加了管理成本。同时，因为不同层级适用的政策有较大差别，所以不断出现“夹心层”，成为新的政策诉求者。

上述问题与住房标准体系不合理有一定的关系。近年来中央政府出台过很多与住房面积有关的标准，如“90m^2-70%”政策、关于“普通住宅”和“非普通住宅”的界定标准，各个城市也纷纷出台了廉租房和经济适用房面积的相关标准。但是住房标准并没有形成统一的体系，在如何确定合理的标准方面存在较多主观因素，缺乏科学依据。另外，住宅建设标准和保障房资格标准的整合性较差。曾有媒体报道，北京市一个摇号抽中的困难低保家庭，入住以后居住条件发生了翻天覆地的变化，现在的廉租房 70 多 m^2，每月的房租补贴后只需要缴纳 40 多元（同地段商品房的租金一般要 2000 多元）。无疑，幸运地获得了廉租房的家庭与虽有资格但没能摇中的家庭之间会产生巨大的反差，产生这种纵向不公平的原因，就是因为廉租房的建设标准太高了。

许多城市对于未超过一定面积的普通住宅（如北京为 140m^2）征收优惠费率的

契税，而超过标准的非普通住宅契税则大幅提高。截然不同的税费令人质疑为什么 $140m^2$ 以下便是普通住房，由于面积测量误差等客观原因造成面积增加而产生的纠纷更是不在少数。其实，产生问题的根源在于分段税制（标准上下分别适用不同税率），只要是采用这种方法，在标准上下必然存在很大反差，即使换成其他数值也是一样。但如果改成累进税制（只对超出标准的部分适用不同税率），就没有明显的税收门槛了，即使面积门槛的数值不十分准确，也不会产生太大影响，灵活性将会大大增加。2016 年，财政部、国家税务总局、住房和城乡建设部联合发出《关于调整房地产交易环节契税、营业税优惠政策的通知》，将 90～$144m^2$（含 $144m^2$）、$144m^2$ 以上这两档，统一为 $90m^2$ 以上一档，并将契税降低至 1.5%。至此，新的契税征收标准被调整为 $90m^2$ 以下为 1%，$90m^2$ 以上为 1.5%（对个人购买家庭第二套改善性住房，面积为 $90m^2$ 及以下的按 1%的税率征收契税；面积为 $90m^2$ 以上的按 2%征收契税）。但是，分段税制的问题依然没有解决。

三、出售型公共住房难以实现市场调节及目标

公共住房的作用，一方面是保障，另一方面是调节市场。对住房市场而言，如果房价过高或住房拥有者以过高的价格出租给租房者，就会使收入分配由租房者转向住房所有者或开发商。国际经验表明，公共住房对于平抑市场价格和调节收入分配具有重要作用。但我们对公共住房的调节市场功能认识不足，所以在政策设计方面存在不少缺陷。

经济适用房、限价商品房等出售型公共住房通过自由上市转化为私有财产时，就失去了调节市场的功能；为数不少的央产和部队住房因在各单位内部封闭运行，事实上无法纳入面向公众的保障房分配管理，因此即使是在统计数字中被算成保障房，也发挥不了调节市场的作用。可见，只有廉租房、公租房才满足公共住房的基本条件。然而，这两类保障性住房在整个保障房中的比例十分有限。

因此，实际上保障性住房的主体应定位为廉租房和公租房，而这两种保障房的运作方式也应有所区别。廉租房针对低收入居民，由政府提供补贴；而公租房不一定要政府补贴，主要是为了发挥调节市场的作用。因此，公租房的数量要大，价格要合理，要和市场上的商品房在面积等方面形成互补。笔者认为，政府开发部门应该勇于承担，为老百姓建设这样的住房。由于不存在政策性补贴，公租房大可不必设置过高资格门槛，通过劳动而获得收入的普通工薪家庭，都应该理所当然地有资格申请公租房。此外，公租房应该是具有较高的品质的住房，绝不等同于低标准住宅。产品形式可以多样化，其面积、品质的标准则应取决于需求。

四、空间布局不当

2000 年前后，正是中国城市安居保障房建设的高峰期，当时政策经验有限，在公共住房的空间布局方面出现了不少失误。沈昊婧和冯长春（2012）分析了北京市 1999～2011 年建设的 297 个经济适用房的空间布局，发现建设初期（1999～2001 年）经济适用房项目的建设规模很大（如回龙观和天通苑的集中建设规模分别达到 400 万 m^2 以上），主要选址在城区北部昌平、东部通州等地的城乡结合部和外围新城，但是在相

当长的一段时间内，这些地区公交线路稀少，生活配套设施不完善，加之公共住房的居民对公共交通具有较强的依赖性，造成居民出行困难，大大增加了通勤和生活负担。此外，经济适用房建成后大量人口入住，对人口的被动郊区化构成引导。建设中期（2002～2006 年）经济适用房项目数量增加，规模缩小，北城的建设项目多位于五环至六环之间，南城的经济适用房项目也开始受到重视，已有项目与城区的交通也成为政策关注的重点，政府投入大量资金修建地铁，来改善经济适用房集中建设区的交通环境。2007 年以后，北京市的经济适用房建设开始出现分散化趋势，新建项目呈现沿交通主干线向外围扩散的态势，布局逐渐趋于均衡。

在政府主导的模式下，公共住房的布局在很大程度上取决于规划，所以如果规划理念不当，就会造成空间布局的不合理。以往的经验教训表明，公共住房项目的规模不宜过大，否则不仅容易造成基础设施和公共服务配套方面的难题，而且也会出现因为人群过度集中而引发社会问题。此外，在公共住房的空间布局中，光是考虑建设用地条件、地价和拆迁安置成本等因素是不够的，还必须充分考虑项目与周边地区的设施共享、项目与公共交通体系的合理配合，以及和居民的主要就业地之间的距离。

五、外来流动人口的住房困难

从住房困难的程度来说，城镇中最需要住房的是无房的低收入家庭和外来流动人口。到目前为止，我们关于住房保障的讨论还都是围绕具有城镇户籍的居民家庭，至少在政府责任上，这一部分人群的住房问题是有人管的。但实际上，城镇外来流动人口的问题正变得越来越尖锐。2010 年第六次全国人口普查统计中，全国共有 2.26 亿流动人口（离开户籍地超过半年以上），其中 80%流入各级城市和城镇。他们怀揣着职业发展、改善生活或摆脱贫困等各种目的来到城市，然而目前，大部分城市没有对外来流动人口开放住房保障资格。尤其是吸纳外来人口最多的一线城市，由于房价高企，外来流动人口在正规市场上很难找到适合他们的住房，只能寄身于分租房、群租屋、城中村等非正式住房，居住条件和生活环境较差。住房困难使他们与其他社会群体的社会隔离不断加大，这不但大大降低了城市的包容性，而且蕴含着社会风险。

以北京市为例，2013 年年底， 2114.8 万常住人口中，外来常住人口高达 802 万，占总人口的 37.9%。他们之中只有很少一部分精英人士能在城市里正式解决住房，大约 80%的流动人口聚居在城乡结合部，造成当地严重的人口倒挂以及居住环境、治安、社会管理等方面的问题。据不完全统计，城乡结合部流动人口中 35 岁以下青年的比例占一半以上，大部分在城市中心区或周边产业园区就业。在他们当中，有较大比例的年轻知识群体，以外地来京的大学生居多。另一部分是中低收入的外来打工群体，他们多以亲缘、地缘、业缘为纽带聚居。这些人主要从事城市服务业，聚居区多靠近产业基地、专业市场；有些则从事餐饮、商服、家政、垃圾回收等本地中低端服务业。调查中发现，他们绝大部分是以家庭为单位迁移到北京的，许多人已经在本地社区生活了多年，还有不少是出生在这里的孩子。得益于外来人口随迁子女教育政策，82.4%的随迁儿童在公立学校就读。由于已经在京居住较长时间，近一半的人希望未来继续在北京发展、定居。

需求滋生了非正式住房的供给。由于历史原因，我国农村住宅的建设没有纳入城乡建设的统一监管范畴。在大城市的边缘地区，农村宅基地建设没有相应的标准，缺乏规范的审批程序，政府对私搭乱建和违法建设的管理不严格，居民逐渐形成了“听话吃亏，不听话致富”的心理。出于集体经济组织利益的考虑，一些基层政府对农村居民出租违法建设的房屋持默许态度。受“瓦片经济”利益驱使，居民在宅基地上随意翻盖加盖的现象十分普遍。加盖的出租屋多为平房或多层结构，按自然间分隔，一般 10 m^2 左右，大大低于正式住房的面积标准。这些自发的建设游离于建筑法规和城市规划的管控之外，质量低下，高度密集，房间采光通风相互遮挡，连最起码的卫生和健康要求也达不到，居住环境极其恶劣。在出租屋严重的地方，宅院已经没什么空地，私搭乱建的房屋还经常侵占道路和公共空间，导致许多应急交通工具（如救护车和消防车等）无法正常通行，带来了极大的安全隐患。

中国城市外来流动人口的住房问题已经到了必须解决的地步。但问题的解决，必然涉及户籍制度以及城乡、本地和外地双重二元体制的改革。很多学者都认为，户籍制度是造成中国住房不公的重要原因（Wang，2001；Huang，2003；Wu，2004）。2013 年，党的十八大提出，中国新型城镇化的内涵是“以人为本”的城镇化，未来五年将要推进居住证制度改革和积分落户制度，根据不同类型城市的实际情况，逐步有序使外来流动人口纳入城市管理。然而，政府该不该管、管哪些人、怎么管，仍存在许多技术政策难点。

关于外来人口该不该纳入住房保障的问题，学术争论主要集中于保障对象、方式与比例。目前，我国住房分配领域的弱势群体，既包括在收入分配上占据不利地位的经济弱势群体，也包括持有农村或外地户口的制度弱势群体。吕萍和周滔（2008）、马万里和陈玮（2008）从理论上提出“将农民工住房纳入统一住房保障体系考虑更为有效”。高晓路和浅见泰司（2010）提出，应正视外来流动人口的居住需求，实质性推动面向流动人口的正规住房产品和公共服务的建设和供给。在都市区层面上统筹安排，建设和供给平价、无补贴、小户型的公租房产品，对已经在北京正规就业一定年限的外来流动人口放开申请资格。公租房的定价以成本（而非周边地区房价）为依据，以减少公共财政支出的压力，在本地和外地居民之间公平的基础上，促进大量供给。在产品的设计上倾向于流动人口群体的需求，特别是提供市场稀缺的集体宿舍、单间公寓等小户型产品。

第五节　案例：特大城市的住房需求与面积标准研究

前文较多论及城市住房问题产生的制度原因，以及顶层设计方面的解决思路。但同时，住房问题的解决也必须通过技术政策优化加以解决。住房政策是最重要的规划政策和社会政策之一，而准确把握住房需求是能否保证住房政策的科学性和前瞻性的关键所在。要想抓住这个关键，仅靠经验和宏观分析是不够的，必须要有深入的研究作为基础。城市住房供给与实际需求的错位，住房类型、区位、品质、价格等方面的失衡，各类保障性住房政策对象的确定，保障房层级和标准，以及适宜居住面积的引导等问题，都离不开对住房需求的深入解析。

一直以来学术界对住房的市场需求问题极为关注，并开展了广泛研究，如关注GDP、居民收入水平、城镇化水平，地方文化和生活习俗（地方文化和习俗的不同可能导致人们对房屋面积、结构、内部空间设计的不同需求）、收入水平、金融环境等住房消费的宏观影响因素，根据这些因素测算未来的人均居住目标，然后结合人口增长趋势探讨未来的住房需求。因此，如何根据家庭收入、家庭结构等指标来区分具有不同需求的居民群体，并以此为基础推测未来住房需求总量就成为一个关键的科学问题。而在已有研究中，住房需求层次的区分主要是依据经验定性划分，如分为低收入家庭需求、中等收入家庭需求、高收入家庭需求，或分为消费性需求与投资经营性需求等。上述方法中含有不少先验性假设，不够准确。例如，低收入家庭与中等收入家庭的住房需求差别是否仅仅局限于住房面积？其结论是未必，因为低收入家庭的支付能力约束其不仅没有能力追求宽敞的住房,对住房的空间区位依然没有过多选择余地。与此同时，中高收入家庭的住房需求也有类似差异，但不一定高收入家庭就比中收入家庭追求更大的住房面积，这其中还受到购房者生活习惯、价值观念等主观因素影响。可以说，住房需求是一个由多种复杂因素共同作用的结果，如家庭人员构成、收入水平、购房目的、购房者价值观念等。再加之房屋不同的空间区位又为其带来不同的区位价值，因此单纯从购房者收入水平来预测住房面积需求不够准确。近年来，国内外开发了不少预测方法和模型，但相关研究的深度仍然难以满足决策需求，关于不同类型需求主体划分标准的研究很少，也缺少对不同类型主体住房面积需求的定量分析。尽管经常可以通过实际调查得知不同人口和收入的家庭所希望的住宅面积，或通过与其他国家的类比获取一些经验性数据，但对其合理性难以做进一步判断。

要想解决这个问题，必须从居民买房的实际行为出发，深入研究不同居民对住房的不同需求，并将这种需求尽可能量化，划分需求的不同结构，为住房政策的制定提供可操作性的参考。高晓路（2008）从城市地理学的视角针对这些问题进行了比较深入的研究，取得了一些有意义的成果，下面我们对这项研究做一个介绍。

一、住房需求结构的理论模型

城市住房消费具有阶层化特征。影响住房需求行为的主要因素包括社会经济发展水平，自然环境和生活习俗，家庭人口，收入水平，房价水平、当前住房状况等。在同一地区、一个较短的时期内，可以将之限定于家庭人口、收入水平和当前住房状况。同时，投资倾向、家庭结构变更的预期也影响着住房需求行为。

为了揭示它们的关系，设计了两个相互嵌套的住房需求结构模型（图 5.9）。一是住房需求层次模型。假设现有住房条件（包括当前是否拥有住房，当前的住房面积）、家庭收入、家庭人口决定了居民的需求层次。二是住房面积需求模型。人们对住房面积的选择，除了需求层次以外，还取决于家庭人口、当前住房面积、家庭收入、职业类型和社会地位、住房区位（可选择代表整体区位优势的替代变量，如到市中心的距离，到轨道交通站点的距离，或通勤时间、通勤距离等体现个人交通便捷度的指标）、投资倾向和家庭结构变更预期等因素。其中，家庭人口与很多因素存在相互作用，家庭人口增加时，其他因素对住房面积需求的影响很有可能发生变化。因此，在模型中也考虑了它们的相互作用。

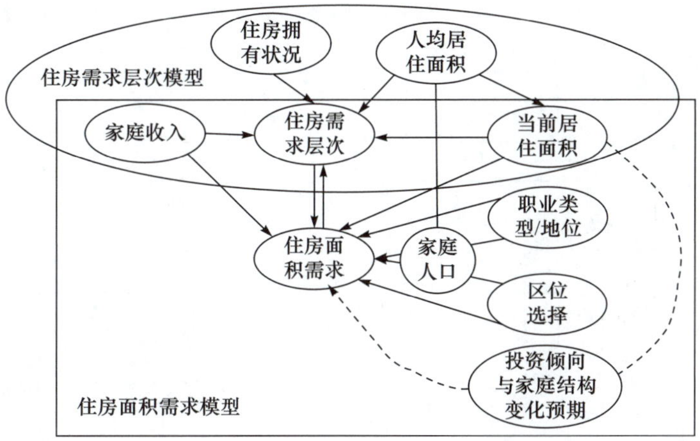

图 5.9 住房需求影响因素与需求结构

在住房面积需求的影响因素当中，投资倾向与家庭结构变更的预期具有很大的不确定性，仅仅根据观察结果很难做出准确的判断。例如，以投资为目的而购房的情况下，家庭人口与期待住房面积无法对应。为了解决这个问题，在模型中导入了分户变量 h：已经拥有 1 套以上住房且需求面积小于当前住房的面积时 h=1；否则 h=0。我们假设当 h=1 时，新增面积需求与当前住房面积之和与家庭人口之间存在对应关系。

因为购房意愿、期待住房面积、家庭人口、收入、职业、居住现状等数据都可以通过调查取得，所以运用统计分析方法，能够估算两个模型的参数，达到定量划分住房需求的层次和预测住房面积需求的目的。

二、北京市居民住房需求层次

高晓路（2008）运用北京市的实际数据对上面的理论模型进行了验证，分析了北京市居民的住房需求结构。这项研究的数据来自于中国宜居城市研究组 2006 年在北京市范围内开展的一次问卷调查。调查区覆盖北京市建成区的主要范围，包括八个中心城区、郊区主要新城和大型居住社区。总共发放问卷 10000 份左右，回收有效问卷 7000 余份。

问卷当中关于住房需求的调查项目包括：当前住房面积、家庭人口、家庭收入、工作类型、职级、目前拥有几套住房、近期购房意向、期待住房面积、可以容忍的最大通勤时间等。被调查家庭的当前住房面积平均值为 75.87m^2，人均住房面积平均值为 34.63m^2。12.4%没有房，71.9%拥有一套住房，14.3%拥有两套住房，1.4%拥有三套以上住房。这些数据比较客观地反映了实际情况。

根据图 5.9 的住房需求层次模型，以近期购房意向作为判别住房需求的基准进行了分层判别分析。如图 5.10 所示，调查对象被分成八个具有显著差异的类型。

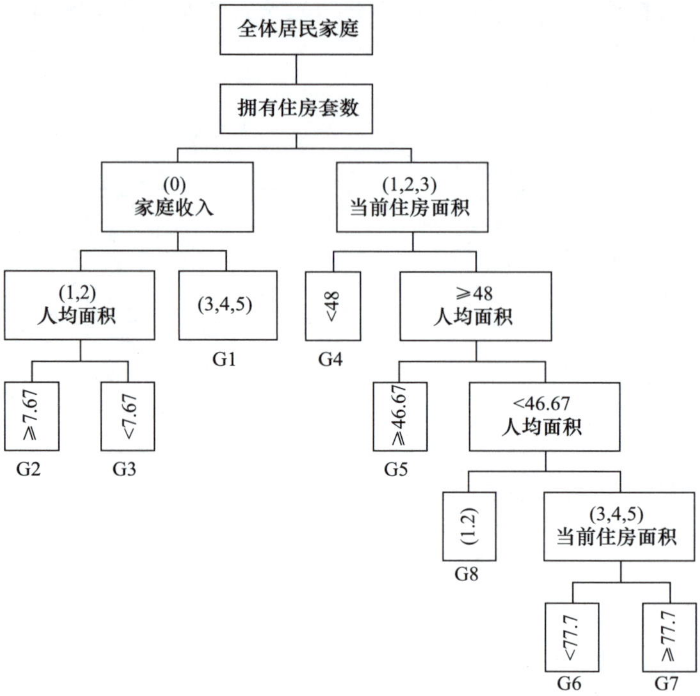

图 5.10　以购房意向为判别基准的分层结果

表 5.1 对八个类型的具体特征进行了汇总，并根据每组家庭的购房意向，计算了他们的购房概率和需求强度。这张表传达了许多非常重要的信息。首先，它给出了划分需求层次的门槛。无房及有房的人群在需求方面具有显著差异。月收入 5000 元是家庭收入划分的适宜门槛。此外，$48m^2$ 和 $77.7m^2$ 是当前住房面积的门槛，$7.67m^2$ 和 $46.67m^2$ 是当前人均住房面积的门槛。这些数值的建筑学和社会学意义相当明显。例如，一居室和二居室的平均建筑面积就是 $50m^2$ 和 $80m^2$ 左右。人均 $7.67m^2$ 的标准主要适用于无房家庭，而北京市目前廉租房的准入门槛就是人均住房面积低于 $7.5m^2$。另外，对于普通的三口之家，人均 $46.67m^2$ 相当于建筑面积 $140m^2$，而 $140m^2$ 正是北京市确定的享受优惠政策的普通商品房的面积基准。所以说，可以把是否有房、家庭月收入 5000 元、住房建筑面积 $50m^2$ 和 $80m^2$ 作为各类住房政策的准入门槛。

表 5.1　住房需求层次分析的结果

分组	需求层次	比例/%	购房概率	需求强度
G1	无房；家庭收入≥5000 元	2.76	0.671	2.03
G2	无房；家庭收入<5000 元；人均面积≥7.67 m^2	8.33	0.499	1.51
G3	无房；家庭收入<5000 元；人均面积<7.67m^2	1.27	0.526	1.59

续表

分组	需求层次	比例/%	购房概率	需求强度
G4	有房；当前面积<48 m^2	8.02	0.388	1.17
G5	有房；当前面积≥48 m^2；人均面积≥46.67 m^2	17.77	0.337	1.02
G6	有房；人均面积<46.67 m^2；家庭收入≥5000 元；48 m^2≤当前面积<77.7 m^2	10.46	0.346	1.05
G7	有房；人均面积<46.67 m^2；家庭收入≥5000 元；当前面积≥77.7 m^2	13.85	0.283	0.86
G8	有房；当前面积≥48 m^2；人均面积<46.67 m^2；家庭收入<5000 元	37.54	0.259	0.78
	总体	100	0.330	1

其次，分析结果为判断需求的合理性和实施分类指导提供了依据。在八组居民当中，G1，G2，G3 组的无房家庭的需求强度最高；其次是 G4 组的家庭，虽已有房，但面积很小（<48m^2），因此提高居住水平的要求十分强烈。G6 组家庭有住房，属于中高收入家庭，但当前住房面积有限，在 48m^2 和 77.7m^2 之间，因此改善居住条件的愿望比较强烈。应该说这些都属于合理需求的范围。另外，G5 组家庭已经有房，而且人均面积超过 46.67m^2。这一类需求主要是为了追求更高品质的生活质量或者是为了投资。目前该类型家庭数量较多，约占总样本的 18%。对住房需求进行调控，这些家庭应该是重点。

此外，分析结果还反映了收入和住房面积的关系。G7 和 G8 组家庭的需求强度很低，表明住房需要已经基本得到满足。这里特别有意思的是，G7 组的特征是月收入超过 5000 元的有房家庭，当前住房面积在 77.7m^2（约 80m^2）以上；而 G8 组的特征是月收入低于 5000 元的有房家庭，当前住房面积 48m^2（约 50m^2）以上。也就是说，50m^2 对月收入 5000 元以下的家庭是满意的门槛，80m^2 对月收入 5000 元以上的家庭是满意的门槛。这一信息在实际中会非常有用。

三、不同需求层次家庭的面积需求

接着，以图 5.10 中的住房面积需求模型为基础，采用人均期望住房面积为被回归变量，进行了多元回归分析。根据模型分析结果，发现有对人均期待住房面积产生显著影响的变量包括需求层次、家庭人口、当前住房面积和人均住房面积、工作类型、职级、可容忍的最大通勤时间、分户变量等。这证明图 5.10 的住房需求结构模型的架构是非常合理的。那么，分析结果对实际住房政策和相关标准又有哪些启示呢？

首先，不同需求层次的家庭在住房面积需求方面确实具有显著差异。根据回归分析模型，可得知不同需求层次家庭的面积需求与平均水平的差异：无房的 G1，G2，G3 组家庭所期待的人均面积比平均水平低 8～12m^2。而已经拥有住房的家庭中，当前居住面积小于 48m² 的家庭，住房面积需求接近平均水平，其他几个类型的家庭人均期待住房面积比平均水平高 4～7m²。这些差异体现了住房阶段性消费的客观规律，基本符合实际情况。

基于这些基础数据，可进一步根据每个家庭的人口和现在的住房建筑面积推算出不同需求层次的家庭所期待的住房建筑面积。实际上，他们之间有很大差异。譬如，相当于普通工薪家庭的 G8 组和相当于富裕家庭的 G5 组相比，同为 3 口之家，当前住房面积为 80m² 的情况，期待住房面积分别约为 112m² 和 133m²，两者之间存在 21m² 的差异（表 5.2）。这些数据在制定满足不同类型人群需要的住房供给计划时无疑是非常有用的。

表 5.2　G8 组与 G5 组家庭的期待住房面积的比较

当前住房建筑面积 S/m²	G8（普通工薪家庭）				G5（富裕家庭）			
	人口=2	3	4	≥5	人口=2	3	4	≥5
50	89.49	93.24	97.00	100.75				
60	94.44	99.43	104.41	109.40				
70	99.40	105.61	111.83	118.05				
80	104.35	111.80	119.25	126.70	118.52	133.05	147.59	
90	109.30	117.99	126.67	131.09	123.47	139.24	155.01	
100	114.26	124.17	134.09	139.74	128.43	145.43	162.42	179.42
110	119.21	130.36	141.51	148.39	133.38	151.60	169.84	188.07
120	124.17	136.55	148.92	157.04	138.34	157.80	177.26	196.72
……	……				……			

其次，通过当前住房面积与期待面积的关系可获知居民的理想住房面积和真实需要。当前居住面积和家庭人口的影响存在显著的关联，它们共同构成了未来住房需求的重要影响因素。这里仍然是以 G5 组的富裕家庭为例来说明。表 5.3 的左半边是不同人口家庭的期待住房面积。分析发现，现在的住房面积比较小时，人们总是期待更大的面积，但住房面积大到一定程度以后，人们反而期待较小一些的面积。对于 2 口人的家庭，这样的转折出现在 150～160m²。这时，期待住房面积与当前住房面积的差异趋于 0，也就是说，增加面积的需要不再明显。笔者认为，这个平衡点就是 2 口之家“理想”的住房面积。

通过问卷调查得到的回答，期待住房面积一般偏大，难以反映人们的真实需要。模型中关于分户变量 h 的结果为纠正偏差提供了依据。由于分户状况下的需求比较接近真实需要，其平衡点近似地反映了人们的真实需求。表 5.3 右半边是 G5 组家庭在分户状况下的期待面积，由此可以得知富裕家庭的真实需求为：2 口之家 90m² 左右，3 口之家约 100m²，4 口之家约 110m²，5 口人以上约 130m²。

表 5.3 G5 组家庭的期待住房面积及分户状态下的修正

当前面积 S/m^2	期待面积/m^2				修正后的期待面积/m^2			
	人口=2	3	4	≥5	人口=2	3	4	≥5
50								
60	108.61				77.78			
70	113.56	126.87			81.2	83.69		
80	118.52	133.05	147.59		84.62	88.34	92.06	
90	123.47	139.24	155.01		88.04	92.99	97.94	
100	128.43	145.43	162.42	179.42	91.47	97.65	103.83	110.01
110	133.38	151.6	169.84	188.07	94.89	102.3	109.71	117.13
120	138.34	157.8	177.26	196.72	98.31	106.95	115.6	124.24
130	143.29	163.98	184.68	205.37	101.73	111.61	121.48	131.36
140	148.24	170.17	192.1	214.02	105.15	116.26	127.37	138.48
150	153.2	176.36	199.52	222.67	108.58	120.92	133.26	145.6
160	158.15	182.54	206.93	231.32	112	125.57	139.14	152.71
170	163.11	188.73	214.35	239.97	115.42	130.22	145.03	159.83
180	168.06	194.92	221.77	248.62	118.84	134.88	150.91	166.95

注：表中加底色的数字代表期待面积与当前面积最为接近。

对八组家庭的问卷都做了同样的分析，发现平均起来，1 口人的“理想”面积在 $100m^2$ 左右，2 口人在 $110m^2$ 左右，3 口人在 $140m^2$ 左右，4 口人在 $170m^2$ 左右，5 口人以上在 $230m^2$ 左右。然而，真实需求要在此基础上人均减少 15～$20m^2$， 2 口人、3 口人、4 口人、5 口人以上家庭的真实需求的住房面积分别是 70～$80m^2$，80～$95m^2$，90～$110m^2$ 和 90～$155m^2$。

在住房政策当中，真实需求的部分理应通过政策激励和住房保障等手段来增加供给，大幅超出真实需求的部分则应通过市场来调节供给和需求。地方政府对住房面积的调控，应该是以满足居民的真实住房需求为目标，制定面积标准和户型配比的计划。那些超出“理想”面积的超大户型住宅的供给，缺乏有效需求的支撑，应该通过提高税率等方式予以限制。这些结论对房地产开发也很重要，因为当居民家庭的真实需要得到满足之后，人们对面积的关注转向住房品质。这时，如果仍在追求过大的套型面积，必然造成效率的损失。

四、真实需求的预测和相关政策检验

不同类型需求主体的划分和面积需求的预测，为住房需求总量的预测和检验相关政策的合理性提供了依据。以上分析明确了居民住房需求的差异以及各类型家庭的政策诱导目标，基于此，可以根据不同类型家庭的实际数量对住房需求进行更加准确的预测，同时，也为相关政策的检验提供了客观的依据。

在上述研究中，笔者根据居民家庭的真实需求估算了北京市住房的需求总量，结论是 $80m^2$ 以下的住宅比例应在 40%左右，$100m^2$ 以下的住宅比例应在 90%左右。当然，这只是对住房需求总量的预测，制定住房发展规划时还需要考虑存量房的分布情况。另一个政策分析的例子是，以 $90m^2$ 为政策诱导目标的分界线，预测了北京市 $90m^2$ 以下住房的需求量。按照各组家庭的比例，$90m^2$ 以下的住房的比例为 69%。可见，2006 年 5 月“国六条”提出的比例（城市新开工、新审批的住房，套型面积在 $90m^2$ 以下的住宅总面积不能低于住宅开发建设总面积的 70%）是相当符合北京市的实际情况的（表 5.4）。

表 5.4　各类型家庭的住房面积诱导目标

编号	需求层次	比例/%	政策诱导目标
G1	无房；家庭收入≥5000 元	2.76	≤$90m^2$
G2	无房；家庭收入<5000 元；人均面积≥$7.67m^2$	8.33	≤$90m^2$
G3	无房；家庭收入<5000 元；人均面积<$7.67m^2$	1.27	住房保障水准（≤$90m^2$）
G4	有房；当前面积<$48m^2$	8.02	≤$90m^2$
G5	有房；当前面积≥$48m^2$；人均面积≥$46.67m^2$	17.77	>$90m^2$
G6	有房；人均面积<$46.67m^2$；家庭收入≥5000 元；48≤当前面积<$77.7m^2$	10.46	≤$90m^2$
G7	有房；人均面积<$46.67m^2$；家庭收入≥5000 元；当前面积≥$77.7m^2$	13.85	>$90m^2$
G8	有房；当前面积≥$48m^2$；人均面积<$46.67m^2$；家庭收入<5000 元	37.54	≤$90m^2$

除了上述成果，对工作类型、通勤时间等要素对不同类型家庭住房需求的影响和住房的空间布局规划也进行了分析，感兴趣的读者可参见文献高晓路（2012），在此不做过多介绍。

从上述工作可以看出，城市地理学的理论和分析方法对住房政策研究具有重要价值。以上研究最有价值的一点在于，根据不同类型的住房需求进行实际住宅需求的预测，并具体提出了划分指标和门槛的建议。这就提供了与实际政策的接口，为标准的制定、政策分析和预测提供了直接依据。根据提出的人群划分方法，住房政策的制定者可以比较容易地分离需要纳入住房保障的居民群体，通过市场来解决住房问题的一般居民群体，和需要对投资需求进行限制的居民群体，而不是像以往一样非常粗略地按收入等把居民划分成不同群体。就北京而言，目前上述三类人群的比例分别在 20%、60%和 20%左右。

此外，根据面积需求分析的结果，对居民家庭的实际需求进行了估算，并建议据此进行居住面积标准和政策引导目标的设计。例如，两口人家庭以 70～$80m^2$ 为标准，三口之家以 80～$95m^2$ 为标准，四口之家以 90～$110m^2$ 为标准，五口人以上家庭以 90～$155m^2$ 为标准。我们期待这些研究成果能对实际政策提供一些积极的参考，也由衷希望现有提出的理论模型和分析方法能为中国未来的住房政策研究提供有益的借鉴。

第六节　走向中国住房政策的未来

四十年来社会经济制度的转型给中国人的居住条件带来了翻天覆地的巨大变化，市场化的改革解决了住房绝对数量短缺的问题，居民的居住水平有了大幅度的提高。2012年，党的十八大报告提出，住房保障制度建设的基本方向是，加快建立市场配置和政府保障相结合的住房制度，完善符合国情的住房体制机制和政策体系，立足保障基本需求、引导合理消费，加快构建以政府为主提供基本保障、以市场为主满足多层次需求的住房供应体系，逐步形成总量基本平衡、结构基本合理、房价与消费能力基本适应的住房供需格局，向实现广大群众住有所居的目标迈进。“民惟邦本，本固邦宁”，国家的发展要以人为本，国家的政策要重视民生（吴良镛，2013）。可见，当前改革的主要方向，仍然是强调民生需求，加强住房保障的建设投入。

现阶段中国的住房体制和政策仍然存在很多问题。我们应该看到，这些问题与转型期社会经济制度的特殊复杂性有很大关系。快速城镇化和市场化浪潮的冲击，使得现有政策的调整缺乏足够的时间和空间。中国受到现阶段财政保障能力的制约，不太可能在很短的时间内就完全解决全社会的住房基本保障难题。同时，缺乏可以因循的经验，也是中国住房政策在改革过程中不断摸索和经常碰壁的原因之一。中国是一个人口众多的发展中经济体，受资源环境条件约束，城市居民的住房水准不可能与美国、加拿大等地广人稀的发达国家相比，中西方社会制度和文化的差异，也使得许多政策的移植缺少基础。这些条件决定了市场化并非万能，必须结合中国的实际另辟蹊径，探索符合国情和社会制度的住房政策体系。

吴良镛院士提出，“人居环境科学的研究方法是以问题为导向，通过多学科的融贯综合研究，实现复杂问题的有限求解”，为寻求中国城市住房问题的解决之道提供了视角和方法。我们应该从问题出发探寻改革的方向，应该立足本土，以民生为导向，提高资源配置的效率性和公平性。针对前述住房市场和住房保障方面的突出矛盾，当前最迫切的课题，一是完善住房保障政策的顶层设计；二是找到调节市场的有效办法。

“不谋万世者，不足谋一时。不谋全局者，不足谋一域”。对中国城市的住房问题来说，着眼于全局的战略性谋划具有举足轻重的地位，为此，尽快完善住房政策的顶层设计是当前住房政策研究的首要任务。其一，应该进一步明确公共住房的构成主体，包括具有社会福利和保障性质的廉租房，以及主要职能为调节市场的公租房（高晓路和浅见泰司，2010）。其二，廉租房的基本原则是具有最低保障资格的家庭“应保尽保”，住房保障的覆盖面和保障水平应该与政府的能力相适应，根据公共财政能力确定适宜的资格准入标准和建设标准（两者应该是统一的），各地区最低保障的标准也不应该相差太大。其三，为了起到有效调节市场的功能，公共住房绝不应该出售，公租房的供给应该与商品房市场形成互补，强调公租房的“非盈利、非补贴的平价住房”的属性，在设计、品质方面满足多层次、多样化的社会需求，这样既能够促进供给，保障公租房建设的资金来源，又可以起到平抑房价，调节收入分配的作用。其四，将单位集资房等单独管理的住房从公共住房体系中剥离，向社会公开配租、配售的经济适用房和两限房等住房类型应该取消，已经实施的部分在适当的时机应尽快改为封闭运行。其五，建立适合于我国国情的住房标准体系。从各个区域、各个城市的实际情况出发，以住房需求为基础，制定不同类型住宅的合理建设标准，包括最低保障标准（用于最低保障）、引导标准（用于引导房地产市场和规范公租房建设）和税收标准（用于调节空间资源的有效利用），从而保证资源的有效利用，保障社会公平（高晓路，2007）。

住房市场调控和房价对策的着力点，是抑制土地投机和房地产泡沫。前者的目标是为了避免通过投机攫取由于公共投资带来的土地增值收益。为此，建议研究和制定土地和房屋相对分离的房地产定价机制（如公示地价等）和土地增值收益回收机制，从根源上斩断土地和房地产投机的源头。后者的目标是为了减少市场风险，避免全民对房地产的盲目投资。西方市场经济国家的经验表明，空置率是表征房地产泡沫的关键指标。因此建议研究制定对空置房征税的办法。当房地产市场出现泡沫，从这个意义来说，目前一些城市采取的对限制人们购买多套的办法并没有科学依据。有人购买高价住宅后以合理的价格顺利出租，其实对房地产市场起到了积极的调节作用。

解决高房价问题的根本办法在于，保证居民收入的快速持续增长、并缩小贫富差距；但很显然，解决收入分配问题是一个长期而艰巨的任务。从短期来看，需求方政策，应包括建立公开透明的房地产市场信息平台、保证消费者与开发商的信息对称，从而稳定住房市场预期。供给方政策，一方面应加大保障房供给力度，从而分流住房需求、抑制房价上涨，但也应避免使地方政府背负过于沉重的财政负担，长期内仍应转向货币补贴为主、实物补贴为辅的策略；另一方面，也要避免政府的行政干预给住房开发与流动环节增加过多成本、并降低地方财政对土地出让收入的依赖程度。

第六章　城市贫困问题

20 世纪 90 年代以来，中国城市经济发展十分迅速，居民收入水准和生活水平总体上有了巨大提升。然而，经济制度的转型及各种城市社会和管理政策的变化，导致城市居民在实际收入、住房、居住环境等方面发生了较大分化，部分城市居民的贫困问题逐渐引起关注，成为当前中国城市面临的主要社会矛盾之一（樊平，1996；张茂林和程玉申，1996；关信平，2003）。

经济学一般从收入视角定义贫困，但城市贫困并不只是低收入这么简单。根据 Baharoglu 和 Kessides 的观点[①]，城市贫困至少有五个维度：收入、健康、教育、安全和能力，它们之间常常相互关联，某一个维度的贫困会成为触发另一个维度贫困的原因。在西方国家，人们常常把城市人口的贫困与陷入贫困的脆弱性与城市生活的一些潜在特性联系起来，如资本主义、环境污染、社会隔离等[②]。

不过中国的现实情况有所不同，如何界定城市贫困人口，目前还没有统一的官方标准。在实践中，通常以城市最低生活保障线来匡算城市户籍的贫困人口，这反映出政府目前关注的焦点主要还是经济收入。根据民政部的统计，到 2018 年年底，全国城市中“最低生活保障对象”，即处于“最低生活保障标准”以下的居民有 1007 万人[③]。在实践中，不同城市的“最低生活保障线”存在一定差异，受益者的认定标准还受到各级财政的救助能力和财政投入的限制，因此民政部门对城市贫困人口规模的估算只是一个低位测算。从统计口径上来说，生活在城市里的流动人口没有参与城市“最低生活保障对象”的统计。此外，由于申请手续复杂、审查严格及其他原因，还有一些贫困人口申报不了或者不愿意申报，所以低保对象并没有涵盖所有的城市贫困人口。有研究者通过“实际失业率”和对一些地区的调查做过推算，2003 年中国城市中的贫困者有 3000 万人左右，约占城市人口的 6%（杨军，2007）。

近年来中国城市贫困人口不但数量增加，而且人群分化更加明显。从城市贫困人口增加和分化的原因来看，除了那些传统的个人和家庭因素（如没有经济收入、没有劳动能力、没有赡养人），经济体制转轨、社会政策变化和城镇化推进造成的社会阶层结构变化是一个极其重要的诱因。特别是城市下岗职工、外来流动人口、低收入大

① Baharoglu D, Kessides C. 2001. Poverty Reduction Strategy。http://siteresources.worldbank.org/INTPRS1/Resources/383606-1205334112622/4418_chap16.pdf,. 124-1262018-04-01。

② Moser C, Gatehouse M, Garcia H. 1996. Urban Poverty Research Sourcebook Module Ⅱ: Indicators of Urban Poverty. Urban Management Program Working Paper Series No. 5. UNDP/UNCHS(Habitat)/World Bank, Washington, D.C。

③ 中华人民共和国民政部. 2019. http://images3.mca.gov.cn/www2017/file/201908/1565920301578.pdf. 2020-05-30。

学生、城市乡民等弱势群体的贫困问题成为具有群体代表性的问题。

城市贫困问题不仅给陷入贫困的个人和家庭带来了物质生活、健康、精神和社会方面的负面影响，而且对城市社区和整个社会的稳定、协调和可持续发展构成严重威胁（关信平，2003）。为此，我们有必要关注城市贫困问题，探寻其政策和制度原因。

第一节　城市社会结构的分层

当代中国城市贫困问题与改革开放进程中城市社会结构的分层密不可分。自 1978 年以来，中国的社会经济形势发生了深刻的变化，经济体制转轨和城镇化、现代化进程的推进也促使中国社会结构发生了结构性的改变，出现了一批新的社会阶层，并迅速固化下来。在大城市中，以收入为基础而形成的社会分层现象非常明显，一部分高收入阶层占有的社会财富越来越多，同时，产生了庞大的中低收入人群，以及介于原有阶层之间的受到各类政策剥夺的“夹心层”。在社会迅速转型的背景下，不同阶层之间的收入差距有很多体制和政策制度方面原因，而非只是个人原因。因而，贫富差距极易引发社会不满和负面情绪，这已成为影响当今社会稳定的主要因素之一。

与以往相比，20 世纪 80 年代以来城市贫困现象呈现出一个显著变化，即由“三无人群”（无经济收入、无劳动能力、无赡养人）构成的传统贫困群体扩展到“新贫困群体”。所谓的“新贫困群体”，主要包含以下人群: ①家庭人均收入低于最低生活保障标准，或家庭人均收入虽然高于最低生活保障标准，但支出过高造成负担沉重的城市居民，如下岗职工和“4050”人员[①]；②因城乡二元结构导致的福利分割而无法享受平等权利，在生活上陷入贫困的“在城农民工”；③自身能力与市场需求错位，遭到劳动力市场排斥，缺乏自信，难以融入社会的新失业群体。

按照贫困人口的户籍属性，可将城市贫困人口划分为城市户籍贫困人口和城市外来贫困人口。如前所述，城市户籍贫困人口常以城市最低生活保障线来划定。当前，领取城市最低保障金的城市户籍贫困人口主要有六类:“三无”人员、下岗人员、失业人员、无业人员、在职低收入者和退休人员。另外，城市外来贫困人口是指外来流动人口中的贫困群体。随着城镇化的发展和城市空间的扩张，城市中外来的非本市户籍的流动人员越来越多，他们当中有相当一部分没有稳定的住所和就业，收入较低，而且也享受不到城市居民的福利。有的人居住在城中村和地下室的出租房里，有的人就只是在城市里拾荒为生，生活艰难，但也不愿意回老家。这些外来贫困人口也已经成为城市贫困问题中不容忽视的一部分。

从城市户籍贫困人口的社会经济属性来看，40 和 50 多岁的中年人群的贫困发生

① “4050 人员”指处于劳动年龄段中女性 40 岁以上、男性 50 岁以上，本人就业愿望迫切、但因就业条件差、技能单一等原因，难以在劳动力市场竞争就业的劳动者。由于其覆盖面较广，国家专门出台了帮助“4050”人员就业和提高其就业稳定性的政策措施，并给予社会保险援助。

率最高，故有“4050人员”之称；一家之主的教育程度越低，贫困的风险越高；下岗和失业人员的贫困率、贫困集聚度和不平衡性最高；体力劳动者、服务业者和非正式就业人员等弱势人群的贫困集聚程度也非常高（何深静等，2010；谌丽等，2012）。

近些年来，城市地理学者发表了许多关于城市贫困的研究成果，如张茂林和程玉申（1996）、马清裕等（1999）、周海旺（2001）、杨上广和丁金宏（2005）、何深静等（2010）。综合而言，城市低收入职工、企业下岗职工、贫困老人、“在城农民工”和“城市乡民”等几类人群最具典型性，他们对社会福利政策和相关法律制度也最为敏感、最为关切。所以接下来我们分别对这几类人群的特点进行介绍。

一、低收入职工

在改革开放之初，为了避免低效的平均主义发展模式，中国战略性地选择了“让一部分人先富起来”的非均衡发展模式。随着城市经济发展和产业结构调整，各行各业的发展渐渐拉开差距。由于社会成员在经济体制转轨过程中所处单位的体制性质不同，适应经济环境的个人能力不同，以及职业等级不同，其获得收入和财富的能力和条件就出现了很大差异。

改革开放初期，非国有部门如个体、私营、三资企业内部灵活的经营机制和收入分配机制不仅带来了较高的就业效应和收入增长效应，而且非国有部门以效率为导向的收入分配机制对经济高速增长中收入分配差距的拉大起到非常重要的推动作用。1990年，中国的“三资”企业有四万多家，职工300多万人，人均职工工资是同期国有企业工资水平的1.2～1.5倍。此后，体制转型的深入继续催生出不同的新生阶层和不同阶层利益格局的重组，进而导致社会结构的剧烈变化。例如，对经济资源和权力占用使一部分接近经济资源和权力的人迅速富裕起来；行业垄断造成部分行业的职工收入不合理地大幅上涨，城市的水、电、煤、电信等公用事业部门以及医院等特殊行业职工获得了过高的收入。然而，原本在计划经济体制中就业稳定、收入较高的工人阶层，在这场社会经济转型中成为受损者，造就了数量庞大的低收入职工阶层（周海旺，2001）。

二、企业下岗职工

改革开放以前，绝大多数社会资源掌握在国家手中。进入20世纪90年代以来，为了建立现代企业制度，改变了原来单一公有制的所有制结构，一些历史包袱沉重的国有企业和集体企业，不得不通过转型、重组或者破产来甩掉包袱，这使得大量的职工下岗失业，成为转制的“牺牲品”。

作为一个特定的历史现象，企业下岗职工出现的起止时间较为模糊，具体数字难以统计，学术界比较一致的观点是，下岗工人在改革开放的中期开始出现，而高峰期出现在1998年至2001年国企改革向纵深发展的时期。在这个时期，每年全国下岗工人人数维持在700万～900万。根据1998年至2001年的《中国劳动统计年鉴》，中国历年累计的下岗职工约有3000万人。从地域分布来看，下岗职工主要集中在老工业基地和经济欠发达地区，其中东北三省独占25%。从行业分布来看，主要集中在煤炭、纺织、机械、军工等困难行业。调研显示，下岗职工主要是30～50岁的中年职工，一般上有老下有小，家庭负担沉重（徐政辉，1998）。

职工下岗和失业的直接后果是失去工资收入和稳定可靠的家庭收入来源。家庭主要就业者的失业，带来的不仅是自身的生活困难，而且家庭成员也随之处于生活困难的窘境，如难以承受子女教育费和家中老人及自己的医疗费，养老失去着落（张熙，2003）。

外来人口的大量涌入，对于城市劳动力和工资市场也造成一定的冲击，加重了低端劳动力市场的压力和下岗职工再就业的困境。新增城市投资所形成的就业机会有很大一部分流向年轻劳动者和外来农村劳动力，因为前者的技术能力更强，后者的价格更便宜，因而难以有效吸收城市企业下岗职工。此外，由于户籍、社会保障制度和住房的限制，城市户籍劳动力的流动弹性很小，下岗职工很少向外流动，这也加剧了城市本地劳动力的失业，致使这部分人群成为城市的新贫困者。

三、贫困老人

1999年，我国60岁以上的老年人口超过10%，按照联合国的标准，正式步入老龄化国家的行列。随着老龄化速度加快和寿命的延长，高龄和失能失智老人的数量和比重不断上升。由于1978年开始实施的计划生育政策的影响，城市人口代际结构和家庭结构发生了显著变化，独居老人和“空巢”家庭比重不断上升。

虽然城市中大多数老年人受到社会保障制度庇护，可以安度幸福晚年，但有一部分没有离退休保障、养老金不能按时足额发放的老年人，或者由于疾患、失能、认知障碍、住房设施老旧、无人照顾等原因而被生活所困的老人，成为新的贫困者（孙陆军和张恺悌，2003）。由于历史原因，20世纪60年代以前出生的中国城市老人一般都经历过改革开放以前的计划经济时代，而后又承受了市场经济体制下的产业结构调整和企业关、停、并、转的影响，因此工资水平普遍偏低，家庭负担较重[①]。另外，由于城市老人子女较少和空巢比例上升，一旦患病或儿女、家庭发生一些突发事件，城市老年人更易陷入贫困，或者已经脱贫又重新陷入贫困。城市贫困老年人往往伴随着一定健康问题，难以获得有效的健康看护服务，对生活状况的自我评价很低。此外，普遍存在储蓄不足的状况，难以应付紧急突发事件（孙陆军和张恺悌，2003）。

近些年来，城市老年贫困人口规模逐年扩大。根据全国老龄工作委员会2015年的《中国城乡老年人口状况追踪调查》数据，按照保证个人基本生活要求的绝对贫困线匡算（此处采用的城市老年人的绝对贫困线标准是北京市每月最低生活保障线标准，2015年为710元/月，相当于年收入低于8520元），2015年北京市城市老年贫困人口规模达23.3万，接近2000年的3倍，城市老年贫困人口规模扩大的问题十分紧迫（黄国桂和陈功，2017）。事实上，由于年轻人口在城乡和区域之间的流动，在大城市中老年人规模虽大，但比重相对较低，同时以北京、上海等一线和准一线城市为首的大城市拥有更多的人力、物力和资金，社会保障能力较强。相比之下，中小城市由于青壮年人口的流失，老年人规模和比重更高，不仅资源较少，而且缺乏老年健康服务人力

① 杨上广. 2005.大城市社会极化的空间响应研究.上海：华东师范大学博士学位论文。

资源的补充，所面临的老年贫困问题更加严重。

研究表明，城市老年贫困人口呈现高龄化的趋势。高龄人口与贫困有着密切关系，黄国桂和陈功（2017）发现，北京市80岁及以上高龄老年人的贫困比例呈现上升趋势（贫困界定同样采用前述最低生活保障线的收入标准），2000～2015年从11.9%上升至14.2%。于学军（2003）对上海市绝对贫困人口比例的分析表明，41～50岁之间出现30%以上的峰值（11～20岁之间的峰值应该也是缘于41～50岁贫困父母的代际影响），而50岁以上人口则随着年龄提高贫困比例持续上升。

同时，女性老人在贫困方面更具脆弱性。由于女性的平均预期寿命高于男性，高年龄层女性人口的数量显著高于男性。因此，女性贫困老人在基本生活、健康和权益方面需要更多的支持（黄国桂和陈功，2017）。

除此以外，老年贫困的高风险人群还包括独居（特别是那些非主动选择独居的老人）、丧偶、低教育水平的老人，缺乏服务支持的失能失智老人，失独父母等（朱晓和范文婷，2017；黄国桂和陈功，2017）。朱晓和范文婷（2017）测算表明，独居老年人的贫困发生率为25.9%～50.0%，比非独居老年人高出3.0%～8.7%；教育水平为大专及以上的老年人其贫困发生率不到4.0%，而小学及以下教育程度的老年人的贫困发生率约为41.9%～68.3%，小学教育程度的老年人贫困发生率在23.7%～46.0%。

在西方发达国家，老年人口与贫困在空间上的叠合也是一个普遍存在的地理现象，通过老年人口比例与贫困率的分布可以很明显地反映出来。2009年，美国东北部、中西部和南部三个地区的贫困率分别是12.2%、13.3%和15.7%，这与其地理环境和人口分布有密切关系。因为东、北部地区气候寒冷，环境较差，所以很多退休老人愿意迁移到阳光充足、气候温和、更适宜居住的西海岸和南部沿海地区。老年人口分布对贫困率的分布产生了重要影响。

四、在城农民工

改革开放以来，中国由计划经济体制转向多元和分散的市场经济体制，带来传统型城乡社会向工业化、城镇化、开放型社会结构的转变（郑杭生，1997；李培林，1995）。此前，城乡社会结构界限分明，人口自由流动受到户籍制度的严格限制。而改革开放后，一方面城市社会经济迅速发展，对劳动力产生了巨大需求，为大量农村剩余劳动力的城市就业提供了可能；另一方面，户籍制约逐步弱化，城乡和地域之间人口流动的制度瓶颈被打破。20世纪80年代初，农村劳动力向非农部门的转移和跨区域流动进入加速阶段。1995年后随着乡镇企业转型，吸纳剩余劳动力的能力减弱，城市成为大量农村剩余劳动力转移的主要方向。

人口的大规模迁移和流动极大地推动了东部沿海发达地区和一些内陆中心城市的发展。然而，对城市来说，这并不仅仅意味着社会开放程度的扩大，随之而来的是社会异质性的增加和城市的空间重构。

农民工的文化程度普遍较低，缺少专业化职业技能，很难在大城市里找到一份像样的工作，所以他们多数在低端劳动市场从事临时性、非正规工作。除少数幸运儿外，收入通常比较低且缺乏保障，成为城市社会的底层。苏飞等（2013）对杭州市在城农民工的调查显示，约 5%的农民工从未上过学，约 15%只上过小学，约 10%学历达到大专及以上，其余大部分是初高中文化水平。80%的在杭农民工月工资收入为 1000～4000 元，4000 元以上的比例很低。在杭州这样的国际化大都市生活，凭借 2000～3000 元的工资，省吃俭用也仅能糊口，如果要顾及农村的家人，就不可能过上真正的城市生活，也不太可能有过多积蓄，生计十分脆弱。

在城农民工与城市居民相比社会经济状况差异巨大。李培林和李炜（2010）基于中国社会科学院社会学研究所 2006 年和 2008 年编写的《中国社会状况综合调查》，对受访的在城农民工与城镇职工的收入进行了对比，发现这个时期尽管农民工的收入有所增长，但平均月工资只有城镇职工的 76.3 %。在平均收入远低于城镇职工的情况下，在城农民工的劳动时间（2006 年和 2008 年分别为每周 56.6 小时和 56.2 小时）远远高出城镇职工（2006 年和 2008 年分别为 47.9 小时和 47.4 小时）。2006 年和 2008 年，分别有 81.4%和 77.3%的在城农民工每周实际劳动时间超过 40 小时，约 1/3 每周工作 60 小时以上（表 6.1）。

表 6.1　受访在城农民工与城镇职工收入和工作时间的比较

年份		2006 年		2008 年	
		农民工/%	城镇职工/%	农民工/%	城镇职工/%
月薪/元	≤500	27.1	17.1	8.8	8.0
	501～1000	52.2	37.1	37.3	31.2
	1001～1500	13.9	21.8	30.3	21.3
	1501～2000	3.8	11.2	15.9	17.7
	>2000	3.0	12.8	7.7	21.8
	采访者样本数	738	1126	813	971
	平均月薪/元	921	1346	1270	1665
每周工作时间/小时	≤20	2.3	2.6	2.1	1.5
	21～40	16.3	44.2	20.6	45
	41～60	47.8	39.5	42.4	41.9
	61～80	25.9	10.3	23.3	7.9
	>80	7.7	3.4	11.6	3.7
	受访者样本数	762	1146	807	960
	平均工作时间/小时	56.6	47.9	56.2	47.4

五、城市乡民

千百年来，中国农民和土地保持着不可分割的关系，对广大农民来说，土地是他们唯一的、最可依赖的保障。随着城镇化的高速发展和城镇建设的铺开，这种关系发生了根本性转变。越来越多的农村土地转为非农建设用地，原本从事农业生产的农民，由于土地被工业开发区或城市建设征用，变成没有土地的农民。虽然不再从事农业生产，但由于拆迁补偿和安置进展不顺利、转为城市居民的社保成本太高、集体资产处置滞后、主观意愿不强等各种原因，一些农民难以转为城市居民。还有一些村庄，虽然已经纳入城市的管辖范围，但仍然维持着村庄建制和农村的管理体制，变成“城中村”。自 20 世纪 90 年代开始，城市建设用地增长过快以及过大规模的土地征占，使失地农民数量越来越多。没有土地，没有工作，再加之没有社会保障，他们成了“种田无地、就业无岗、社保无份”的“三无农民”。2004 年，全国像这样的“三无农民”估计有 4000 多万人（张久云，2004）。这些人既有别于传统意义上的农民，又不同于城市居民，成为一个徘徊在城市边缘的社会群体——“城市乡民”。

理论上说，城镇化进程中失地农民或城中村是一个特定时期内不可避免的现象，过一段时间就会消化。但是在很多城市，这些问题多年仍得不到解决，使城镇化成本急剧上升。

在大城市和特大城市周边，由于地价较高，被征地的农民相对可以享受较高的补偿，靠征地拆迁一夜暴富的故事常有耳闻。但从全国来看，这样的地区毕竟是少数。根据北京市最近几年的实际情况，城市建设征地时要想把一个农村劳动力转为城市居民，平均要补缴社会保险 20 万元。如果是超转人员，即年龄超过转工安置年限（男满 60 周岁，女满 50 周岁）或孤寡老人、丧失劳动能力的病残人员，需要补交的社会保险额就更高了。如果没有巨大的来自土地的收入，政府恐怕很难承担这样一笔巨大的开支。对欠发达地区的失地农民来说，由于土地补偿较低，社会保障和再就业困难，征地反而成为利益诉求的“导火索”和贫困的诱因，由此产生更多的社会矛盾。

从长期视角来看，城市乡民失地后陷入贫困的直接原因是不能在城市就业。20 世纪 90 年代以来,各地政府在城镇建设用地征地时普遍采取向农民一次性支付土地补偿费、安置费、地上附属物以及青苗补助费及进行住房安置的做法，被征地农民的职业主要靠自谋。所以，大部分农民要从农业转向其他行业，但文化素质和劳动技能的不足及文化习惯的差异使他们在就业市场上处于劣势地位。有些人靠补偿金生活，没有就业意愿，结果坐吃山空。可见，要想让城市乡民融入城市，将涉及失地农民长远利益的保护、劳动就业支持、社会保障制度的完善、文化观念的转变等诸多因素，远不只是征地补偿那么简单。

第二节　居住分化和社会隔离

从地理学视角看，如果贫困人口比较均匀地散布在城市的各个地方，还不一定成为一个重要的问题。但是如果出现严重的空间集聚乃至空间隔离，就会造成贫困的空间极化，对城市的空间结构和规划政策造成广泛而深刻的影响。

事实情况是，随着市场化改革的推进，在收入差距拉大和社会分层加剧的同时，中国城市居民在居住区位上的分化也越来越明显。在经历了深刻的社会经济变革后，城市原有的高度分散化的共生居住区（如单位大院）逐渐解体，取而代之的是新老居住小区。在住宅商品化的过程中，不同社会收入阶层的家庭通过住房的选择和“过滤”

机制，各自走向不同的居住模式和居住区位。

城市居住空间分异的本质，是改革过程中城市空间资源的获取和重新分配。不同社会阶层的人口，开始有规律地向不同区位和环境的居住区迁移，高收入家庭往往选择居住在郊外豪华的低密度住宅中，或市中心的高档公寓；另一些有一定社会和经济实力的家庭通过购买商品房或单位集资共建住房等方式住进了新建的商品房或带有政策补贴性质的商品房社区；低收入家庭则大多居住在旧城中尚未改造的平房区、计划经济时期建造的老公房、城市郊区的经济适用房、政府提供的低价廉租房，或通过租房解决居住问题；还有众多的外来低收入人口，蜗居在城乡结合部。

当前，城市居住区的类型也更加复杂多样：农村征地拆迁安置小区、城中村和城市边缘的本地-外来人口混合住区、老城区传统居住区、单位大院、商品房居住区、商品房和回迁房混合居住区、工商办公和居住混合居住区等。总之，出现了大量不同于以往的特殊的城市空间斑块。城市贫困阶层的居住区选择，也随之表现出一定的空间规律。

在造成城市社会空间极化和贫困阶层居住分化的原因中，住房商品化转型、城市拆迁改造、公共服务配置成为重要主导因素。

一、住房商品化转型

新中国成立后，建立了以实物形式分配住房的福利制度：由政府投资或单位自建住宅区，再由单位分配给职工。在这种制度体系下，居住空间、社会生活空间与所在单位联系紧密，形成如政府单位干部集中居住的机关大院、工厂家属大院、高等院校校园及附近的知识分子居住区等。20 世纪 80 年代初，国家开始住房体制改革，随着房地产开发市场和城市土地有偿使用制度的建立，1998 年正式取消实物分房，商品房社区的比例逐渐占大多数。在城市土地分等定级和“招拍挂”地价的作用下，不同区位的房价和租金价格产生了明显分异。

住房体制改革后，住房消费的主体由单位和集体转变为个体消费者，市场供求规律开始显示威力，拥有住房产权成了个人或家庭经济能力的标志。但是，住房保障政策和住房商品市场并不健全，高价位商品房、中低价位经济适用房以及廉租住房等多层次、多领域的住房供应体系至今仍然存在不少缺陷，使住房市场成为财富分化和城市贫困的“过滤器”。

这种情况在沿海大城市和一二线城市尤其严重。由于城市化和现代化的人口集聚效应，人口增长与落户、住房供应产生尖锐矛盾。根据高晓路和浅见泰司（2010）对 2000～2008 年城市居民家庭平均收入与住房均价比例的分析，最低收入和低收入家庭组对经济适用房的可支付性严重不足，但后者并未纳入廉租房保障的范畴；中等收入家庭组对普通商品房的可支付性不足，2005 年以后，房价攀升使中高收入家庭组也加入普通商品房的可支付性不足群体，但这两类家庭又达不到经济适用房的准入标准，“夹心层”范围不断扩大。另外，“90 后”等新生代劳动力进入社会后也面临商品房价格无法承受，同时又不符合经济适用房资格标准的困境。各类保障性住房的准入标准通常是一刀切，收入略低于门槛和略高于门槛的家庭，仅仅由于微小的收入差异适用的政策就截然不同，政策设计的缺陷也促成了人群的分化。因此，城市住房商品化程度高，而市场调控机制不完善的后果，就是居住空间分异的加速。

二、城市拆迁改造

20 世纪末以来，中国城市经历了大规模的新城建设和旧城改造，这是中国城市化推进最快的时期。对不同社会群体而言，这一历史过程意味着完全不同的改变。对富裕阶层和城市中产阶级来说，水平不断提升的城市建设和房地产开发提供了更多的空间选择、更好的城市功能和更优的居住品质。但对城市贫困人口来说，大规模的城市扩张和更新改造给他们带来居住和生计的改善还是使其陷入更深的贫困，与拆迁安置模式关系极大。

大城市中心区改造的异地拆迁安置中，拆迁安置小区的居住条件优于原来的棚户区或危旧房居住区，居住环境确实得到了明显改善。但是，许多拆迁户被安置到远离中心城区的地区，贫困和低收入拆迁户的就业、收入和生活很难因此改善，生活状态难以逆转。

首先，他们的就业机会更少。远离市区的安置房社区，因为贫困人口和低收入群体集中，无法形成有效的消费市场，服务业发展乏力；并且由于该区域尚未进行充分的城市开发，产业基础较为薄弱，就业机会匮乏，被拆迁人口难以就近解决就业问题。而进入市中心寻找就业机会，则因为距离远、公共交通配套差、通勤困难，以及通勤成本高昂等原因难以实现，很多人甚至因此而放弃再就业。徐琴（2008）对南京拆迁安置居民就业情况的调查显示，在旧城原地安置的居民就业率为 85.5%，而在异地偏远化安置的居民就业率仅有 70.5%；原地安置的居民中超过 80%的人在半年内就实现了自主就业，而异地偏远化安置区的居民在半年内自己重新找到工作的仅有 12%，近 30%的拆迁居民多年后仍然没有新的就业机会。

其次，偏远安置区的公共服务资源明显少于旧城及重点开发的城市新区。公共交通、子女教育、医疗服务、文化体育设施等都存在供给不足或水平不高的情况，而与此同时，刚性生活成本却有所增加。这些变化使得安置在城市外围地区的贫困居民加重了生计负担。

三、公共服务配置

正义（Justice）是公共政策的核心原则，城市公共服务也不例外。城市居民作为公民的主体地位要求公共资源和公共产品得到公平的配置，让每个人拥有合理的份额。然而，区位的差别使每个地方公共资源和公共产品的实际配置都存在差异，不同个体和群体的需求也存在差别。如果我们不能基于需求的差异性，在不同个体或群体之间找到一个公平合理的方案，那么公共服务配置不当就会成为社会空间极化和“空间贫困化”的推手。

在市场化和私有化的名义下，一些优质和稀缺的空间资源和自然景观被高档居住区的居民独占。与此相对的是在一些区位较差或低收入的社区缺少足够的教育、卫生、文化等配套服务设施，交通和通勤基础设施很差。其结果是城市自然资源和公共资源的占用出现严重的社会阶层分异，甚至等级化。

尽管高档居住区的居民为自己占用的空间资源和公共服务支付了费用，但问题是高档社区占用的城市公共资源并不该由本社区独占。这些不公平的分配，使得强者越强，弱者越弱。一些贫困社区即使在政策干预下拥有比较好的区位，也因为没有符合需求的公共服务而造成空间隔离。如位于北京市广渠门内的某廉租房社区，原本是同一小区里包括数栋商品房和一栋廉租房的格局，但由于物业收费不均、绿地和基础设施难以共享等问题，中间很快便建起一道隔离墙，廉租房居民与商品房居民各自独立出入。由于周边都是高端商业设施，廉租房社区居民找不到合适的购物和休闲活动的地方，形容自己“生活在城市中心区的孤岛上”。

城市贫困群体之所以会出现空间上的集聚和隔离，一个重要原因是他们在城市公共决策中的话语权和参与不足。这一方面是受到贫困群体能力的制约，另一方面是公共服务的决策程序中对公众参与的考虑不足。公共服务配置的本质是对城市空间资源和权益的再分配，而这种再分配需要各方主体平等的参与。由于城市贫困群体的弱势地位和能力的限制，他们参与决策的机会或与其他利益主体博弈的能力是有限的。例如，涉及低端贫困人群的城市基础设施和公共服务的规划，往往只是把他们当作救助的对象；外来流动人口对空间资源的权利更是经常被漠视。如果在公共服务政策中不能赋予城市贫困人口合理的话语权和公平的参与权，将进一步加重城市贫困人口的社会剥夺感，导致社会矛盾。

第三节　城市贫困空间

20 世纪 90 年代以来，计划经济时期建立起来的相对均质、分散的城市空间格局被打破。在计划经济时期形成的各种大小、等级的单位大院的基础上，具有某些社会经济地位的人群开始向城市的某些地区迁移，其他一些具有相似社会经济属性的人残留在原有邻里社区，以社会经济属性为主要因素的居住分异逐步强化，城市贫民聚居的低收入邻里开始出现，成为城市里的贫困空间。

在较小的邻里或社区层次上，城市贫困人口聚居地的分布是相对集中的，主要集中于老城区、城乡结合部的“城中村”和一些工业产业集中区。其中，基础设施老化和新型服务配套不足的老城区成为退休人员、下岗失业人员和从事城市服务业的外来人口的混合聚居区，本地型的城市贫困主要聚居于此；外来贫困人口多居住在城市郊区的“城中村”中，并随着城市扩张的步伐被逐步“驱赶”到更加外围的区域。与此同时，一些大型保障房社区的建设，也进一步加剧了贫困人口在某一地域集聚的现象。退化的工人新村也是城市低收入邻里的主要类型，它成为国有企业改革或地方工矿企业不景气后数以万计的职工和下岗失业工人的聚居地[①]。

贫困居民在空间上的集聚受到住房过滤机制的影响和政策的牵引作用。住房和居

① 吕陈. 2014. 北京城市贫困空间分布状况及其特征研究.北京：中国城市规划设计研究院。

住地的选择、就业及各种公共服务的利用具有连锁效应。例如，在衰退的内城地区，因为缺乏新兴产业，工作岗位数量减少、薪水下降，使年轻人外迁，只留下贫困人群。另外，一些老城区的贫困居民被拆迁安置以后，虽然居住条件有所改善，但是由于远离优质教育资源，子女不能接受良好的教育，降低了他们未来创造收入的能力和机会，导致贫困的代际传递。对于贫困社区的居民而言，工作机会的缺乏、能力的限制与生活成本等因素使他们很容易被贫困“捕获”且难以逃脱，进而被固化在城市贫困地带，因而这不只是一个城市问题，更是一个社会问题。

一、内城衰退地区

在典型的城市贫困空间中，内城地区的贫困集聚度是最高的，其格局具有历史延续性，总体上呈分散布局并遵循自然渐进式的空间演化模式（袁媛和许学强，2008）。解放初期到改革开放前，特别是20世纪50～70年代，在“变商业消费城市为工业生产城市”的思想指导下，城市建设的重心是外围的工业区和配套居住区，旧城更新被忽略，导致中心城区萧条和衰落。改革开放后，城市土地实行有偿使用，住房商品化进程加速，优越的区位、便利的交通和相对完善的公共设施使得内城核心区重新受到重视。虽然旧城改造、重大基础设施建设动迁使部分中低收入居民迁出核心区，贫困空间分布有一定程度缓解，但核心区的分化也很明显。受房地产开发青睐的往往是核心区中动迁成本低、交通条件好的地区。而由于人口高度密集、开发成本高昂、历史文化遗产保护对城市开发的限制等，有些老城区的城市环境一直没有得到改善，成为低收入人群和贫困阶层集聚的地区。

即使是首都北京，内城核心区也存在着严重的城市贫困问题。北京市社会科学院“北京城区角落调查”课题组2005年编写出版的《北京城区角落调查No.1》中提到，离天安门广场3km的大栅栏地区就是一个典型的低收入聚居区，居民日均生活费不足8元。当时大栅栏57551位常住居民中，60岁以上的9914人，占17%，残疾963人、失业登记4427人、低保户929个共1946人，外地女嫁来北京的277人，其人群结构呈现明显的社会贫困特征。地区内工商登记的个体经营行业729家，90%是小餐馆、小旅馆、小杂货店、小发廊、小歌厅。167家小发廊中，有理发工具的只有7家，大部分白天上锁，夜间营业，经营规模和业态呈现衰败。大栅栏地区人口密度高，居住拥挤，某住户3口人住房面积只有4.8m^2；街巷狭窄，火灾隐患多，最窄的钱市胡同宽度只有82cm；社会治安混乱，珠宝市、月亮湾的110报警占全地区的70%以上，黑三轮、黑导游屡禁不绝。曾经繁荣兴盛、寸土寸金的黄金商业地段凋敝不堪，成为城市贫困人口的聚居之地，如同繁华中的孤岛。随着2008年北京奥运会期间城市改造以及2011年大栅栏更新计划项目的进行，这里的胡同、院落、房屋和居住环境已有很大改观。

二、旧工业区配套居住区

此类居住区多建成于计划经济时期，是当时城市建设政策的重点倾斜地区。它们一般遵循当时的城市规划布局原则，配套设施规划和住宅建设比较完整。在20世纪80年代以前，一些大工厂的配套居住区拥有那个时代少有的成套公寓，独立厨房和卫生间、良好的市政设施、整齐的环境，企业定期维护并更新配套居住区，承担起居住区的社会服务功能。在转型时期，尽管一些企业破产或效益下降，但由于企业在原有体制和地方经济中处于较高的地位,单位在转型期依旧产生影响并发挥着较大的作用。因此，旧工业区配套居住区从政府那里获得的针对性更新政策一般会多于内城的集体企业集中地，虽然居住主体经济贫困，但居住环境还是有机会在各级政府出资的情况下得到一定改善。

旧工业区的配套居住区内部人口构成单一，且以各类大中型国有企业职工为主，总体教育条件和技术水平相对较好。在住房私有化改革中，大多数居民以低于市场的价格购买了公共住房，从而拥有了属于自己的财产和稳定的产权关系。旧工业区配套居住区的本地户籍贫困人口主要是因为改革深化、下岗失业而产生的，他们的特点是以经济贫困为主，而住房、教育、环境等其他方面的剥夺状况并不明显（袁媛等，2009）。

三、低收入保障房社区

中国的保障性住房是指由政府面向城市最低收入和中低收入群体提供的住房，目前主要包括廉租房、公租房等出租性质的住房、经济适用房以及限定标准和价格的出售性住房。2007 年以来，大力发展低收入城市居民的保障性住房成为国家调控房价和解决住房困难群体居住困难的重要措施，保障房建设得到了政府土地划拨和资金配套的强力支持；同时，城市政府对保障房的供给规模、申请资格、户型标准、规划选址、配套设施等都提出了明确要求。

迄今为止，中国大城市保障房的规划布局呈现出一些共性问题。一是选址比较偏远，主要建在地价较低的郊区和城乡结合部；二是大规模集中建设，导致符合保障资格的人群在局部地区过度集聚；三是配套设施不完善，基本公共服务滞后。例如，北京市北部有“亚洲最大居住区”之称的回龙观和天通苑两个大型经济适用房居住区，规划人口规模均在 30 万以上。由于周边的就业机会较少，90%以上的居民每天往返城市中心区上班，造成大量钟摆式通勤人口和严重的道路交通拥堵。这些居住区人口密度高，绿地面积少，入学、养老、医疗等服务水平与中心城区也存在较大差距。

社会隔离是低收入保障房社区的主要问题之一。纵观全球，美国、法国、英国等西方发达国家的早期低收入者保障性住房建设过程中，也曾经产生过不同种族、文化或收入阶层之间居住隔离的现象，如何消除社会隔离是住房政策的一项重要内容。中国城市的情况有相似性。由于住房使用寿命的长期性和居住的沉积效应，低收入群体被安置在保障房社区后，很有可能在相当长的时期内定居在此，久而久之就容易形成特定的地缘文化族群（孙施文，2007；徐琴，2008）。这不但使他们的居住空间变得具有易识别性，形成固化的本群体的空间身份标签，而且有可能导致低收入群体偏离主流社会价值观，从标签化走向整体的边缘化。

此外，在城市规划管理方面，大规模的低收入保障性住房社区在偏远郊区布局加剧了城市公共交通的压力。低收入阶层对公共交通的依赖性很大，步行、非机动车和公共交通是他们交通出行的主要方式。然而，城市边缘地区公共交通数量相对稀少，线路单一，服务标准低，价格高。居住地和就业地的空间距离的拉大会显著增加低收入群体的通勤成本，进一步减少他们的自由可支配收入。同时，通勤时间的增加也是不可忽略的。北京市城市规划设计研究院 2017 年的抽样调查表明，城郊经济适用住房社区的居民平均通勤时间为 58 分钟，大幅超过北京市居民通勤时间的平均水平。此外，城市边缘地区的购物也不太便利。低收入家庭入住保障房社区后生活成本反而增加，远离了住房保障政策致力于改善低收入家庭生活困难的初衷（吕艳和扈文秀，2010）。显然，这对于城市贫困问题的解决是不利的。

四、回迁房社区

拆迁安置导致内城区贫困空间发生由中心至边缘、由分散到集中的重构，而且这种贫困空间的边缘化过程具有强烈的不可逆性。

众所周知，旧城改造与拆迁补偿是一个政府、开发商与拆迁户多方博弈的过程，很多家庭在拆迁中受益，通过拆迁安置或补偿重新购置商品房以改善居住条件。但老城区的一些家庭，由于住房建筑年代久、住宅面积小、私有产权比例低等因素，获得的补偿金额较少。宋伟轩等（2013）对南京市 10843 份拆迁安置数据的分析表明，内城贫困家庭在拆迁中获得的户均补偿 10.12 万元，低于其他居民。受原有经济条件限制，贫困家庭在市场上购房回到城市中心区的可能性很小，难以支付城市更新以后新商品房的价格，所以很多贫困家庭被迫搬离原来的社区并接受异地回迁安置。

从贫困空间重构的视角来看，原本分散居住在内城区的城市贫困群体经历过拆迁安置以后，更加集中地聚居在城市边缘的回迁房社区中。由于拆迁安置产生的边缘化过程往往是不可逆的，很可能就导致贫困阶层被固化在城市边缘，形成新的贫困空间（宋伟轩等，2013）。

五、城乡结合部

城乡结合部的贫困空间多形成于 20 世纪 90 年代，在城市向郊区扩张的过程中，靠近城市的村庄逐渐被吞没。村庄向城市的转型并非一夕之间就可以完成，从空间形态上，很像是一个“插花渐进”过程——先是通过设立街道，把乡镇或乡镇的一部分纳入城市的管理范围。这时，新设立的街道内部常常不可避免地包含一部分村庄，即“城中村”；之后，再通过城镇化改造慢慢消化，把城中村同化为城市。

在实践中，城中村的同化需要完成征地拆迁、村民社保和居民身份转换、集体资产量化和分配等一系列过程，其中往往存在一些障碍，这也就意味着这种“半城半乡”“亦城亦乡”的状态会存续较长一段时间。久而久之，就形成了非正式居住区，尤其以农民出租房居多。在大城市里，城中村低廉的租金和位于城市周边的良好区位，加上城市住房政策对外地户籍人口的排斥作用，使其成为低收入外来人口的理想聚居地。住在城乡结合部村庄里的人除了残留村民（大部分本地年轻人已经离开村庄），许多是租住房屋的外地流动人员或大学毕业后滞留城市的较低工资收入人群。

因为集体土地所有制的限制，城乡结合部的村庄建设游离于城市规划和建设规范的控制之外。同时，城市街道和乡镇、村庄的多重管理存在地域交叉、主体不明等问题，所以城乡结合部非正规居住区的管理难度很大。这里往往建设密度很高、很多房屋不符合日照间距和防火要求，环境卫生和治安条件差，道路、给排水等市政设施配套水平低，居住环境脏、乱、差。

城乡结合部的本地居民，虽然生活环境很差，但很多人仍然是农业户口，或收入高于最低生活保障线，得不到城市社会保障的支持。农村外来人口的收入一般也高于家乡农村的贫困标准，因此，大多数外来人口并不属于绝对贫困者。尽管如此，他们仍处于实实在在的相对贫困状态。与城市生活的巨大反差成为这类贫困地区的最大问题（袁媛等，2009）。

第四节　城市贫困治理与改革实践

20世纪80年代后，中国城市贫困人口规模扩大，贫困群体类型也逐渐增多。1993年，上海市率先推出城市居民最低生活保障措施，拉开了城市贫困救助政策改革的序幕，中国城市贫困治理事业开始在探索中前行。1997年，国务院发布了《关于在全国建立城市居民最低生活保障制度的通知》，主要内容是针对城市非农人口中无生活来源、无劳动能力、无法定赡养人和抚养人的“三无”人员、失业且/及家庭人均收入低于最低生活保障标准的居民实施最低生活保障政策。1999年《城市居民最低生活保障条例》正式施行，标志着城市居民最低生活保障政策成为一项制度。此后，城市最低生活保障的覆盖范围不断扩大，救助水平、救助规模和救助强度逐渐加大。与此同时，对临时救助的探索和实践也逐步展开，2014年发布的《社会救助暂行办法》和《国务院关于全面建立临时救助制度的通知》，对社会救助制度进行了全面的顶层设计。经过多年的探索和实践，中国基本形成了以城市居民最低生活保障制度为主，其他类别社会救助（包括医疗、住房、教育、就业、司法等）为辅的城市贫困治理体系，并在实践中取得了成效。

国外的反贫困措施主要体现在扩大就业、提供住房、完善社会保障制度、大力发展经济等几个方面。在城市贫困的治理中，西方国家不但重视政府的干预作用，而且非常强调通过多主体参与和共同努力来缓解贫困问题，非政府组织（NGO）在反贫困中发挥了重要作用。中国政府对城市贫困问题的治理措施主要是社会保障制度改革（包括收入分配制度、户籍制度、教育制度、就业政策、救助制度、保险制度等）和经济体制变革（目标是发展经济和扩大就业）（刘玉亭等，2003；苏勤等，2003；李强，2004；陆红，2013）。从地理学视角来看，空间规划政策在城市贫困的治理方面具有重要的作用。

一、基本公共服务设施均等化

城市地理学和城市社会学者主张，通过公共服务的合理配置来减少社会剥夺，实现空间公平和空间正义；在条件允许的范围内，通过市场和政府共同作用，保证不同社会群体的空间利益实现最大化。李庆瑞认为，治理城市贫困问题要通过合理调配公共资源，特别是基础设施和教育等公共服务的均等化配置来实现[①]。具体来说，包括加大基础教育、公共卫生及基本医疗服务的投入力度，保证贫困人口的覆盖度；为城市中的不同群体享有公共服务设施创造平等机会，消除贫困阶层利用公共服务的经济障碍和其他障碍；尤其要对城市贫困空间给予更多关注，促进城市公共基础设施在空间上的均等化与公平利用。

二、制定微观层面的城市社会空间规划

微观层面的城市社会空间规划的特点是不仅要考虑自然环境要素、经济环境要素，还应该充分考虑社会环境要素，真正做到以人为中心，对城市中不同类型和阶层的群体和个人进行深入调查，充分了解他们的生产和生活需求。其中，尤其要关注以低收入和贫困居民为代表的城市弱势群体和边缘群体的需求，基于民情、民意分析，对城市社会空间进行分类评价，在此基础上制定城市贫困空间等相关专项规划。

只有充分考虑了人的需求和社会环境因素，城市社会空间规划才能真正体现老百姓关切的民生问题，制定针对性更强的住房建设规划、商业设施规划、健康安全规划和文化教育规划，满足不同社会群体尤其是新城市贫困群体的住房、健康、教育、购物、交通和安全等基本需求，并不断促进各类规划的有机融合、有效衔接，实现社会空间的包容和公正，促进不同社会群体在城市空间上的共生。

三、避免城市贫困群体的大规模集聚

为了避免城市贫困群体在城市特定区域的过度集聚及由此带来的空间隔离和社会问题趋同化，城市规划中应注意用地布局，不宜采取大规模集中安置贫困群体的策略。对已经形成的社会矛盾突出的地区，应该采取“掺沙子”的办法，以混合用地打破居住群体的同质性并实现各种基础设施的公平配置，避免空间隔离和新城市贫困群体的社会排斥。

四、完善公共住房保障体系

“耕者有其田，居者有其屋”自古以来就是中华民族的民生思想。面对城市商品房价格的快速攀升和新城市贫困群体的住房困难，我们需要进一步完善公共住房保障体系。为此政府一方面要加大加快城市保障性住房制度的建设，扩大住房保障对贫困居民的覆盖面，构建强大的公共住房保障体系；另一方面要通过公共住房建设等手段积极调控住房市场，避免极端自由的商品化和房价失控。

高晓路和浅见泰司（2010）认为，公共住房保障体系应该以廉租保障和公租房建设为主体。公共保障性住房在户型、面积和空间布局上与商品房应该有所差异，互为补充，协调布局，起到满足不同社会阶层需求的作用。此外，保障性住房供给应该保证一定的数量规模，才能通过供需关系的整体调节对市场价格产生影响。廉租房是直

① 李庆瑞. 2009. 成都城市贫困空间研究.成都：西南交通大学硕士学位论文。

接针对城市贫困人口、低收入家庭的保障性住房，面对住房困难、需要社会提供福利救助的家庭，应根据财政负担能力设定明确的准入标准。中国已经构建了住房保障政策体系，在制度建设方面，今后一方面要加强申请过程的监管，另一方面要完善退出机制，建立有效的收入监控机制，随着居民收入的提高相应地提高廉租房的租金或降低租金补贴标准，直至达到甚至超过保障住宅以外的租金水准，以确保租户顺利退出。这样才能保证公平，将有限的社会资源用于最困难的家庭。

高晓路和浅见泰司（2010）提出，公共住房不仅具有保障基本民生的作用，还有调节市场供给的重要功能。公共住房一旦出售便不再有调节市场的作用，因此公共住房建设的重心必须是租赁房，而非出售性质的似是而非的“保障性住房”。因而，公租房应该是大力发展的方向。为了在财政资金有限的情况下促进供给，应该鼓励平价公租房的建设（即政府或公共团体提供的不以盈利为目的的、按照建设成本确定租金的住房）。当公租房建设达到一定规模时，如果商品房的市场价格显著高于成本，公租房的租金水平将显著低于市场租金，因此就会开始发挥平抑市场价格的作用。公租房的对象应面向所有城市居民（包括在城农民工等），并向社会开放申请资格。因此，公租房建设不仅会缓解城市户籍贫困群体的居住困难，而且对解决外来流动人口的住房困难也是很有效的。

第五节　城市老年贫困问题研究案例

前文已提到，老年人的贫困是城市贫困问题的主要类型之一。当前，老龄化加速已经成为中国社会经济发展的重要社会背景。根据国家统计局统计，截至 2017 年年底，我国 60 周岁及以上的人口已达到 2.41 亿人，占总人口的 17.3%。2006 年，全国老龄工作委员会办公室发布的《中国人口老龄化发展趋势百年预测》指出，我国当前已步入“快速老龄化”阶段，到 2030 年全国老年人口将达到 3.71 亿，占总人口的 25.3%；2050 年将达到 4.83 亿，占总人口的 34.1%。目前，生活在城市地区的老年人口已经过半。根据全国老龄工作委员会发布的 2015 年《中国城乡老年人口状况追踪调查》报告，全国城镇老年人口占全国老年人口比重达到 52.0%，较 2000 年提高了 17.8%。据预测，到 2030 年和 2050 年城镇老年人口的比重将分别增长至 55.4%和 71.0%（吴玉韶和党俊武，2014）。未来一段时期内，城镇化仍会不断推进，农村可转移的剩余劳动力资源已开始逐渐减少，所以城市地区的老龄化速度将不断加快。

很多人认为，城市老年人口是生活比较有保障、贫困风险较低的人群，但数据分析表明，近年来情况并不乐观。一些调查显示，全国收入低于城市最低生活保障线的老年人口规模逐年扩大（杨立雄，2011）。

老年人自身是一个贫困发生率较高的群体（于学军，2003；王德文和张恺悌，2005）。他们的贫困不仅包含经济上的贫困，而且包含社会方面的贫困（图 6.1）。随着年龄的增长，老年人的劳动能力和收入逐渐下降，对外部支持的需要越来越高，所以他们比较容易陷入贫困。另外，在现代社会变迁（如女性就业率提高）和家庭结构转型（如计划生育政策导致的家庭结构变化）中老年群体的受益相对较小，从而拉大了与其他群体之间的差距（孟翔飞和苏春艳，2010）。其结果是，贫困人口中老年人占据相对较高的比重，成为一个不可忽略的社会群体。

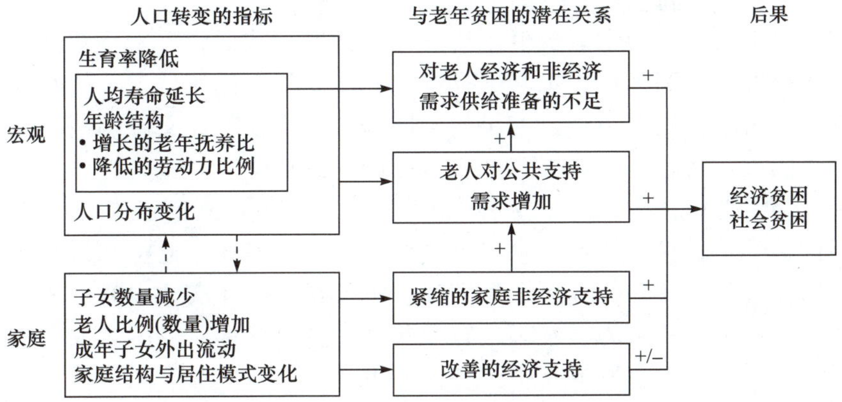

图 6.1 人口和社会转变与老年贫困的关系（杨菊华，2007）

注：图上实线表示因果关系，虚线表示相互影响关系

近年来，扶贫政策比较关注儿童、妇女、残疾人等弱势群体，日益突出的老年贫困问题尚未得到充分重视。在现有社会政策和文化观念的影响下，老年群体得到的福利较妇女、儿童等其他群体来说相对有限。

一、城市老年贫困的特征

（一）除收入外，健康、家庭等因素与老年贫困密切相关

除了收入，老年人的贫困还受到许多其他因素的综合影响。年龄、健康、居住安排、养老模式和居住地等属性的差异，会造成这个群体的高度分化。北京市社会科学院“北京城区角落调查”课题组编写的《北京城区角落调查 No.1》指出，贫困老人至少有六种类型：生活不能自理型，常年生病导致经济困难型，高龄型，孤老型，低保老人和独居老人。可见，他们有的是没有生活来源，退休金不能满足基本生活所需或无法负担医疗费用；有的是生活不能自理，没有亲人看护；有的是常年患病，身边子女贫困或残疾、下岗失业；有的贫困老人由于丧偶或常年生病，身体和精神上都很痛苦。显然，情况不同，致贫原因、贫困程度、帮扶对策都存在巨大的差异。

老年人陷入贫困的原因，既有劳动能力和收入下降、接受新生事物能力差、不能适应社会环境变化等内因，也有人口、社会、家庭、经济形势变化等外因。一方面，老年人到了退休年龄或受健康状况限制，会逐步退出劳动力市场，收入水平下降，失去在社会、单位和家庭中的主导地位和权威。另一方面，由于身体机能的退化和生活活动能力的减退，健康负担会逐渐加重。如果退休金满足不了生活所需，又没有其他财产收入、转移收入和家庭、社会的必要支持，生活就可能会陷入困顿。

从健康与经济收入的关系来看，失能老人的收入水平显著低于普通老人，而且经济独立性较差。2000 年人口普查数据显示，北京市 60 岁及以上老人靠离退休养老金和家庭成员供养的比例分别是 85.7%和 8.1%，而生活不能自理的老人靠离退休养老金的比例只有 73.4%，靠家庭成员供养的比例是 22.1%，还有 3%依靠低保。经济能力不足使失能老人在安排自己的生活时顾虑重重。

在实践中，有关部门常以最低生活保障（低保）和低收入家庭救助资格作为贫困人口的替代标准，这两个标准本身就存在差异。此外，低保认定和低收入家庭救助的共同特点是以家庭为认定单位。如果发生同居子女不尽赡养义务的情况，老年人的生活将会陷入困难。实际上，低保和低收入救助在进行核查时也是把子女是否给予老人经济支持作为参考依据的，对子女有能力但无法给予老人经济支持的情况，需要出具证明。但许多子女顾忌面子不愿意出具这样的证明。另外，低保和低收入家庭救助由所在社区居委会负责评估，程序和标准有一定随意性，在实践中有不少导致认定结果缺乏权威性和公平性的人为因素。还有一些低保发放机构对贫困老人的收入和支出变化情况了解不及时，也会影响到贫困老人的生活。

由此可见，老年人的贫困与健康、家庭等因素有着密不可分的关系，在判别老年贫困和制定老年贫困对策时有必要对这些因素进行综合的分析，单纯以收入作为判别老年贫困的标准，是值得商榷的。随着人体的自然衰老和各种器官功能的老化，老年人在生活、医疗等方面的支出大幅增加，是否还留有一定的储蓄余额，将直接影响其生存需求与安全需求。老年人的特殊性主要在于医疗支出方面的比重高于较为年轻的群体。因此，在界定老年贫困时应该对支出结构差异给予特殊考虑，不宜简单套用绝对贫困线和最低生活支出标准。

（二）家庭结构转型对老年贫困的潜在影响越来越强

由于医疗条件和生活环境的改善，中国城市的人口预期寿命不断延长。与此同时，在社会经济发展和人口、社会政策的影响下，城市人的生活方式更加现代，晚婚、生育水平下降，家庭核心化，各方面的发展机会增加，年轻人对赡养父母所付出的时间和支持越来越少，“父母在，不远游”的教诲已经过时。家庭结构和传统价值观念的改变对老年人所获得的经济和非经济支持构成了重要影响。城市中“空巢”老人和独居老人大幅增加，间接增加了老年人陷入贫困的风险。

研究表明，保持独立性是决定老年人生活质量的重要因素。独立性体现在健康、收入等不同方面，对那些由于衰老而丧失身体的部分或全部机能、或罹患智能障碍的失能老人来说，陷入贫困的可能性远高于普通人。根据我们调查所见，大部分低收入老人尽管已经失去了自理能力，可还是想尽可能地保持独立性，不愿意成为家庭和子女的负担，因此只能“凑合活着”“挨一天算一天”。

（三）城市老年贫困问题具有很强的动态性特征

值得关注的是，城市老年贫困人口和贫困空间的分布在人口、社会家庭和健康结构动态的影响下，处于持续不断的变化过程中。这个过程不仅包括老年人年龄增长和身体机能逐步退化的自然过程，而且伴随着许多行为的改变，如老年人对住房和居住地的再选择和空间迁移、独自生活或与子女一起生活等生活安排的改变、去养老服务设施甚或异地养老等养老照护方式的选择等。同时，住房政策、社会福利政策和城市空间环境设施等因素的变化也无时无刻不在影响着老年人的生活决策。

与其他人群相比，老年人对人口、社会、经济、环境政策因素的变化更加敏感，因此老年贫困人口和贫困空间随时间动态变化特征更强。这就要求，对城市老年贫困人口和贫困地区的识别以及老年贫困对策的制定要考虑时间的因素，不应该仅仅停留在一个时间断面上，而要展开连续性、趋势性的研究。

目前，地理学研究对老年贫困的动态性特征重视不够，大部分研究中只是关注老年贫困某一时间截面上的分布格局，或者几个时间截面之间空间格局的变化态势，而真正从动态化视角探讨老年贫困的时空间过程和微观机制的研究较少。其中，颜秉秋等（2015）利用多主体模拟模型的方法研究了老年人的养老行为和需求，在控制人口（人口规模、结构和空间分布）和政策变量（社会政策、公共服务设施布局）的前提下，以老年人为主体设计了生命周期演化模型（模拟年龄增长过程中的健康演化、家庭结构和社会经济属性的变化）及一系列行为模型，包含老年人的迁居（考虑住房、公共服务、社区环境、迁居成本等因素）、养老满意度和养老方式选择（包括独自养老、家庭养老、社区养老、机构养老，考虑养老满意度、养老服务的可达性、价格等因素）等。研究证明，基于多主体的微观模拟方法对养老问题的系统性和动态性研究是有效的。

（四）老年贫困群体在居住空间上分化明显

以居住空间分异为特征的中国城市社会空间分异已经被许多研究证实。相较于社会空间分异存在的事实，地理学关心更多的是空间分异的尺度。单位制度解体以前的中国城市，城市内部的居住空间由一个个单位大院构成，它们之间虽有差异，但总体上具有较好的均质性。随着住房商品化改革，不同类型居住区之间形成了极大差异。这种地理现象在大城市尤其明显。

高晓路（2012）、Yan 等（2015）经过对北京市老年人口空间分异特征的分析，发现在社区尺度上，老年人群的生活满意度、养老模式选择等反映老年人行为特征的指标存在非常明显的差异。居住社区的福利性质（如普通商品房与单位大院、公共住房）、人口密度、人口构成（年龄结构、本地外地人口比例）、住房形式、房价和租金（反映区位、社会公共服务、居住质量）等要素通过生活环境和社会支持因子对老年人的健康和生活满意度有着直接或间接的显著影响。以上研究虽然没有直接触及老年贫困问题，但足以说明许多老年贫困风险要素需要从居住社区的尺度上加以辨识。

城市老年贫困人口属于贫困人口和老年人口的一部分，但人们已经注意到，它并不只是用年龄和收入两项指标就能很好地识别出来。老年贫困的风险因素来自年龄、经济状况等比较容易识别的因子，也来自健康、家庭、文化价值观念等难以识别的因子。为了找到针对城市老年贫困问题的有效措施，首先是要对老年贫困人口和贫困空间进行准确的识别，对当前和未来的发展趋势有一个清晰的认识。

由于这个群体的分化主要发生在居住社区尺度上，单靠地域性的统计数据是很难精确辨识的。目前，城市内部贫困人口和贫困空间的研究，主要依靠民政部门的贫困人口统计数据、人口普查数据和大规模家庭调查的数据。但识别贫困人口的经济数据可获得性较低，人口普查数据周期很长、家庭或个人调查问卷成本又太高，给多维度贫困人口的识别带来很多困难。下面，我们针对这个问题，以北京市为案例展开讨论。

二、北京市典型社区老年贫困测度

北京已步入老龄化社会。2018 年年底，全市常住 2154.2 万人口中，60 岁及以上老年人口占 16.9%；65 岁及以上的老年人口占 11.2%；80 岁及以上的老年人口 59.5 万人，占 2.7%。

近年来，随着经济发展水平提高，北京市老年人的社会保障水平逐年提高，在全国城市中较早建立了高龄津贴制度和 95 岁以上老年人的补助医疗制度；2015 年 7 月，实现城乡低保标准统筹；2017 年 2 月，城乡特困人员救助供养制度实现统筹。2012～2017 年，北京市城镇职工的人均养老金水平从每月 2510 元增加到 3770 元，城乡居民的月均基础养老金由 357.5 元增加到 610 元，福利养老金标准从月均 277.5 元提高到 525 元。2012 年年底，北京城市最低生活保障标准是家庭月人均 520 元，城乡低收入家庭认定标准是家庭月人均 740 元，到 2016 年年底，这两项标准分别提高到 900 元和 1410 元。城乡特困救助的供养标准按照不低于上年度全市居民人均消费支出确定，具体来说，基本生活标准不低于本市最低生活保障标准的 1.5 倍，即 1350 元/月；照料护理标准按照有生活自理能力、部分丧失生活自理能力、完全丧失生活自理能力分档制定，分别不低于本市当年最低工资标准的 20%、40%、60%，即每月 400 元、800 元、1200 元。符合城乡低收入家庭认定条件的贫困老年人，还可以根据家庭困难情况申请医疗、住房等专项救助和临时救助。

应该说，北京在全国城市中属于养老保障水平最高的地区之一，但老年人口的贫困问题依然存在。2016 年年底，全市城乡低保对象中 60 岁及以上的老年人 31429 人，占低保人口总数的 24.8%。其中，具有城市非农户籍的老年低保对象 11289 人，占城市低保对象总数的 14.1%；城市特困供养人员 932 人中 60 岁及以上的老年人占 42.2%。

关于老年人口的社会经济属性，主要统计年数据中普遍缺少健康、家庭结构和居住安排等方面的详细数据，而且空间精度较低，主要是县或市、区单元的统计（北京市只有 16 个区级空间单元）。即使数据项丰富的人口普查公开数据，在街道、乡、镇尺度上（2015 年，北京市共有 150 个街道，143 个镇，33 个乡，5 个民族乡，合计 331 个街乡镇级行政单位），也只有各年龄层比例、性别结构等少量信息，这显然是不够的。

在本节中，我们基于高晓路（2012）、颜秉秋和高晓路（2013）、Yan 等（2015）前期研究，结合典型社区抽样调查和微观数据反演方法，在居住社区的尺度上对城市贫困老人进行分析和识别。

研究组从搜房网（www.sofang.com/）、安居客（www.anjuke.com）等房地产信息网站获取数据并构建了北京市居住小区空间数据库。经过数据清洗后约有12000多个居住小区，属性数据包括建成时间、住房类型、容积率、绿化率、价格、居住小区的福利性质等，并利用ArcGIS获取小区交通和区位等信息。基于上述信息，将它们区分为八种类型：老城中心的四合院居住区、普通商品房社区、单位大院、老公房改制后变为商品房的混合居住社区、城市外围的大型经济适用房居住区、廉租房小区、城乡结合部的城中村、郊区城镇的老旧居住区。

在此基础上，研究组在每种类型中选择1个具有一定规模和典型性的社区，于2012～2013年开展了实地调研（表6.2）。一方面，通过观察和社区工作人员访谈对居住社区的人口和整体环境进行调查；另一方面，向55岁以上的老年人随机发放调查问卷，总共发放800份，每个社区约100份，调查年龄、健康、文化程度、家庭构成、收入和支出、住房、社区服务、养老状况、养老意愿等。据此对不同类型社区的老年人生活、居住进行统计分析。表6.3展示了年龄、性别、户籍、教育程度、收入、健康和居住安排等与老年贫困相关变量的描述统计。

表6.2　北京市老年人生活状态调查的典型居住区

编号	小区名	位置	社区类型	社区和老年人画像	有效样本数
1	白纸坊街道里仁街社区	西城区南部，南二环内	普通混合社区	企事业单位退休职工为主，房改中购入公房，一些房屋在市场转卖给外来居民。年龄结构老化严重（70岁以上52%），独居老人多（19%），住房条件较差（多层无电梯，面积中位数50m^2）	101
2	东花市街道广渠门北里社区	东城区南部，东二环内	廉租房社区	由最低收入家庭、残疾、有特殊贡献的低收入老人构成。高龄老人多，不能自理的老人多（25%～30%）	62
3	平房地区办事处国美第一城小区	朝阳区，东四环和东五环之间	新建商品房小区	从内城搬来或外地来京投奔子女的老人，文化程度较高，年龄结构轻，大部分与子女同住（85%）	94
4	回龙观街道龙腾6区	昌平区，北五环外	经济适用房小区	内城拆迁安置居民，外来来京投靠子女的老人，大部分与子女或配偶一起生活，子女同住、老年人同住的比例分别是59%和32%	98
5	万寿路街道5号院	海淀区，西三环和西四环之间	单位大院	国有企事业单位退休老人，文化程度和收入较高，空巢比例高（老年人同住52%，独自居住10%）	84
6	什刹海街道	东城区，二环内	旧城四合院街坊	多年在此生活的老北京住户，很多原体制内职工（75%），年龄结构老化，住房拥挤（面积中位数28m^2）	97

续表

编号	小区名	位置	社区类型	社区和老年人画像	有效样本数
7	东小口镇小辛庄	昌平区，北五环和北六环之间	郊区城镇老旧社区	年龄结构较轻，大部分与子女同住（52%）或者和配偶同住（老人同住比例 33%），家庭收入低，相当一部分下岗或没有单位	96
8	南苑地区办事处：大红门	丰台区，南四环附近	城乡结合部居住区	老年人中大部分是北京市农村户口（74%），少量已转为城市户口（18%），文化程度低，人口外迁老年人同住和与独自生活的比例分别是 47%和 14%	100

表 6.3　北京市典型居住社区老年人属性调查结果

属性	样本数	类别		数量	比例
年龄	706	1	<60	180	0.255
		2	60～64	184	0.261
		3	65～69	95	0.134
		4	70～79	188	0.266
		5	≥80	59	0.084
性别	719	1	男	268	0.373
		2	女	451	0.627
户籍	723	1	北京非农	619	0.856
		2	北京农业	78	0.108
		3	外来非农	5	0.007
		4	外来农业	21	0.029
教育程度	692	0	小学以下	55	0.079
		1	小学毕业	310	0.448
		2	初中毕业	201	0.290
		3	高中毕业	67	0.097
		4	大专以上	59	0.085
独立可支配收入/（元/月）	683	1	≥1000	92	0.134
		2	1001～3000	282	0.413
		3	3001～5000	223	0.327
		4	5001～10000	73	0.107
		5	>10000	13	0.019
健康养老支出/（元/月）	620	1	≥100	158	0.254
		2	101～300	127	0.205
		3	301～500	133	0.215
		4	501～1000	107	0.173
		5	1001～3000	83	0.134
		6	>3000	12	0.019

续表

属性	样本数	类别		数量	比例
身体健康状况	728	1	非常健康	333	0.457
		2	基本健康	330	0.453
		3	部分自理	55	0.076
		4	无法自理	10	0.014
精神健康状况	719	1	非常健康	448	0.623
		2	基本健康	262	0.364
		3	部分自理	9	0.013
		4	无法自理	0	0.000
家庭结构①	723	1	独自生活	84	0.116
		2	老人同住	298	0.412
		3	子女同住	341	0.472

① 家庭结构变量按独立性由强到弱的顺序赋值，本表有效样本中未纳入其他家庭结构类型（如老人与保姆或其他亲朋同住）。

变量分组统计结果表明，城、乡或本地、外地户籍类型对老年人的属性具有很明显的影响。此处我们主要关注城市贫困老人，选择具有本市非农户籍的老人作为研究对象（N=619，有效样本 591），他们在整个调查样本中约占 86%。此外，分析发现，年龄、家庭结构、收入、健康等因子是老年人属性的基本指标，文化程度、住房面积、健康养老支出等变量与之存在较强的因果关系，属于从属性指标。因此，接下来用年龄、收入、家庭结构、身体和精神健康状况等 5 个基本指标进行主成分分析。

表 6.4 的结果显示，特征值超过 1 的主成分因子有三个，从向量系数可以看出，它们分别与健康、经济和年龄显著相关，说明这三个因素是解释老年人群属性差异的主要因素。其中，和老年贫困直接相关的第 2 因子（经济），与老年人的独立可支配收入和家庭结构有显著的正向或反向关联。这样的结果说明，这两个变量是判识城市老年贫困的重要因素；同时，老年人的经济能力不仅取决于其可以支配的收入，经济自立性对老年人来说也是非常重要的。老年人家庭结构变量的赋值越低（1，2，3 分别代表独自居住、与老年配偶或老年家人同住、与子女同住），老年人居住安排的独立性越高，经济能力越强。

表 6.4　北京市典型社区老年人属性变量的主成分分析和因子分析结果

成分	主成分 1	主成分 2	主成分 3	主成分 4	主成分 5
因子	健康因子	经济因子	年龄因子	—	—
特征值	1.361	1.093	1.018	0.925	0.604
解释比例	27.2	21.9	20.4	18.5	12.1
累计比例	27.2	49.1	69.4	87.9	100.0

续表

成分	主成分 1	主成分 2	主成分 3	主成分 4	主成分 5
因子	健康因子	经济因子	年龄因子	—	—
年龄	0.002	0.213	<u>0.916</u>	−0.289	−0.179
家庭结构	−0.187	<u>0.609</u>	0.117	0.755	0.105
独立可支配收入	0.069	<u>−0.719</u>	0.381	0.497	0.292
身体健康	<u>0.698</u>	−0.020	−0.035	0.286	−0.655
精神健康	<u>0.687</u>	0.257	0.026	−0.134	0.665

以这三个主成分因子为自变量对调查样本的生活满意度进行回归分析，结果显示健康和经济两个主成分因子具有显著影响，健康状况和经济能力越差，生活满意度越低。根据以上分析结果，我们计算出每个样本点在经济因子上的得分。从经济因子与收入的负相关可以看出，分值越高代表老年人的经济能力越弱。此外，经济能力主成分因子和代表健康、年龄的其他两个主成分因子是相互独立的，也就是说，贫困的发生与年龄层和健康状况之间并没有直接的必然关系。

三、城市老年贫困人群和贫困空间的特征

虽然上面的分析给出了综合评估老年人经济能力的一个定量化标尺，但贫困线的确定十分复杂而且敏感，不光是一个技术问题，更是一个政策层面的问题。在实践中，贫困线的制定需要考虑两个方面：一是要保障老年人最基本的生活需要，对贫困线以下的人口实施全覆盖式的保障；二是必须考虑公共财政的保障能力，如果贫困线标准制定得过高，公共财政只能保障一部分人口，就会有损政策的公平性。

本文不准备深入探讨公共政策保障能力的问题，仅试着从空间结构视角来考察老年贫困人口的分布。从图 6.2 可以看出，经济能力主成分因子的得分服从正态分布，假设贫困线标准为 1 个标准差及以上，对样本进行划分可得老年贫困人口比例为总样

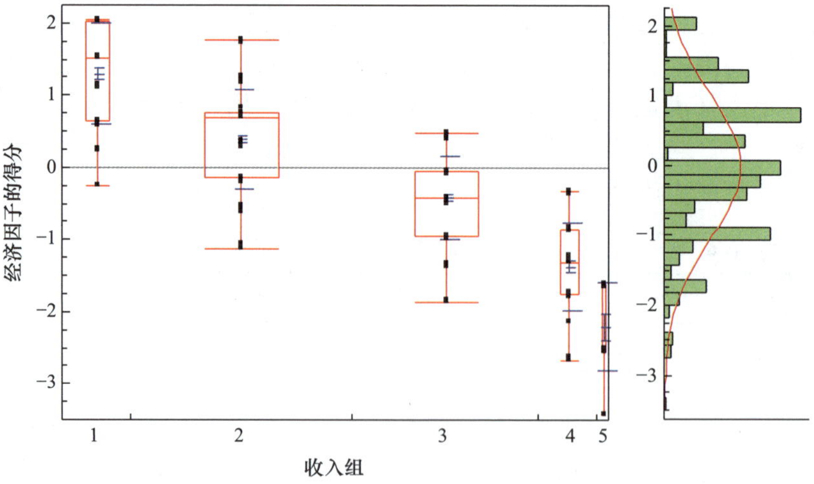

图 6.2　老年人经济能力与独立可支配收入的关系

本的 17.9%（=106/591）。如果贫困线标准为 2 个标准差及以上，对样本进行划分可得老年贫困人口比例为 3.2%（19/591）。这些数字要高于最低生活保障人口的比例。但正如前文所述，以最低生活保障线或低收入家庭收入标准作为衡量贫困的标准存在低估的问题。2016 年，北京市老年人口中最低收入保障的比例还不到 1%（按照城乡老年人口 329.2 万、老年低保对象 31429 人测算）。目前，北京市城乡低收入家庭标准为家庭月人均 900 元；2020 年的规划目标是低收入保障家庭的覆盖面达到 1.5%。未来，完善困难群众帮扶体系，扩大救助保障范围，测算和调整最低生活保障标准和低收入家庭认定标准，适度扩大救助覆盖面是政府努力的方向。

此处，我们以 1 个标准差作为贫困界定的标准。从经济能力主成分因子得分与独立可支配收入的关系来看，他们主要是月收入 1000 元以下的人群（收入组=1），但也有一部分月收入是在 1000～3000 元（收入组=2）。在调查样本中，月收入 1000 元以下的老年人口的贫困比例为 72.0%，月收入 1000～3000 元的老年人口的贫困比例为 21.3%。可见，在健康、年龄、家庭支持等其他因素的共同作用下，一些低收入老人并非绝对脆弱，而另一些中低收入老人则非常脆弱。显然，如果是以城市最低生活保障线的收入标准作为贫困界定标准，有不少暴露于贫困风险的老年人可能会被漏掉。

从老年贫困人口样本在不同类型社区的比例看（图 6.3），北京市周边老旧社区的老年贫困比例最高（40.7%），其次是城市外围普通商品房社区（28.0%）和城乡结合部社区（22.2%），而单位大院的老年贫困人口比例最低（3.6%）。经济适用房社区、混合社区和廉租房社区的比例则比较接近，在 11%～14%。需要注意的是，以上分析中只截取了本市非农户籍的人口，所以在城乡结合部典型社区的样本比较少，对分析结果造成一定影响。真正评价城乡结合部的老年贫困程度时，本地农业户口和外来流动人口是不应被忽略的。

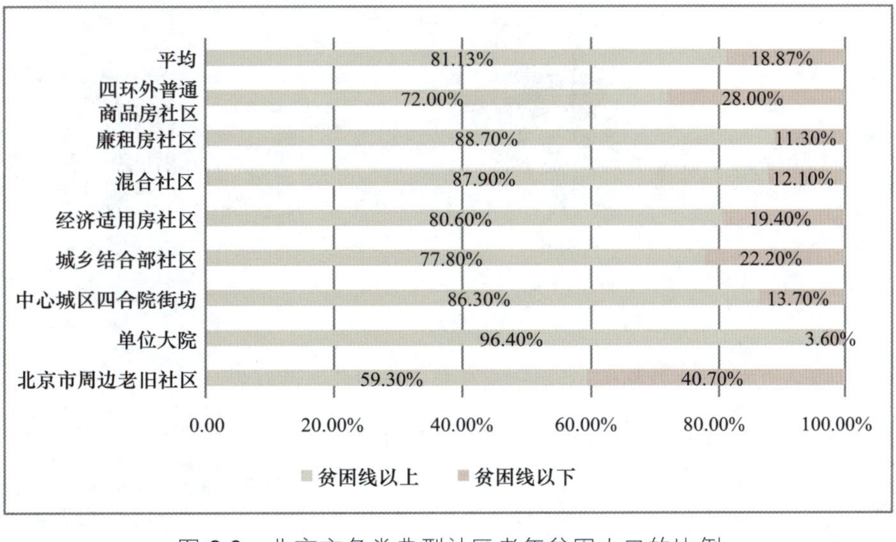

图 6.3　北京市各类典型社区老年贫困人口的比例

要想在城市尺度上把握老年贫困的空间分布特征，仅仅了解不同类型社区老年贫困人口的特征还不够，还需要在城市空间上加以整合。为此，我们运用 ArcGIS 分析工具，首先基于街道和乡镇边界以及居住社区空间分布数据，估算出每个街道和乡镇空间单元中各类居住社区的人口比例。然后，叠加图 6.3 给出的典型社区老年贫困人口比例，即可测算出各个街道的老年贫困人口和老年贫困人口比例分布（图 6.4 和图 6.5）。因为经济能力属性的估算只是基于具有城市非农户籍的人群，他们主要分布在设立城市街道的地区，所以我们仅对市域空间范围内街道所覆盖的地区（以及包含在中心城区街道范围的地区办事处管辖范围）进行了估计。

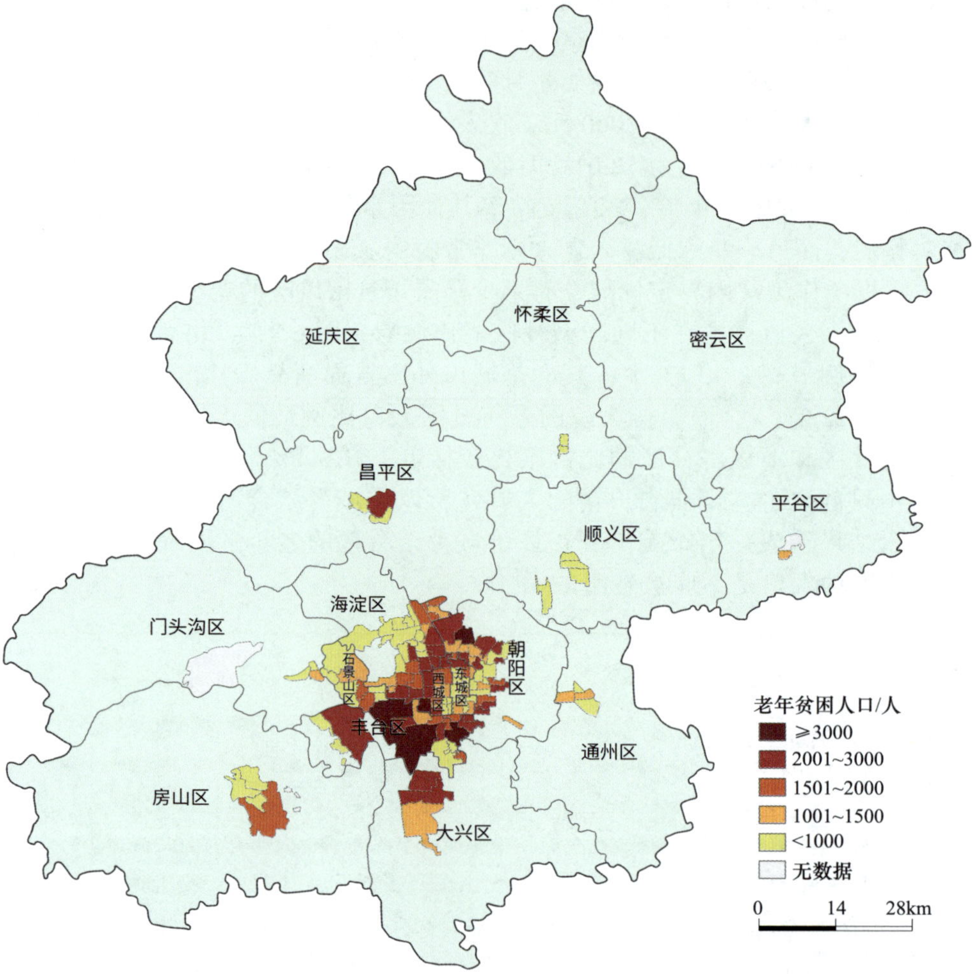

图 6.4　北京市老年贫困人口的空间分布

由图 6.4 可见，北京市中心城区相对于近郊区和城市外围地区，贫困老年人口的数量较多，而南城（长安街以南）的街道老年贫困人口数量更多。图 6.5 则表明，中心城区的边缘（城乡结合部）和周边城镇老旧社区的老年贫困人口比例较高，而四环以内的中心城区的比例相对较低。北京市中心城区的社区服务比较成熟，近年来养老服务政策不断完善，老年贫困人口相对受益较多，但这些地区有限的空间限制了社区

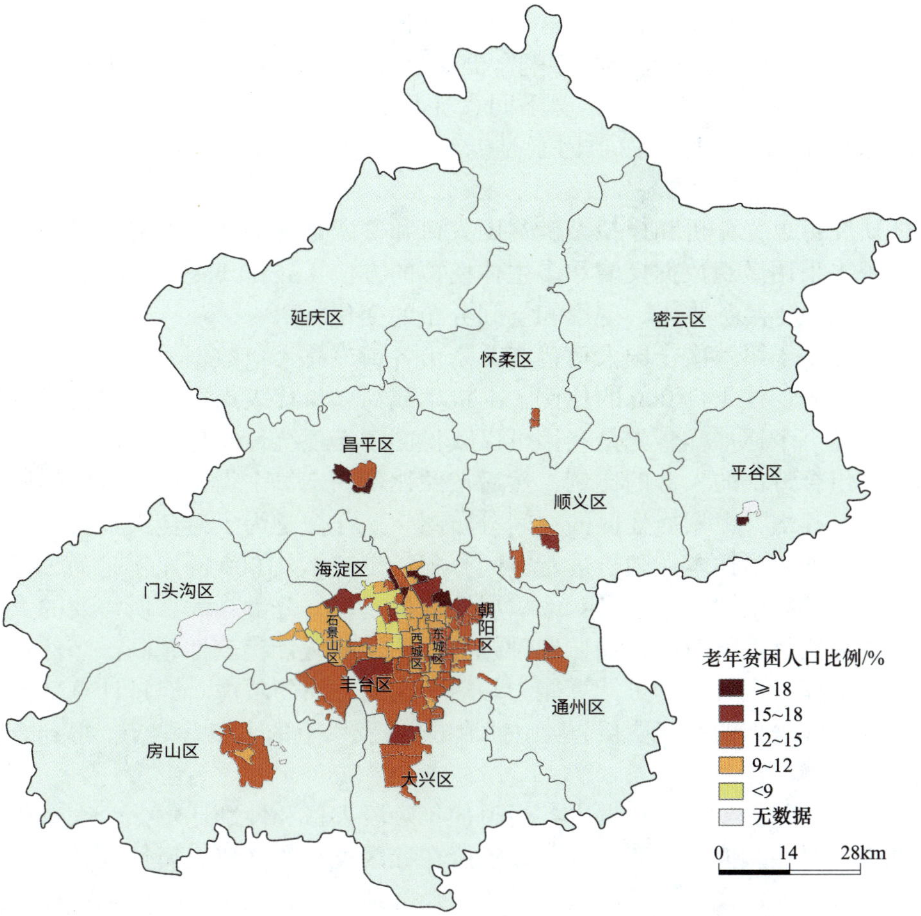

图 6.5 北京市老年贫困人口比例的空间分布

服务设施的建设，人均居住面积小，生活环境差。其中，混合型社区的老年贫困问题尤其严重：一方面，由于中高收入家庭的搬离，低收入高龄老人滞留现象严重；另一方面，由于外来人口的进入，居住功能与工商业功能混合程度比较高，加大了社会管理的难度，使老年人得到的社会支持有所下降。

在中心城区边缘，老年贫困人口的绝对数量和比例都很高，这与城乡结合部特殊的社会和空间矛盾有很大关系。城市化改造的成本、城市和农村犬牙交错的管理体制，外来流动人口的大量涌入、不稳定的社会空间结构，和老年贫困人口问题紧紧纠结在一起，这些问题的解决单靠扶贫政策是难以奏效的。外围市辖区与中心城区相比存在各类服务设施相对不足，交通不便等问题，给老年人的就医、购物等带来困难。各个地区不同的特点，决定了扶贫对策也应该是有差别的。

四、城市贫困的动态演化机制

针对城市典型社区老年人口的深入调查和分析，为城市老年贫困的致贫因素和贫困机制提供了有力证据。例如，颜秉秋和高晓路（2013）运用结构方程模型（SEM）

对老年人的生活满意度（这一指标与老年贫困密切相关）进行分析，发现社会支持对老年人生活满意度具有普遍影响，健康、经济独立性、居住条件和服务可达性等几项因素的影响则随着社区类型不同存在显著差异。另一项研究发现，收入、健康状况、家庭结构、住房等四项因素是老年人养老决策行为的主要决定因素（高晓路，2012）。

上述研究可以为分析和模拟城市贫困人口和贫困地区的变化态势提供基础。例如，颜秉秋等提出采用微观数据反演和多主体模拟的方法（agent based simulation，ABS）来模拟贫困老人年龄、收入、健康和空间分布的变化[①]。

第一步，基于第六次全国人口普查北京市各街道总人口数据，对人口进行空间离散化处理。首先，按 1：1000 的比例，随机生成“人口代表点”。人口代表点的生成过程有点像是一个逆抽样，先是利用可以获得的若干项统计指标计算出每个街道中具有不同属性组合特征的人群的比例，然后按照比例确定每个街道中具有同样属性组合的样本数量；其次，根据居住区的空间分布图（这样做是为了避免人口代表点落在居住区以外的地方）对样本点随机进行空间分配。设定 1：1000 的比例是为了保证人口代表点的属性具有统计代表意义：人口属性变量越多，分散越大，所需要的人口代表点越多，抽样比例也就越高；抽样比例越高，抽样的统计代表性越高。当然，人口代表点比例的选择，也有计算机计算能力和运行速度方面的考虑。经过计算，得到北京市各街道人口代表点的空间图层，从中抽取 60 岁及以上的人口代表点，得到老年人口代表点的空间图层。

第二步，按照人口统计数据中各街道的年龄段人口和性别比例，给人口代表点的年龄、性别等属性赋值；按照人口代表点所在社区类型的老年人属性及其与年龄、性别的相关性，给人口代表点的收入、健康、家庭结构等其他属性赋值。这样，每个人口代表点都获得了年龄、性别、家庭户属性。例如，人口代表点 A 的年龄为 68 岁，女，家庭人口 2 人，大专文化程度，和配偶一起生活，个人可支配收入在 3000～5000 元，在健康方面基本可以自理。人口代表点 B 的年龄是 71 岁，男，家庭人口 3 人，与子女一起生活，独立可支配收入 1000～3000 元，健康方面需要家人照顾，属于半自理状态。

第三步，设定城市贫困模拟的环境变量，对未来一段时期内与老年贫困问题相关的城市环境和政策加以控制。与此同时，建立由人口生命周期模型（估算老年人生活安排和家庭结构变化）、老年人空间迁移模型、贫困评估模型（以健康、收入、家庭构成等因子为变量）等构成的微观机制模型，对老年人口样本点的行为和贫困属性进行模拟测算。运用多主体模拟理论方法的研究案例可参考颜秉秋等（2015）的论文，本章不再赘述。

对城市老年贫困人口和老年贫困空间的分布及其变化态势的准确把握，是科学制定老年扶贫策略的基础。首先，深入的研究对城市社会保障和各种救助政策的精准定

① 颜秉秋. 2015. 城市老年人口与养老服务的空间布局研究. 北京：中国科学院大学博士学位论文。

位是不可缺少的。例如，老年贫困人口与其他贫困人口相比在贫困风险因子和致贫机制方面有显著区别，不仅需要考虑收入，还需要考虑健康、年龄、家庭构成等因素，所以，必须要进一步完善老年贫困的测度指标和划分标准。其次，老年贫困问题的可逆性差，如果没有有效的政策干预，随着时间变化贫困程度会不断加深。因此各类服务的配置需要充分体现经济性、适用性和长期性要求，才能在满足现实需求的同时兼顾未来需要，实现城市空间与资源要素的合理配置。

通过对城市老年贫困地区的特点及贫困类型、贫困程度、贫困机制的调研，对制定住房、医疗、护理、社会支持等各个方面的分类帮扶和救助对策具有重要意义。对老年贫困人口集中的地区，首先应该完善周边公共交通、购物和就医设施，并综合考虑各类设施的适老性。老旧居住区加装电梯、环境无障碍化改造和公园、绿地等活动空间和老年配套设施的建设是当务之急。此外，有意识地增强各种社会阶层、年龄阶层的融合、减少社会隔离对于城市老年贫困地区的治理和活性化改造也是必不可少的。

第七章　城市交通问题

交通是现代城市运行和发展的基础，决定着城市的活力和效率。当大量百万级、千万级人口的城市建设完成之后，环境拥堵、环境污染、秩序混乱等问题经常成为城市管理者需要面对的普遍难题。尽管城市交通恶化问题受到高度关注，但在以房地产和小汽车发展为导向的城市迅速扩张过程中，对城市交通发展缺乏前瞻性是一个长期没有解决的问题。相较人口、房地产、小汽车的超常增长而言，城市交通组织规划远远滞后，让人们对城市交通难题一筹莫展。

2019 年，中国有 8.48 亿人生活在各级城市，预计未来 15 年内还有近 2 亿人口进入城市。现在城市交通问题已经如此严重，若再增加 20%的城市人口，又该如何应对？可见，改善城市交通已成为亟待解决的重要问题，迫切需要从理论层面和实践层面加以深入研究。

本章从最具普遍性的交通拥堵、环境污染、综合交通体系结构不平衡等问题入手，探讨需求、供给和政策方面的深层次原因和可行的解决办法。最后，以城市交通问题的一个具体案例——公共交通网络优化，探讨提高交通可达性和居民满意度的规划方法。

第一节　中国城市交通问题的变迁与发展

交通是城市兴起的原因之一。在古代，驿站、车站、码头是人群集聚的场所，集聚范围逐步扩大，城市雏形就此形成。纵观中国古丝绸之路上的城市，以及今天的国际化城市，不难发现，交通越是便捷通达的地方，城市规模越大，繁荣程度越高。城市交通因人口集聚带来的需求而不断发展，城市强大的经济集聚效应是现代城市交通大发展的主要动力；反过来，城市交通促进城市发展。本节从交通基础设施和交通工具的变迁出发，沿着我国城市发展的历史脉络，梳理不同时期的城市交通问题。

一、交通基础设施的大发展

改革开放以来，中国城市交通基础设施迎来了发展的“黄金时代”。交通运输业对国民经济和社会发展起着重要的支撑作用。中国创造的经济奇迹，离不开交通业的巨大发展（胡鞍钢等，2010）。

（一）交通基础设施的建设情况

从 1978 年至 2018 年的 40 年间，中国除内河航道以外的各种运输线路里程数均实现了大幅度的增长。其中，增长最为迅速的是民航运输线路里程数，累计增长 56.28 倍；公路里程数累计增长 5.44 倍；管道运输里程数增长约 14.70 倍；铁路里程数增长 2.55 倍（表 7.1）。

表 7.1　各种运输方式里程数变化（1978～2018 年）

项目	铁路营运里程	公路里程	内河航道里程	航班航线	管道里程
1978 年	5.17 万 km	89.02 万 km	13.60 万 km	14.89 万 km	0.83 万 km
2018 年	13.17 万 km	484.65 万 km	12.71 万 km	837.98 万 km	12.23 万 km
增长倍数	2.55	5.44	0.93	56.28	14.70

1949 年，中国公路总里程只有 8.08 万 km，路网密度为 0.008km/km^2；1978 年公路总里程数为 89 万 km，路网密度为 0.093km/km^2；2015 年公路总里程数达到 458 万 km，路网密度为 0.47km/km^2。其中，等级公路比例不断提高，从 1990 年的 72%提高到 2015 年的 88.4%。1988 年开通第一条高速公路，到 2015 年高速公路里程达到 12.35 万 km，成为世界第二大高速公路国家。高速公路里程年平均增长率在 20 世纪 90 年代曾高达 60%，2000 年以后约为 24%。港口设施增长明显加快，1978～2015 年，沿海主要港口泊位数由 503 个增加到 6115 个，年平均增长率为 86.8%，其中万吨级以上港口码头数增长了 9.8 倍。

（二）交通基础设施的投资情况

从 20 世纪 80 年代开始，国家通过“贷款修路、收费还贷”等一系列制度改革，使交通部门的投融资机制从国家投资为主的计划体制转向以市场为基础的多元化投资模式。2000 年前后，政府拨款所占的比重从改革开放之初的约 82.5%下降到 6.2%左右，国内贷款和自筹资金所占的比重则上升到 90%以上（表 7.2）。公路和水运市场仅用 20 多年就从计划经济转为市场化程度最高、竞争力最强的行业，促进了中国与周边经济体和国际市场的一体化。

表 7.2　中国交通固定资产投资结构及投资增长率（1949～2002 年）[①]

时期	重大改革和政策	国家预算内资金/%	国内贷款/%	利用外资/%	自筹及其他/%	固定资产投资年平均增长率/%	
						交通	全社会
1949～1957		100	—	—	—	21.9	30.2
1958～1979		82.5	—	—	17.5	14.9	10.5
1980～1984	开征车辆购置附加费，提高养路费标准	52.3	15.9	2.3	29.5	23.0	17.39

① 数据清华大学国情研究中心交通与发展课题研究报告。

续表

时期	重大改革和政策	国家预算内资金/%	国内贷款/%	利用外资/%	自筹及其他/%	固定资产投资年平均增长率/%	
						交通	全社会
1985～1990	征收通行费	19.7	17.6	2.8	59.9	14.8	8.5
1991～1997	积极财政政策	34.0	16.8	6.1	73.1	25.2	17.40
1998～2002	淡出	6.2	35.4	3.6	54.8	20.8	12.7

从20世纪80年代中期开始，中国交通固定资产投资额增长迅速，交通物质资本年均增长速度（约17%）超过了全社会总资本的增长速度（约10%），占社会总资本的比重也不断提高。公路占社会总物质资本的比重先下降后上升，成为最重要的物质资本。

二、交通工具的快速机动化

中国城市交通工具的快速机动化使得城市居民的出行行为产生了较大变化。在“九五”计划中，国家将汽车工业列为优先鼓励发展的重点产业，私人小汽车发展十分迅速，城市居民乘坐小汽车上下班的比重在不断提高。据有关调查显示，从20世纪80年代后期到90年代中期，中国大城市居民出行总量增长了一倍以上，人均出行次数和出行距离增长15%～30%。居民对出行方便与舒适的要求逐渐提高，出租车、空调公交车和小巴的市场份额不断扩大，私人小汽车和摩托车以每年10%～20%的速度增长，非公共的机动交通出行比例达10%左右。

（一）新中国成立至20世纪90年代末：自行车王国

翻开中国现代历史，自行车是中国计划经济时代和集体主义社会的重要象征物。20世纪60年代，随着中国现代工业基础的夯实，“永久”“凤凰”“飞鸽”跃居自行车三大品牌行列，并通过零部件产业的快速发展，发挥了自行车制造业对工业上游的辐射力。

在居民生活水平显著提高的20世纪80年代末90年代初，全国自行车的保有量达到顶峰，在涌动的自行车洪流中，中国被称为“自行车王国”。在城市自行车平均保有量最多的1993年，每百户家庭拥有197辆。《北京市国民经济统计资料1949—1979》显示，1965年北京有94万辆自行车，1975年达到223万辆，1993年突破600万辆，1990年，自行车出行比例占全市交通出行量的57%。

随着小汽车和电动自行车的普及，2000年以后城市自行车数量显著减少，2002年中国城镇居民每百户自行车拥有量从1998年的182.1辆下降到142.7辆。但2018年中国的自行车社会保有量仍接近4亿辆，高居世界第一。

（二）2000～2010 年：小汽车的春天

新中国成立初期直到 20 世纪 90 年代，中国机动化水平都很低。1997 年年底，千人机动车拥有量仅为 9.86 辆，其中私人机动车千人拥有量仅为 2.89 辆，远低于经济发达国家和同等经济水平国家。这段时间我国的机动化尚处于初期阶段。

2000 年以后，城镇化的迅速推进，特别是大城市规模的扩张，带来了城市交通需求的猛增，特别是机动车数量的迅速增长，小汽车以前所未有的速度进入城市家庭。1978 年，中国民用汽车总量仅有 135.84 万辆，到 2018 年已达到 23231.23 万辆，增长了约 170 倍。其中，私人汽车由 1985 年的 28.49 万辆增加到 20574.93 万辆，增长了约 721 倍（图 7.1）。这些民用汽车尤其是私人汽车，大多集中在城市地区。到 2015 年年底，全国平均每百户家庭就有 31 辆机动车，北京、成都、深圳等城市已超过 60 辆。与此同时，交通拥堵成为大中城市的“标配”。

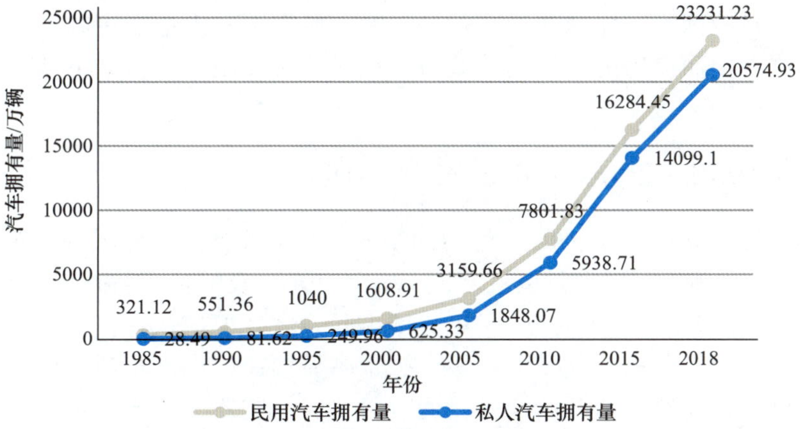

图 7.1　中国机动化进程

（三）2010 年左右至今：综合交通时代

为缓解交通拥堵问题，许多大城市采取了公交激励措施，以上海、北京为首的多个城市采取了对私人汽车的限购和限号通行等举措。伴随这些政策的实施，地铁、快速公交线路迅速增加，公交专用道路逐步设置，城市公共交通出行的比重逐渐增加，在很大程度上降低了单次出行所占用的道路资源。北京市地铁、公交的出行比例在 1986 年为 28.2%，2005 年为 29.8%，2010 年为 39.7%，2014 年达到 46%，2018 年包括步行、自行车在内的绿色交通出行比例达到 73%，而小汽车出行比例自 1986 年的 5%增长到 2005 年的 29.8%，最近几年大致稳定在 33%，并有缩减趋势。上海市持续加强轨道交通网络建设，推进地面公共交通与轨道交通网络的融合，积极推进公交专用道、智慧公交、绿色公交服务和管理，在 2017 年中心城区的公共交通出行比率已达到 50%。

轨道交通的发展也促进了公交出行的增加。2013 年年底，我国已有 19 座城市拥有轨道交通，总里程达到 2509km，其中地铁总里程 2032km。2013 年上海、北京的轨道交通线路里程分别为 577km 和 465km，2018 年分别增加到 731km 和 684km，轨道交通里程、站点数、日均运送人次数均居世界各大城市前列。

三、不同时期的城市交通问题

改革开放以来是中国交通业历史上发展最快、持续时间最长的黄金时期。中国城市交通实现了革命性的跨越式发展。但随着城市交通的大发展，城市交通问题在各个阶段均有显现。

（一）1990 年以前：基础设施短缺问题

1990 年以前，自行车还是中国城市交通的主力，对城市交通空间的冲击有限。这个时期中国城市交通主要面临“短缺”问题，交通基础设施欠账非常多，而且城镇化已经明显加速，对未来的人口和城市规模会发展到什么水平没有明确的预知，所以所有的基础设施发展都是拼命地建设，弥补欠账。城市国有土地使用制度的改革正是由城市建设资金不足而提出的，长期的城市土地无偿划拨制度，使城市基础设施建设资金严重缺乏。

（二）1990～2000 年：通行效率问题

回顾 20 世纪 80 年代末、90 年代初编制的《城市综合交通体系规划规范》，可以看到几个关键词：满足，畅通。也就是说，城市交通建设的目标就是要满足交通需求，保证道路上车辆的畅通。20 世纪 90 年代城市开始大规模扩张，在汽车产业政策、土地财政和城市房地产政策的刺激下，城市扩张明显加速，小汽车涌进普通家庭，交通系统的压力剧增，交通拥堵开始凸显，通行效率成为主要的问题。

（三）2010 年以后：系统管理问题

在综合交通时代，大部分城市在建设过程中缺少系统性和长远性规划的问题显露出来。结果是城市整体规模上去了，但各板块之间的交通系统衔接不上。不同的道路，多头规划、多头建设、多头设计、多头管养，导致道路路网之间设施资源不匹配、通行效率不协调。路与街不分，路与场不分，路与路缺乏统一连续的指引，最终是道路资源利用效率的低下。

为适应增长的需求，各地采取了不少措施，但交通管理手段粗放的问题比比皆是。例如，采取货车限行措施却给不出物流方案，倡议自行车出行却没有基本路权的保证，倡导公交优先却不知旧的、不合适的公交路线和换乘方案如何重来，限制小汽车进城却疏忽了交通枢纽的换乘，结果总是“压下这边的葫芦浮起那边的瓢”。

实际上，城市或更大范围的区域交通已经成为复杂系统，需要运用系统科学的思想和新的规划管理手段，从人流、车流、物流的行为出发，针对城市交通系统的安全水平、通行规律、运行负荷、人居与路网的密度、路与场的比重、客流与物流、公交换乘节奏等进行数据分析，才能实现全方位的政策研究和系统调整优化。

第二节　目前中国大城市交通的主要问题

一、交通拥堵问题

中国大城市所面临的各种交通问题中，交通堵塞和拥挤是最为突出的问题。堵车，是当下城市居民最有共鸣的话题：工作日堵，周末也堵；刮风下雨堵，天气晴好也堵；早晚高峰堵，大白天也堵；大城市堵，中小城市也堵。从 1980 年到 2005 年，特大城市市区机动车平均时速已由过去的约 20km/h 下降到约 12km/h。一些大城市中心地区，机动车平均时速下降到每小时 8～10km。中国大城市交通问题表现为以下三大特点。

（一）交通拥堵呈常态化

拥堵呈常态化现象主要集中在千万人口以上的超大城市，并逐步由中心城区蔓延至市区外围，拥堵的时段、范围不断扩大。近年来，特大城市一些主要道路交通拥堵时段已经突破上下班高峰期，蔓延至全时段拥堵。以北京市为例，全路网交通指数（即把拥堵情况数字化的指数，取值范围为 0～10，对应“畅通”到“严重拥堵”，数值越高表明交通拥堵状况越严重）奥运会后为 5.1，现在经常出现 8.0 以上的中度和重度拥堵。二环内拥堵问题更为突出，部分主干路早、晚高峰时段运行速度低于 15km/h，全路网工作日日均拥堵时间超过 4 小时。人口超过百万以上的大城市，也出现通勤时间主要干路的潮汐性严重拥堵，拥堵主要出现在早、晚高峰时段通勤需求比较集中的交通走廊，且基本为单方向。

（二）交通拥堵区域蔓延趋势

交通堵塞现象日趋严重，有从超大城市蔓延至中小城市的趋势。很多人口 300 万～500 万的二线城市，交通拥堵已赶上甚至超过了一线特大城市。2015 年荷兰交通导航服务商 TomTom 发布了全球拥堵城市排名，全球最拥堵 100 个城市中，中国大陆有 21 个城市上榜，北京名列第 15 名。高德地图发布的《2015 年度中国主要城市交通分析报告》显示，在利用大数据监测的 45 个城市中，十大“堵城”依次为：北京、济南、哈尔滨、杭州、大连、广州、上海、深圳、青岛、重庆。可见，一二线及省会城市是堵车的“重灾区”，但拥堵现象不再只是大城市的问题，它已经出现在各种规模的城市和地区。

不断加重的拥堵现象也在向中小城市蔓延。一方面，随着一二线城市汽车消费市场的逐渐饱和，三四线的中小城市也成为汽车企业竞相争夺的重要市场，4S 店开到了县城。随着城镇居民可支配收入的递增和车价下跌，中小城市汽车消费的增长活力开始超过一二线城市。但另一方面，受原有城市格局、交通管理能力和财力的限制，三四线中小城市的交通设施发展普遍滞后于一二线城市。绝大多数的中小城市的人口还都集中在老城当中，人口密集、街道不宽，小城市的主干道还经常会承担很多市集、商店街等交通之外的功能，人车混流严重。当汽车保有量增加之后，很多老街道甚至还承担起部分停车场的作用，使原本就不宽敞的城市街道更加狭窄。三四线城市特别是边远地区的中小型城市受困于财政收入和城市规划，交通设施建设的能力较一二线城市有明显差距。在这种情况下，中小型城市越来越堵。

（三）部分路网节点的局部拥堵

在城市交通系统中，交通速度与流量是有关系的。科学实验表明，即便是在一条理想的直线路段，流量越大交通速度越低。当城市交通流量超过一定限度时，系统的脆弱性显著上升，一些节点上只要出现很小的问题（如有车辆减速、路面出现坡度或障碍），就会产生局部拥堵，交通信号等调节手段的作用也显著降低。这种状况在中等城市和大城市较为普遍，一开始，拥堵通常发生在路网的关键部位或某个交叉口(即“点拥堵”)，如果拥堵没有得到及时有效的解决，则很快会呈现“点—线—面”蔓延的趋势，影响到与之相关联的路段和相邻的交叉口，直至构成区域性交通拥堵，影响整个路网功能的发挥。

二、交通污染问题

中国城市交通所面临的第二个突出问题，就是机动车迅速增长带来的环境负外部效应——污染。机动车已经成为中国城市大气和噪声的主要污染源。例如，北京市汽车排放的一氧化碳、碳氢化合物、氮氧化合物已占总排放的40%～75%。

（一）空气污染

2010 年，我国交通运输业能耗约为全社会总能耗的 9%，仅次于制造业。随着我国机动车保有量继续爆发式增长，三大首要碳源之一的交通运输业二氧化碳排放量呈强劲增长趋势。机动车污染已经上升为城市大气主要污染源，污染正从“烟囱型”向“尾气型”转化。据统计，城市大气污染中，汽车尾气污染贡献率达 20%～50%，且比重还在不断增长。从主要污染物排放强度来看，小汽车的污染排放远高于公共交通及其他交通方式（图 7.2）。从能耗角度来讲，自行车为零，电动自行车大约是摩托车的 1/8，摩托车的尾气排放则超过小汽车。据生态环境部《2018 中国生态环境状况公报》，全国监测的 338 个城市中，只有 121 个达到国家环境空气质量二级标准；217 个城市超标，占 64.2%，且大城市空气污染普遍重于中小城市。

（二）噪声污染

我国大多数城市处于快速发展阶段，施工、生产噪声占有一定比重，但交通噪声仍占主导地位，一般占总噪声强度的 50%，多数大城市干道噪声均超过 65dB。可以预见，随着我国机动车拥有量的继续增加，还会对城市环境产生更大的副作用。因此，降低城市环境污染，节能减排是城市交通发展必须要解决的问题。

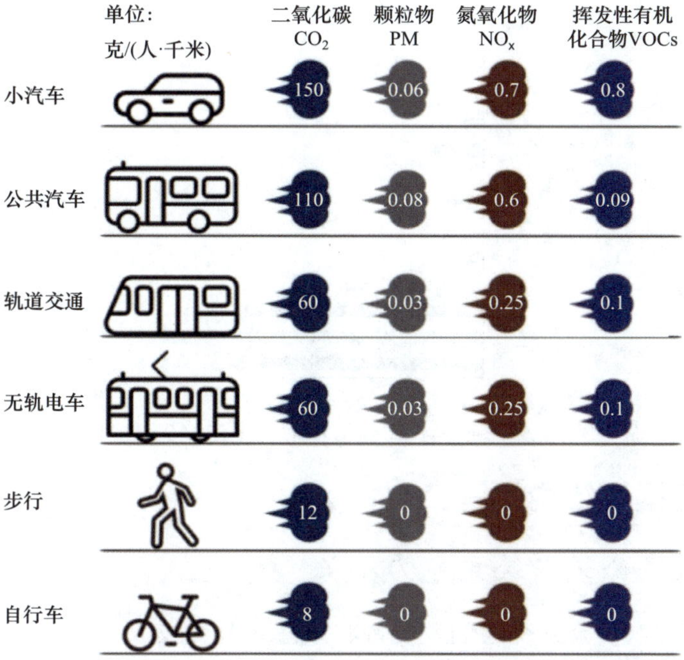

图 7.2 各种出行方式的污染排放强度

三、停车难问题

停车空间属于城市静态交通空间，是整个城市交通系统的重要节点，机动车需要大量的停车空间。但我国大部分城市的停车空间建设严重滞后，停车场规划长期没有受到应有的重视。老旧小区建设时对小汽车的增长预期不足，并未配备充足的停车位，甚至没有规范的停车位，随着机动车数量的快速增长，停车位不足的问题越来越突出。一些新建小区虽然配置了停车位，但由于居住密度太高，空间有限，难以满足全部居民的停车需求。还有部分居民为了节省停车费用，而长期将私家车停在小区内外的非正规车位上。城市道路上的非正规停车现象十分普遍，挤占了大量道路空间，更加剧了城市道路（尤其是支路）的交通拥堵。

在大城市中心城区，尤其是人口和建筑密集、以高层建筑为主的地区，停车场地不足和停车难的问题更加突出。旧的空间结构和城市用地规划标准均已无法满足机动车停车的需要，即使是一些新建的住宅小区和商业设施，对停车场地也往往估计不足。据有关部门统计，2012 年北京市的备案停车位仅 161 万个，不及机动车数量的 1/3；夜间停车统计中，将车辆停在小区、单位或公共停车场等正规停车位内的车辆仅占 47.2%，有 39.1%的车辆停放在小区内非正规停车位，有 13.2%的车辆停放在路侧；白天机动车开出小区后，大量停靠在路侧的画线或未画线停车位上（图 7.3）。2017 年北京市停车资源普查报告显示，全市城镇地区居住区的夜间停车需求总量为 320 万，居住区停车位缺口总量达到 129 万。

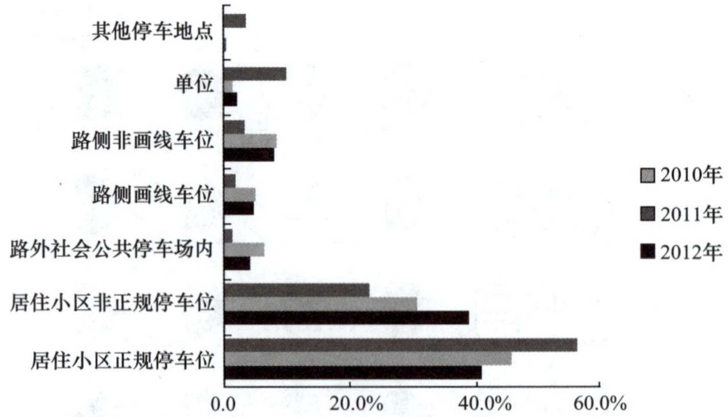

图 7.3 北京市夜间停车位置的对比图(2010～2012 年)

四、综合交通体系结构问题

（一）城市公交系统竞争力不足

从目前全国大城市公共交通的发展现状来看，公交投入不足、公共交通基础设施建设相对滞后、公共汽车路权优先没有充分保障等问题依然突出。公交出行的便利性不高，间接地刺激了机动车的增长。

虽然中国多数大城市相继建设了公交专用车道，但专用车道尚未成网，拥堵严重地区往往缺乏专用车道，导致公共汽车运行速度较低。此外，公交线网密度低、步行距离长、换乘不方便、准点率低等因素降低了公共汽车对居民出行的吸引力。目前，公共交通的“最后一公里”问题仍普遍存在。以北京市为例，按门到门测算的公共汽车出行速度仅为小汽车出行速度的 40%，完成一次公交出行平均需要 66 分钟，其中 64%为车上时间，23%为步行时间，13%为等车和换乘时间。2014 年上海市轨道交通出行平均时耗为 62 分钟，其中站内出行时间为 35 分钟，而两头的接驳时耗为 27 分钟。

（二）城市轨道交通体系不完善

过去十几年里，我国很多城市建设了城市轨道交通。但在轨道交通数量及质量方面均不够完善。如东京都市圈与上海相比较，人口比为 1.48∶1，而轨道交通总里程比为 6.0∶1，高密度的轨道交通网络大大增强了轨道交通的竞争力（表 7.3）。

表 7.3 2014 年东京都市圈和上海市的交通发展情况比较

项目	东京都市圈	上海市
面积/km^2	13559	6340.5
人口/万人	3584	2425.68
人口密度/（人/km^2）	2644	3826
汽车保有量/万辆	1491	255.19

续表

项目	东京都市圈	上海市
人均汽车保有量/辆	0.4	0.11
道路总里程/km	116276	17797
高速公路里程/km	431.7	825
每车占路长度/m	7.8	7
轨道交通总里程/km	3473.9	577.6
地铁里程/km	301.8	537
通勤轨道交通出行比例/%	86	8.3

谈及轨道交通的发展目标，我国城市常常以里程数为主要目标。与发达国家相比，我国在轨道交通体系的规划设计和精细化管理方面还有很大差距。例如，乘客量为东京都第三位的新宿地铁站有 159 个出口，与整个地区的道路、楼宇、公共服务和商业设施融为一体。而北京的国贸地铁站作为 CBD 中心站也不过只有通往地面的 9 个出口。它们的对比实际上体现了两个不同的理念：是把人送到目的地，还是把人送到地面。

在轨道交通的服务水平方面，Cervero 和 Day（2008）曾比较了纽约、伦敦和北京三个城市，看从 CBD 地铁站出发走 20 分钟所能抵达的区域里覆盖的工作岗位数量，发现纽约地铁可覆盖的岗位数量大概有 170 多万个，伦敦地铁可覆盖 35.3 万个，而北京地铁只能覆盖 15.7 万个岗位，地铁发挥的效率存在不小差距。由于特大城市拆迁和建设成本极高，北京与纽约、伦敦的轨道交通造价并没有很大差别。可见，轨道交通的评估要从地铁系统与城市的整合性和服务效率来看，而不只是轨道的里程。

（三）以步行和自行车为主的绿色出行方式日益萎缩

由于城市空间格局变化的影响和小汽车交通的冲击，中国许多大城市的步行和自行车交通环境恶化，步行和自行车出行方式日益萎缩。以北京市为例，2010 年自行车出行比例仅为 16.7%，与 1986 年相比下降了 46%。小汽车出行中，距离在 5km 以下的比例高达 44%（图 7.4），而 5km 是比较适宜步行和自行车出行的距离。这部分需求转向小汽车，必然造成交通资源浪费，加大道路交通的压力。

（四）新型交通方式崛起但商业模式和管理模式尚不成熟

2016 年左右，共享单车以其使用方便、费用低廉而受到消费者欢迎，迅速在北京、上海、广州、深圳等大城市普及。如今，中国城市的街头巷陌满目皆是各色共享单车，在资本竞相追逐之下，更是掀起融资热浪。截至 2017 年 3 月，摩拜和 ofo 两家共享单车企业合计融资超过百亿元人民币，并且这股竞争的战火烧到了国外。然而，迅速崛起的共享单车很快引发停车混乱、管理不善、安全隐患、损坏严重、不好维修等后续

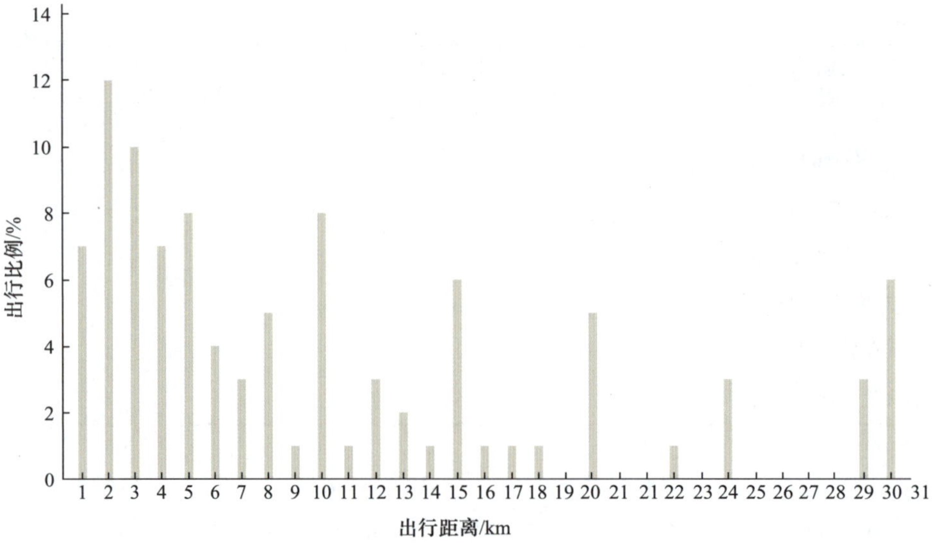

图 7.4　2010 年北京市小汽车出行距离分布

问题，企业盈利模式的缺陷和运营成本居高不下的问题也暴露出来。这直接导致行业的重新洗牌，很多企业被收购和重组，要求政府对行业乱象进行整治的社会呼声高涨。

引发共享单车热潮的一个重要原因是城市综合交通系统不完善，公共交通和轨道交通都没有覆盖到点到点的交通，共享单车正是看中了“最后一公里”的接驳空白区和网络衔接不畅这一点。其中的问题也给我们提供了许多值得思考的地方。

相比之下，2014 年东京都市圈人口规模是上海的近 1.5 倍，汽车保有量是上海的近 6 倍、人均汽车保有量是上海的 3 倍多，但私家车的出行比例很低（2014 年为 13%）；市内和城际的轨道交通网极其发达，遍布地下和地面，日均运载客流 4100 万人次，承担了城市公共交通 86%的客流（表 7.3）。四通八达的轨道交通线路连接顺畅，而且与其他地面出行方式之间转换便利，大大降低了路面交通的利用率；作为城市道路“毛细血管”的支线路网则四通八达，可以对不同目的地的交通流进行有效分流，所以也就无需共享单车等其他方式来进行接驳。

第三节　中国城市交通问题探源

从发达国家的历史经验来看，伴随着经济起飞和快速增长，城市交通都有一个集中发展期，通常用时半个世纪以上，经历了至少两次以上高速发展时期才逐步建立起与现代化经济相适应的现代交通体系。后发的中国从 20 世纪 80 年代中期以来进入城市交通集中发展期，在很短的时间内各种交通方式同时竞相高速发展，城市交通问题来得更集中一些。虽然交通拥堵等问题发生在道路系统内，但导致拥堵的深层次原因与城镇化进程、城市发展模式、城市规划等密切相关。

一、快速城镇化：人口集聚带来巨大交通需求

快速城镇化的影响首先体现在城市发展规模屡屡突破城市总体规划，对城市交通系统产生巨大的超载压力。如北京市 2004 版总体规划提出 2020 年人口规模是 1800 万人，但 2010 年常住人口就已经达到 1961.2 万人，相当于提前 10 年突破了总体规划的控制目标。上海市 1999 版总体规划中提出，2020 年的实际居住人口控制在 1600 万左右，但 2009 年年底常住人口为 1921 万人，早已超过人口控制目标。毫无疑问，人口突破规划上限会导致交通需求超过城市总体规划的预期，给依据总体规划而建设起来的交通供给系统带来巨大压力。

城市人口分布不均而资源集中极大增加了特定区域的交通压力，特别是资源向中心区高度集聚的单中心城市，交通拥堵问题更是严重。迫于城市病的压力，近年来上海、北京等超大城市和一些特大城市出台了许多措施来控制城市人口规模，将一部分人口从城市核心区疏解出去，但事实上，工作岗位和医院、学校、公园等重要的公共服务设施仍然集中在城市核心区。人口分布与工作地和公共服务设施的配置失衡，导致就业中心的辐射范围加大，通勤距离和时间都有所加长。譬如上海市的就业岗位有近 2/3 分布于内环内，通勤出行方向呈现明显的向心性。北京市五环外区域和近郊新城成为人口增长的主要区域，常住人口已近 1100 万人，超过全市一半；与此同时，位于中心的城六区却集中了全市 70%的产值和就业岗位、65%的重点小学。城市布局不合理直接导致了外围通勤距离被迫延长，对交通构成巨大压力。

1978 年改革开放以来，市场化成为中国城市土地利用结构转变的主要驱动力量，由土地价值引发的城市用地功能置换推动不同功能地块在空间上自由寻找最佳区位，引起城市空间结构从原来以单位为单元的就业-住宅混合的土地利用模式逐步向相对单一的城市用地结构发展，住宅与就业的空间分离（丁成日，2009）。居住与就业的空间组织是城市空间结构最重要的组成部分，居住与就业的空间不匹配，即所谓的职住分离现象，是引发城市交通拥堵等交通问题的重要原因。

城市近郊土地利用规划和开发的不合理进一步加剧了职住分离现象，例如，在城市外围规划建设功能单一的居住区或新城，由于居民的通勤、购物、休闲娱乐等生活功能在居住地附近得不到满足，就会产生大量的交通流。一个典型例子是北京市北五环外的超大型居住区回龙观和东五环外的通州北苑居住区。它们都位于城市绿化隔离带外围新兴城市的边缘区，通过轨道交通和高速公路与城市中心区相连，两个大型居住区的轨道交通中心站与北五环和东五环的直线距离分别为 10～15km。在规划之初，这些超大型居住社区的土地利用混合程度较低，居住用地比重过大，经过近 20 年的发展，土地利用和交通的矛盾越来越明显。相关调研发现，两地的职住分离程度很高，除了一些为本地服务的人员，就业岗位大多在城市中心区，在轨道交通站点周边形成葡萄珠串式集聚空间分布形态（赵晖等，2011）。由于缺乏就近的就业岗位，每日早高峰时段会产生大量的向心交通流，通往城区的道路经常是“堵不堪言”。

二、城镇化模式：土地资本化与城市空间扩张

中国的城镇化进程与土地的资本化进程是不可分割的。城市土地批租使各级地方政府掌握了大量的土地出让金和用土地抵押的银行贷款，这成了城市基础设施建设最重要的资金来源，由此推动了城市版图的不断延伸。这种畸形的发展模式严重助推了城市的蔓延。尽管交通基础设施投资有了资金保证从而得到发展，但相比于房地产市场的繁荣和交通需求的增长，城市交通供给还是相对落后的。

三、城市规划：对机动化和交通需求的被动迎合

（一）以机动车增长需求为导向的土地利用

面对快速的机动化，早期的城市规划存在以交通需求为导向的误区。起初，家家有小汽车被当成现代高尚的生活方式，以此为导向，城市规划成了被动应对空间需求增长的手段。郊区房地产蓬勃建设，城市老区的样子也逐渐被新潮的机动化街区所代替。一些古老的城区和街区，甚至因为街道无法满足汽车进出的需要，就成为被拆除的理由。

城市中 20%到 30%的土地被交通设施所占用，到处是为了机动车设计的高架桥和宽马路，此外还需要大量的停车设施。按照国家 2017 年《城市停车规划规范》，规划人口 50 万以上的城市，机动车停车位应在机动车数量的 1.1～1.3 倍，规划人口不到 50 万的城市，机动车停车位要求在机动车数量的 1.1～1.5 倍，而地面停车场的标准车停放面积需要 25～30m^2，地下停车场和地上停车楼需要 30～40m^2，机械式停车楼的标准车停放面积也需要 15～25m^2。据公安部统计，2019 年全国机动车保有量达 3.48 亿辆，其中汽车保有量达 2.6 亿辆，较 2018 年增长 8.83%；有 66 个城市汽车保有量超过百万辆。其中，北京机动车保有量达到 636.5 万辆，私人汽车 497.4 万辆；上海的小客车保有量达到 540 万辆，两个城市按照停车面积的最低标准也分别至少需要 1.75 万 hm^2 和 1.49 万 hm^2 的空间。对于 40 年前汽车还很少的中国城市来说，这样的空间需求是难以承受的。按照 75%的城镇化目标测算，未来我国还将有 2 亿人要进入城市，不可能有更多的土地来维持这种小汽车化发展。

人们终于认识到问题的严重性，进而提出了交通需求管理的思想，即从城市发展的早期就对小汽车的发展进行控制。例如，广州 2012 年实施的《广州市中小客车总量调控管理办法》，通过严格限购控制汽车的增长速度，为落实公交优先战略赢得时间和空间；轨道交通建设加速，公交和绿色出行比例上升。2018 年，广州市汽车保有量为 280.3 万辆，排在郑州、东莞、石家庄等二线城市之后。

（二）路权分配鼓励机动车使用

可见，在路权分配方面，我国长期以来存在“以车为本”的倾向，不论是修建高架桥还是人行天桥，都以如何让车辆行驶的更加畅通为目标。这种优先小汽车的思路，从根本上否定了行人的安全和舒适，是对空间公正的否定。在路权分配上，往往为了

拓宽车道提高道路的通行能力挤占自行车道和人行道。以满足低效率的个体出行交通工具为优先目标的思路，无形中鼓励了小汽车对路权的占用，恶化了公共交通、自行车和步行的通行条件，造成了交通秩序混乱的局面。

（三）汽车产业的非理性发展

汽车工业是资金密集、技术密集、劳动密集型的现代化产业，具有明显的规模效应。发展家用汽车是保持经济增长的潜力所在。经过长期发展，中国已成为世界汽车产销量最大的国家，汽车工业在制造业中占有很大比重。汽车工业涉及面广、技术要求高、综合性强、产业关联度高，对工业结构升级和配套产业发展具有显著带动作用。在发达国家，汽车及相关产业对经济的拉动超过 10%。汽车行业的产业链很长，上游有钢铁冶金、石化橡胶和玻璃等产业，中游有机械电子、数控机床等生产制造业，下游有物流、金融、保险和广告销售等服务业。汽车拥有量的增长，还拉动了高速公路的投资需求和旅游休闲产业，促进了导航和城市交通信息服务业的繁荣。

改革开放之初，中国只有少量国产小汽车和公共汽车担任公务和公共交通任务。第一波引进外资和技术浪潮掀起后，德国大众率先进入中国，通用、现代、日产、丰田等全球主要厂商随即蜂拥而至，一大批合资和外资企业如雨后春笋般崛起。与此同时，“先富起来的人”很快具备了购车实力，小汽车驶入千家万户，成为代步工具，更成为财富象征。2008 年，欧美老牌汽车厂家在全球金融危机的冲击之下逐步失势，加之汽车消费市场日趋饱和，中国接掌全球汽车市场“头把交椅”。2009 年，中国成为世界第一大汽车产销国，之后雄踞全球汽车产销量榜首。目前，中国汽车销量约占全世界的三分之一。四十年来，汽车产业成为我国发展最为成功的产业之一。

在中国汽车产业蓬勃发展的同时,城市交通拥堵问题也在 2010 年左右达到无以复加的程度。北京、广州、武汉等大城市交通拥堵全面加剧，大堵车已经成为无数中国城市居民的“梦魇”，交通管理部门的能力遭受全面质疑，城市规划部门对道路发展的规划也被批评为缺乏远见。道路与车辆的比例严重失衡，城市空间格局进一步变化，小汽车数量猛增，管理体制却没有相应地建立。2010 年京藏高速公路出现长达两个月的超级大堵车，运输资源、能源的车辆在城市命脉交通线上“匍匐”前进，引起中外媒体广泛报道。

以上事例体现了汽车产业发展的非理性一面。一方面，小汽车的快速发展促使城市格局发生了巨大变化，拥有小汽车的家庭增多，提高了人们的交通出行半径，使中心城区居民向城郊、新城搬迁成为可能。城市规模随之不断扩大，大批市郊楼盘崛地而起，城市居民点更加分散，通过小汽车交通方式连接城郊居住区与工商业集聚的城市中心，完全改变了城市的距离尺度。另一方面，在优先经济发展的战略引导下，产业经济部门的话语权强于道路交通规划和公共管理部门。越是在汽车产业强大的时候，买车与堵车的矛盾就更激烈。20 世纪 80 年代到 90 年代中期，北京、上海等大城市机动车年均增长 13%左右，而同期道路密度仅增加 5%左右。北京私人轿车年均行驶里程为 1.5 万 km，其中 40%是低于 5 km 的短途出行。

四、交通发展：重大基础设施导向

机动化带来的城市交通问题并不是单纯的工程技术问题，而是一个复杂的系统性问题，一个复杂的社会治理问题。长期以来，中国侧重基础设施（主要是高速公路、快速路、主干道和广场等大型基础设施）的城市交通发展战略也为交通问题埋下了伏笔。

（一）背后的“推手”：经济增长

经济增长是交通基础设施建设发展的前提，而交通基础设施通过乘数效应、旅行效应和外部效应促进经济增长（图 7.5）。世界银行的研究发现，全球基础设施存量每增长 1%，对应 GDP 增长 1%。

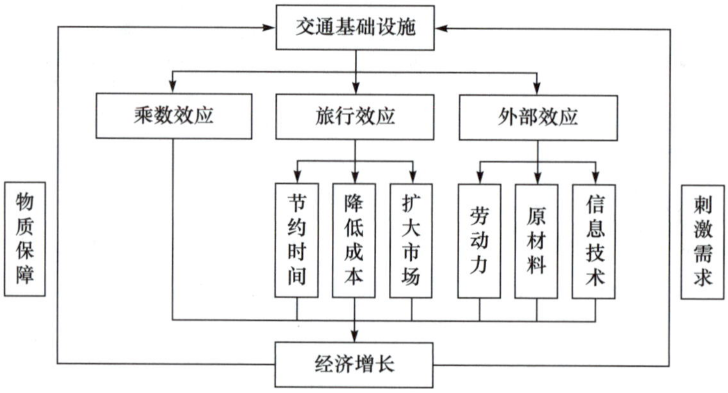

图 7.5　交通基础设施与经济增长的互动机制（杨帆和韩传峰，2011）

交通基础设施拥有以下性质：①基础性，交通基础设施在整个社会生产中处于上游地位，是经济发展的前提条件；②网络性，交通基础设施是地区间相互作用的纽带，可促进经济活动的聚集与扩散，通过聚集劳动力、资金、信息技术等资源促进经济增长；③外部性，交通基础设施为所有在其使用范围内的居民和从事经济活动的个人和单位所共享，是具有明显社会公益性的公共产品。这些特性决定了交通基础设施对经济增长的推动作用。

经济增长是交通设施需求增加的重要因素，经济的快速增长导致人口聚集、资源流动加快，刺激交通基础设施的数量需求和质量需求均不断提升。交通基础设施建设需要建立在一定的物质基础上，有了财政收入，政府才能拥有足够的资金进行交通基础设施的建设投资。改革开放后，在中国经济迅猛发展和城镇化快速推进的背景下，交通基础设施，尤其是重大基础设施，成为整个交通体系中最受重视的一环。

（二）中国特色的“宽马路”与“大广场”

20 世纪 80 年代，道路长度和面积增长相对缓慢。1991 年后，道路长度和道路面积不断攀升。从图 7.6 中可以看出，道路面积的增长比道路长度的增长速度要快得多。城市在努力增加道路空间供给的过程中，单纯重视形象和数量而忽视密度和质量，导致道路的尺度越来越大，缺乏人本尺度的“宽马路”和“大广场”成为许多中国城市的独特风景（图 7.7）。

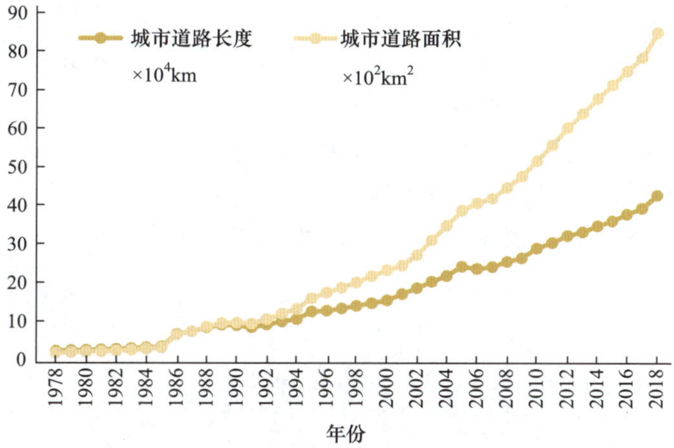

图 7.6　中国城市道路长度和道路面积的变化

图 7.7　缺乏人性化的马路设计①

尽管如此，我国城市道路建设的速度仍跟不上小汽车的增速。最近 10 年，全国私家车年均增速在 18%以上，而城市道路里程及人均道路面积的年均增速都仅为 6%至 9%。一些城市只注重主干道建设、忽视了支线建设，致使城市“毛细血管”不畅、路网结构不合理，也为交通“添了堵”。

（三）忽视与公共交通配套的基础设施

公共交通落后是造成交通拥堵的主要因素。如潮汐性交通拥堵，除了职住分离，城市核心功能区的分布不均衡之外，“接驳”设施建设滞后也是一个重要因素。纽约、巴黎、伦敦等国际大都市均有相当一部分居住人口分布在 CBD 之外，半径范围在 15～30km 的区域（纽约 35.1%，伦敦 38.0%，巴黎 76.6%），东京都 CBD 地区的职住比

① http://image.baidu.com/search/index?tn=baiduimage&ps=1&ct=201326592&lm=-1&cl=2&nc=1&ie=utf-8& word=% E5%AE%BD%E5%8D%81%E5%AD%97%E8%B7%AF%E5%8F%A3. 2020-05-30。

达到 8.95，但是交通拥堵却相对较轻，就是因为公共交通网络发达、公交配套基础设施建设到位。

中国公共交通配套设施建设滞后的原因，一是政府投入不足。例如，2001～2006 年，中国城市道路桥梁与城市公共交通累计投资比例为 85.3：14.7，投资明显侧重于城市道路桥梁。2017 年，全国城市轨道交通运营线路长度 5021.7km，其中地铁 3881.8km，轻轨 233.4km，单轨 98.5km，市域快轨 501.8km，现代有轨电车 243.4km，磁悬浮交通 58.8km，APM4.0km。而法国仅巴黎大区的城市轨道交通线长度就达到 1500km。二是在大尺度、稀疏道路的条件下，公交的通达深度有限。即使线路布置得很长很多，也难以提高整个系统对城市的覆盖水平。站点无法深入到家门口，人们要走很远才能乘上公交，就会认为还是开车方便。

第四节　中国城市交通问题的应对

一、城市从外延式扩张向内涵式增长转型

城市的增长可以分为“外延式扩张”和“内涵式发展”两个阶段。中国城镇化的 1.0 阶段正是以“外延式扩张”为特点的。

1990 年后，中国逐步发展出一套以土地为信用的资本生成模式。同发达国家通过“税收-债务”机制间接融资的方法不同，中国将土地未来收益作为信用，通过土地出让直接融资的办法，将公共产品的未来收益贴现过来。土地财政刚一出现，便显示出出人意料的强大威力。城市化 1.0 从 20 世纪 90 年代开始起步。进入 21 世纪，城市化爆发式增长。1978～2015 年，城镇常住人口从 1.7 亿人增加到 7.7 亿人，增长了约 3.5 倍，城镇化率由 17.9%提高到 56.1%。

更能反映“外延式扩张”的是城市建成区面积。1981 年全国城市建成区面积只有 0.74 万 km^2，到 2015 年已扩张到 5.2 万 km^2，增长了约 6 倍，如果加上矿区，建成区面积达到 10 万 km^2，远高于城市人口的增长速度。按照 1 万人/km^2 的现行城市用地标准，这一面积可以容纳 10 亿城市人口，但实际上城市人口规模还远未达到这个水平，各种问题就已经十分突出了。在这个阶段，由于经济增长的需要，一味地用增量建设的方式追求速度，而不是最有效地使用交通资源满足交通参与者的需求，这最终结下了交通拥堵和效率低下的“恶果”，留下很多遗留问题。

因而，中国的城镇化必须从“外延式扩张”转向“内涵式发展”，也要以“内涵式发展”转型为着眼点解决城市交通问题。经过此前的高速建设之后，城市道路不可能再无限制拓展。例如，北京市五环路内能用于道路建设的土地资源几乎枯竭，小规模改造尚能实现，大规模建设已无空间。国家城市道路设计规范建议，道路面积占城市建成区面积的比例建议为 8%～15%，规划人口为 200 万以上的城市为 15%～20%。这是经过大量科学研究得出的结论，应该在实践中充分吸纳。

二、城市规划的适应与改变

（一）加强城市交通的系统性

在城市转型和新常态背景下，城市交通问题的解决，首先要转变规划的思维方式。交通的任务是满足人和物的空间位移要求，若有更好的方式，人们不一定非得依赖小汽车。需要从“以车为本”转为“以人为本”，提高绿色出行比例，回归人性化的、尺度适宜的城市交通组织上来。不能仅仅盯着机动车与城市道路的比例，而要站在更宏观的视野上去衡量一座城市交通出行的总需求与各种出行方式的总供给。只有出行方式与出行需求相适应，方能化解拥堵。

通过一体化综合交通枢纽的建设，实现地面和地下不同类型交通系统之间、交通系统的不同线路之间、干线交通系统与末端交通系统之间的无缝衔接、零距离换乘，是很多国际发达城市的成功经验。

交通功能与商业、公共服务、休闲娱乐等多种城市功能的融合也是十分重要而有效的改善途径。若单是为了交通出行，大多数人会觉得 20 分钟以上的步行距离是难以忍受的；但如果可以在回家的路上或车站附近完成就餐、会客、健身等活动，20 分钟步行的时间效益就会大大提高，步行距离就根本不算什么了。这就要求在交通设施用地与其他城市功能的用地在混合利用方面做出改变。城市功能的融合可以丰富出行的多样性，增加人们的便利性和满意度。

（二）维持紧凑和集约的空间结构

面对城市交通问题，人们首先想到的是增加道路供给。对于车与路的关系，有个著名的“当斯定律”：交通需求总是趋于超过交通设施的供给能力——新增道路降低了出行时耗，就会引发新的交通需求，一段时间后又将恢复到原来的拥挤水平。我国的主要国情是人多、密度高，城市用地比较紧凑。

按照 2019 年 1 月实施的《城市用地分类与规划建设用地标准》，共有 8 类城市建设用地：居住用地、公共管理与公共服务用地、商业服务业设施用地、工业用地、物流仓储用地、道路和交通设施用地（6 m 以上的道路）、公用设施用地、绿地与广场用地。其中，道路和交通设施用地的人均面积标准是不小于 12.0m²/人。新建城市、镇的规划人均建设用地面积指标宜在 100～120m²/人以内，确定道路交通设施用地的比重在 10%以上。在实践中，中国城市的道路交通设施用地的比例通常在 10%～30%。土地空间有限、需求密度高的特点，决定了城市居民出行主要得依靠集约化、大运量的公共交通，如果任由小汽车发展，多少空间都会被“吃掉”。

这就需要尽量保持紧凑的城市空间布局，合理规划产业、居住、服务和生态等各类城市功能，提高土地利用效益。在城市空间结构方面，首先是要构建产业与生活相互融合的组团空间结构，这样才能提高各个交通区内的职住平衡水平，避免大规模、长距离通勤出行，减少潮汐式交通造成的拥堵和污染。

在土地用途管制很强的情况下，不同用地性质的混合有时很难实现，未来需要更加深入地考察不同功能之间的相容性和相互之间的环境影响。在开发强度和容积率一定的条件下，允许用户将交通联系密切、功能相容、土地利用和交通有互补性的项目放在同一地块上，如大学与住宅、商贸展览与宾馆饭店等，不但相互之间的负面影响较少，而且能较好共用停车场等交通服务设施。

此外，新城市主义倡导的交通导向开发（transit oriented development，TOD）模式是一个值得我国城市借鉴的城市开发模式。TOD 模式提倡城市开发和主要设施均以大容量交通站点为引导，适度提高轨道站点周边和公交便利社区的土地利用强度，强调功能混合，可以使城市运行效率大大提高。

（三）创造多样化的城市交通方式

城市交通方式的多样化是增强交通系统弹性的重要策略。工业文明刚刚起步时，人们认为单一的公共交通方式就可解决城市交通问题，但后来发现城市到了一定的规模后，合理的交通应该是多样互补的，即使某种交通工具瘫痪，也可通过其他交通方式来弥补，这样城市交通就有了弹性。

此外，提高交通的网络通达性也是一个重要方面。如果有健全的道路网，那么人们的出行线路就可以有多种选择，否则交通流高度集中于少数主干线上，缺少疏导的孔隙，很容易引发主干线拥堵。在自然界中，树叶的次叶脉长度远远大于主叶脉，这才保证了养分在主次通道间传输的通畅性。我们的城市道路系统中支线道路与主干道路的比例一般只有 5∶1，是远远不足的。

增加多样性有很多规划策略。除了建设综合交通系统，可采取的策略之一是通过加密路网、缩减街道宽度、解决路网上的瓶颈、完善支路、消除道路断点等方法提高道路的连通性。又如，限制高架桥等私人汽车引导型设施的建设。高架桥上公共交通不能停车，所以高架桥完全是私人汽车引导型的交通设施。我国的很多城市建设了大量的高架桥，好像没有高架桥就不是现代化，这显然是一个误区。此外，高速公路进城模式也解决不了城市交通问题。城市交通的发展还是要回归需求，限制中心城区汽车数量、增加公交专用道和地铁，或学习伦敦、新加坡、米兰、纽约等城市的经验在城市中心区划出拥堵费收费区等。

不同交通方式的运输能力和环境影响之间确实存在着巨大差异：同样的一条车道，小汽车平均每小时可运输 3000 人，公共汽车每小时可运输 6000 人以上，轨道交通每小时可运输 1 万～6 万人。运送相同数量的乘客，公共交通与小汽车相比，可节约能耗 80%以上，节约道路资源 90%左右，污染物排放减少 80%。正因为如此，发展公共交通、减少小汽车出行被国际公认为是缓解拥堵、改善环境的一剂“良药”。

三、经验借鉴

进入机动化时代，一个百万甚至千万人口量级的大城市，选择什么样的方式来保障城市居民的基本出行是一个事关全局的重要抉择。受到资源、环境的约束与限制，在人口密度高、土地资源有限的大城市不可能、也不应该用小汽车来保障市民的基本出行，只有充分发挥公共交通的重要作用，才能真正满足居民的基本出行需求。在城市转型的背景下，交通问题的解决如何从“以车为本”转向“以人为本”、从“关注车辆的通行畅通”转向“关注人与物的通行畅通”，有很多国内外城市的经验可以借鉴。

图 7.8 摄于 1972 年丹麦哥本哈根河入海口。当时河岸边的街道只有汽车通行和停车两种功能。但是到 1985 年时，经过街道功能的重新定位，这个地区每天会有 4 万～5 万游客，街道变成了属于所有人的公共空间（图 7.9）。还是一样的道路、一样的房屋，街道功能的转变促进了地区的活力，为城市创造了怡人的生活。今天的丹麦，除了童话，引以为豪的就是它的宜居性，人性化的城市生活吸引了很多旅游者和高科技人才，提升了它的产业和创意功能。

图 7.8　丹麦哥本哈根河入海口（1972 年）

图 7.9　丹麦哥本哈根街道的功能转变（1985 年）

阿根廷与中国一样，也是一个人口众多的发展中国家。图 7.10（a）是其首都布宜诺斯艾利斯的一条 16 条车道的大马路。经过改造，把中间的几条车道改为公共交通系统[图 7.10（b）]，不但道路的功能加强了，景观也大为改观。

无独有偶，2015 年获得世界可持续交通大奖的宜昌市，也在一个四车道马路上实现了 BRT 与普通机动车道的融合，将道路改造成生气勃勃的新型城市交通空间（图 7.11）。可见，经过精心规划设计，一般的城市道路也可以同时为公共交通和小汽车服务。

韩国首尔堪称高架路改造的范例。李明博在任首尔市长时，从 2003 年开始拆掉了建于 20 世纪 80 年代的清溪川高架路，清溪川恢复了昔日秀丽的“容颜”（图 7.12）。

拆除高架路的做法在西班牙、巴西的城市也同样出现过，这正是把城市恢复给公众、是从小汽车为导向的城市恢复到人性化的城市所做的努力。

(a) 改造前　　(b) 改造后

图 7.10　阿根廷布宜诺斯艾利斯的街景

(a) 改造前　　(b) 改造后

图 7.11　湖北宜昌市道路的 BRT 改造

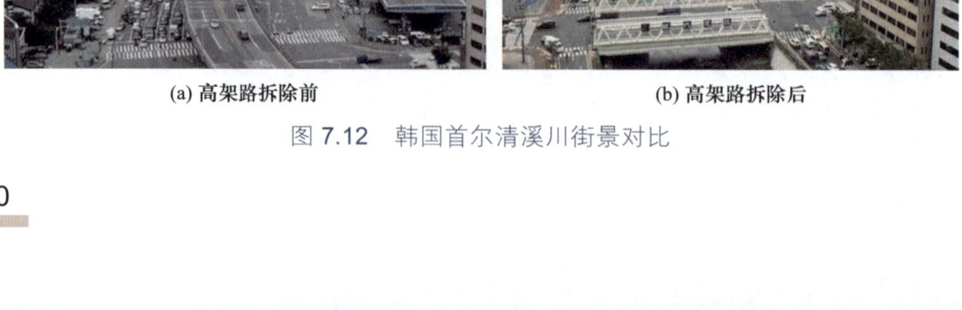

(a) 高架路拆除前　　(b) 高架路拆除后

图 7.12　韩国首尔清溪川街景对比

近年来，国内外有很多城市对一些道路进行改造，把它们改造成公共空间、步行街等，获得了很大成功。如纽约曼哈顿中城西侧的高线公园，原来是建于1930年的一段30ft（1ft = 0.3048m）高的高架铁路货运专用线，1980年废弃后，一度面临拆迁危险。在纽约FHL组织的大力保护下，“高线”存活下来，建成了独具特色的空中花园走廊，成为公共空间改造利用的国际典范。其他一些典型的例子如北京的王府井大街、前门大街、上海的南京路步行街等，一开始人们还很担心减少了道路空间会不会使交通更加拥堵、会不会遭到小汽车使用者的反对，但实践证明这些改造是成功的，人的本性是需要享受公共空间和街道生活，而不是把宝贵的空间一味让给汽车。

第五节　案例：北京市公共交通网络优化研究

前面几节探讨了许多关于城市交通问题的方向和思路，其实要城市管理者认可这些方向和思路是相对容易的，但要想解决问题，其中有许多具体的技术性问题需要城市规划设计师来做出决策，这才是真正困难的地方。城市交通需求管理提出，在有限供给的同时控制出行需求量和优化出行结构，但是如何引导居民放弃私家车而更多地利用公共交通呢？一个最关键的举措就是要更加合理地配置公共交通资源，使之足够便利、足够舒适，让居民切实感受到使用公共交通带来的好处。本节便以城市公共交通网络的优化为例加以说明。

一、公共交通配置合理性的评价标准

公共交通空间配置是否合理，需要一个衡量标准。学者们常用一些定量化的指标去衡量配置的合理性，如居民到达公交站点的平均距离、公共交通服务覆盖率、公交出行时间等。

公共设施的距离可达性或时间可达性也是常用的测度指标，能够较好地反映城市出行的便捷性。可达性的定量方法已经比较成熟，如阻力矩阵模型，出行范围划分、拓扑度量法、时空棱柱法等。

但需要注意的是，仅用以上这些空间结构方面的指标来度量公共交通配置的合理性，不一定能真实反映公共交通给居民提供的服务水平。在实际中，满足均一化的数量配置标准并不等于配置效率最优。这一方面是由于城市交通需求的空间布局是有差异的，另一方面居民交通需求也是呈现多样化和个性化的。为了解决这一问题，必须改良城市交通空间配置的评价方法，使评价指标不仅要定量地反映城市实体空间的特征，还要和居民的实际利用结合起来，反映城市空间为居民提供服务的水平。由此，需要设计一个指标既能反映城市公共交通的空间特征，也能体现居民对于公共交通的需求特征。

居民对于交通出行的满意程度（以下简称出行满意度）能直接地反映居民的需求与城市交通空间的匹配程度。从根本上讲，每个人对出行便捷度的评价，都是遵从个人效用理论的一般原则，当其出行的过程满足或接近其出行效用的预期时，出行便捷

度评价较高。而当出行的过程不能满足出行愿望时，则出行便捷度的评价较低。

出行满意度除了受到城市实体空间结构的影响，还与居民的出行行为密切相关。例如，每一次出行活动的安排，交通方式、出行时间和距离、出行费用、舒适度，以及自身的特殊要求是否满足(如老年人出行有无座位，有无无障碍设施等)。

如果居民对城市公共交通的满意度普遍较高，则说明公共交通资源的配置能够满足大多数居民的交通需求，公共交通服务水平普遍较高。从这个意义上讲，通过公共服务出行满意度的空间评价能够有效识别城市交通空间结构的好坏。

然而出行满意度作为一项评价出行便利度的指标带有一定的主观性。利用出行满意度进行公交服务评价的难点在于如何去除满意度的主观性，因此数据获取和测评方法成为关键。

二、北京市居民公交满意度的空间评价

北京市宜居城市调研小组，于 2005 年和 2009 年在北京市开展了大样本调查，其中关于居民出行的满意度，主要设计了四项指标："公交设施状况""道路通畅状况""通勤出行便利性""到市中心的便利性"。每一项指标采用满意度的度量方法，根据居民的主观感受，有非常满意、比较满意、一般、比较不满意、非常不满意五个选项。满意度调查按照 1∶1000 的抽样比例主要在街道范围内开展。在本节中，我们利用通勤出行便利度的调查数据进行研究（张文忠，2007；谌丽等，2012）。

以 2005 年北京市居民对通勤出行满意度的调查数据为例，有效样本为 6231 份。为了便于分析，我们将满意度从低到高分别赋值为 1、2、3、4、5。从整体分布来看（表 7.4），调查样本对于通勤出行便捷度的满意度一般，非常不满意和比较不满意的比例为 14.0%，一般的比例为 38.3%，加起来超过 50%。

表 7.4　居民对于通勤出行便利度的评价

满意度等级	1：非常不满意	2：比较不满意	3：一般	4：比较满意	5：非常满意
比例/%	2.2	11.8	38.3	38.1	9.6

从北京市出行便捷度的分布来看，满意度的评价在空间分异上不太明显。在丰台区，以及原崇文区，居民对于通勤便利度的满意度较低，非常不满意的比例明显高于其他城区。而在石景山区，居民对于通勤出行便捷度的评价相对较高，非常不满意的比例接近于 0（表 7.5）。

表 7.5　不同城区居民对通勤出行便利度的评价

满意度	非常不满意/%	比较不满意/%	一般/%	比较满意/%	非常满意/%
原东城区	3.3	9.3	32.3	41.6	13.5
原西城区	1.3	8.2	38.7	40.0	11.8
朝阳区	1.8	12.3	37.2	37.9	10.8
海淀区	1.5	12.8	41.7	36.9	7.1

续表

满意度	非常不满意/%	比较不满意/%	一般/%	比较满意/%	非常满意/%
原崇文区	8.1	12.5	34.3	41.3	3.8
石景山区	0.0	11.4	40.9	45.4	2.3
丰台区	5.0	12.5	38.1	36.2	8.2
原宣武区	2.8	12.4	34.4	38.2	12.2
总体样本	2.2	11.8	38.3	38.1	9.6

为了深入了解居民通勤出行不便的地区的空间分布，对样本的满意度进行了二值化处理，将满意度级别为比较不满意和特别不满意设为 1，其他设为 0。将居民样本的通勤出行便捷满意度在 ArcGIS 中进行空间插值分析，如图 7.13 所示，颜色越深，居民不满意的概率越大。

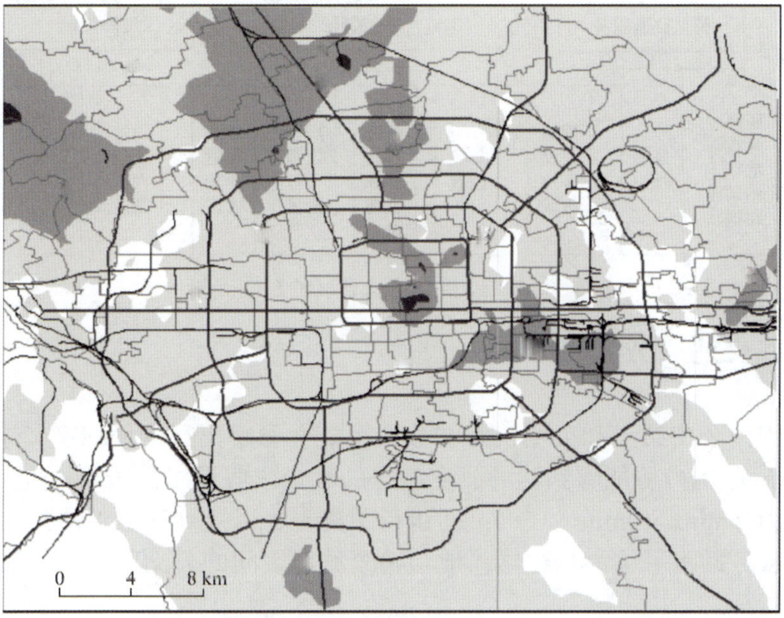

图 7.13 居民通勤出行便捷度较差地区的空间分布图

从空间分布来看，居民对于出行便捷度不满意的地区存在较大的空间分异。目前，城市内部，特别是二环以内地区，居民通勤便捷度较高，而城市外围的居民通勤出行便捷度较低，特别是城市北部，北五环以外地区、城市东部，以及西南部狭长区域。

三、北京市居民公交满意度的影响机理分析

（一）公交出行便捷度的满意度评价模型

居民群体对出行便捷度的评价，反映了居民对出行的期望与现实水平的差异。从城市规划和管理者非常关注如何优化城市的空间结构，如交通网络的优化，公交布局

的优化来提升城市整体的出行便捷度。

准确辨识城市居民出行便捷度的影响机理，才能为城市规划和交通政策提供有力的依据。本节通过梳理及筛选可能影响城市出行便捷度的因素，探寻提高城市出行便利度的途径。为了考察公共交通可达性的影响因素，我们首先从公共交通服务、区位特征，以及道路建设方面来构建指标体系（图 7.14），然后通过满意度模型来筛选影响可达性的显著因素。

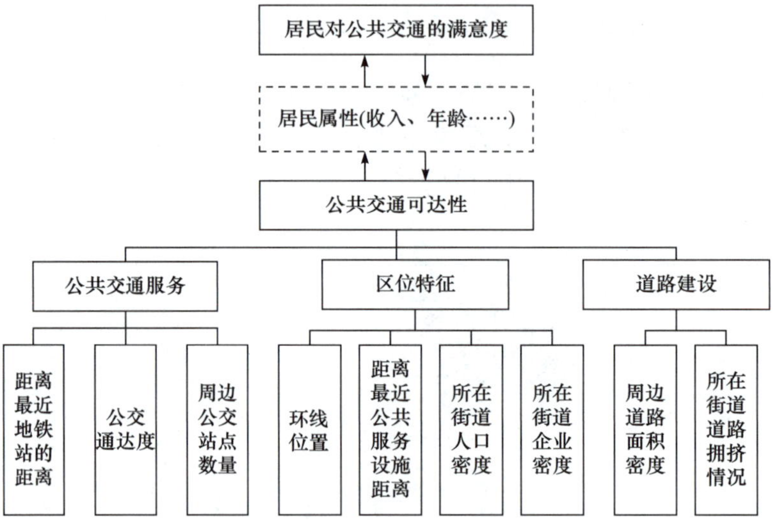

图 7.14　公共交通满意度的影响因素

1. 公共交通服务

一定范围内公交站点和公交线路的数目可能会影响出行的便捷度。选取 400m、800m、1200m 范围内所能够到达的公交站点的数量（假设居民步行速度为 80m/min，则它们分别为 5min、10min、15min 的步行距离），以及到达最近地铁站的距离来反映公共交通服务的水平。为描述居住地与整个城市空间的公交联系，我们设计了公共交通通达度指标。

2. 区域经济特征

造成交通拥挤的原因，大致有两种情况：一是由于该地区具有较大的人流和货物流，交通压力较大；二是处于交通枢纽地带，存在大量的过境交通。这些特征和一个地区的区域经济特征息息相关，因此，我们设计了若干反映样本点所处区位特征的指标，如企业和人口密度，样本点到医院、学校、公园等公共服务设施的距离，所处环线位置等。

3. 道路建设

排除区域特征的影响，道路状况以及居民所在区位的交通拥堵状况，也会在很大程度上影响公共交通的通畅性和满意度，因此我们以样本点一定范围内的道路面积密度和居民所在街道内严重拥挤路段的数目来反映道路状况的影响。此外，考虑到不同的居民对公共交通的评价也会有差异性，还设计了反映居民属性的指标：性别、年龄、家庭月收入、职业类型、职位、日常通勤时间。

（二）公交出行满意度模型的分析结果

公交通达度是一个反映公共交通线路的通达性的特色指标。在公交站线表中选择全市范围内出现频率最高的 30 个主要公交站点，作为全市重要的功能节点的代理指标（图 7.15）。测算地图上任意地点从一定范围内的邻近公交站出发，通过 1 次乘车可到达这 30 个主要公交站点中的几个，其数值即为每个地点的公交通达指数。公交通达指数反映了样本点与城市功能节点之间通过公共交通连接的便利程度。

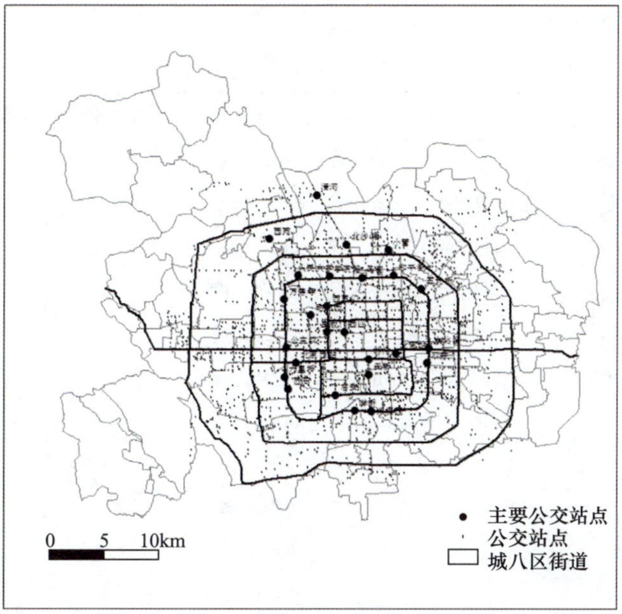

图 7.15　北京市中心城区范围内 30 个主要公交站点的空间分布

表 7.6 展示了关于主要变量的调查样本属性统计。以居民出行满意度为因变量，以上各指标为自变量，进行多序次变量的逐步回归。多序次 logistic 回归模型的一般形式为

$$v(x)=\sum_{i=1}^{n}a_i x_i \tag{7.1}$$

$$c[j]=\frac{1}{1+\mathrm{e}^{-\mathrm{intercept}[j]-v(x)}} \tag{7.2}$$

式中，$-\mathrm{intercept}[j]$ 通过模型得出，j 代表满意度的等级（表 7.4），取值为 1～5；$v(x)$ 为居民的效用函数，假设它为线性模型；x_i 代表影响满意度的各个变量；a_i 为回归系数。$c[j]$ 为满意度选择的累积概率，采用 logistic 模型的一般形式。根据 $c[j]$ 计算样本归属于

各满意度等级的概率 prob(j)：

$$\mathrm{prob}(1) = c[1] \tag{7.3}$$

$$\mathrm{prob}(2) = c[2] - c[1] \tag{7.4}$$

$$\mathrm{prob}(3) = c[3] - c[2] \tag{7.5}$$

$$\mathrm{prob}(4) = c[4] - c[3] \tag{7.6}$$

$$\mathrm{prob}(5) = 1 - c[4] \tag{7.7}$$

对任意样本来说，如果 prob(k) 是 prob(j) 中的最大值 ($k \in j$)，则其满意度的预测值为 k。根据以上模型，用逐步回归法建立了居民对公共交通满意度的 logistic 回归模型。经过统计检验，8 项因子的系数都比较稳定，P 值均低于 0.05。将模型预测的满意度与居民的实际满意度进行了交叉检验，发现匹配准确率达到 72.4%，证明该模型比较可靠。回归结果如表 7.7 所示。

表 7.6　北京市调查样本的主要属性统计

变量	变量描述	平均值	最小值	最大值
400m 内的站点/个	样本点 400m 范围内站点个数	8.66	0	93
800m 内的站点/个	样本点 800m 范围内站点个数	29.12	0	187
1200m 内的站点/个	样本点 1200m 范围内站点个数	85.98	0	302
通达度 400 米/个	样本点 400m 范围内的通达度	5.47	0	28
通达度 800 米/个	样本点 800m 范围内的通达度	14.28	0	29
通达度 1200 米/个	样本点 1200m 范围内的通达度	19.20	0	30
综合通达度/个	不同距离的通达度加权	10.70	0.00	28.17
最近地铁/km	样本点距离最近地铁站的距离	8.01	1.85	10.21
最近学校/km	样本点距离最近学校的距离	0.55	0.01	10.42
最近公园/km	样本点距离最近公园的距离	1.81	0.02	13.23
最近医院/km	样本点距离最近医院的距离	1.03	0.01	13.68
环线位置	样本点所处的位置	3.99	2	6
街道人口密度/（万人/km^2）	所在街道内的人口密度	3.05	0.06	28.33
街道企业密度/（个/km^2）	所在街道内的企业密度	3491.02	0.00	38776
周边道路面积密度/%	样本点周围 1km 内道路的面积比例	20.9	0	53.0
严重拥挤路段数/个	所在街道内严重拥挤的路段数	0.25	0.00	3.00
家庭月收入/元	家庭月总收入	5000	3000	20000
通勤时间/min	日常上下班通勤所需的时间	47.37	30	120

资料来源：①街道人口和产业数据来自 2000 年第五次全国人口普查。②环线位置为离散型变量。2：2 环之内；3：2～3 环之间；4：3～4 环之间；5：4～5 环之间；6：5 环以外。③家庭月收入为离散型变量。3000：3000 元以下；5000：3000～5000 元；15000：5000～15000 元；20000：15000 元以上。④通勤时间为离散型变量。30：30min 以内；60：30～60min；90：60～90min；120：90min 以上。

表 7.7　北京市居民对公共交通满意度的 logistic 回归结果

回归变量		回归系数	标准化误差	T 值	P 值
常数	Intercept[1]	−2.695	0.101	708.5	<0.0001
	Intercept[2]	−0.96	0.092	109.3	<0.0001
	Intercept[3]	0.771	0.092	70.89	<0.0001
	Intercept[4]	2.885	0.103	782.44	<0.0001
职业类型	自由职业	0.21	0.004	10.49	0.0012
	公务员、演艺界	−0.129			
	其他	0.048			
家庭月总收入/元	<3000	0.246	0.043	18.42	<0.0001
	3000～5000	0.122			
	5000～15000	0.043			
	≥15000	−0.411			
通勤时间/min	<30	−0.298	0.039	33	<0.0001
	30～60	−0.145			
	≥60	0.222			
800m 范围内站点数/个	<25	−0.00129	0.039	7.47	0.0063
	25～40	0.225			
	40～50	−0.118			
	50～80	0.215			
	≥80	−0.107			
年龄	40～60 岁	0.058	0.025	5.36	0.0206
	40 岁以下或 50 以上	−0.058			
企业密度/（个/km²）	<2500	−0.129	0.024	29.03	<0.0001
	≥2500	0.129			
环线位置	三环之内	−0.199	0.035	16.56	<0.0001
	三至四环之间	−0.036			
	四至五环之间	−0.171			
	五环之外	0.144			
800m 通达度/个	<15	−0.079	0.039	3.92	0.0476
	≥15	0.079			

1. 区位特征对公交可达性具有显著影响

回归模型分析的结果表明：其他条件完全相同时，五环外居民的公交满意度较高，而三环以内满意度最低。虽然北京市三环内的道路密度已经很高，但由于人口密集，经济密度高，日常通勤压力大，现有公交服务并未达到人们的期望。

各个街道的企业密度对满意度也具有显著影响。模型显示，企业密度在2500个以下的地区（街道平均值约为3500个），居民对公共交通的满意度较低。这一结果可以用土地利用结构来解释，企业密度低，意味着本地就业岗位少，居住与工商业的混合程度低。这样的地区，通常职住分离的情况比较严重，通勤需要较强。其结果，在公共交通服务水平一定的情况下，居民的满意度降低。这一结果证明，适当提高土地利用的混合程度将有利于提高公共交通的服务水平。

道路面积密度、到地铁站的距离、到最近公共服务设施的距离等因素都没有成为显著的影响因素。这可能是因为整体上这些设施的分布比较均匀，现有设施对于居民的效用均等，所以基本没有构成满意度差异的影响因素。

2. 个体属性对公共交通可达性具有显著影响

根据模型结果，年龄、家庭月总收入、职业以及通勤时间等个人属性对于居民的公共交通可达性的评价均有显著影响。这提示市政交通部门应根据不同群体的空间集聚特征来提供公共交通服务，以提升居民的满意度。例如，60岁以上的居民满意度较低，且此类人群聚集较多的是五环周边地区，其满意度较低反映出接驳距离较远和公交舒适度差、缺乏无障碍设计等问题。又如，通勤时间越短的人，满意度越低，出行时间30min以内的居民对于公共交通的满意度比较低，这可能是公共交通与其他交通方式接驳的便利度不足等因素对满意度产生了负面影响。

3. 站点数量和服务范围及公交通达度对公共交通可达性具有显著影响

800m 范围内的站点数对满意度具有显著的影响。从回归系数的估计可以看出，800m范围内站点数过少（<25个）或过多（超过80个）都会使满意度显著下降。显然，站点数过少，公交出行会不便；而站点数特别多，则说明该地区有较大的人流车流，承担的城市级交通功能比较繁重（如交通场站和高等级商业设施附近便是如此），更有可能出现交通拥堵和环境方面的问题。当800m范围内站点数在25～40和50～80两个区间时，回归系数出现较高值，40～50则出现低值。对样本做进一步分析，发现在三环以内的城市核心功能区800m范围内的站点数为50～80个较为合适，而在三环以外800m范围的站点数为25～40个是最合适的。东三环外和北四环地区的站点数均为40～50，这几个地方正好是从东边进出北京市区的多条高速公路出入口所经过的地区，存在经常性交通拥堵，居民满意度下降可能是因为回归模型中缺失了相应的代理变量，这说明未来仍需对模型作一定的改进。

此外，800m范围内的公交通达度变量具有显著性，成为影响满意度的关键因素。公交通达度指标反映了居民到达全市主要功能节点的便利程度，从居住地的视角比较客观地反映了城市空间结构的合理性。通达度越高，则居民可以更容易地到达城市主要功能节点，其便利度和满足感自然会增加。

耐人寻味的是，通过模型的筛选，站点数和通达度的最佳距离阈值均为800m，而其他距离所生成的指标却不显著。我们因此可以认为，800m（即 10 分钟步行距离）是评判公交站点分布是否合理的一个关键的距离阈值。根据北京市《城市道路设计规范》，城市公交停靠站间距一般为 600～800m，这说明以 800m 作为公交效率评估的参考尺度是合适的。

公共交通网络优化的关键，就是根据每个地区的区位特征和人口属性，对公交站点和网线的布局进行优化，所以上面的研究结果为从城市空间结构和市政公交规划等方面提出改善城市公共交通环境的目标提供了研究依据。

四、公共交通网络的优化建议

根据分析结果，我们提出以下公共交通网络的优化建议。

（1）仍然要继续提高五环以内的中心区域的公交服务水平，特别是三环以内的地区，虽然道路密度较高，但仍然存在公交设施不完善等问题，难以充分满足人们的公交出行需要。

（2）公共交通布局规划对于提升满意度具有明显效果，800m 范围内公共交通站点数量以及公交线路连通性的作用尤其显著。据此，应着力提升 800m 内的站点覆盖率和公交通达度。

具体来说，首先是实现公交站点的 800m 全覆盖。目前，北京市城区范围内仍有一些服务盲区，如图 7.16 中的空白区是服务未覆盖的范围。可见，五环以内的大部分地区已经达到公交服务面积全覆盖，但是仍然存在一些服务盲区，其中一些正好位于五环周边的城市绿化隔离带，对居民生活影响较小，但位于清河、太平桥、卢沟桥等

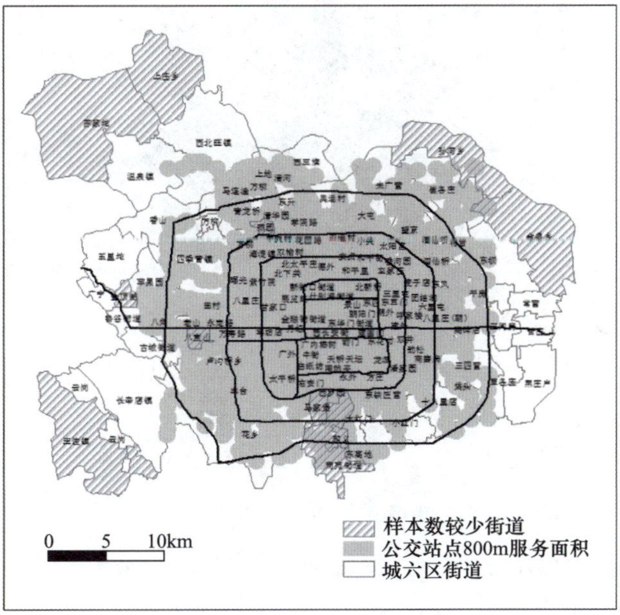

图 7.16　北京市城六区公交站点 800m 服务范围

街道的服务盲区，明显造成居民生活的不便。因此，市政交通规划应该着力补足这些服务空白区域的公交站点，使公共交通服务更加均衡。

根据环线区位的不同，可以设定不同的站点服务密度目标。北京市三环以内的城市核心区，可以 800m 范围内的站点数 50 个以上为基本标准，目前三环内的站点密度多在 50～80 个，所以对站点数小于 50 的地区应增强站点的服务密度。站点数大于 80 个的地区，如西二环的西直门附近及东二环的建国门附近是北京市金融、商贸和对外交通服务的聚集地区，站点服务密度虽高，但交通拥堵和环境问题使居民的满意度下降，这些地区应该着重加强交通管理。五环以外及周边地区，大多数街道 800m 范围内的站点数目不到 25 个，这些区域的站点服务密度需要提升。

在调整公交站点密度、消灭服务盲区的同时，要提升 800m 范围内的通达度。图 7.17 是公交通达度的密度分布图，颜色越深公交通达度越高，颜色越浅公交通达度越低。总体来看，西四环及南四环以外，以及四环内的部分地区都存在通达度较低的问题，应考虑在这些地区调整线路，增加与主要城市功能节点的联系、减少换乘次数，同时对公交线网进行优化调整，减少重复线路，扩大覆盖范围。

北京市五环以外的地区，人口分布呈组团特征，居住和产业组团之间为城市绿化带。大型居住组团与中心城区应以大容量的快速公交和轨道交通为主要通道，提高通达度的主要方式应为完善短途公共交通，实现与快速公交站和地铁站之间的顺畅接驳。

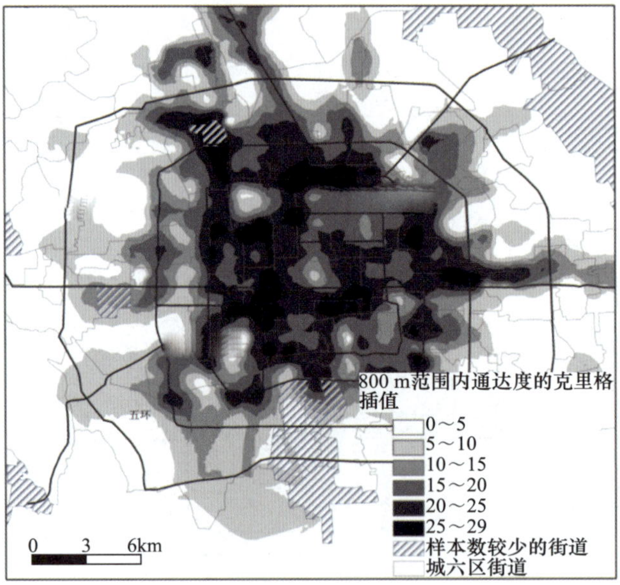

图 7.17　样本点 800m 范围内交通通达度的克里格插值

北京市居民交通出行的需求已经出现明显分化，不同组群的居民在空间分布上呈现显著差异。其中，居住地向五环以外的城市外围集中，以及老年人乘车难和满意度较差的问题要特别引起注意。市政交通部门应该根据不同群体的空间集聚特征来提供公共交通服务，如在老年人聚集较多的地区，应注重公交安全性和舒适性，让城市公共交通服务更加人性化。

以上案例基于对城市居民出行的调查，获取居民的出行目的、出行方式和公交满意度等信息，通过公共交通出行满意度的分析，提炼出公交可达性的关键因子和提升对策。通过实证分析，还提炼出对公共交通网络优化的规则，例如，要关注 800m 范围内的公交站密度，应提高公共交通与城市主要功能节点的连通性。这些规则的建立对于很多其他城市也是适用的。从方法论来说，这样的研究方法避免了决策的主观性，而且通过模型和变量的设计，使分析结果与城市空间结构建立了直接的关系，为通过规划手段来调整和优化城市要素的配置提供了可靠的依据。

第八章　城市环境问题

环境污染已经成为中国城市的切肤之痛。当人们为城市经济的增长和繁荣、现代化生活水平的提高而欢欣时，不知不觉之间，环境质量已经大不如前。中国城市环境质量的显著恶化主要发生在20世纪90年代中期以来。2000年时，全国城市空气污染严重，空气质量达到国家二级标准的城市仅占三分之一，地表水污染普遍，七大重点流域干流只有 57.7%的断面满足三类水质要求，21.6%的断面为Ⅳ类水质，20.7%的断面为Ⅴ类和劣Ⅴ类水质，特别是流经城市的河段污染较重，湖泊富营养化问题突出。近年来生态环境治理力度不断加强，但《2018 中国生态环境状况公报》显示，全国338个地级及以上城市中，仍然是仅有121个城市环境空气质量达标；338个城市发生重度污染1899天次，比2017年增加20天。水资源污染问题也较为严重，全国地表水监测的1935个水质断面（点位）中，Ⅰ～Ⅲ类比例为71.0%，劣Ⅴ类比例为6.7%，监测水质的111个重要湖泊（水库）中，Ⅰ类水质的湖泊（水库）占6.3%，Ⅱ类占30.7%，Ⅲ类占29.7%，Ⅳ类占17.1%，Ⅴ类占8.1%，劣Ⅴ类占8.1%，主要污染指标为总磷、COD和高锰酸盐指数；地下水检测结果显示，Ⅳ类占70.7%，Ⅴ类占 15.5%，超标指标为锰、铁、碘化物、氯化物、“三氮”（亚硝酸盐氮、硝酸盐氮和氨氮）和硫酸盐，个别监测点铅、锌、砷、汞、六价铬和镉等重（类）金属超标；全国生态环境质量优和良的县域面积占国土面积的 44.7%，较差和差的县域面积占31.6%。

不过，城镇化、工业化过程中出现环境问题是一个普遍存在的客观规律，我们不必怨天尤人和过度悲观，应该确信中国一定能在发展中逐步解决这些问题。为了少走弯路，关键是要适时调整发展理念和发展目标，建立有效的综合性环境管控模式。党的十八大以来，中国提出了建设生态文明和“美丽中国”的目标，正是基于这样的认识和判断做出的重大战略调整。当前，一方面要积极利用经济和社会发展水平提高、文明程度提升和现代科技进步创造的有利条件；另一方面要协调好环境保护与经济发展的关系，设定各个时期合理的发展目标和标准，针对各地区的实际污染情况构建更为有效的环境保护规划和管理模式。

本章基于中国城市环境问题的现状、态势和主要原因进行分析，提出要想在日益复杂的条件下解决城市环境问题，就必须要采用系统论的理论和方法，由着眼于行业和单个要素的管理转向综合性的空间管治。这样一个策略转型，凸显出地理学理论和方法的重要性。要基于各个不同地区的条件及所承担的职能的合理分析，科学设定环境保护的目标和发展模式、实施路径，并有效利用生态红线、环境功能分区、环境绩效评估和网格化管理等各类空间政策工具。基于这样的思想，本章还将重点阐述研究团队近年来关于城市环境性能评估的工作成果和进展。

第一节　快速城镇化和工业化带来的城市环境质量问题

一、水环境污染

随着城市人口发展以及全球气候变化，水资源短缺和水污染已经成为全球性问题，以环境换经济的发展道路使得发展中国家的水环境污染尤为突出（Murad et al.，2007）。改革开放以来，中国城镇化和工业化进程快速推进，2011 年，城镇人口比例超过 50%，2019 年，达到 60.6%，预计 2030 年将达到 65%。这种高速发展对城市水环境的影响主要表现在两方面：对水资源的过度需求超过供给能力和对水体环境造成严重污染。水资源和水环境是一个有机联系的整体，水量与水质密切相关。水资源的大幅减少，使水体生态功能减弱，污染物难以得到降解，水环境的下降带来的水质性污染和水生态破坏更加重了水资源的短缺。

中国城市的水资源和水环境问题在 20 世纪 90 年代中期开始凸显。根据《全国水资源综合规划（2010～2030 年）》，中国 655 座城市中有 470 座城市存在各种各样的供水问题，需水量大于实际供水量的城市有 402 个。研究表明，考虑了节水、区域调水和工程技术等解决方案的可能性后，缺水城市有 84 个，其中严重缺水的城市有 32 个，主要分布在海河流域（19 个）和黄河流域（10 个）（贾绍凤等，2004）。而上述缺水城市当中，有 1/3 主要原因是水质性缺水。缺水已成为制约中国城市发展的重要因素，也给人们的日常生活带来了极大不便（黄鹄等，2001；赵勇等，2006）。

城市人口和经济规模持续扩大，造成生活污水和工业废水陡增。据《中国水资源公报 2017》，2017 年我国废水排放总量为 699.7 亿 t，其中，工业废水排放量占总排放量的 26.0%；城镇生活污水排放量占总排放量的 74.0%。城镇生活污水占比逐年升高，已经成为污水的主要来源。国家发展和改革委员会、住房和城乡建设部发布的《“十三五”全国城镇污水处理及再生利用设施建设规划》提出，到 2020 年年底，实现城镇污水处理设施全覆盖。城市污水处理率达到 95%，其中东部地区力争达到 90%；建制镇达到 70%，其中中西部地区力争达到 50%；京津冀、长江三角洲、珠江三角洲等区域提前一年完成任务。虽然现在大部分废污水进入污水处理厂，但是污水处理标准很低。按照国家《城镇污水处理厂污染物排放标准》（2002 年）规定，即使达到最高的一级 A 排放标准，处理后的污水也仅相当于地表水的劣Ⅴ类污水，实际上，全国尚存在近 60%的污水处理厂无法达到一级 A 水质。因此，污水处理厂成了新的污染源。

此外，中国目前尚有百余座城市未建污水处理厂，有相当一部分城镇的生活污水不经过污水管网收集处理而直接排放，有些工厂偷偷将废水直接排入河流，更是加剧了城市水体的污染。据有关文献介绍，美国、英国、德国等国家平均 1 万人甚至更低人口数量就拥有一座污水处理厂，而中国平均 150 万城镇人口才拥有 1 座污水处理厂①。

废污水排放总量持续增加且处理能力不足导致江河湖泊水质的普遍下降。21 世纪 10 年代初，水体污染状况尤为严重：全国 75%的湖泊出现了不同程度的富营养化，90%的城市水域污染严重，南方城市总缺水量的 60%～70%是由于水污染造成的。其中，地表水首当其冲，几乎出现了“有河皆干，有水皆污”的现象。如 2004 年，四川化工股份有限公司排放水氨氮指标严重超过国家环境保护强制性标准，且持续时间长，造成沱江干流特大水污染事故的发生；2006 年，湖南岳阳县新墙河上游 3 家化工厂的工业污水日常性排放，致使大量高浓度含砷废水流入新墙河，致使砷超标 10 倍左右，8 万居民的饮用水安全受到威胁和影响。《2018 中国生态环境状况公报》显示，长江、黄河、珠江、松花江、淮河、海河、辽河七大流域和浙闽片河流、西北诸河、西南诸河监测的 1613 个水质断面中，25.8%的水质超过Ⅲ类标准，不能用作饮用水源。重要淡水湖泊（水库）水质普遍较差，轻中度富营养状态占比达到 29%，主要由氮、磷污染引起。地下水水源监测断面（点位）329 个，280 个全年均达标，占 85.1%，主要超标指标为锰、铁和氨氮。从水资源分区看，西北诸河和西南诸河水质为优，长江、珠江流域和浙闽片河流水质良好，黄河、松花江和淮河流域为轻度污染，海河和辽河流域为中度污染。

污染地表水给流经河段的水质也带来较为严重的影响。近年水污染事故频发如 2007 年太湖蓝藻暴发、2010 年泰州化工厂氯仿泄漏造成河道污染，2015 年安徽省五河县沱湖、天井湖流域 61.33km^2 的水域遭遇严重污染，大量鱼类死亡，直接经济损失 1.9 亿元。水源地污染对供水安全造成威胁，出现了较大范围的水质问题。在全国的水质普查中，全项合格率仅 10%，全国 7 亿人在饮用大肠杆菌含量超标的水，1.7 亿人的饮用水被有机物污染。“十三五”期间水体污染控制与治理科技重大专项在“三河三湖”等重点流域开展技术攻关和应用示范，为我国全面治理水污染奠定了良好基础。

与此同时，地下水也出现了由点到面、由浅到深、由城市到农村的污染扩散趋势，且以人口密度大和经济发展程度高的城市中心地区为主。此外，生产生活带来的次生水，如生活废水、工业废水、城市垃圾填埋等对城市地下水造成严重的直接和间接污染，给城市发展和居民人体健康带来巨大影响。2014 年度，全国 202 个地级及以上城市中，地下水水质为优良级、良好级和较好级的监测点比例为 10.8%、25.9%和 1.8%，而较差级和极差级的监测点比例高达 45.4%和 16.1%；有 125 个地级市的地下水属于较重污染区，主要超标指标为总硬度、溶解性总固体、铁、锰、三氮、氟化

① 苏文霞. 2008. 天津地区污水处理对策研究. 杨凌：西北农林科技大学博士学位论文。

物、硫酸盐等。北方 17 个省（自治区、直辖市）由于易受地表或土壤水污染下渗影响，水质评价总体更差，污染严重流域比例高达 84.8%，除三氮外，部分地区还存在一定程度的重金属和有毒有机物污染。最近的一项调查显示，华北平原浅层地下水污染比例已达 44%。由于长期暴露于污染环境，食品安全也难以保障，致使中国癌症发病率逐年上升（张润等，2016）。

二、大气环境恶化

中国大气污染的程度和危害度丝毫不亚于水体污染，尤其是 2012 年以来，北上广深等各大城市的 $PM_{2.5}$ 和空气污染物指数（AQI）多次爆表，重度大气污染和雾霾成为全社会关注的热点话题。2018 年以 $PM_{2.5}$ 为首要污染物的天数占总超标天数的 44.1%。严重的大气污染不但威胁城市居民身心健康，成为人们健康的“隐形杀手”，也对城市形象造成了负面影响（金晓芳，2015）。硫化物、氮氧化物等污染物在雨、雪等降水形成过程中被吸收并溶解，从而形成酸雨。中国的酸雨主要是因大量燃烧含硫量高的煤而形成的，大部分是硫酸雨，少部分为硝酸雨，一些地区已经成为酸雨多发区。根据《2018 中国生态环境状况公报》对全国 471 个城市（区、县）的降水监测结果，酸雨区面积约 53 万 km^2，其中，较重酸雨区面积占国土面积的 0.6%，酸雨频率均值为 10.5%。从空间分布来看，主要分布在长江以南—云贵高原以东地区，包括浙江、上海的大部分地区、福建北部、江西中部、湖南中东部、广东中部和重庆南部（图 8.1）。

近年来，国家加大了对大气污染物的治理力度，一些地区采取了严格的减煤控煤措施，SO_2、CO 等大气污染物的达标程度较为理想。然而，人口过度集聚和机动车大幅增加又使得一些新的污染源和大气环境质量问题进入公众视线，其中 PM_{10} 和 $PM_{2.5}$ 正日益成为影响中国城市居民工作生活和身体健康的主要大气污染物。针对这些情况，2012 年，国家开始把 $PM_{2.5}$ 纳入环境空气质量标准。按照中国现行《环境空气质量标准》（GB3095—2012）对大气污染物的浓度限值要求，绝大多数城市空气质量状况比较严峻，突出表现在颗粒物污染导致的灰霾现象频发。《2014 中国环境状况公报》显示，2014 年度监测的 161 个地级及以上城市中，除了舟山、福州、深圳、珠海、海口、昆明、拉萨、泉州等 16 个城市空气质量达到国家二级标准外（占比 9.9%），其余 145 个城市空气质量均不达标，空气质量低于国家二级标准的城市比例高达 90.1%，多数城市和居民直接暴露在严重的大气污染之中。一些大城市，尤其是北京、上海、南京、广州等超大城市的 PM_{10}、$PM_{2.5}$ 等超标比例明显高于中小城市。目前，全国已有 21 个省（自治区、直辖市）、194 个地级及以上城市公开了重污染天气应急预案，同时采取了一些强制措施保障空气质量，如“北京 APEC 蓝”和“阅兵蓝”，但这些都是在重大事件期间采取的强制性保障措施的基础上取得的成效，要想空气质量持久改善，还有很长一段路要走。

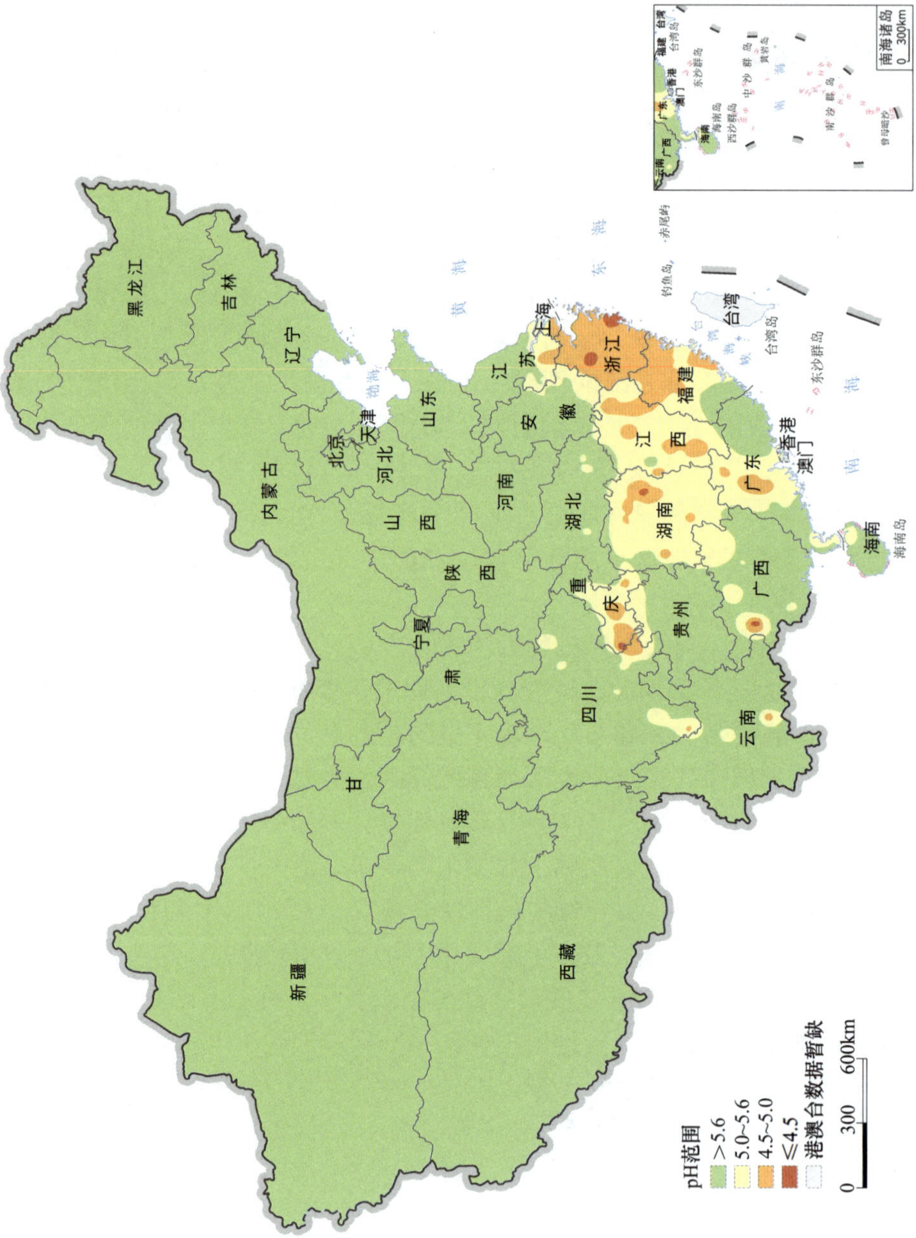

图8.1 中国降水pH年均值空间分布示意图(2018年)

三、土壤环境污染

城市土壤污染问题已经成为一个严重的环境问题。城市建设需要占用土地资源，工业“三废”的排放、采矿冶金、家庭燃煤、生活垃圾、污水处理厂的污泥、城市绿化使用的化肥等都有可能使土壤重金属含量超标，造成土壤污染。通过“土壤—植被—人体或动物”或“土壤—水—人体或动物”等多种传递路径，土壤污染会对生态系统和人体健康产生不利影响，甚至危及生命（丁怡欣和李柳，2015）。正因为如此，近年来土壤污染遭曝光的事例越来越多。

由于土壤污染具有一定的滞后性、隐蔽性特点，人们对土壤污染危害的认识落后于大气、水体等环境污染（赵沁娜，2009）。早在20世纪90年代，中国土壤环境质量的问题还主要集中在城郊蔬菜地和郊区土壤重金属污染等方面，但近年来对北京、南京等城市土壤的研究发现，城市土壤污染的问题已经十分严重，特别是废弃工业场地的环境风险问题。“退二进三”“退城进园”的城市产业转移进程中，出现大量受污染的工业遗留、遗弃场地，成为威胁人体健康的风险源。其中，农药生产基地、金属渣堆放场地以及众多化工企业遗留场地的环境风险尤为突出。此外，部分城市群土壤重金属污染的问题也很严重。例如，以冶金工业为支柱产业的长-株-潭城市群，表层土壤中镉、铬、汞、铅等元素平均含量明显高于全省及全国平均值，已经通过食物链损害人体健康，如“镉米”事件等。从区域分布看，广州、上海、杭州、南京等东部沿海城市的土壤重金属污染属于重度污染；长春、贵阳和西安等城市的土壤重金属污染属于中度污染；沈阳、合肥、郑州、太原等城市的重金属污染属于轻度污染（陈秀端，2011）。从城市内部看，土地利用状况、活动强度以及距污染源的距离对城市土壤污染强度有不同程度的影响，以矿区和工业厂区最高，其次是城市中心的商业区和一些旧居住小区。

中国尚未找到对垃圾、废渣进行分类管理和处置的好办法，居民生活垃圾分类处置的良好习惯也尚未形成。随着经济发展，一些难降解的持久性有机污染物问题开始显现。这类有机污染物又被称为“环境激素”或“环境荷尔蒙”，具有转移到下一代体内并在多年后显现危害的特点。它们烧不得、埋不得，又缺少较好处理方法和完整的体系，所造成的污染问题也很严重。2001年，中国签署了《关于持久性有机污染物的斯德哥尔摩公约》。目前共有21种有机污染物被纳入严格禁止或限制使用的清单。十几年来，中国在履行公约和防治持久性有机污染物方面取得了实质性成果，但是部分持久性有机污染物在环境介质中仍时有检出，如一些城市焚烧垃圾产生的二噁英等污染物，随着大气流动污染周边居民区，带来严重的安全风险。

四、噪声污染

近些年来，城市噪声问题已经成为仅次于大气污染和水污染的第三大公害，严重影响着城市的正常运行和城市居民的正常生活。

从种类上看，城市噪声大体可以分为交通噪声、生活噪声、工业噪声和施工噪声几个类型。其中，交通噪声对城市噪声的贡献率达到30%以上，与国外一些城市相比比例并不算高，但由于城市机动车数量一直在激增，道路交通噪声的比例也在上升；生活噪声的贡献率最大，约占40%，且有逐渐上升趋势；居民活动和商业活动的噪声，如流动叫卖、商业经营、酒吧娱乐场所、广场舞和广播等生活噪声由于干扰人们的工作、学习和休息，引起的纠纷频频发生。工业噪声和施工噪声在城市噪声中的占比为27%。通过加大建筑施工噪声管理，合理布置施工机械，减少对周围敏感点的影响，限制建筑机械施工作业时间，改良施工机械和作业方式等方法，施工噪声状况能有所缓解，但这一类噪声在工业生产和城市建设进程中无法彻底避免，具有污染面积广、持续时间长、监管难度大等特征。

五、垃圾围城

发展中的中国城市，正在遭遇“垃圾围城”之痛。垃圾围城的主要原因：一方面是城市人口增长带来的固体废物排放量持续增加，另一方面是垃圾不能有效地处置和回收利用。中国工业固体废物每年增长约7%，城市生活垃圾每年增长约4%；固体废物处置能力与其增量明显不匹配，大部分垃圾处于低水平综合利用或简单储存填埋状态，增量与存量问题并存。

2005年全国生活垃圾无害处理率仅为51.7%，2014年，全国城市生活垃圾无害处理率达到91.8%，到2018年全国生活垃圾无害处理量达到22565万t，无害处理率已经达到99%，但是垃圾处置仍有很大困难。20世纪80年代，简单的垃圾填埋方式曾导致北京三环路与四环路之间垃圾成堆，50m^{2}以上的垃圾堆有4700多座。北京市斥资23亿，才逐渐攻陷这座惊人的“围城”。2006年国家建设部的调查表明，全国600多座城市中三分之一以上被垃圾包围，城市垃圾堆累计侵占土地500km^2。

六、环境风险

由于环境问题与各种要素的复杂性，系统性的环境风险加剧。20世纪80年代以来，“风险”概念已从单纯的技术经济范畴扩展到社会理论范畴（陈海嵩，2009），尤其是社会学和环境法学领域。风险反映了人类对风险的认识发生了从技术风险到系统风险的跨越。环境风险、环境污染、生态环境恶化，三者层层递进，体现了中国近些年产业经济发展带来的城市环境问题的恶化态势。

中国资源型城市数目众多，有大量的工矿居民区。20世纪90年代以来，各级城市纷纷兴起产业园区建设浪潮，一时间工业园、开发区、城市产业新区等遍地开花。这些产业集中区与居住区、生态空间的空间矛盾日益尖锐。由于布局上先天不足及监管薄弱，不仅成为污染的集中区，而且存在许多环境风险。中国环境文化促进会发布的《中国公众环保民生指数（2008）》显示，2008年环境保护部直接调度处理的突发环境事件高达135起，其中2008年1月至9月，环境保护部处置的突发环境事件111起，比2007年同期增长22%，这充分表明中国环境风险较高，突发环境事件增长速度快，呈高发态势。

通过2005年松花江水污染、2011年云南曲靖铬渣污染以及2013年青岛中石化输油管道爆炸等一系列特大环境污染事故，我们必须认识到，随着经济的高速发展，环境风险正在日益逼近。与风险源存在直接空间联系的城市居民，是诸如此类环境危机的直接暴露人口。

第二节　城市环境问题的成因分析

一、工业化和城镇化的压力

严重的环境问题与城镇化和工业化进程具有密不可分的关联。当人类活动超出了自然生态系统的承载力和抗扰动能力，使之失去自有平衡，就会反过来对人类的生存和发展构成威胁。人口密集、生产集聚的城市较之乡村具有高度人工化、特定空间形态、地域层次性和易污染性等特征，因此环境问题的表现尤为突出。19 世纪工业革命早期，正是由于西方国家的工业污染和公共卫生的严重恶化推动了现代城市规划的诞生。20 世纪中期，发达国家相继进入工业化和城镇化的快速发展时期，环境污染造成的公害事件频频发生，如 1943 年洛杉矶光化学烟雾事件，1952 年伦敦烟雾事件、1950～1960 年日本水俣病事件、四日市哮喘病事件、富山痛痛病事件，均引起极大的社会震动，助推了民众环境意识的觉醒和国家环境保护治理。

反观中国 20 世纪 50 年代以来的城市环境变化历程，主要可以概括为以改革开放为时间界限的稳定期和扰动期。在稳定期，城市数量、规模、人口、产业发展相对缓慢，城市环境质量相对保持良好；而进入扰动期以后，人口、产业向城市集聚的速度和强度不断加大，城市空间规模迅速蔓延扩张，环境问题逐渐凸显。改革开放初期及之后较长的时间内，中国的高速经济增长是以“高投入、高消耗和高排放”的粗放型增长模式为基础的，城市发展很大程度上依赖于城市工业发展，尤其是服务业不发达的中小城市，对工业发展的依赖性更强。但中国经济发展方式是粗放的，工业总体技术水平较低，设备落后，资料综合利用率普遍较低，单位产出污染强度大。快速的资源消耗和相对较低的技术水平，使得环境污染日益严峻。从“九五”（1996～2000 年）开始，中国的城镇化进程加速，不论大中小城市和城镇，都出现了类型多样的、不同程度的城市环境问题，不仅严重威胁环境安全和居民健康，而且演变成制约经济发展和社会安定的重要因素。不少城市的给排水、供热、污水处理、固体废弃物处理等设施跟不上城市发展的需求。由于空间发展不均衡，部分地区的人口和产业已大幅超出了资源和环境的承载力，超载正在演化为系统性的生态环境危机。

环境污染具有长期性、潜伏性等固有特征，发达国家在上百年工业化过程中，环境问题逐渐显现出来、并用了很长的时间逐步加以解决。相比之下，中国的环境问题具有结构复杂性、污染复合型、时间压缩性等特点。与此同时，中国还必须在较低的经济发展水平上解决这些复杂问题。美国提出控制 $PM_{2.5}$ 是在 1996 年，人均 GDP 已经达到 2.8 万美元，煤炭和工业能耗的占比分别是 20%和 7%。而中国 2011 年提出控制 $PM_{2.5}$ 时，人均 GDP 为 5432 美元，煤炭能源占比高达 28.4%，工业能耗占比 70%，经济发展水平存在不小的差距。

二、产能结构调整滞后

城市产业一般要经历由劳动密集型到资本密集型再到技术密集型的阶段性发展。中国工业经济起步较晚，发展初期很多地区采取了“牺牲环境换取经济发展”的策略。这既是中国改革开放以来被各级政府、社会精英和普通民众广泛接受的现代化战略，也是进入现代化中后期以后，与区域间产业转移伴生的污染转移的一般性规律。

通过发展工业，尤其是基于本地原材料开采加工和廉价劳动力的传统工业，来实现地区经济的快速增长，是很多城市产业经济发展初期的主要模式。与这种战略相伴或相互强化的是工业意味着发展的“工业主义”发展思维和“先发展、后治理”的环境思维（发展起来后自然就会有资金和意愿来治理污染）。

产业结构比例失调、产业关系失衡、产业层次低下、重复建设、技术含量低、空间布局结构不合理等结构性矛盾，导致中国呈现比较明显的结构性污染特征。主要体现在：一是区域产业相似程度高，带来局部空间上的低层次重复建设和过度竞争，增加环境污染负荷和治理难度。这个问题无论是在东部、中部还是西部都很普遍。经济最为活跃的长江三角洲地区，2005 年上海与江浙两省主要城市之间的产业结构相似系数平均值达到 0.907。其结果是使资源配置失调，只能分散治理污染，难以形成区域环境综合整治的规模效应，致使结构性污染问题普遍存在。二是各地污染成因复杂，既有历史欠账问题（如原属国家管理的赣南八大钨矿目前均已破产或进入破产程序，尾矿堆积问题长期难以解决），科技技术装备落后的问题（如内蒙古乌海有 200 多家电石、铁合金、焦炭企业，企业规模小、档次低、工艺落后，技术含量低），也有规划布局问题，有的项目不顾自然条件和环境功能分区，把污染企业布置在城区上风向、饮用水源地或人口稠密区，有的地方污染企业过于分散。因此，监管任务繁重，治理工作十分艰巨。三是行业性污染集中，影响巨大。例如，造纸业对淮河、辽河的化学需氧量的贡献率分别高达 47.5%和 32%，而经济贡献率仅有 3.6%和 0.7%，化工制造业对氨氮污染的贡献率是经济贡献率的 6～9 倍。2010 年 9 月，国家环境保护部公布了《上市公司环境信息披露指南（征求意见稿）》，把火电、钢铁、水泥、电解铝、煤炭、冶金、化工、石化、建材、造纸、酿造、制药、发酵、纺织、制革和采矿业等 16 类行业划为重污染行业。

随着经济社会的进一步发展，华东沿海等地发展模式已经开始转型，但是一些相对落后的地区，固有观念和粗放的工业化发展模式仍然普遍。究其实质，还是在于环境与经济发展之间的矛盾。尽管国家已经深刻认识到这一问题，并从国家政策层面提出“五位一体”和“生态文明建设”的思维与战略，但较为落后的产业结构仍对环境产生较大的负面影响。

由此可见，在解决城市环境污染的道路上，需要合理、有序地加快产能结构调整。在中国经济发展进入新常态的背景下，新一轮产业结构调整的大幕已经拉开，打造中国工业升级版，急需探寻增长新动力，重塑竞争新优势。从发展动力看，生产成本持续上升，资源环境约束不断强化，要素的规模驱动力减弱，必须更多依靠人力资本质量和技术进步，着力提升创新能力，通过供给创新激活消费需求，形成新的经济增长点。从产业结构看，当前传统产业增长动力减弱，新兴产业的动力尚没有跟上，暂时出现了“青黄不接”的尴尬局面。面向这些问题，传统产业化解产能过剩、企业兼并重组势在必行；与此同时，必须加快新一代信息技术与传统产业的融合，推动制造业的智能化、数字化、服务化转型升级，创造新技术、新产品、新业态、新模式。

三、环境保护基础设施薄弱

据统计，中国每年环境污染的直接经济损失达近千亿元。在污染所造成的损失中，20%～25%来自城市基础设施的供给不足和效率低下。为了改善环境、减少损失，自20 世纪 90 年代以来，中国已将城市环境保护基础设施建设列为重点建设内容，不断加大投资力度。环境保护基础设施是指为生产、生活、工作及其环境提供服务的各种基础设施，包括与防治污染和改善生态环境直接有关或交叉渗透的设施。环境保护基础设施是城市建设和管理的重要组成部分，是防治污染、改善环境质量的物质基础（孙荣庆，2009）。

城市环境保护基础设施主要包括城市给排水系统（供水厂、污水处理厂、上下水管网、垃圾填埋场、垃圾焚烧厂等）、环境保护系统（空气和河道水体净化、工业废弃物和垃圾处理设施）、园林绿化系统等（翟毅勃，2015）。与一般性竞争行业相比，城市环境保护基础设施同时兼有生产性和非生产性的特点，其经济效益具有外部性，难以定量计算，建设投资大，回收期长。

长期以来，中国环境保护行业管理基本上是政企合一的体制，政府一直是作为环境保护基础设施的投资者、建设者和运行管理者，对环境保护基础设施大包大揽，这样的管理体制使得企业并不具备真正的市场主体地位，企业投资和运营效率低下（包淑芳和郭伟，2016）。此外，环境保护基础设施建设和管理的价格机制不够合理，“使用者付费”和“污染者付费”的观念虽然初步建立起来，但价格机制、收费体系尚未完善，投资者的收益和利益补偿机制不尽合理。

缺乏市场投融资手段是我国环境保护基础设施建设的主要问题。中国基础设施建设一直主要依靠国家财政支出，虽然中央政府对环境保护投入不断增加，但有研究表明，如一直沿用以政府为中心的传统融资方式，未来 10 年城市环境保护基础设施的资金缺口将达到 30%～60%，其对经济发展的制约作用将进一步加剧。由此可见，环境保护基础设施建设必须寻求新的融资途径。

四、环境保护产业基础落后

中国环境保护产业起步于 20 世纪 80 年代，是伴随着环境保护事业的发展而逐步发展起来的（骆建华等，2010）。经过 30 年多年的发展，已经形成产品生产、环境保护服务、废物循环利用、自然生态保护、洁净产品等在内的环境保护产业体系。在国家政策的支持和资金推动下，环境保护投入逐年提升，“九五”“十五”“十一五”“十二五”期间环境保护投入占 GDP 的比重分别为 1%、1.3%、1.5%、2.5%。2010 年，中国环境保护产业经济产值超过 1 万亿元，达到 GDP 的 3%左右。

有专家指出，虽然中国的环境保护产业发展很快，但由于起步晚、基础薄，在资金、管理、政策、技术等方面发展仍不成熟。主要体现在以下几方面：①环境保护产业发展资金短缺。生态建设、污染防治等方面的投入在全国GDP中的占比是2%左右，虽然近几年有所提高，但仍然无法有效满足生态建设、环境保护产业发展的实际需求（高新福和石鑫，2015），尤其是在治污行业的投入严重不足。另外，由于环境保护产业投资大、风险高，见效慢，专业化等原因，社会资本的进入受到制约。最近几年，PPP模式作为一种新的融资模式发展很快，2014年12月，财政部确定了30个PPP示范项目，其中污水处理、供水、环境治理等环境保护类项目达15个。2015年，各省份陆续推出162个省级环境保护类PPP项目，总投资额约523亿元。但PPP的实施效果还有待评估检验。②缺乏公平的市场竞争环境。中国尚未形成一批实力强劲，抗风险能力强的大型环境保护产业集团，行业标准不完善，加上缺乏有效的宏观调控和政策引导（李宝娟等，2015），地方保护主义和低价低质恶性竞争现象严重，抑制了企业的积极性。③还没有形成规模经济。虽然环境保护产业的总体规模不小，但《中国环保行业研究报告》指出大型环境保护企业数量比重还不到5%，且专业化程度较低。具有自主研发能力的龙头企业很少，难以起到带动行业作用，而小规模的环境保护企业往往规模效益差、资金分散、标准化程度低、供给水平不高，这些问题造成了环境保护产业重复生产现象严重。④技术水平较低，人才缺乏。缺少自主研发能力，特别是以企业为主体的环境保护技术和设备开发基础薄弱，具有独立知识产权的高新技术产品不多，只能从事一般性、低技术含量产品生产，很多智能型、精良的环境保护产品、设备和技术都是从国外引进的。

五、环境管理制度落后

完备的环境管理体制是环境保护工作顺利展开，并取得成效的基本保障，但目前由于受法律、机构、职能等因素的影响，中国的环境管理体制存在不少掣肘因素。

第一，环境保护规划缺乏法律效力，没有财政资金主导权。中国过去40年的环境保护工作，主要是由环境保护部门通过环境规划来实施管理。根据现有的规划体系，环境保护规划是国民经济和社会发展规划的专项规划，法律地位低于城市总体规划和土地利用规划，由于部门的分割，它们之间的一致性和协调性得不到保障，当其他各项规划与环境保护规划之间产生矛盾时，环境规划往往就要让步。法律地位的不足，也使环境保护规划难以起到引导各类社会资源向规划的重点领域、区域流动的作用。另外，环境规划自身也存在一些不足，整体偏虚、系统性和可操作性较弱，与各行政层级之间的事权、责任、任务边界不匹配。2012年开始，环境保护部在全国24个城市开展了城市环境总体规划编制的试点，但是如果没有国家层面的规划管理体系的协调和整合，城市环境总体规划本身的作用是有限的。

第二，环境管理职能分散，部门之间协调难度大。2018年4月生态环境部组建之前，环境管理的职能分散在环境保护、发改委（如节能减排）、国土（如地下水污染）、水利（如流域水环境管理）、农业（如农业面源污染治理）、海洋等多个部门，很容易出现分工不明、权利冲突、协调成本高等问题，使环境保护部门难于发挥“统一监督管理”的作用。例如，环境保护部门建立了自己的环境监测网，而其他部门也建立了环境监测网，由于标准不同，对同一监测对象的监测数据经常出现矛盾。2018 年，为整合分散的生态环境保护职责，统一行使生态和城乡各类污染排放监管与行政执法职责，加强环境污染治理，保障国家生态安全，建设美丽中国，国家通过机构设置调整组建了生态环境部，情况由此得以改善。

第三，管理手段单一，缺乏市场活力。环境监管大多数属于行政强制性的监管手段，缺乏市场化和社会化的管理动力，降低了管理效率，监管成本较高。

第四，监督主体不够健全，缺乏实质性的公众参与。政府主导、公众参与、社会制衡相结合，才是一个有效的环境保护实施机制（刘瑶和贺海韬，2016）。中国的环境管理长期采用政府主导的封闭模式，公众参与停留在规划公示或民意调查层面上，这对于增强决策的科学性、节约生态环境保护成本和提高社会公众的环境保护意识都是不利的。

除了以上问题，更加难以解决的是由于目标冲突引起的矛盾。尽管国家出台了新的环境保护标准和实施期限，但是地方政府为了保证经济发展和就业稳定，必须照顾一些不合格的企业，特别是中小企业，不得已只好给出“缓冲期”。这就出现了究竟是淘汰还是鼓励落后企业的困惑，导致监管缺位。一些处罚不到位的行为，误导企业产生“违法成本低，守法成本高”的价值偏差。一些企业投巨资搞环境保护，却陷入“劣币驱逐良币”的境地，而那些缺乏公共社会责任的污染企业，宁交罚款也不去治理。短期行动与任务目标的冲突也是一个值得关注的问题，如在北京市环境保护部门大力推进的减煤改造工作中，就发现这样的问题：政府下达了完成任务的时间并给予大力补贴，为了按期完成任务，那些即将拆迁改造的地区也是极力推动减煤，造成很大浪费。

第三节　城市环境的空间管治

一、环境管理模式的转型

2010 年以前，中国城市环境保护工作的主要着力点一直是污染排放，采取总量控制的方法对各类企业的能耗和污染物排放进行核算和控制。事实上，由于城市增长过快，尽管在污染排放方面做出了大量努力，但总排放量仍然在增加。近年来，公众的环境诉求更多地转向环境质量改善，而不仅仅是污染物总量的变化。随着越来越多的流动人口和工业企业集聚到发达的大城市及其周边，这些地区不但成为生产集聚和消费集聚的中心，也成为污染集聚的中心。生活污染在污染和废弃物排放中的比重越来越高，空间布局性污染的构成越来越大。人口和经济要素的空间分布决定了污染物的空间分布，在大气、水、土壤等环境要素的交错作用下，各类污染物的降解、扩散、汇聚和复合本身也具有鲜明的空间特征。考虑到环境污染与社会经济要素的空间耦合性以及环境污染在时间上的潜伏性和持续性，绝不可能通过静态、均一的管理手段来解决环境问题，只有深刻洞察其时间动态和空间分异，运用空间管理的思维和工具，才能够使之有效解决。也就是说，环境管理要“由要素管理走向空间管治”。在新的模式下，怎样更好地完善环境保护规划，找到更加有效的空间管理工具成为一个重要的政策课题。

有效的环境空间管治建立在环境与经济社会发展良性互动的治理体系之上。如对地方 GDP 过分倚重，肯定会使生态环境保护与其他部门在规划层面产生矛盾，实践中更难协调。而在现有发展阶段，不考虑各个城市的发展需求是不切实际的。例如，城市里有的地区功能定位就是产业区，片面强调环境指标不仅会对其功能的发挥造成损害，而且也会对整个城市或区域的生产和服务体系造成不利影响。因此，要从空间视角，建立合理的、与功能定位相协调的环境功能管理单元，综合考虑其经济、社会和环境的要求，制定合理的发展目标和策略。

实施空间化的管理，才能真正理顺环境保护规划与其他部门规划之间的关系。无论是工业发达国家，还是中国，环境保护与建设规划都是防治环境问题的重要手段和工具。环境保护规划确立了环境政策的具体目标和措施，是环境保护工作的总部署、环境管理的核心和龙头，是协调环境与发展、人与环境关系的基本工具(吕忠梅，2010)。

根据国家空间规划体系建设的总体部署，已在全国及省区层面开展主体功能区划的工作，针对不同区域的资源环境承载力、现有开发密度和发展潜力，将国土空间划分为优化开发、重点开发、限制开发和禁止开发四类主体功能区，为分类分区细化各个区域的发展目标和实行不同的空间管理政策提供了基础依据。但主体功能区规划在落实过程中也面临很多规划协调问题，如城市总体规划、土地利用规划、各种专项规划及经济区划、环境规划和生态功能区划等。如果不能明确各类规划之间的空间关系、优先顺序和整合方式，主体功能区的空间指导性和约束性作用就不能充分发挥，而且还会与现有规划产生新的冲突、新的矛盾、新的问题。2012 年，着眼于全面建成小康社会、实现社会主义现代化和中华民族伟大复兴，党中央提出了经济建设、政治建设、文化建设、社会建设、生态文明建设五位一体总布局。环境保护的战略地位大大强化，为扭转环境保护的被动和单打独斗的局面、推动空间规划与环境保护相结合提供了契机。空间规划体系建设的情势对环境保护和管理部门是个很好的机遇，需乘势而上，积极参与，明确环境规划和生态功能区划在国家空间规划体系中的定位，为解决规划重叠冲突、部门职责交叉重复、地方规划朝令夕改等问题提出破解之道。以往各项专业部门规划都相对独立，甚至部门之间的数据信息共享在实践工作中也难以有效实现，今后这些问题都需要通过“多规合一”加以解决。

与此同时，环境空间管理也是提高精细化环境管理和服务的必要条件。近年来，参照城市管理部门的管理经验，一些城市开展了环境网格化管理工作。按照网格明确管理责任，落实责任主体，好处是显而易见的。举例来说，2013 年，北京市丰台区建立了村镇级环境管理网格员制度，使 80%以上的环境管理举报投诉案件立即就得到了处理。而在以往，这些问题都是由市区级的环境监察和管理部门逐一来处理的，时间长、效率低。

二、环境空间管治的主要工具

顾名思义，环境空间管治就是采用空间规制的手段，对特定空间管理单元实施环境管理的政策工具。因而，其关键问题包含空间管理单元的划定、各空间单元环境的评价，以及空间单元的环境政策的制定等。环境功能分区和生态红线等是典型的划定空间管理单元的工具，而环境容量评估及其他一些综合性评估体系则属于评价工具，通过评估反映总体环境或某些关键环境要素对人类生存及社会经济发展的承载能力和适宜程度，甄别环境风险区，为环境空间管治提供参考依据；环境管理对策则是基于空间单元细分的具体措施。

（一）环境容量

在实践中，环境容量是组织和安排各项城市开发建设与空间规划的重要依据。环境容量指某一环境在自然生态的结构和正常功能不受损害、人类生存环境质量不下降的前提下，能容纳污染物的最大负荷量。对特定区域来说，指根据自然净化能力，在特定的污染源布局和结构条件下，为达到环境目标值，所允许的污染物最大排放量（余科平等，2016）。环境容量的数值与空间单元的大小与各环境要素的特性和净化能力、污染物的理化性质有关。根据环境空间管理单元的不同，环境容量的评估单元有区域、流域、城区、园区等；相关评价内容主要包括土壤环境容量、大气环境容量、水环境容量、固体废弃物处理能力的评价等。

土壤环境容量属于控制性指标之一，随环境因素变化以及人们对环境目标期望值的不同而变化。影响土壤环境容量的指标主要包括：①土壤类型（如元素组成，机械组成，有机质和矿物质的成分、含量、pH，氧化还原电位等）；②化学元素或化合物的存在形态及其理化性质；③区域自然环境条件（如气候、植被、地形、水文条件等）；④土壤与大气、水、植被等环境要素间元素迁移的通量；⑤土壤环境的生物学特性；⑥社会技术因素（如改善土壤性质、提高肥力的行为）。土壤环境容量评价以重金属、有毒物质为评价对象，根据环境功能分区和环境质量要求，选择土壤污染物的临界含量标准，再将土壤普查获得的重金属和其他有毒物质浓度与之对比，来评价土壤环境容量的超载程度。

大气环境容量以 SO_2、NO_x、悬浮颗粒物（$PM_{2.5}$、PM_{10}）等主要污染物为评价对象，根据大气污染物排放标准，用日平均浓度、背景浓度、控制面积等测算大气环境容量。通过现状排放量与大气环境容量的对比，来评价大气环境容量的超载程度。

水环境容量以氨氮、COD 为主要评价对象，按照地表水级别标准，使用目标浓度、本底浓度、地表水资源量等测算水环境容量。通过现状排放量与水环境容量对比，评价水环境容量超载程度。

固体废弃物处理能力以城乡生活垃圾、生产垃圾和特殊垃圾为主要评价对象，测算已建固体废弃物处理设施对各类固体废弃物的最大处理能力。通过固体废弃物现状排放与处理能力对比，评价固体废弃物处理潜力。

一般来说，在土壤环境容量、水环境容量、大气环境容量、固体废弃物处理能力

4 个单项评价的基础上，结合污染源排放数据，就可以比照地区环境保护规划的环境容量控制及治理标准，测算特定空间单元的环境容量。根据允许排放的各类污染物的最大排放量，提出新增污染源的排放要求、确定有哪些地方超出环境容量需要调减等。

在流域或区域的尺度上，环境容量测算的技术标准比较成熟，可以作为流域或区域污染物排放总量管控的依据。不过目前，在城市内部空间单元上逐一确定容量还有很多技术难题。环境管控的单元与容量测算单元应该具有一致性，才能保证空间管控的实施效果，但由于环境要素具有流动性和外溢的特点(如机动车尾气、工业废气)，根据环境要素的分布特征来确定城市内部环境空间管控单元的大小和界限是否可行、如何确定，还需要进一步研究。

（二）生态保护红线

划定生态保护红线，是一项重要的环境空间管治手段，其根本目的是保护重要生态功能区，以及陆地和海洋的生态环境敏感区和脆弱区，遏制生态环境退化趋势，促进人口、资源、环境相互协调，实现经济、社会和生态效益相统一。这对于维护生态安全、改善环境质量、保障群众健康具有很重要的作用。生态保护红线范围内的地区原则上按禁止开发区域的要求进行管理，严禁不符合主体功能定位的各类开发活动，并严格执行生态休养生息和保护修复政策。

1956 年中国建立了第一个自然保护区，2008 年确定 50 个重要生态服务功能区域，2010 年确定国家级主体功能区的限制开发区和禁止开发区，2011 年《国务院关于加强环境保护重点工作的意见》明确提出划定生态保护红线。生态保护涵盖范围越来越广，目标越来越明确。

划定生态保护红线的目的是保障生态安全格局，而生态安全格局可自上而下划分为国土尺度、区域尺度和城市尺度三类，在不同尺度上关注和解决的问题有很大差异。国家生态安全格局是全国尺度上的连续完整的山水格局、湿地系统、河流水系、绿道体系以及防护林体系等。区域生态安全格局主要针对区域性的生态环境问题，保护和恢复生物多样性，维持生态系统结构和过程的完整性，实现对区域生态环境问题的有效控制和持续改善。城市生态安全格局是为整合社会、经济与生态功能而构建的复合空间系统。因此，生态保护红线的划定也需要从不同的空间尺度出发，探讨相应的理论和方法。先由国家确定生态保护红线划分的技术规范和划分标准，划定保障国家生态安全的整体红线和跨区域生态保护红线，这是生态保护红线管控的国家“规定动作”。2014 年，环境保护部陆续印发了《国家生态保护红线——生态功能红线划定技术指南（试行）》，同时提出了严格管控生态保护红线的措施，包括划定红线的精度要求、红线划定区域内的负面清单、各部门的管理责任和相互配合、管控平台建设等。在国家生态保护红线和生态功能基线的基础上，各市、县可根据自身的实际情况，在更精细的尺度上划定生态保护红线，并建立有利于自身保护与发展的生态红线管理体系，这是生态红线管控的地方“自选动作”。

生态保护红线的划定将缓解中国现阶段城镇用地扩张与生态敏感区、重要区保护之间的矛盾，为生态系统的自我修复提供空间。中国的人口、资源和环境的空间分布不均匀，区域发展不平衡。2000～2015 年，中国城镇化率提高了 14.64%，但同期城市建成区面积由 2.6 万 km^2 左右扩大到了 4 万多平方千米，城市面积扩张速度远高于城镇人口增长速度。城镇空间扩张和大量新城、新区和开发区的规划建设，导致现有城市功能区之间存在功能乱、距离远、跨度大、人流大等问题。城市格局混乱导致土地利用效率低下，交通压力难以减缓，空气污染日益加剧，地下水浪费和污染严重，更不利于节能减排技术的推广。从发达国家的经验来看，城镇的集约化程度越高，其自我更新能力越强。城镇的集约化不但要与经济社会发展和基础设施建设相一致，更要与生态环境承载能力相匹配。中国生态保护红线的划定可以整合现有分散的布局，防止农田、绿地被蚕食挤占，迫使城市建设的重点由外延增长回转到城市建成区的优化和改造上去，对于打造生产、生活、生态功能相对集中、分工合理、有机融合的城市格局具有推进作用。

城市生态保护红线的划定要立足于不同地域的特征，体现差异性。东部地区城市自然条件优越，适宜居住，其面临的主要环境问题是过度开发和生产、生活空间布局不当导致生态空间被蚕食，生态系统的整体性遭到破坏。因此，东部地区的生态保护红线划定是以坚守生态底线，维持环境安全为目标。中部地区的城镇化水平较低，城市建设与生态环境之间的矛盾相对较少，生态保护红线的主要作用是防范生态风险。西部地区生态环境脆弱、水资源短缺，石漠化和沙漠化严重、生物多样性退化等问题突出。但是西部地区能源和矿产资源丰富，人口向西部中心城市集聚的态势明显。因此，以生态保护红线为手段，处理好城市开发布局与生态安全格局、资源开发强度与资源承载力之间的矛盾，是实现西部地区城市可持续发展的基本要求。

此外，生态保护红线的划定还要充分考虑生态系统的完整性。生态系统完整性包含生态系统健康、生物多样性的维护、生态系统的稳定性和可持续性等多方面的内涵。一个生态系统只有保持结构和功能的完整性，并具有一定的抵抗外界干扰和自我恢复的能力，才能长期为人类社会提供服务。要达到这个目的，就需要在生态保护红线的划定过程中考虑行政区之间的衔接。

（三）生态环境功能分区

生态环境功能分区是依据社会经济发展需要和不同地区在自然资源禀赋、生态环境状态和功能定位上的差异，对地域空间进行合理的划分。其目的是辨析各个地区面临的生态环境问题和保护压力，分区制定生态环境保护与整治修复的目标和政策措施。在实践中，与生态环境功能分区相关的概念包括单要素的水环境功能区划、大气环境功能区划、声环境功能区划，以及综合性的国家生态功能区、区域（省域或市域）环境功能区划等。

在城市尺度上，单要素环境功能分区是相对简单的传统环境管理工具。例如，声环境功能区化可按照各城市片区的用地性质和声环境质量要求，划分为 0 类功能区：指康复疗养区等特别需要安静的区域；1 类功能区：以居民住宅、医疗卫生、文化教育、科研设计、行政办公为主要功能，需要保持安静的区域；2 类功能区：以商业金融、集市贸易为主要功能，或居住、商业、工业混杂，需要维护住宅安静的区域；3 类功能区：以工业生产、仓储物流为主要功能，需要防止工业噪声对周围环境产生严重影响的区域；4 类功能区：交通干线两侧一定距离之内，需要防止交通噪声对周围环境产生严重影响的区域，包括 4a 类（高速公路、一级公路、二级公路、城市快速路、城市主干路、城市次干路、城市轨道交通地面段、内河航道两侧）和 4b 类（铁路干线两侧）等。需要注意的是，以往单要素环境功能分区的空间尺度比较模糊，如城市区域声学环境质量功能区的区划原则，“宜粗不宜细，宜大不宜小”。可见，单要素环境功能分区更多是出于宏观控制的需要，重在环境质量的测量而不是精细化的管理。这与环境空间管治的真正目标存在一定差别。

为满足生态环境空间管治的需要，全面考虑生态环境及经济社会发展的多方面需求的综合性区划近年来受到更大重视。在国家和区域尺度上，中国已经开展了生态功能区划和区域环境功能分区的工作。环境保护部和中国科学院 2008 年印发《全国生态功能区划》，2015 年 11 月又进行了修编。全国生态功能区划是在生态系统调查、生态敏感性与生态系统服务功能评价的基础上，明确生态要素的空间分布规律，确定不同区域的生态功能、主要生态环境问题和保护治理措施。全国生态功能区划方案包括生态功能区 242 个，其中生态调节功能区 148 个、产品提供功能区 63 个，人居保障功能区 31 个。

与此同时，生态环境部也积极开展了环境功能区划技术体系的研究和试点工作，在环境功能界定与划分、环境功能综合评价、环境红线管控体系、基于区划的环境管理体系以及空间信息分析与系统集成等方面取得了进展。现有技术方案主要以县级行政区作为主要评估单元，选取评价要素，将国土划分为五类环境功能区，即自然生态保留区、生态功能调节区、食物安全保障区、聚居发展维护区和资源开发引导区（表 8.1）。

表 8.1　环境功能区的分类及主导因子

环境功能区	主导因子	特征	亚类
自然生态保留区	人口密度极低，人口流动性差 经济总量小，经济活力低	具有一定自然文化资源价值的区域，包括有代表性的自然生态系统、珍稀濒危野生动植物物种的天然集中分布地，有特殊价值的自然遗迹所在地和文化遗迹等，以及受到人类活动破坏规模较小、资源储备不具备开发价值且暂时不需要开发的区域	自然文化资源保护区 保留引导区
生态功能调节区	存在沙漠化、土壤侵蚀、石漠化、土壤盐渍化等风险 具有较高的水源涵养、水土保持、防风固沙、生物多样性保护及其他生态系统服务功能 生态系统的完整性、稳定性	保障国家生态安全的重要区域，全国重要的生态功能区。以修复生态、保护环境、提供生态产品为首要任务，增强水源涵养、水土保持、防风固沙、维护生物多样性等能力，因地制宜地发展资源环境可承载的适宜经济	水源涵养区 水土保持区 防风固沙区 生物多样性维护区

续表

环境功能区	主导因子	特征	亚类
食物安全保障区	国家主要耕地、牧场分布，主要农产品基地分布 海产品产量较高	确保国家粮食、畜牧和渔业生产的重要地区，以提供农业、牧业、海洋渔业等食物产品为核心的地区	粮食环境安全保障区 畜产品环境安全保障区 近海水产环境安全保障区
聚居发展维护区	区域人口聚居规模较大，人口流动性强，城镇化水平高 区域的产业聚集度高，经济总量大，经济增速快 区域存在一定的环境问题或环境风险	中国城市化和工业化的高水平地区，未来需要进一步完善经济、社会和生态环境功能，转变发展方式，改善区域人居环境条件，为居民提供高品质的生活环境，为企业提供完善的生产环境，为区域提供良好的生态空间	聚居环境优化区 聚居环境维护区 聚居环境治理区
资源开发引导区	国家能矿资源主要开发地区 具有相对稀缺的特色资源	矿产与能源储量丰富，具备较好的开发条件，需要引导资源开发活动、保障区域环境安全的地区。参考自然资源部门确定的能矿资源重点开发地区，以及《全国主体功能区规划》确定为能源矿产资源点状开发的地区	

从空间层级来看，上述生态环境功能分区都还是着眼于区域尺度的管控，在技术政策上与城市内部的精细化管控具有不同的要求。从环境功能区的类型来说，城市和城镇的建成区都属于聚居发展维护区，但显然，聚居环境优化区、聚居环境维护区、聚居环境治理区这样的亚区分类对于环境目标的设定和监督监管来说过于粗略了。城市尺度的环境功能分区还需要更加细致、系统的理论和方法作为支撑。

（四）网格化管理制度

网格化（grid）本来是来源于计算机技术领域的一个概念。通过网格技术将各种资源进行共享，包括计算机资源、硬件设备、人力资源，不但具有相互操作性，而且是高度可控的共享。构建网格的目的在于将网格中的若干个节点结合起来，形成一个有机的整体，以此满足不断增长的存储和计算需求。后来，随着数字化、信息化的思想在城市管理领域的拓展，产生了网格化管理。网格化管理就是将管理对象按照一定标准划分成若干个网格单元，然后运用现代信息技术整合各种组织资源，协调各网格单元，实现信息共享、有效交流，最终达到提高管理效率的目的（张文忠，2007）。在城市管理领域，网格化管理实现了精确化、高效化，不受时间和空间限制，有利于问题的早发现、早处理，相对于传统的管理方法，极大地提高了管理水平和效率。北京的网格化管理在 2003 年非典期间得以普及。以前，一个社区居委会要管理的事项达 200 多项，每个工作人员要分管整个辖区的几项事务，由于涉及的人口、房屋和单位很多，管理起来非常困难。2016 年改革后社区管理事务精简到 60 多项，而且实施了网格化管理以后，每个工作人员只管一个或几个网格，网格之内所有的事情都由一个人统一管理，效率大大提高。

随着城市问题的复杂化、多样化，公共服务需求的多样化，传统的网格化管理正在向网格化治理转变。网格化治理的实质，就是在公共管理过程中，将政府自上而下的管理与自下而上的社会自治相结合的良性互动、管理与服务相融合的多元化治理。它由从仅以政府作为单一管理主体，以管控作为主要目的的传统社会管理模式转变而来（郑士源等，2005）。

在实践中，网格化治理一般包含划分环境治理网格单元、制定信息收集与环境事件处理规范、建设信息共享平台、设立网格化治理协调中心、建立网格监督管理体系等内容。首先，划分环境治理网格单元是网格化治理的前提。在划分网格时，可以从地理位置、原有行政区划状况、人口密度、产业布局、经济发展水平、环境保护现状等因素考虑。例如，北京市东城区的网格划分基本单位以 1 万 m^2 为标准，也有很多城市地区是以居民小区或社区居委会（社区）为网格单元。其次，是制定信息收集与环境事件处理规范。一方面，对网格单元内的各种源头信息进行摸底，掌握和收集各种监管对象，如生产企业、工地、锅炉、烟囱、垃圾场、商店以及污染源等相关信息。另一方面，当环境事件发生时，对报送、处理等建立一套规范的流程和办法，以便于明确目标，细化责任，使事件得到及时妥善处理。接着，是建设环境信息共享平台。发现环境事件以后，需要立即上报，承担这个功能的是信息共享平台。信息共享平台建立过程中，主要有两个因素，一方面是人的因素，即监管人员，另一方面是信息共享工具，即对信息进行采集与传输的工具。例如，采用集手机、无线网络和全球定位系统等功能于一体的信息采集装备将发现的问题以图片、视频、语音、地理位置标签等方式在第一时间报送到处理中心。再次，是设立网格治理协调中心。信息传递到哪里，如何来处理信息，需要有一个协调中心。这个中心有两个功能，即监督和指挥。一方面，要监督区域内的环境实时状况，预防环境污染和生态破坏，防患于未然，在环境事件发生后，要持续跟踪，随时了解进展情况，并对事件处理的结果进行客观评价。另一方面，要指挥、处理城市环境治理过程中的相关工作和突发事件，对区域内城市环境治理方面的工作任务进行派送，妥善处理。最后，是建立网格监督管理体系。网格化治理效果的发挥在于建立具有系统性、层次分明的纵向网格管理体系，在实践中可分为 2 到 4 级网格体系。以三级网格体系为例，一级网格的功能主要是负责网格化治理整体工作推进和组织领导，搭建协调指挥中心和信息处理平台，统筹兼顾，抓好网格化治理各个环节工作的落实。二级网格负责指导协调片区网格监管工作并提供业务支持，对于日常环境治理过程中出现的突出问题进行解决处理，对底层网格的日常工作进行评估、考核、监督。三级网格负责环境治理内容的具体执行，主要开展基础性和日常性工作，如开展信息登记、日常巡查、问题跟踪、评估反馈等工作。

针对当前中国城市环境治理过程中存在权责划分不清、治理手段单一、治理力量薄弱、公众参与程度低等问题，城市环境网格化治理成为环境执法领域的新实践。许多城市和地区已经开始尝试环境网格化管理，如北京市丰台区、山西省太原市迎泽区、青海省西宁市、河北省定州市等，并纷纷探索适宜本地的网格化城市环境管理模式。这些城市及地区的实践证明了网格化环境管理制度在细化责任范围，明确工作职责，充分发挥信息技术等方面的优越性，通过在环境管理中纳入空间管控的理念和设立环境网格员，极大地改善了过去环境监察人员疲于奔命、被动应付的状态，节约了大量的人力、物力，节省了环境治理成本，解决了工作衔接不畅、协作能力弱的问题，也调动了公众参与的积极性。同时，环境治理过程公众的广泛参与，考核评价体系的完善，保障了网格化治理各项目标任务的顺利完成。

第四节　案例：城市环境性能评估体系的开发和研究

现阶段中国城市环境问题的解决面临若干难点。首先，也是最大的难点，是协调经济社会发展的需求与环境保护目标之间的矛盾。空间管治的思想是在特定的环境空间管理单元上制定环境保护和管理的目标，那么怎样根据每个地区的功能定位和环境污染的特征合理地整合各种需求，由此确定其发展方向和环境管控的具体目标，是必须要回答的首要问题。

其次，随着城市扩张式发展的速度放缓，环境管控的目标正在从污染的增量管理（主要手段是准入清单、总量控制）逐步转向存量污染的治理（如污染企业的退出、空间结构的调整）。对于城市外围的新增建设用地，城市规划的常用工具是土地用途和开发强度的分区管理，但是对存量空间环境治理来说，分区规划不太管用。因此，迫切需要找到面向存量空间的环境管治方法。

最后，城市环境问题正变得更加复杂、影响日益广泛，表现在污染源种类、污染物种类、污染物的相互作用等各个方面。在实践中，问题的解决仅仅靠政府部门一力推动是远远不够的，怎样发挥企业、单位、个人、社区等基层主体的积极性，形成主动创新、广泛参与的局面，需要在机制设计上下功夫。

面向这些问题，我们提出城市环境性能的思想（季珏和高晓路，2011）。其主要思路是对城市建成区进行功能类型的划分，然后根据各个地区单元的社会、经济、环境贡献以及它所产生的环境影响，来测度不同地区的“环境性能”并对之实施管制。这样一种综合分析的理论框架，有助于在考虑各个地区功能定位的前提下，识别环境问题较突出的区域，在城市环境管理中进行重点管控和治理。

一、环境性能的概念

“环境性能”（environmental efficiency，EE）是一个综合环境压力与环境效益的指标。这一词汇来自日本的建筑物环境性能综合评估体系（Comprehensive Assessment System for Building Environmental Efficiency，CASBEE），用来评估人们在提升生产、生活环境的同时，建筑对室内环境、区域环境乃至全球资源环境的影响。CASBEE 将环境性能定义为：一栋住宅、建筑或一个项目在产生单位环境负荷的情况下所提供的环境品质。它不仅仅考虑环境品质的高低，而且还要考虑其造成的资源和环境压力。将环境性能的概念引申到城市尺度，可将之定义为一个地区在产生单位环境负荷（环境压力）的同时，为城市经济社会效益提升所做出的贡献。尽管在不同空间尺度上内涵和外延有所差别，但它们都是强调社会经济与环境指标的协调，其评价涉及环境影响、质量和效率等多个维度，是对可持续发展水平较为科学的测度。

环境性能的理论内涵包括环境效率、环境负荷等正负不同的方面。其中，环境效率的概念可以追溯到 20 世纪 70 年代，相关研究的提法中既有“环境效率”，也有“生态效率”。Schaltegger 和 Sturm（1990）将生态效率视为商业活动和可持续发展联系的纽带，指新增价值与增加的环境影响的比；1992 年，世界可持续发展工商业委员会（World Business Council for Sustainable Development，WBCSD）将生态效率引申为经营概念，指出企业应该将环境和经济发展相结合，以应对可持续发展的挑战。具体来说，提出生态效率的目标是提供有价格竞争优势的、满足人类需求和保证生活质量的产品或服务，同时逐步降低产品或服务生命周期中的生态影响和资源消耗强度，其降低程度应与地球承载力的估算一致。此后，学术界和环保组织给出许多不同的环境绩效指标，用以衡量生态效率。最有代表性和普遍被大家接受的生态效率定义是世界经济合作与发展组织（Orgnization for Economic Cooperation and Development，OECD）提出的概念模型：生态效率=社会服务量/生态负荷。社会服务可用人口数、生产值（如 GDP）和工业增加值等表示，可以理解为在社会经济价值最大化的同时最小化资源消耗和环境污染。借鉴这些前期研究，可以考虑从环境质量、社会服务等方面选取构建环境效率的指标。另外，环境负荷包括一个地区的资源、环境消耗，同时，针对近年来各种环境风险日益突出的问题，对反映环境风险的指标也应该予以考虑。

二、城市环境性能评估的指标体系

城市中不同类型的地区，承担的经济社会服务功能是不同的，要求的环境质量水准和引导方向也存在较大差异。因此，在选取城市环境性能评估的指标时，需要考虑不同功能类型地区的差异性。为此，将评价对象根据土地利用类型划分为居住区、商业区、产业区等，针对不同的类型区，设计相应的环境性能评估指标体系。

（一）居住区环境性能评估指标体系

城市居住区环境性能评估指标体系的设计，要充分考虑城市环境性能的内涵，以及数据的可获性等因素。主要内容包括环境品质、社会服务、环境负荷、环境风险几个方面。例如，表 8.2 所示的指标体系中，环境品质主要通过环境质量和地区景观来评估，体现其对本地区及城市环境的整体贡献。居住区的社会服务通过其为整个地区（不限于本地）提供的公共服务体现，具体评价指标包括交通通达度、公共服务设施密度、公共开敞空间等。环境负荷通过本地的能源消耗、人口密度、建筑密度、小汽车数量等资源利用和空间占用指标体现。居住区中危险、易燃易爆的危险物一般较少，但是也会有一些环境隐患，如人流集散量较大的地铁站口，混杂在居住区里面的生活服务业等。在环境风险方面，主要考虑人口或水体等生态介质对周边危险的暴露，以及这些环境冲突地点的数量和等级。在评价指标体系中，一些指标可以通过统计获得，也有一些需要经过统计和地理空间分析来获取。

表 8.2　居住区环境性能的评价指标

评价要素	一级评价指标	二级评价指标
环境品质	空气环境质量	空气质量等级、NO_x 浓度、SO_2 浓度、PM_{10} 浓度、$PM_{2.5}$ 浓度
	水环境质量	水环境达标率、再生水利用比例、污水处理率、直饮水质量
	绿色空间	绿地面积覆盖率；公园服务范围覆盖率
	土壤环境质量	重金属含量
	景观质量	绿视率、夜间照明设计质量、水体景观质量
社会服务	地区公共服务	交通通达度；公交站点密度；公共服务设施密度
	安全防灾服务	对周边的开敞性；开敞空间质量；安全避难场所
环境负荷	能源压力	能源消耗强度、清洁能源利用比例、垃圾集中处理率
	人口压力	人口密度
	土地压力	建筑容积率、建筑面积覆盖率
	交通压力	千人小汽车数量
环境风险	环境风险要素	人口密度、人口数量、水源地、保护区等生态敏感区、重要区的数量及其空间分布
	环境风险暴露	风险要素的强度、空间分布及其影响范围

注：根据季珏和高晓路（2011）整理。

在此基础上，可以根据以下公式计算居住区的环境性能指数。其中，Q 为环境品质，S 为社会服务，P 为环境负荷，R 为环境风险。

$$EE=(Q+S)/(P+R) \tag{8.1}$$

（二）商业区环境性能评估指标体系

城市商业区环境性能的评价对象是城市中以商业服务为主要功能的地区。根据商业规模、业态类型、景观形态和土地利用混合型等特征，商业区又可细分为综合商业街区、商业综合体、专业批发市场、便利型商业等不同的类型，宜分类分别进行管控。与居住区相似，表 8.3 展示的城市商业区评估指标体系中，也包含环境品质、社会服务、环境负荷、环境风险等四个主要评价要素。

表 8.3 城市商业区环境性能评价指标体系

评价要素		一级评价指标	二级评价指标
环境品质	自然环境	绿地生态空间	绿地率、绿地景观质量
		水环境质量	水体面积占比、水体景观质量
		微气候	人体舒适度
	人文环境	交通条件	公交、地铁分布、停车场车位情况、道路面积占比
		安全防灾	开敞空间质量、治安情况、安全设施
		服务设施	便民设施、游憩设施、无障碍设施等
		公共空间	日常运营管理、问题处理能力、卫生管理等
		管理服务	建筑、水体、绿化等组合景观美学
社会服务	社会价值	文化价值	现存历史建筑与文物保护情况
		知名度活力	能够代表城市或地区整体形象
	经济价值	服务规模	商铺数量、经营规模、从业人数
		服务等级	业态种类、档次、商业中心等级
环境负荷	土地负荷	建筑强度	建筑面积覆盖率、建筑容积率
	交通负荷	车流量	车流量及拥堵情况
		人流量	人流量及拥堵情况
	污染负荷	噪声污染	噪声等级
		光污染	光污染等级
		水污染	污水排放量、处理情况
		空气污染	粉尘污染、气味污染等
		垃圾污染	垃圾排放量、处理情况
环境风险	环境风险要素	风险源	污染源强度、空间分布及其影响范围
	环境风险暴露	受体总量	访客、周边居民及敏感环境受体数量及空间分布

注：根据 Wang 等（2016）整理。

针对商业区特性，评价指标里可以结合实体空间特征和部分主观性指标，体现顾客对商业区环境的心理满意度。近年来，商业区，特别是综合性商业区、商业综合体等，在满足人们生活服务和购物需求的同时，越来越突出文化和休闲娱乐功能，服务内容不局限于商业。这些因素在环境品质和社会服务中都应该得到体现。另外，在环境负荷中，环境污染的测度指标可能会受到评估对象空间范围的限制，如空气湿度、土壤污染、通风效率等在采样精度有限的情况下都难以精确计量，反而会由于尺度转换引起偏差。对此，可以考虑用顾客满意度等主观评价指标来衡量。

同样可以根据 $EE=(Q+S)/(P+R)$ 来计算商业区的环境性能指数。

（三）产业区环境性能评估指标体系

与居住区和商业区相比，城市产业区关注的焦点问题是生产活动与城市居民生活和生态环境之间的利益和冲突，因而需要从生产活动主体和城市受体两方面加以评估。产业区对于城市区域的正面效果可概括为社会经济贡献，可以从生产贡献和就业贡献两方面评价。生产贡献方面，钢铁、冶金、化工、建材等关系到国计民生的第二产业，以及金融、咨询、餐饮、洗染等与居民日常生活密切相关的生产和生活服务行业对推动城市经济发展作用明显。就业贡献方面，产业区可以吸纳众多就业人口。产业区中污染产业对环境的负面影响，一方面包含企业生产过程中排放的各类特征污染物对周边产生的负面效果，可以从产业污染源的排放总量、排放强度、空间集聚度等角度评价它们对周边地区的环境影响。考虑到指标的客观性和易获取性，以废水、废气、SO_2、NO_x 及 COD 等指标为特征物排放指标，将重金属污染、电磁污染、热污染、光化学污染等作为特殊污染物。另一方面，因为产业集聚（尤其是工业企业）增加了具有不确定性的环境风险，有可能对人体健康、生态系统等敏感受体造成破坏或损失。所以，产业风险源对周边地区的居民及生态环境构成的环境风险也是产业集中区环境性能评估的重要内容。

综合这些考虑，表 8.4 展示了包含经济贡献、环境负荷和环境风险三个方面的城市产业区环境性能评估体系（甄茂成等，2017），以便综合权衡产业集中对城市和区域发展的利弊，并通过评估识别出需要具体关注的主要问题和主要地区，在环境管控中对症下药。

表 8.4　城市产业区环境性能评价指标体系（甄茂成等，2017）

评价要素	来源	一级评价指标	二级评价指标
经济贡献	就业贡献	就业贡献	就业岗位、雇用人数
	产值贡献	经济产出	GDP、税收贡献率
环境负荷	污染排放	废水排放	工业和生活废水排放量，污水集中处理率、废水中化学需氧量浓度等
		废气排放	废气、二氧化硫、烟尘、工业粉尘、氮氧化物等排放量、监测浓度
		固体废物	固体废弃物排放量、处置率等
环境风险	致险因子	敏感受体暴露量	人口密度分布、脆弱人群数量，自然生态保护区分布等
	环境暴露	危险性	风险源、强度分布，影响范围
	应急管理	应急能力	监管覆盖面，应急平台建设，人员资金配置等

基于此，产业区的环境性能指数则可以根据式（8.2）加以测算。

$$EE = C/(P+R) \tag{8.2}$$

三、环境性能评估的空间单元

现在，有必要再进一步讨论一下环境性能评估的空间尺度问题。很显然，如果不能解决怎样划分评估的基本空间单元这个问题，评估结果就不能很好地用于实际。现有研究在城市空间分异的分析方法上已有很多探讨，如利用指标综合法通过一定的步骤进行地域空间的划分，用不同尺度的元胞进行居住环境空间分异的研究（刘小平等，2010），或根据地理要素的空间分布进行空间聚类分析等。对于环境性能评估来说，环境要素的空间异质性是确定基本空间单元的关键要素。除此以外，还需要考虑数据的可获得性和环境空间管控实施的便利性等因素。

对于像特色商业街、商业综合体一样地域边界明显、规模又不太大的地区来说，除非其内部构成存在特别显著的差异，否则可以简单地将之作为一个整体评估单元。但是对城市中大量散布的居住区或产业区来说，内部差异往往非常显著，基本空间单元的确定相对复杂。

已有研究基于居民日常生活行为探讨了居住空间单元的地域划分问题（季珏和高晓路，2012）。这一方法建立在行为空间的稳定性假设之上：即以居住地为锚点，居民在一定范围内的出行行为频繁且具有随机性；超越一定范围后，出行行为的随机性明显减弱，表现出有序而稳定的距离衰减规律。如果居民表现出相似行为，可以利用这种群体统计规律，采用空间聚类方法找到居民活动空间的临界尺度。该研究在北京市北五环外清河永泰居住区，对各个小区居民的出行行为进行了调查，通过以上方法将研究区划分为三个评价单元，并发现划分结果很好地体现了各小区的建筑年代、设计质量、房价、公共交通服务设施、共用商圈的差异性。这说明：以上列举的因素可以作为判别居住区环境性能评估的空间单元的代用指标。这项研究论证了行为空间稳定性假设的合理性，并为居住区城市环境性能评价和空间管制提供了尺度判定的依据和方法。

对于城市产业区，环境性能评估结果的可比性和环境管理的效率是重要的考虑因素。甄茂成等（2017）基于街道（行政区）和不同大小的方格网的比较，建议以规则方格网来评估产业区的环境性能：方格网大小不宜过细，应大于大多数企业地块，以免造成企业用地被分割成不同的网格，不利于环境管理；也不宜过粗，既要有利于展现污染和风险的整体空间格局，也要有利于空间极值（即环境管理重点地区）的识别。

四、北京市丰台区环境性能评估案例

与居住区和商业区相比，产业集中区在产业构成、经济活动强度、土地利用结构、环境污染特性、监测监管重点等方面具有独特性，其面临的环境问题通常更为严重。下面以本研究组在北京市丰台区的研究为案例，对产业集中区环境性能评估的思想和方法进行具体阐述。

丰台区位于北京市中心城区西南部，总面积 306km^2，被永定河分为河东和河西两个部分，河东地区是商贸、经济、产业中心，河西地区是北京市中心城区的重要生态屏障。丰台区下辖 14 个街道、5 个地区办事处、2 个镇，2015 年末常住人口 232.4 万人（图 8.2）。在北京市的六个中心城区中，丰台区是以工业生产功能为主发展起来的，是一个典型的产业集中区。另外，丰台区位于北京的南城，城市建设明显滞后于北部城区，其大部分属于城乡结合部，还集中了许多为整个北京市服务的批发市场和交通枢纽，如大红门服装批发市场、新发地市场、玉泉营建材市场、北京西站、赵公口长途汽车站等。近年来，北京提出了加快南城发展的战略，在园博园（河西长辛店地区）、南中轴文化街区、中关村产业园丰台园、丽泽商务区等重大建设项目的推动下，丰台区的城市建设速度明显加快，人口增速显著高于其他几个中心城区，产业空间与城市空间融为一体。在这样一个大背景下，城市发展与生态环境之间的矛盾十分尖锐，环境问题集中而敏感。

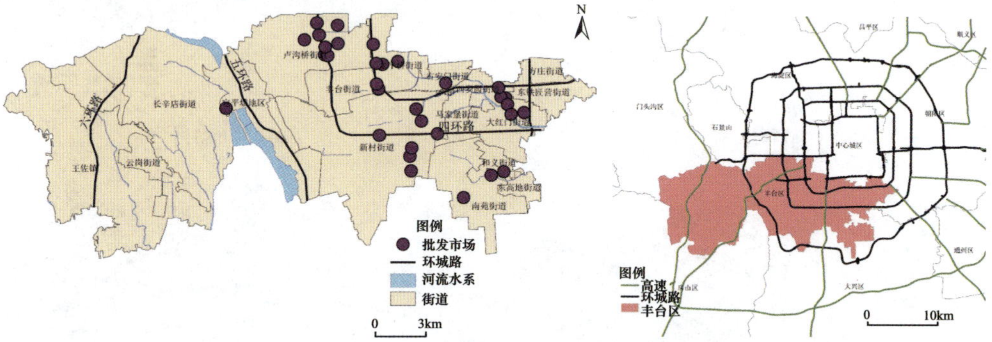

图 8.2　北京市丰台区的地理位置示意图（甄茂成等，2017）

研究组搜集了丰台区历年的统计年鉴、普查和相关规划数据。通过统计年鉴和经济普查数据，获取了比较详细的人口、居住区分布和企业的行业类型、产值规模、从业人员等信息；通过年度环境统计和污染源普查数据，获得了污染排放、污染企业和风险源企业的点位分布等信息；丰台区的城市总体规划和控制性详细规划、土地利用规划、历史文化保护规划、城乡结合部整治规划、水环境整治规划等为明确各个片区的功能定位提供了背景资料，同时也为未来人口和产业发展趋势的研判提供了基础。

丰台区有以下几个特点：①产业集聚明显。企业主要集中在河东的北部和东北部，且在丰台、太平桥、方庄等街道形成明显的高等级产业集聚区。②产业类型复杂多样，主导行业污染系数高。区内包括众多食品（179 家）、机械（1600 家）、医药（27 家）、化学（282）、建材家具（165 家）、造纸印刷（223 家）等第二产业以及餐饮、洗染服务、洗车等污染较大的第三产业，产业类型复杂。此外，铁路、航空航天、金属制品业等主导行业的污染排放强度大。③具有高风险特征。丰台区内有 21 家危化企业、28 家印刷企业、31 家市控重点监控企业。总体上，丰台区的产业空间形态具有明显集聚性，产业结构和生产功能具有较强的环境污染特性。

（一）评估单元的选择

我们采用 1000m、500m、200m 方格网对丰台区的污染企业空间分布特征进行比较研究，发现 1000m 格网较为粗糙，空间分类意义不明显；200m 格网则空间单元数量太多，染污的空间分布过度破碎化导致监管难度较大。因此选择 500m×500m 格网比较合适，这不仅使评估结果达到了预期精度，而且也有助于把握同质性地区的环境问题和精准识别重污染企业[图 8.3 中(b)、(c)、(d)为化学需氧量排放强度的比较]。由此，将丰台区划分为 1379 个 500m 的方格作为基本评价单元。

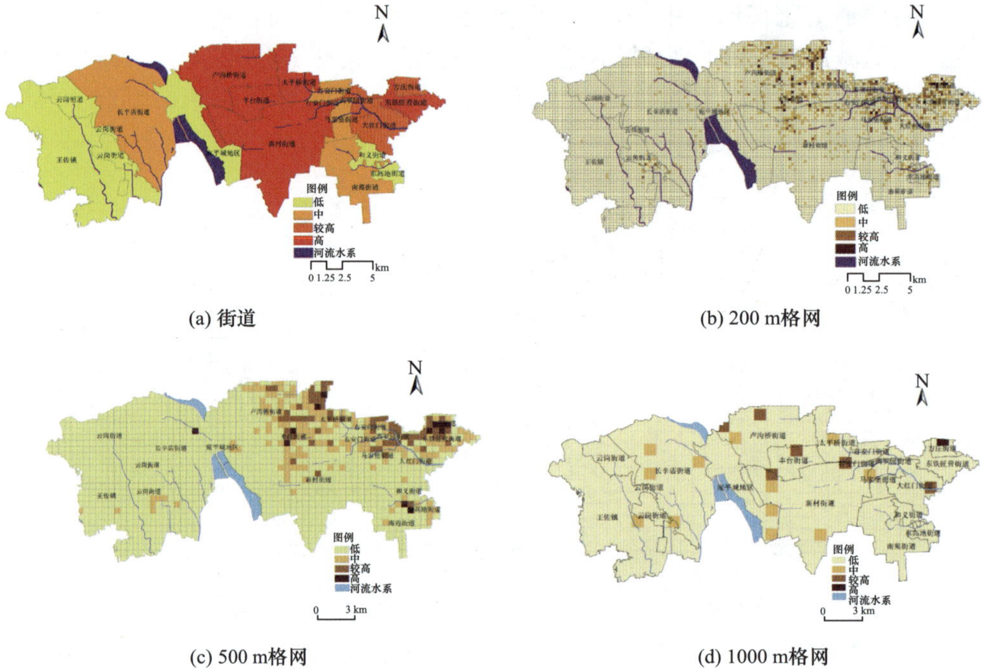

图 8.3　北京市丰台区不同空间单元化学需氧量排放强度的比较（甄茂成等，2017）

以化学需氧量排放强度为例，从街区单元和格网单元评价结果的对比可以发现，污染排放强度的分布格局差异很大，而在 500m 网格的细化尺度上进行评估，则较好地体现了污染排放的空间分异特征[图 8.3(a)和(c)]。

（二）社会经济贡献的评估

根据表 8.4 城市产业区环境性能评价指标体系，我们从企业产值和就业人数两个方面评估社会经济贡献。用企业的年营业额作为产值贡献指标，员工人数作为就业贡献指标，从图 8.4（a）和（b），可以发现产值贡献和就业贡献的高值格网在空间分布上较为一致，主要覆盖东北部的方庄、东铁匠营以及丰台、卢沟桥等中部地区。按照 500m 方格网进行数据汇总，并对产值贡献和就业贡献进行主成分分析，发现第一主成分即“经济贡献”因子的贡献率达到 80.7%。基于该因子的统计分布特征，用自然断裂点分类方法把综合社会经济贡献分为四个等级[图 8.4（c）]。

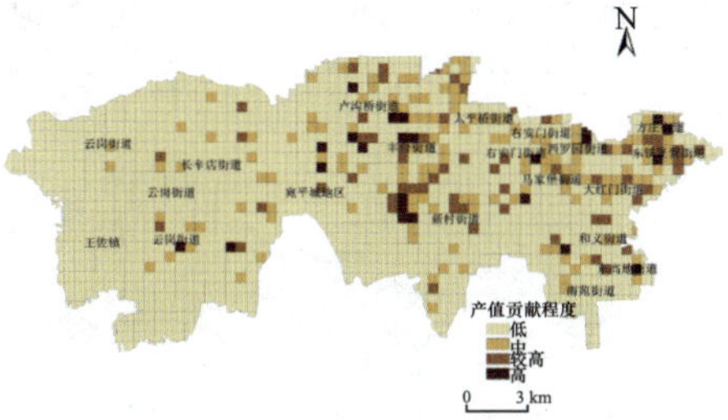

(a) 就业贡献

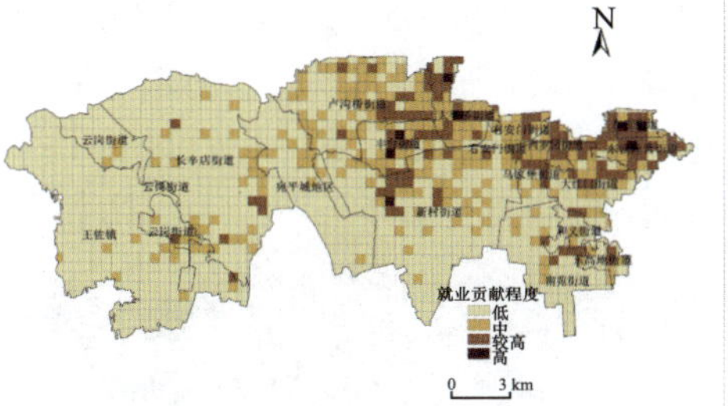

(b) 产值贡献

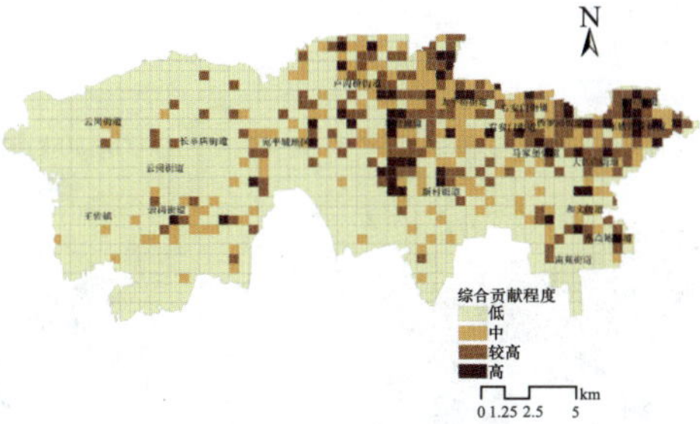

(c) 就业和产值的综合贡献

图 8.4　北京市丰台区 500m 格网的社会经济贡献程度（甄茂成等，2017）

从图中可以看出，不同地区的社会经济贡献程度呈现明显空间差异，方庄、东铁匠营、大平桥、马家堡等地区的经济贡献程度较高，存在多个高值格网。这些地区规模以上工业企业数量多，提供相对较多就业岗位，同时格网内的企业经济实力较其他地区更强。而在河西地区高值格网呈现零星分布，实现的企业产值和提供的就业岗位相对较少。

（三）环境负荷的评估

根据丰台区的环境污染特征，选取废气、废水、SO_2 等指标作为污染特征因子。根据污染源普查和环境统计获得分街道排放数据和环境保护部门重点监控企业的排放数据，将重点监控企业通过地址匹配分配到各个网格，剩余部分排放量则根据不同行业的平均排污强度将之平均分配到街道，再对污染物排放量（废水、废气、废渣）进行格网汇总，即可得到各类污染物的空间分布。由此可得各格网单元的综合环境负荷，公式为

$$L_i = \frac{1}{n}\sum_{i=1}^{n} M_i W_i \tag{8.3}$$

式中，L_i 为第 i 个格网单元的综合环境负荷；M_i 为第 i 个格网单元内的人口密度；W_i 为第 i 个格网单元内化学需氧量、氨氮、SO_2、NO_x 等污染因子的排放强度等级；n 为污染物种类。最后用自然断裂法将环境污染严重程度分为低、中、较高、很高四个等级。

为说明问题，以废水和二氧化硫为例进行分析。首先，根据污染物总量进行街道

的汇总，结果如图 8.5 的（a）和（c）所示。污染源集中的区域为：太平桥街道、西罗园街道、丰台街道、马家堡街道、南苑街道、方庄街道、东铁匠营街道，说明这些街道的环境压力较大，是环境管理的重点。

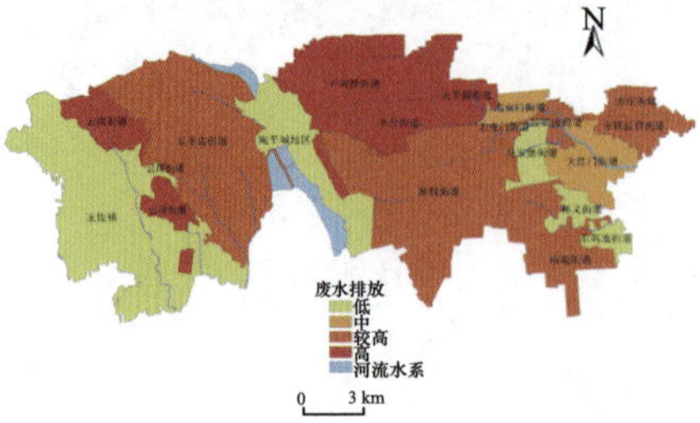

(a) 街道尺度废水排放总量

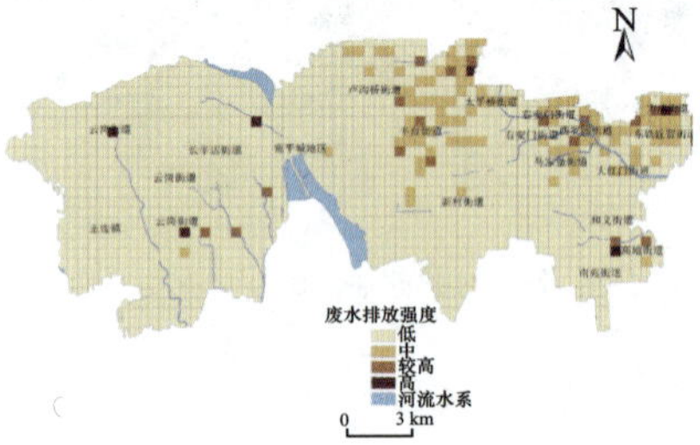

(b) 500 m格网尺度废水排放量

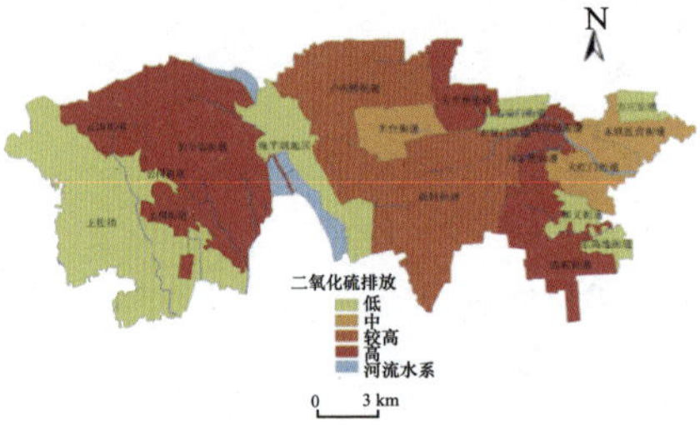

(c) 街道尺度二氧化硫排放总量

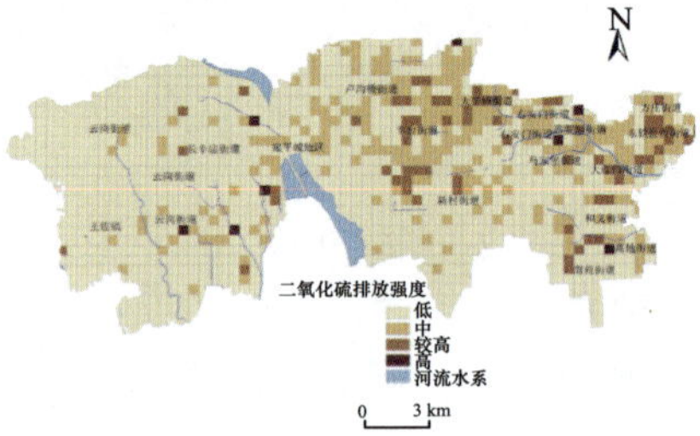

(d) 500 m格网尺度二氧化硫排放量

图 8.5　不同尺度下污染物排放量空间格局的比较（甄茂成等，2017）

然而，由于街道空间范围较大，需要对具体的污染源极值区进行识别，才能更好地实施监管。图 8.5 的（b）和（d）以 500m×500m 空间格网为单位，展示了不同污染源分布的热点区域，（b）图显示云岗街道和长辛店街道内部出现 2 个废水排放污染极值点，其中，云岗街道的极值主要是因为南车集团北京二七车辆厂的废水排放量大，长辛店出现极值的原因在于有北车集团和首钢下属的两个废水排放强度较大的企业。

根据式（8.3）计算各类污染物产生的综合环境负荷，并对之分级，结果如图 8.6 所示。从环境负荷空间分布看，丰台区的污染源主要集中于河东中心城区的北部和“南中轴路”以东地区，河西地区污染源布局比较分散，但存在极值点，需要重点监控。

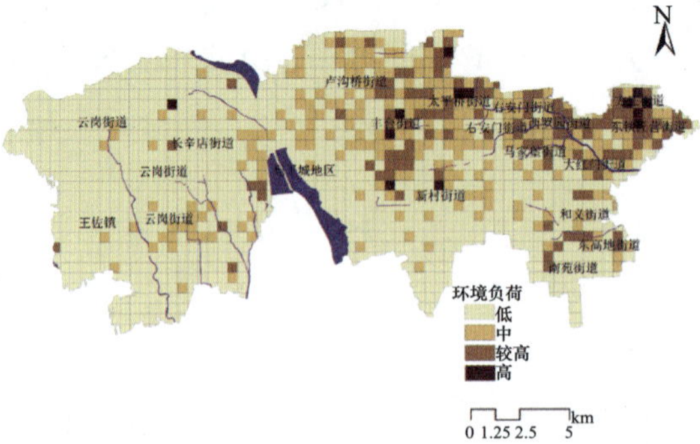

图 8.6　北京市丰台区环境负荷的等级分布图（甄茂成等，2017）

（四）环境风险评估

城市产业集中区环境风险的受体主要包括居民和自然生态系统。选择网格内的环境受体暴露程度、风险源等级指标来估算各空间单元的环境风险。计算公式为

$$N_i = P_i \times F_i \tag{8.4}$$

式中，P_i 为第 i 个格网单元内的环境受体敏感程度；F_i 为第 i 个单元的环境风险等级。

在丰台区的案例中，我们主要考虑常住人口的健康风险。通过污染源普查数据和污染源名单，筛选出有毒、有害和易燃易爆的行业，包括石油化工、化学燃料制造、危化生产和储运等作为环境风险源企业，用各空间网格内的风险源数量和规模等级作为风险源等级的代用指标。根据丰台区落在各个格网中的居住小区的数量，对各街道尺度的常住人口数据进行空间细分，得到各个网格的常住人口数量，用来表征受体的敏感程度。按照式（8.4），得到人口环境风险分布（图 8.7）。

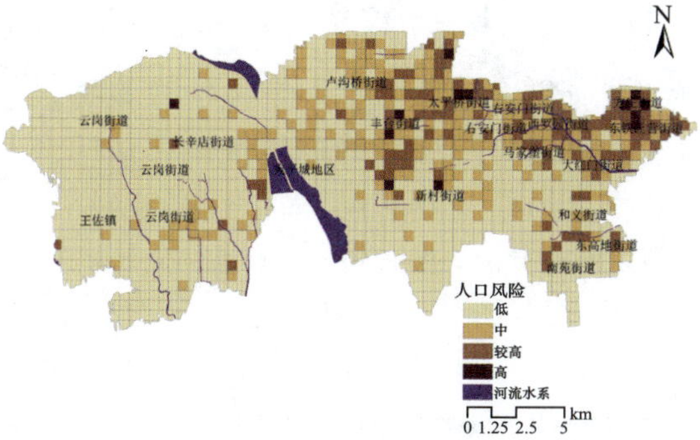

图 8.7 北京市丰台区人口环境风险的空间差异（甄茂成等，2017）

结果表明，高环境风险网格主要位于东北部街道，特别是右安门街道、西罗园街道，它们是丰台区经济发展的核心地区，一旦发生突发性环境风险事件，将会造成巨大的损失。住宅和企业的区位都具有一定的空间惯性，尽管生态环境部门制定了环境准入负面清单，但不少清单以外的高危风险源企业，如加油站在整个区域发挥着难以替代的作用，短期内难以实现搬迁。因此，规避风险的关键是在规则中合理确定防护距离，并控制周边的人口密度，同时必须要强化对风险源的监控、监管和突发事件处置能力，并加强对周边社区和居民的风险教育。

（五）基于环境性能综合评估的环境空间管制

基于经济贡献、环境负荷和环境风险三方面评估结果，最终获得的环境性能综合评估结果如图 8.8 所示。仔细考察环境性能的空间分布，可以看出，丰台区各个地区的环境性能有三个明显的特征：一是环境性能低值的网格具有明显的中心城区指向，东北部的方庄、东铁匠营等街道内存在多个环境性能低值网格。二是具有明显沿环路布局特征，其中低值区主要分布在东部地区的四环和五环之间，说明传统的经济效益一般且污染较严重的制造行业（化学、家具、饮料）具有较强的交通依赖性。三是环

境性能低值区具有明显的批发市场指向，如大红门批发市场内低端产业众多，生产生活污染排放量大，因而环境性能较低。这就表明，这些地区即使是考虑了它们的经济贡献后，相对的负面环境影响也是比较大的，有必要通过一定的措施加以调整和优化。

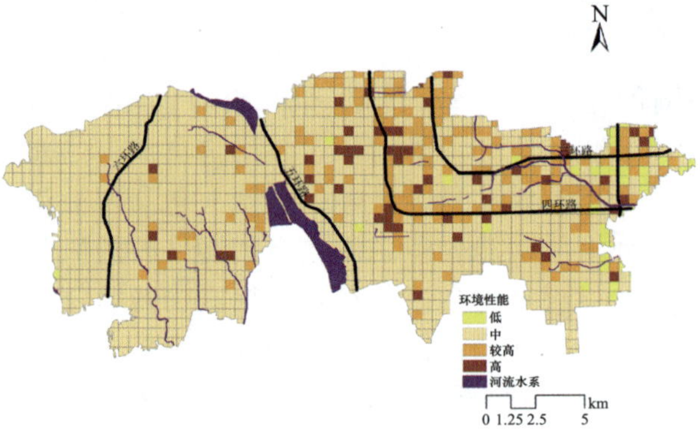

图 8.8　北京市丰台区环境性能综合评估的结果（甄茂成等，2017）

上述分析结果为制定产业集中区环境空间管控的政策提供了不少思路。①调整产业布局，增加环境兼容性。根据格网尺度的环境性能评估结果，对高污染企业布局进行重新审视和规划，降低因高污染企业布局不合理而加剧环境问题。在现有土地利用格局内充分考虑用地类型之间的环境兼容性，石化、金属制品、化学原料等可能产生有毒有害物质的特殊工业用地与居住空间及生态空间之间需要其他用地类型适当隔离。②对产业集中区环境性能低值网格实施有效定点管理，深入分析每一处“冲突点”成因，采取差异化措施予以解决，建立环境空间冲突地区定点管理制度。尤其是对污染企业集聚地、批发市场等环境性能较低地区实行精细化空间的属地管理，为环境管理落地提供依据。③按照环境性能低值区的中心城区指向、沿快速环路布局和开发市场指向的空间特征，高效布局生态空间廊道，从空间上隔离或减少产业生产过程中废水、废气、废渣对生活空间和生态空间造成的负面影响。④丰台区在快速城市建设过程中，不仅要关注产业要素，还应该重视人口调控，识别由产业集中区周边人口快速增加所带来或加剧的环境风险。鉴于污染企业在短期内可能难以改变现状布局，需要制定相应的人口控制或疏解措施。

第九章　城市公共安全问题

近年来，世界范围内的众多城市频频遭受各种公共安全事件的威胁、破坏与困扰，中国城市同样面临种种挑战。2019年年底，新冠肺炎突然来袭并在全球范围内迅速扩散，危难之中，人们倍加认识到公共安全的可贵和重要性。面对公共安全危机，国家和城市管理者承受着巨大的管理压力，亟待相关研究成果的指导以更有效地破解城市公共安全与城市发展困境。

由于城市系统的复杂性，再加上事故风险的突发性和不确定性，城市公共安全问题变得尤其复杂，成为当今世界上棘手的热点问题。城市系统具有人群聚集性、系统脆弱性和社会敏感性等特点：人群聚集性增加使风险后果更易被放大，系统脆弱性的增强使城市更易遭受攻击和破坏，社会敏感性使风险因素更易被激化而发生猝变。

第一节　城市公共安全的概念与分类

一、城市公共安全问题的概念

如何界定公共安全问题，国内外并无完全统一的认识，存在广义和狭义两种理解：广义上的公共安全是指不特定多数人的生命、健康、重大公私财产以及社会生产、工作生活安全，既包括整个国家、社会和每个公民一切生活方面的安全，也包括国防安全、环境安全、社会福利保障、免受犯罪侵害，等等。狭义的公共安全主要包括灾害安全、事故安全（如交通和治安事故、生产安全事故等）、公共卫生安全（如环境公害、传染病）和社会安全（如恐怖活动、犯罪等）几个部分（郭济，2004）。

公共安全与公共安全危机是一组相对的概念。公共安全危机是指自然灾害事故、人为事故或由社会对抗引起的危害公共安全的社会冲突行为，造成或可能造成严重危害后果和重大社会影响的事件（邓国良，2005）。在《国家突发公共事件总体应急预案》中，将突发公共事件定义为突然发生，造成或者可能造成重大人员伤亡、财产损失、生态环境破坏和严重社会危害，危及公共安全的紧急事件，包括四大类：自然灾害、事故灾难、公共卫生事件、社会安全事件（表9.1）。

表 9.1　国家突发公共事件的分类

类型	危机事件
自然灾害	主要包括水旱灾害、气象灾害、地震灾害、地质灾害、海洋灾害、生物灾害和森林草原火灾等
事故灾难	主要包括工矿商贸等企业的各类安全事故、交通运输事故、公共设施和设备事故、环境污染和生态破坏事件等
公共卫生事件	主要包括传染病疫情、群体性不明原因疾病、食品安全和职业危害、动物疫情以及其他严重影响公众健康和生命安全的事件
社会安全事件	主要包括恐怖袭击事件、经济安全事件、社会动荡和涉外突发事件等

一些学者认为，城市安全是指城市生态环境、经济、社会、文化、人身健康以及资源供给等方面保持的一种动态稳定与协调状态，以及对自然灾害和社会经济异常或突发事件干扰的一种抵御能力（刘茂和王振，2013）。城市公共安全既涉及城市自身的结构要素，也涉及外来风险，它们的叠加耦合，往往使问题变得更复杂。城市公共安全研究的是城市由于人为因素和自然因素导致的变化或事故及其给城市带来的风险，这些风险涵盖生产、生活、社会、生态、环境等各个方面。

从公共安全事件的应对性质来说，又可分为常规性事件与非常规性事件。我国现有的应急管理体系并未明确区分常态与非常态下的管理活动，应急管理被泛化为“公共突发事件管理”（钱刚毅等，2009）。非常规性的突发公共事件往往具有综合性、复杂性特征，牵涉面较广，对生态或社会系统损害严重，程序化管理比较难，通常不是常规应对措施可以应付的，需要多个行业、部门或多方面力量协同应对，否则极易发展及变异为重、特大公共安全事件。2003 年“非典”、2020 年新冠肺炎疫情，就是城市从未经历过的非传统、非常规的另类安全事件，其严重性在于人们对灾变的规律前所未知。

从动态的角度看，常规性突发事件与非常规性突发事件往往是相互转化的，但两类突发事件的性质、严重程度、可控性和影响范围等因素具有显著区别，进行管理与处置所需要的社会资源也大不相同。因此，有必要对之分类管理，将常规性突发事件纳入成熟而程序化的常态管理，不仅处置效率高，而且社会成本的占用也较低；但对于传统应对体系处置不了的非常规性突发事件，就必须启动特殊的应急管理程序。

研究表明，多数非传统安全突变都是从传统安全演变成“新”问题的，从而表现出新面孔及新危害。如信息网络的攻击，一开始或许只是损害部分个人或企业的权益，但由于其威胁到信息基础设施和社会管理体系的安全运行，稍有放纵就会引发社会网络安全危机。引入非传统安全的目的，是要倡导一个新观点，即从整体安全观来审视城市安全，城市的能源安全、生态环境安全、水资源安全、针对恐怖袭击和犯罪的治安安全、信息系统安全、公共卫生安全、人口安全及城市建设安全等问题必须得到充分的保障。吴良镛院士指出，城市安全规划要思考该如何纳入到当今复杂的巨系统的研究之中。

二、城市公共安全风险的主要类型

下面结合现代城市特征及公共安全事件特点，列举一些主要的城市公共安全风险。

（一）自然灾害

城市自然灾害主要包括旱灾、洪涝、台风、冻害、雹灾、火山、海啸等。统计分析我国历年发生的各种灾害，可以发现造成人身和财产损失最大的灾害类型是洪灾和地震。这些自然灾害除造成直接损失外，还伴随诸如泥石流、堰塞湖、可燃气体爆炸、火灾、疫病传播等次生灾害，以及垃圾和环境污染、抢劫犯罪、饥馑等衍生灾害。

2005 年“卡特里娜”飓风登陆美国，几乎将新奥尔良市彻底摧毁。2011 年 3 月 11 日，日本本州岛东北宫城县以东海域发生 9.0 级地震，地震随即引发巨大海啸，对日本东北部岩手县、宫城县、福岛县等造成毁灭性破坏，有 8133 人死亡，12272 人失踪，直接经济损失超过 3500 亿美元；大地震更是引发福岛第一核电站核泄漏，给社会和环境造成长期难以根除的破坏。

频发的自然灾害提醒人们，在大自然面前人类是无比渺小的生物，自信地以为工程可以防范一切、自大地以为有能力改变环境与天地抗拒，终将自食恶果。

（二）工业危险源事故

城市工业危险源包括城市及其周边区域内的有毒有害、易燃易爆的物质、放射性物质及其他工业危险品的生产、储运和交易的设备、设施和场所。工业危险源一直是城市公共安全管理的主要对象，随着城市人口增加，它们给城市带来的风险也逐步升级，火灾、爆炸、毒物泄漏、建筑物倒塌等重大恶性事故造成的经济损失和社会心理创伤十分巨大，在人口集中、经济文化都比较发达的城市，灾害的连锁效应十分明显。

以 2015 年天津滨海新区“8 · 12”爆炸事故为例，当时滨海新区塘沽开发区的天津东疆保税港区的瑞海公司危险品仓库发生火灾爆炸，事故中爆炸总能量约为 450t TNT 当量，造成 165 人遇难、8 人失踪，798 人受伤（伤情重及较重的伤员 58 人、轻伤员 740 人），304 幢建筑物、12428 辆商品汽车、7533 个集装箱受损。经国务院调查组认定，“8 · 12”天津滨海新区爆炸事故是一起特别重大的生产安全责任事故，仅当年核定的直接经济损失就高达 68.66 亿元。

在此次爆炸中，上万辆刚刚组装下线的新车在爆炸中损毁，汽车行业损失惨重。除了汽车行业，其他一些在天津港营业的企业也蒙受损失，如爆炸中断了铁矿石运输和港口运行，一些商贸物流企业的业务和相关设施也受到不同程度的损害。

（三）城市公共场所事故

城市中人群高度集聚、流动性强，建筑物高度密集的公共场所，由于火灾、拥挤等潜在隐患引起的事故很多，尤其是车站、旅游景点、影剧院等更容易发生群死群伤恶性事故。如 2014 年 12 月 31 日，上海市黄浦区外滩陈毅广场东南角通往黄浦江观景平台的人行通道阶梯处发生拥挤踩踏，造成 36 人死亡，49 人受伤。这次事件的性质是一起对群众性活动预防准备不足、现场管理不力、应对处置不当而引发拥挤踩踏，并造成重大伤亡和严重后果的公共安全事件。

（四）城市公共基础设施事故

城市公共基础设施是维持各项生产和生活活动运转的基本条件，是城市生存和发展的基础。供水、供电、供气、供热、通信设施和信息网络系统，以及道路、轨道等交通设施被称为城市的“生命线”。城市生命线一旦出现故障，轻则会造成企业停工停产和生活困难，重则会使整个城市陷入瘫痪，造成社会恐慌。1977 年 7 月 13 日，纽约市区发生了大面积的停电，城市内所有的照明设备“瘫痪”，路灯、信号灯都无法使用。由于到处一片漆黑，各种犯罪活动迅速滋生，从而引发了大规模的骚乱。最终，美国警察逮捕了 3700 多人。42 年后的同一天，2019 年 7 月 13 日由于变电器起火，纽约曼哈顿中心城与上西区发生大规模停电，处于城市中心的时代广场、地铁站、电影院、百老汇等大片区域陷入黑暗，73000 多用户受到影响。停电期间，交通信号灯停止，道路交通“瘫痪”，地铁列车中断运行，大量滞留在地铁车厢中的乘客被迫从地铁隧道步行返回地面；多幢大楼的电梯因断电而突然停运，乘客被困其中；各种城市活动也因为断电影响而中止。

（五）道路交通事故

现代社会里，道路交通是城市的命脉，担负着人员和物资流动的重要任务，但道路交通事故率和死亡率始终居高不下。中国一度是全球道路交通事故和死亡人数最多的国家，交通事故在小汽车数量快速增长的 2001～2002 年达到顶峰，2008 年左右才“让位”给印度。自 2012 年以来，中国道路安全管理力度和管理水平不断提高，重特大交通事故的发生数明显下降（表 9.2）。

中国城市道路里程仅占全国道路总里程的 7.5%，但城市道路交通安全远比想象的复杂。根据 2018 年公安部道路交通安全研究中心的研究报告，城市道路交通事故占全国道路交通事故的 45.8%，城市道路交通事故伤亡人数占全国道路交通事故伤亡总数的 38.8%，城市道路的百千米交通事故率是高速公路的 4 倍、普通公路的 10 倍。城市道路交通安全存在以下特点：事故发生集中时间趋近于交通高峰时间、事故给路网运行可靠性带来巨大压力、交叉口与非机动车道安全事故反弹、电动自行车成为安全风险最高的交通方式、步行环境存在安全隐患，老年人的安全出行成为新的挑战。城市道路交通安全不仅反映出规划设计的水平，而且反映出交通安全设施与交通管理的水平，同时和中国城市交通模式混合度较高的特点（如步行、自行车、电动车、摩托车、小汽车）是分不开的。

表 9.2　中国各类道路交通事故统计（2011～2015 年）

指标	2011 年	2012 年	2013 年	2014 年	2015 年
交通事故发生总数	210812	204196	198394	196812	187781
重大交通事故发生数	54704	24	16	11	12
特大交通事故发生数	1201	1	0	2	1

（六）突发公共卫生事件

重大传染病疫情、群体性不明病因疾病、突发水污染、重大食物和职业性中毒等都是严重影响社会和公众健康的突发公共卫生事件。根据事件性质、危害程度、影响范围，突发公共卫生事件可划分为特别重大（Ⅰ级）、重大（Ⅱ级）、较大（Ⅲ级）和一般（Ⅳ级）四级。其主要特点有：①成因和来源多样，如自然灾害、生物传染病、环境公害、生态破坏、药品危险、食物中毒、职业病等都有可能引发公共卫生事件。②传播的广泛性。尤其是当前我们正处在全球化的时代，任何一种公共卫生疾患都可以迅速通过现代交通工具跨国流动，而一旦造成传播，就会造成全球性的传播。如传染病，一旦具备了三个基本的流通环节，即传染源、传播途径以及易感人群，它就可能在全世界广泛传播。③危害复杂。重大突发公共卫生事件不仅对人体健康有影响，而且对环境、经济乃至政治都有重大影响。此外，随着人类社会的发展，不断出现新的危害源头。如 1985 年以来艾滋病发病率不断增加，严重危害着人们的健康；2003 年的“非典”疫情和当前的新冠病毒疫情在全球泛滥，引起人们的恐慌；近年来，人禽流感疫情、人感染猪链球菌病、手足口病等不断威胁着人们的健康。

由于这些特点，城市公共卫生安全的治理具有极高的综合性。不仅要有先进的科学技术还要有充分的财政投入，不仅要作为公共卫生部门的工作更要作为全社会的共同任务，不仅要考虑个别城市、地区和国家，而且要和全球治理结合起来。只有通过综合的治理，才能使公共卫生事件得到有效的治理。另外，面对突发公共卫生事件，一些深层次的问题如社会体制和机制、工作效能以及人群素质等各种问题都会暴露出来，所以只有通过综合性的治理才有可能高效地应对城市公共卫生事件。

（七）恐怖袭击事件

恐怖袭击事件是指极端分子人为制造的针对但不仅限于平民及民用设施的不符合国际道义的攻击方式。从 20 世纪 90 年代以来，恐怖袭击显现在全球范围蔓延的严峻态势。为扩大影响，恐怖分子、暴力主义者在城市中故意制造极端事件，如爆炸、纵火、释放毒气等。

发生在美国本土的“9 · 11”事件是震惊世界的恐怖袭击。2001 年 9 月 11 日，两架被恐怖分子劫持的民航客机分别撞向美国纽约世界贸易中心的“双子座”塔楼，使两座建筑相继倒塌，世界贸易中心其余 5 座建筑物也受震而坍塌损毁；随后，另一架被劫持的客机撞向位于美国华盛顿的美国国防部“五角大楼”，导致局部结构损坏并坍塌，“9·11”事件的遇难者总数高达 2996 人（含 19 名恐怖分子），联合国报告及相关方面称此次恐怖袭击造成美国经济损失达 2000 亿美元，相当于当年生产总值的 2%，对全球经济造成的损害将近 1 万亿美元。此次事件对美国民众造成的心理影响极为深远，美国民众在经济和政治上的安全感均被严重削弱。2015 年 11 月 13 日晚，法国巴黎公共场所共计发生 7 处枪击、6 次爆炸，恐怖事件造成至少 129 人死亡，352 人受伤，其中 99 人重伤。这些恐怖袭击事件不但直接影响城市生活，而且持久地影响国际政治、公民自由、经济和文化的发展。一些学者推断，未来恐怖袭击将是更加毁灭性的，因为除了常规的军事武器外，恐怖分子对核武器、生物武器和化学武器的使用也变得可能。

三、新形势下城市公共安全的特点

与乡村和传统城市相比，现代城市公共安全事件的突出特点，一是不仅对人身或财产造成损失，而且会对城市功能造成持续的损失。城市中所有的人、事、物都有着各自的功能，他们遭受的损失，会连带产生对它们所承担的工作和社会功能的损失。例如，1973 年日本根室地震（里氏 7.4 级）中，一位电话接线员受伤造成政府的通信联系中断了整整一天。2020 年初武汉新冠肺炎疫情突然暴发后，在原有医疗卫生系统受损的同时，短时间内人们对医疗救护的需求急剧增加，极大地损伤了城市功能的正常运转，如果没有“火神山”“雷神山”医院的建成，后果不堪设想。从物的角度来看，道路、给排水、电力系统等生命线的损失不仅在于它们自身，对城市功能的影响尤其巨大。二是城市公共安全事件的影响具有传导性，有的时候间接损失（尽管间接损失的测算范围并没有统一）甚至超过直接损失。一些灾害和事故直接影响的个人和企业虽然有限，但通过信息和市场的传递，整个城市乃至国家的经济社会功能都受到沉重打击，短期来看，旅游业、服务业等产业所受影响较为明显，长期来看，甚至会对人口增长、产业布局和可持续发展产生深远影响。因此，打造重要城市功能的备用体系、建立网络化复合支撑体系、构建公共安全分区等，是城市公共安全和综合防灾体系建设的重要内容。

我国目前处在突发公共事件的高发时期。原因在于：①中国仍处于较快速的城镇化时期，城市人口和产业的集中度在不断提高，各类重大事故、安全隐患多。随着城市规模的扩大，人口、能源、交通问题和各种工业危险源越来越集中在城市，广场的大人流、地铁的大客流、节假日风景区的大人流已经成为现代社会生活的新特点，随着危险源的增加，社会面临的潜在威胁不断加重。②现代城市的空间利用强度越来越高，地铁、高架桥、地下空间、高层建筑、填海造地等现代工程设施越来越多，使城市空间的脆弱性大大增加。高层建筑、油、气、水、电等生命线工程和大型产业设施、设备等重大危险源增多，不仅设施自身运营的风险大大增加，而且与供水、供电、供气、交通、通信等公共设施的相互依赖和相互制约的程度也在增强。③随着城市功能的复杂化，更容易发生城市功能瘫痪而造成的衍生灾害。城市系统越是复杂，不确定性越强，安全系数越低，任何一个环节的失灵都可能会引发连锁效应，甚至引起整个城市的瘫痪，导致重大人员伤亡、社会动荡和经济损失。目前，我国城市在公共安全防范体系和社会综合应对能力方面还存在很多不足。因此，公共安全问题是城市发展的短板，在未来很长一段时间内，都将面临突发公共安全事件的严峻考验。

新常态下，城市公共安全呈现危险源复杂多样、与社会矛盾交叉、不稳定性、不确定性和模糊性等特征。

由于大量人口集聚，众多要素集中，经济活动频繁，生活方式变迁以及社会转型期矛盾的积累，各类环境、能源、卫生灾害和治安突发性事件对城市的影响越来越大。突发流行性疾病，饮用水源污染，有毒有害物质泄漏，大范围停水停电，交通通信中断以及因全球气候变暖所引发的灾害天气使得城市中易发生的灾祸数量呈上升趋势。定位不当、盲目扩大工业、整体功能不完善、交通堵塞、环境恶化、重大危险源不断增加等在城镇化、城市现代化加快过程中出现的问题，都严重威胁着中国城市的公共安全。现代工业、新技术、信息产业的高速发展在为人类创造巨大财富的同时，也为城市公共安全埋下了隐患。

此外，我国经济发展进入新常态后，一方面仍处于发展模式的转型期，另一方面，经济减速下行的压力较大。在此过程中，个人失业、收入的变化、价值观的改变，势必会使社会产生各种压力，文化间的差异、价值观上的分歧容易使社会卷入各种矛盾冲突中。

所谓不稳定性特征，是指随着现代化的推进、科技的发展及经济全球化进程的加速，人类进入了一个风险频发的风险社会，安全问题的偶发因素大大增加。随着网络飞速发展，社交媒体的广泛应用，个人在网络社会中的地位和作用越来越凸显。去中心化、去权威化的倾向给现实社会带来了重大的影响，对公共安全带来了很多的挑战。

所谓不确定性特征，是指由于城市系统的复杂性增加，对未来的预见性和对意外预期的准确性都有所下降。虽然现代社会经济非常发达，但各级管理人员能力存在差距，往往对各种意外难以做出预见性的判断。由于政府职能转换还没有完全到位，在某些方面造成社会调控能力弱化，也可能会影响城市公共安全的应对能力。我国举办大型活动的次数越来越频繁，规模不断增大，活动期间人群密集，风险系数高，如何优化大人流的管理也面临很多短板。

所谓模糊性特征，是对公共安全管理范畴、责任分工等有一定的模糊性。当前我国应急管理法律制度还不够健全，应急管理所要求的跨地区、跨部门协调配合还很不够，信息化和智能化程度有待进一步提升。为解决缺乏统一的公共安全管理体系，公共安全突发事件应对工作中部门分割、条块分治、综合不够、信息不畅、责任不明等问题，我国于 2018 年组建了应急管理部，负责应急管理工作，指导各地、各部门应对安全生产类、自然灾害类突发事件和综合防灾、减灾、救灾，负责安全生产综合监督管理，拟定相关方针政策，建立应急预案体系和应急管理信息系统，以及紧急情况下人员、物资、救援力量的调度等。

第二节　中国城市公共安全的总体状况与主要问题

根据世界各国经济社会发展的规律，一个国家或地区的人均 GDP 在 3000 美元到 10000 美元的阶段，是从生存期向发展期过渡的关键时期，是各种危机的高发期。从近年来中国城市公共安全事故接连不断发生的实际，验证了这条规律的普遍适用性。国际安全科学领域有一条“海恩法则”，是德国飞机涡轮机的发明者帕布斯·海恩提出的。这条法则指出，每一起严重飞行安全事故的背后，都有 29 次轻微事故和 300 起未遂先兆，而这些征兆背后又有 1000 个事故隐患，也就是说事故发生是量的积累的结果，再好的技术，再完美的规章，在实际操作层面，也无法取代人自身的素质和责任心。著名的墨菲定律同样指出，如果有两种或两种以上的方式去做某件事情，而其中一种选择方式将导致灾难，则必定有人会做出这种选择。换而言之，如果事情有变坏的可能，那么不管这种可能性有多小，它终究会发生。

我国城市公共安全问题之所以严重，一方面是由于地球环境的变化，自然灾害等风险加大，加之大量人口和其他要素向城市集聚增加了城市的脆弱性。另一方面，由于改革和发展过程中的利益调整，城市贫富差距渐趋扩大，深层次社会矛盾积累到一定程度，就有可能发生群体性突发事件等非传统安全事件。这些突发性事件若不能有效控制，极易被放大为社会危机。

金融危机、突发公共卫生事件、恐怖袭击事件等任何一个事件都有可能对人们的工作生活造成冲击和影响，使城市受到严重的影响。本章主要介绍几种最为典型的公共安全事件类型。

一、自然灾害

中国是世界上自然灾害发生最为严重的少数国家之一。根据国务院 2009 年发布的《中国的减灾行动》白皮书，我国 70%以上的城市、50%以上的人口分布在气象、地震、地质、海洋等自然灾害严重地区。我国地形地貌复杂，自然灾害多发，影响机理复杂，灾害种类多，发生频率高，分布地域广，造成的损失大。自然灾害主要包括地震灾害、气象灾害、地质灾害、海洋灾害、生物灾害等。干旱、洪涝、台风等气象灾害年年发生，地震与地质灾害经年不断。以地震为例，20 世纪全球发生的破坏性地震中，我国占 1/3，死亡人数占全球的 1/2；其中全球 8.5 级以上地震共 3 次，我国就有 2 次。2008 年四川汶川 8.0 级地震造成的人员伤亡及社会经济损失极其惨重。2008～2014 年，我国因自然灾害造成的直接经济损失年平均在 5000 亿元以上。从表 9.3 也可以看出，受灾人数、死亡和失踪人数、紧急转移安置人数除 2008 年汶川大地震的波动外，绝对数量居高不下，2011～2013 年直接经济损失甚至有上升趋势。

表 9.3　近年来自然灾害损失情况

年份	受灾人次/万	死亡和失踪人数/人	紧急转移安置/万人	农作物受灾面积（绝收）/万 hm^2	倒塌房屋（损坏房屋）/万间	直接经济损失/亿元
2008	47000	88928	2682.2	3999（403.2）	1097.7（2628.7）	11752.4
2009	47933.5	1528	700	4721.3（491.7）	83.8	2523.7
2010	43000	7844	1858.4	3742.6（486.3）	273.3（670.1）	5339.9
2011	43000	1126	939.4	3247.1（289.2）	93.5（331.1）	3096.4
2012	29000	1530	1109.6	2496.2（182.6）	90.6（427.9）	4185.5
2013	38818.7	2284	1215	3134.9（384.4）	87.5（770.3）	5808.4
2014	24353.7	1818	601.7	2489.1（309）	45（354.2）	3373.8

结合城市自然灾害基本构成要素（致灾因子、承灾体、灾害后果），可以看出城市自然灾害的特殊性，包括对灾害损失的放大，连锁反应和人为效应等。从承灾体角度来看，城市承灾体包括：人口、建筑、城市生命线系统、交通基础设施、生产与生活设施、财产和生态环境等。与农村地区相比，城市人口密度高，建筑物密度大，交通网络结构更复杂。

城市功能的受损具有时间上的持续性和空间上的波及性特征。时间上，城市功能的恢复对社会系统具有高度依存性，受损和恢复时间的长短不仅取决于这段时期内社会资源的供给，还取决于社会资源的需求。例如，许多自然灾害带来医疗救护需求急剧增加，社会资源的需求加大，城市功能受损时间将进一步延长。空间上，人口集聚和空间结构复杂的特点使得自然灾害对城市的破坏度有所放大；城市生命线系统遭到破坏后产生一系列连锁反应，对人们的生命健康、财产、城市功能等造成进一步危害。2008 年中国南方的大雪冰冻灾害，造成道路交通、电力等生命线系统大面积瘫痪，给人们的生产生活造成巨大影响。

城市各种自然灾害，其损失往往带有人为因素的深刻烙印，人为效应明显。城市自然灾害引发的次生人为灾害，会加剧生命和财产损失。因建设工程质量、安全监督等人为因素造成的建筑物防灾能力降低，也使得自然灾害在土地利用高度集约的城市商业区和居住区造成更大的财产损失和人口伤亡。

二、生产安全事故

根据官方统计数据，近年来全国各类事故数量和死亡人数均呈下降趋势（图 9.1），重特大事故数量也呈逐年下降趋势，但造成重大人员伤亡和财产损失的生产安全事故还是时有发生。

从 2016 年国内生产安全事故发生的类型来看，道路交通事故占 55.56%，是生产安全事故发生最频繁的场所，道路运输行业也是目前城市公共安全中风险最高的行业；

此外，矿业安全事故、火灾及毒物泄漏事故的比例也相对较高，分别归属于矿产行业和化工行业（表 9.4）。

表 9.4　国内生产安全事故类型分布（2016 年）

事故类型	事故/起	占比/%
交通	345	55.55
矿业	33	5.31
爆炸	34	5.48
火灾	30	4.83
毒物泄漏与中毒	34	5.48
其他	145	23.35

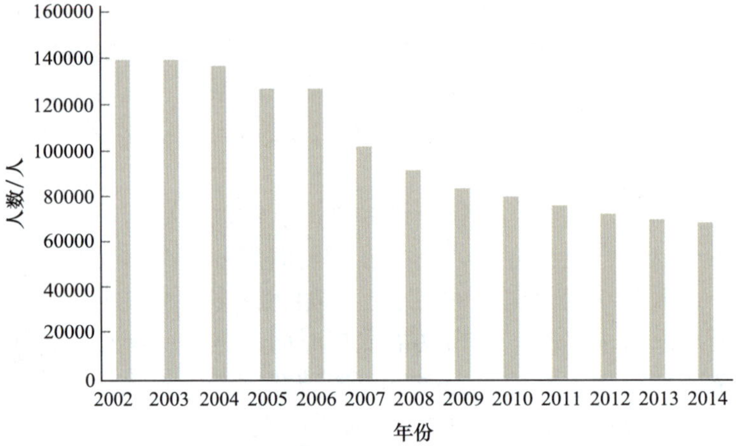

图 9.1　全国各类事故死亡人数（2002～2014 年）

从区域分布来看，中西部地区特大事故比较多。中西部地区基础设施相对落后，安全生产条件较差，亿元 GDP 的事故死亡率居高不下。绝大多数生产安全事故都存在人为因素，如违反安全规章，农民工是事故伤亡的主要群体。东部地区城镇化和工业化水平较高，城市建设较为稠密，在城市工业体系越加发达的同时，一些不具备安全条件的工业生产活动也不断出现，因此，生产事故的数量相对较多。2011 年全国事故伤亡总数前四名的广东、浙江、江苏和山东，都是经济大省，四省致残人数约占全国的 1/3。

三、交通安全

表 9.5 对交通事故数量、死亡人数等进行了总结。1996～2002 年，交通事故次数、事故死亡人数、事故受伤人数均呈明显快速上升趋势，表明我国交通安全形势非常严峻。其间，事故发生例数从 1996 年的 28.77 万起增加到 2002 年的 77.31 万起。2002

年后事故发生例数开始下降，但 2013 年仍发生近 20 万起。总体而言，交通事故死亡人数、受伤人数都呈现先增长后下降的趋势，直接经济损失则呈现波动状态，近几年直接经济损失有增长趋势。2002 年开始，多项统计数据都有所下降，表明我国的道路安全形势有好转，但事故严重性却大大增加，从 2001 年起平均每起事故死亡人数从 0.14 增加到 0.3，死亡率高达 30%，日本大概是我们的 1/200，仅为 0.54%，形势仍不容乐观。我国交通事故恶性事故多发，2012 年，全国发生重大事故有 25 起，死亡人数 325 人。

从道路交通事故发生数看，汽车的发生数占比最大，在 70%左右，摩托车的比例则从 1996 年的 9.47%增长到 2013 年的 22.5%，机动车（包括汽车、摩托车和拖拉机）、非机动车、行人及乘车人导致的道路交通事故均在 1996～2002 年呈现逐年增加的趋势，而 2002～2013 年则基本是逐年减少的趋势。到 2018 年年底，中国机动车保有量已达到 3.3 亿辆，其中汽车 2.4 亿辆，汽车驾驶人突破 3.69 亿。我国公路通车总里程已突破 420 万 km，其中高速公路超过 9.6 万 km。机动车在为人们的出行带来便利的同时，也给交通安全管理带来了较大的压力。

表 9.5　交通安全事故情况统计（1996～2013 年）

年份	事故次数/例	死亡人数/人	受伤人数/人	直接经济损失/亿元	日均死亡人数/人	平均每起事故死亡人数/人
1996	287685	73655	174447	17.2	201	0.26
1997	300000	73861	190128	18.5	202	0.24
1998	346192	78068	222721	19.3	213	0.23
1999	412860	83529	286080	21.24	228	0.2
2000	616974	93493	412782	26.69	256	0.15
2001	760327	106367	549000	30.9	291	0.14
2002	773737	109381	562074	33.24	299	0.16
2003	667507	104372	494174	33.7	285	0.15
2004	567753	99217	451810	27.7	271	0.21
2005	450254	98738	469911	18.8	270	0.22
2006	378781	89455	431139	14.9	245	0.24
2007	327209	81649	380442	12	223	0.25
2008	265204	73484	304919	10.1	201	0.28
2009	238000	67159	275125	9.1	184	0.28
2010	219521	65225	254075	9.3	179	0.3
2011	210812	62387	237421	10.79	170	0.3
2012	204196	59997	224327	11.75	164	0.29
2013	198394	58539	213724	10.39	160	0.3

从 2014 年城市交通事故成因数据来看（图 9.2），不按规定让行是造成交通事故的首要原因，其次是无证驾驶以及酒后驾驶等违法违规行为。这些数据表明，交通事故的起因主要是人为因素，反映的是城市人口素质问题，以及城市交通管理中的宽纵，不应更多地把事故原因归咎到城市人口增多，交通流量过大以及城市交通网络不合理等客观因素上。高速城镇化进程中，城市交通管理部门的宣教和管理应该紧跟客观需求，才能降低人为因素造成的各类交通安全隐患。

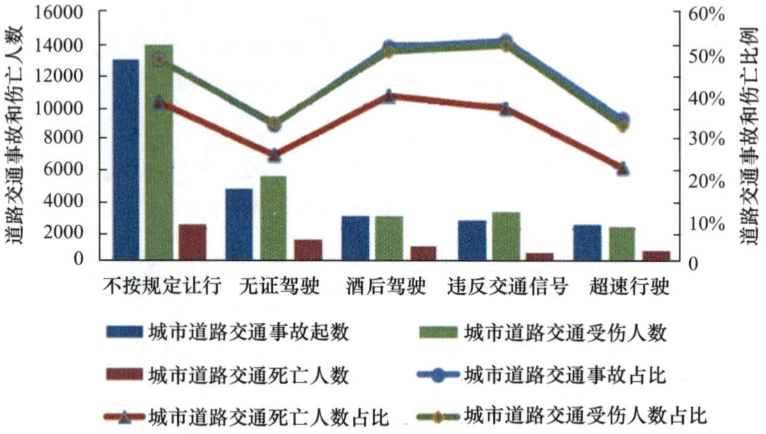

图 9.2　城市交通道路事故成因数据（2014 年）

四、公共卫生危机

进入 21 世纪，全球环境变化加剧，人类与自然的关系日趋紧张，生态环境恶化，传染病等公共卫生风险再次袭来。从 2003 年的“非典”，到 2019 年年底的新冠肺炎，突如其来的疫情不但冲击中国，而且席卷世界，影响范围广泛，不但对城市人口和健康构成巨大威胁，而且给社会经济造成了巨大影响。以新冠肺炎为例，自从 2019 年 12 月暴发以来，截至 2020 年 5 月 15 日，中国已确诊人数 84400 多人，累计死亡 4644 人；世界范围内确诊病例超过 440 多万，死亡人数超过 30 万。17 年前非典突袭中国，至今尚无疫苗和特效药，同样到目前为止也没有有效对抗新冠病毒的治疗方法。联合国发布的公共卫生摘要指出，新冠肺炎疫情不仅对人们的身体健康造成威胁，而且增加了心理痛苦，如失去亲人的悲伤、对未来不确定性的恐惧等，可能引发严重的全球精神健康危机。同时，人们已经认识到，它不仅是一次健康的危机，而且是对世界经济的重大威胁。

这次全球疫情的发生，突显了现代人类社会面对自然界的脆弱性和安全健康的可贵。这次教训正促进人们对城市发展理念、城市建设、基础设施和公共服务体系、应急管理能力，乃至生产和社会生活的方方面面，进行全面的反思。

五、犯罪

美国犯罪学专家 Shelley 在《犯罪与现代化》中指出，现代社会的日益城市化造成了犯罪率的上升并形成与城市生活相联系的犯罪类型。中国作为一个处在快速城镇化进程中的发展中国家，生活环境的变化和贫富差距的扩大给人们的心理带来了较大冲击，广泛存在的城市空间防控盲区则成为诱发犯罪事件发生的主要环境因素。

2000～2014 年全国犯罪数量变化不大，中国社会治安总体形势平稳。据全国公安机关和检察机关刑事立案统计，2014 年全国刑事案件立案数与 2013 年基本持平。从全国检察机关批捕和提起公诉的数量、法院审判的刑事案件也可以看出这种态势。城市犯罪是社会治安形势的晴雨表，近年来侵财犯罪居高不下，网络犯罪猛增，涉众型犯罪和暴恐犯罪社会危害严重，职务犯罪立案数持续增长且大案要案屡创新高，城市社区边缘的青少年犯罪、流动人口犯罪仍是社会关注的焦点问题，食品药品、犯罪和环境污染犯罪增长明显（丛梅，2019）。

六、中国公共安全的主要问题及特点

（一）自然灾害频发：分布广、损失大

自然灾害具有突发性和严重性等特点，一次重大的灾害在极短的时间内就可能造成数万、甚至数十万人死亡，致使千百万人的生活、生产受到影响，受灾面积广泛，并可能引发其他灾害，造成社会动荡和严重的环境安全问题。例如，1975 年 8 月由于台风暴雨导致河南驻马店的两座大型水库垮坝，造成数万人死亡；1976 年 7 月唐山大地震在短短 30 多秒的时间内，造成 24.2 万人死亡、16 万人重伤；2008 年的汶川大地震共造成约 6.92 万人死亡，37.46 万人受伤，1.79 万人失踪。

中国是世界上自然灾害风险较高的国家之一。因为疆域辽阔，地理环境和气候气象条件差异明显，所以自然灾害风险分散在全国各地。台风主要危害东部和东南沿海地区，季节性特征明显，通常带来暴雨。洪水风险较高的地区包括辽河中下游地区，京津唐地区，淮河流域的江苏、皖北和东南部，长江中游的江汉平原、洞庭湖区、鄱阳湖区及沿江一带，四川盆地和两广南部沿海地区，这些地区均位于东部季风区，降水量较大，且海拔低、坡度小，同时遭受主水和客水影响且行洪不畅。从河流水系的角度来看，河网密集、坡降小，在汛期容易遭受槽蓄洪水因下渗、漫堤而造成的洪涝威胁。地震活动在 21 世纪主要发生在西部和西南部地区，2000~2018 年，共发生破坏性地震 190 余次，年均直接经济损失 758 亿元。由于沿海岛屿、珊瑚礁的阻挡作用和较长的大陆架，中国出现海啸的风险较小。龙卷风和冰雹发生频繁但强度一般较低，且范围较小。暴风雪和低温冰冻灾害在北方和西南很常见，虽强度低但易形成巨大地理范围的累积灾害风险①。城市是中国自然灾害损失的主要地区，尤其是台风、暴雨和洪水灾害对城市的威胁更大。防灾减灾一直是我国政府重视的问题，但是，在当前经济社会中，存在盲目追求经济效益、忽视防灾减灾的严重倾向，人为地加重了自然灾害的破坏性，使社会承受灾害的能力越加脆弱；如果不加以重视，在未来一段时期内，重大自然灾害对于社会公共安全的威胁可能会更加严重。

①邱忠东.2017.中国自然灾害直接经济损失十年数据分析：未来要如何应对？http://www.docin.com/ p-2148006471.html.2020-9-9

（二）生产事故总量居高不下

中国正处于生产安全事故的高发期，亿元 GDP 生产安全事故死亡率、工矿商贸企业就业人员生产安全事故死亡率和道路交通万车死亡率均高于发达国家。全国发生各类生产事故以道路交通事故最多，工矿企业中以煤矿发生的生产事故最为严重。

中国每年因各类事故造成的经济损失在 2000 亿元以上，约占 GDP 的 2%。严峻的生产安全问题还会造成不良社会影响，成为社会不稳定因素，部分省市的劳动争议案件中涉及安全卫生条件和工伤保险的超过 50%。如果不采取强有力措施，生产安全形势在未来相当长的时间内仍将十分严峻，而且事故的种类增多，事故防范、处理的复杂性和技术性将增强，事故发生造成的社会影响和经济损失将更加严重。

（三）社会治安形势严峻

与改革开放之前相比，中国的社会治安问题十分突出，不仅违法犯罪的数量和种类增多，而且危害日趋严重。侵财、职务犯罪、团伙犯罪案件增加，严重暴力犯罪案件十分突出，重大爆炸案件比重上升；带有恐怖色彩的谋杀、绑架人质案时有发生。用高新技术作案的犯罪分子防侦破意识增强，给破案、取证带来很大难度，尤为突出的是网络犯罪。

我国在今后一个较长时期内还将处于经济转轨、社会转型的特殊历史时期。根据国际经验，在这期间利益重新分配，新旧观念相互碰撞，社会不稳定因素增加。而现代犯罪的特点大大增强了犯罪行为在时间上的突然性，空间上的不确定性和手段上的对抗性，向传统的社会公共安全工作提出了挑战，对国家的安全和社会的稳定构成了威胁。因此，在今后较长一段时期内，我国社会公共安全存在很多隐患，在新形势下采用现代科技手段，加强社会治安管理成为一个需要不断探索的课题。

（四）未来可能会面对多种源头的大流行病

世界卫生组织（WHO）提出，未来将会有多种源头的大流行病。上一次被 WHO 官方定义为大流行的是 2009 年暴发的甲型 H1N1，仅隔十年，全球大流行病再次出现。2020 年，仅两个月时间新冠肺炎疫情就蔓延到 100 多个国家，鼠疫、霍乱、天花、流感、艾滋病、非典、埃博拉、新冠肺炎……下一个全球大流行病是什么？什么时候会发生？我们不得而知。但确定的是，人类同传染病的斗争将会继续。全球化和人口流动、经贸交往使流行病在世界范围迅速传播，并演化为系统性风险。大城市人口高度集聚、国际化大都市来往着五湖四海的人们，是疾病跨国、跨区域传播的中心。

（五）国内外极端势力制造的各种恐怖事件时有发生

由于各种原因，新型恐怖主义犯罪阴影笼罩全球，危害着国家和社会的安宁。目前国内外暴力恐怖势力、民族分裂势力、宗教极端势力制造的“内乱裂变”活动一直不断。如“东突”分子为了把新疆分裂出去，制造了1992年乌鲁木齐“2·5”爆炸案、1997年伊犁“2·5”骚乱等严重事件。据国际反恐怖组织掌握的情报显示，国际恐怖犯罪集团一直在研究有毒物质的用途，其中包括能侵害人的神经系统、皮肤和血液的生物、化学制剂。当前，新型恐怖犯罪活动不断增多，以核、生化恐怖的危害最为严重，使整个国际社会都笼罩在一层阴影之中。

近些年，伊斯兰教极端组织IS行动尤为猖獗，其成员从西亚地区开始扩张，如今在东亚和欧洲也频繁活动。据西方国家情报人员透露，大约20个地下组织、约120～180名恐怖分子计划在法国、德国、比利时和荷兰发动袭击，其中比利时和荷兰面临的恐怖威胁“迫在眉睫”（2016年中旬）。结合国际恐怖活动和我国近年发生的昆明“3·01”事件、“4·23”新疆巴楚暴力事件等恐怖活动来看，城市作为宗教场所的主要分布地，成为恐怖组织和宗教极端分子主要活动地；此外，恐怖组织为实现破坏力大、经济收益大的目的，更多选择交通站点、银行、城市商业中心等地活动，使整个国际社会和各个城市处在恐怖主义威胁笼罩之下。

第三节　各类城市公共安全问题的成因

一、快速城镇化进程加大了城市公共安全风险

快速城镇化进程容易引发“公共安全风险”。作为人、财、物集聚的场所以及经济社会活动的中心，城市历来是公共安全问题的多发地，古今中外，莫不如此。改革开放以来，中国城镇化进程加快，大多数城市高速发展，不论是城市基础设施建设，还是城市管理工作都越来越超出以往的负荷，致使城市对公共安全的保障更显不足，各种公共安全风险以更大的速率、深度和广度向城市集聚。

（一）人口集聚与流动性增强

20世纪80年代特别是90年代中期以来，在农业改革、城市经济发展和城乡人口流动壁垒松动的综合作用下，流动人口规模不断扩大、人员流动速度加快，城市人口结构日益复杂增加了人群分类管理难度。流动人口对城市基础设施和公共服务带来了巨大冲击，导致了城市人口管理、环境卫生、工商税务、劳动就业、社会保障以及医疗教育等很多问题。另外，流动人口的主体是农村剩余劳动力，文化素质较低、对城市生活不习惯、法律意识淡薄；有的人对城市基础设施和环境卫生存在着不在乎甚至蓄意破坏的态度，其他犯罪事件也时有发生，使得城市的不安全因素增加；城市体系缺乏足够的政策和制度准备、各项公共物品供给体系和管理体系的应对。因此，大部分城市对流动人口采取了一系列防御性的、限制性的，甚至是排斥性的人口管理制度。80年代以来，城市流动人口管理发生了很多变化，但总体上城市流动人口管理体制调整滞后于人口集聚，并且不能适应流动人口大量集聚和长期居留的需求。迄今为止，对

流动人口管理办法的各种调整还是不彻底的，没有根本解决人口流动与城市体制不兼容的内在缺陷。城市部门在进行城市的制度设计和公共产品建设时，对流动人口考虑不足。

（二）基础设施体系薄弱

城市呈现出交通、商业、游憩、办公、居住等多种城市功能复合的趋势，这些不同性质城市功能的交织，使诸多城市构成要素在有限的空间范围内紧凑布局、相互交错、相互影响，使得城市空间形态呈现复杂化、多元化的特点。随着城市规模扩大，城市系统复杂性增强，安全系数相对下降。人口、能源、交通问题和各种工业危险源越来越集中在城市(表 9.6)。

一些特大城市地下有上水、下水、煤气、天然气、电力、热力、电信等十几种管网，累计超过上万千米，由于年久失修、数据不全和多头管理，时常发生事故。如地铁或基建施工切断电缆影响地区供电，工地钻探切断电话线，地下水管爆裂造成停水等。由交通、通信、供电、供水、供气等组成的“城市生命线系统”，是保证城市生活正常运转最重要的基础设施，任何环节滞后或失灵都可能导致整个城市瘫痪。但多数城市的现状是“生命线系统”缺乏自我保障能力。即使是北京这样一个市政建设投入程度很高的城市，城市生命线系统也十分脆弱！2013 年 60 年一遇的“7 · 21”特大暴雨造成房屋倒塌 1.07 万间、死亡 79 人，几百辆汽车损坏，多处道路、桥梁、水利工程受损，经济损失约 116.4 亿元。

表 9.6　中国城市基础设施情况（2011～2015 年）

指标	2011 年	2012 年	2013 年	2014 年	2015 年
城市燃气普及率/%	92.4	93.2	94.3	94.6	95.3
每万人拥有公共交通车辆/标台	11.81	12.15	12.78	12.99	13.29
人均城市道路面积/m^2	13.75	14.39	14.87	15.34	15.60
人均公园绿地面积/（m^2/人）	11.80	12.26	12.64	13.08	13.35
每万人拥有公共厕所/座	2.95	2.89	2.83	2.79	2.75

注：人均和普及率指标按城区人口与暂住人口之和计算，以公安部门的户籍统计和暂住人口统计为准。

（三）“农民工”引起城市人口结构的新变化

伴随着经济改革的深入以及城镇化进程的加快，中国出现了引人注目的“民工潮”现象：年龄上以青壮年为主；性别上以男性为主；文化上，以初中和初中以下为主；阶层上，处于城市社会底层，主要从事体力劳动。国家统计局发布的 2017 年农民工监测调查报告显示，2017 年全国农民工总量达到 2.87 亿，比上年增加 1.7%。其中，本地农民工 1.15 亿，外出农民工 1.72 亿，跨省和省内流动比例分别为 44.7%和 55.3%，比上年增长 1.5%。在外出的农民工中，1.37 亿进入城市务工。数量庞大的农民工群体带来城市人口结构的新变化。

在传统乡村社会中，人们从熟悉到信任，农民以血缘和地缘为纽带，产生彼此间的信任关系。在城镇化的推进过程中这种传统信任资源遭到破坏。居民的社会经济地位、居住时间、社区内社会关系等因素，都会影响居民对社区的归属感。人们在社区内居住时间越长，建立的社会关系就越多，社会归属感就越强。从社会经济地位看，农民工多从事脏、累且待遇差的工作，处于社会底层。从居住时间上看，多数农民工在城市社区居住的时间并不长。从社区社会关系角度考虑，“过渡型社区”多为安置失地农民而建，但户籍人口与外来人口出现了倒挂现象，户籍人口比例不及外来人口比例，人员流动性较大，居民异质性强，彼此间互不信任，没有很好的人际关系。

“过渡型社区”的居民实现的是半城镇化，随着身份从农民到居民的转变，他们对农民和农村的认同在淡化，乡土亲情和地方感丧失，但同时他们并未完全融入城市社区生活，没能获得社会的认可，对自己的社区身份充满怀疑。这种自我身份认同的失败，使得他们不能很好地认识现在的处境、不能融入现在的社区生活，进而影响到居民的社区归属感和社区意识，这是半城镇化“市民”实现完全意义上城镇化的一大障碍。社区不仅仅是一个空洞的区域空间，更应该是各种社会关系、制度规则、文化价值、交往、习俗和情感的相互交织、相互作用的空间。没有很好的身份认同，就不会有很好的社区融入和社区参与，这些都对城市公共安全提出挑战。

（四）城市处于工业化程度较高的发展阶段

从历史经验来看，经济增长主要依靠大工业和重工业实现的时期，是安全生产事故多发阶段。公开资料显示：2000年以前，中国煤矿事故每年死亡上万人。2000年，从中央到地方建立煤矿安全监察体制之后，每年事故死亡人数开始减少。2003年事故死亡人数为6434人；2004年死亡6027人；2005年死亡5986人；2006年全国煤矿发生事故死亡4746人①。各类安全事故的损失随着生产规模的扩大而呈增加趋势，这就要求企业加大安全投入。但出于成本和利润方面的考虑，劳动保护、职业病防治、环境污染等问题常常得不到足够的重视；有的企业在安排生产性新建、扩建、改建项目时，削减项目中配套的安全设施，以节省投资；有的企业单纯讲效益，放松安全管理，使得安全生产事故居高不下。虽然国家制定了安全生产方面的投入标准（如2012年出台《企业安全生产费用提取和使用管理办法》），但在行政监管机制下，企业只要达到了最低要求就行，很少有人“费力不讨好”地深究风险隐患。这种局面使安全对策滞后于工业化水平的提高。

二、转型期城市经济社会环境出现新变化

转型期经济社会环境出现的新变化容易诱发“公共安全风险”。在新的历史发展时期，经济、政治、科技、社会、文化等城市要素出现种种新变化和新发展，一是过

① https://www.sohu.com/a/397071831_176319。

去不成问题的问题现在成了大问题，二是一些新问题在人们尚未认识清楚的时候就已经成为新的致灾因素，而且传统的安全问题和新的致灾因素引发的非传统安全问题又交织在一起。

（一）社会结构失衡及价值观念的错位

我国自改革开放大力发展市场经济以来，社会结构变迁的一个重要特征是收入分配结构的变动，不同收入层的分化加剧，贫富差距拉大。根据国家统计局公布的数字，我国的基尼系数 1981 年为 0.288，2000 年为 0.417，2016 年为 0.465。基尼系数是反映一个国家或地区居民收入差距的指标，介于 0～1，越大表示不平等程度越高。联合国开发计划署把 0.2 以下视为收入平均，0.4～0.59 为收入差距较大，0.6 以上为收入悬殊。低收入群体规模大，收入低，反映了利益格局被扭曲的现状。

市场经济的发展极大地唤醒了人们的物欲和金钱意识，金钱和利益成为一些人衡量自己价值是否得到实现的唯一标准，社会生活中“拜金主义”、“享乐主义”和“极端利己主义”盛行。如果这种价值观念泛化，就会导致人文精神的失落，造成个人主义极端发展、无政府主义恶性膨胀、见利忘义和道德丧失的后果，使一部分社会成员心理失衡和行为产生偏差。

这些风险对原有的社会治理体系提出了严峻的挑战。由于新的社会控制体系和信用体系尚未完全建立，城市社会还有很多管理盲点，因而城市内部潜藏着一些随时可能爆发的不稳定因素。因此，必须改革不合理的收入分配制度，保证公共政策公平正义，建立对公权力加以约束的有效办法。如何及时识别社会风险，如何在社区层面实现对“社会人”的管理，是市场体制转轨时期政府职能转变的新课题，不仅对建立健全城市公共安全管理体系有重要意义，而且是对现代化治理能力的一种考验，对建立和完善社会主义市场经济，稳定社会、巩固政权有重要意义。

（二）全球化、老龄化带来脆弱性增加

经济全球化和社会分工的细化使经济社会环境越来越复杂，大大增加了城市的经济社会脆弱性。以供应链系统为例，随着科学技术的发展和经济全球化，社会分工日益精细，供应链系统中的企业越来越多，地域分布更加宽泛，供应链系统变成了一个由不同地区（甚至全球分布）的供应商、制造商、分销商、批发商和零售商组成的复杂网络，众多参与者和他们之间的相互依赖关系使得系统更加复杂，而且运营环境也更加不确定，一个节点的事件会很快影响到与之关联的上下游企业，进而沿着链条影响到所有企业的正常运营，严重时甚至会引起供应链中断。因此，全球供应链系统在公共安全事件面前往往表现得十分脆弱。以 2011 年“3 · 11”日本大地震为例，由于日本企业在半导体材料、芯片设计及制造、光学器材、机床和汽车核心零部件等领域地位重要，地震的损失通过供应链迅速传导。虽然地震中日本的主要制造企业未遭到直接破坏，但电力供应短缺导致开工不足和产量下降，同时，交通系统受损不仅影响了企业的原料供应，而且导致产成品难以运至机场或港口。低库存的供应链

管理方式加剧了日本产品的供给短缺，使日本产品临时性出口中断，使位于制造产业链下游的中国大陆、中国台湾和韩国等负责产品组装的企业受到很大影响（王永中，2011）。

对外依存度增加，容易导致各种内外安全危机的传递和扩散。随着中国一些城市对外依存度的扩大，虽然提高了城市社会同国际社会的交流与互动，但也一定程度上使国内城市安全状况同国际局势相互关联，而且危机复杂性增强、处理难度加大。如果处理不当，就有可能把原来没有显现的公共安全隐患激活，并且以“外引内联”的方式引发公共安全危机。

人口老龄化使得人口暴露和敏感性增加。据统计，2018 年全国 65 岁以上的老年人口已达 1.67 亿，占总人口的 11.9%；据有关部门预测，到 2030 年和 2050 年，60 岁以上老年人口分别达到 3.68 亿和 4.68 亿。《中国智能养老产业发展报告（2018）》指出，2022 年前后我国将迎来第二次老年人口增长高峰，预计年均增长 1100 万老年人口。根据中国城乡老年人生活状况调查结果，2000 年中国 60 岁以上城镇老年人口在老年人口中的比例是 34.2%，而 2015 年已达到 52%，可见城镇人口的老龄化率正在迅速提高。老年人口的增加和在城市的集聚增加了人口脆弱性。

总之，中国城市正处于经济社会结构的急速变动期，对外部变化相当敏感。当受到复杂多变的国际环境干扰时，国内社会的不安全因素可能受到外部诱发与刺激，各种潜存的城市安全隐患可能演变成城市公共安全事件，甚至由单个城市的孤立安全事件变成全国性事件。

（三）科技进步及其成果的广泛应用

科技进步的迅猛发展和广泛应用，在为社会公众提供全新发展机遇和生活空间的同时，也带来了新的技术风险和高科技犯罪。城市社会建构在越来越复杂的技术平台上，技术问题演变为公共危机的概率显著增加。由于技术本身存在的漏洞，或技术复杂性所放大的技术风险，一旦某个环节出现差错，就可能引发连锁反应，使人类生活和技术安全受到极大危害。

随着中国城市对外开放的扩大，科技领域的国际风险也会很快地传递到国内。高科技领域的信息网络技术一旦被人利用，轻则导致经济损失和生活不便，重则导致整个国家政治、经济或军事陷入局部或暂时瘫痪、使社会秩序失控的后果。许多大型企业、金融机构、政府机关以及各军事单位都已相继采用计算机管理系统，许多重要的资料都储存在计算机中或利用计算机通信网络来传递。然而，这些资料中的个人隐私、企业、商业秘密或国家安全机密，如果没有有效的安全防范措施，就会给网络犯罪行为以可乘之机，危害公共安全，如果被敌对势力或恐怖分子所掌握，为害尤甚。

三、我国城市公共安全管理相对薄弱

公共安全管理是城市现代化治理能力的重要内容，也是当前我国城市治理的主要短板。经济的增长和繁荣使人们的风险意识有所降低，加之在城镇化进程加速和经济社会环境新变化的双重影响下，城市系统的功能结构越来越复杂，使原本就不完善的公共安全管理体系雪上加霜，在一定程度上造成城市风险预防不利、公共安全事故防不胜防、危机处理缺乏效率等问题。

与国外城市相比，大多数中国城市还没有建立起成熟、符合实情的城市安全管理体制和机制。

（一）城市防灾意识薄弱

在人口增长和人类活动的影响下，人类与自然生态系统的矛盾正越演越烈，地球环境变化带来的灾害风险日益增大。长期以来一直沿用的规划建设模式增加了城市的脆弱性，如对新增的系统性风险缺乏认真评估，过于强调开放和流动而很少考虑防灾分区。公众的灾情意识、防灾减灾知识、行为习惯和自救互救能力也与现代社会防灾减灾的要求相距甚远。对敬畏自然和尊重自然规律、人与自然和谐相处、实现协调可持续发展重视不够。全民在防灾知识教育、普及灾害自救互救常识方面还都十分欠缺，在实践中，这种情况加重了灾害的损失，教训十分沉痛。

（二）社区（基层组织）防灾能力薄弱

社区（基层组织）防灾能力建设是城市防灾减灾的关键一环。当前，社区（基层组织）在设施装备、人员和技术水平方面都存在薄弱环节。首先，信息采集和传达能力有限，发生灾害时人们不清楚应该向哪个部门报警或报灾、也不知道得到的信息是否全面、可靠，因此有可能出现混乱甚至群体恐慌。其次，救灾抢险的组织工作缺乏标准和规范。在突发性自然灾害的救助和抢险过程中，各路人马很容易出现混乱，组织决策的意见不一致，造成救灾人员无所适从，造成时间延误和不必要的损失。最后，缺乏必要的救灾设施和装备。在一些城市灾害发生的现场，经常出现无法判断倒塌的建筑物下面是否有人，即使发现了也无法及时救出的局面。

（三）城市公共安全的综合风险管理体系薄弱

2018 年国家应急管理部成立后，城市公共安全的管理机构设置缺位、应急指挥模式 “条块分割、独立作战”，公共安全信息渠道分散，收集、汇总、整理缺乏规范等问题得到解决，在 2020 年国家抗击新冠肺炎疫情的战斗中，城市公共安全管理体系得到加强，积累了很多宝贵经验，但在综合风险管理方面仍然存在一些问题。

以往的灾害管理的工作重点是危机管理，强调灾后的救济和恢复，轻视灾前的预防和准备，即重救轻防，综合管理力度不够。对灾害的处理也大多是采取临危处置的方式，通常是按照常规和经验来处置，处于被动应急的局面，缺乏制度化的灾害“预防预警、准备、应对和恢复”的“全过程灾害管理”机制。

（四）灾害管理社会化程度较低

民间组织等社会力量参与减灾的机制还不够完善。传统的“政府救灾模式”的巨大惯性，使民间组织的作用得不到应有的重视，对于民间组织的发展停留在号召和动员层面上，不利于全体社会成员参与救灾工作，例如，民间组织在获取资源方面有很多困难，这些问题又反过来使民间组织得不到社会的信任，进而影响到民间组织参与救灾的积极性，限制了他们发挥作用的空间（蒋积伟，2011）。

（五）财政支持与物资保障有限

财政支持和物资保障与城市公共安全管理体制有着密切的关系。由于中国的社会制度优势和强大的国家动员能力，在近些年的历次重大灾害和公共安全的灾后重建和危机处理中国家都发挥了重大作用，不但形成了对口支援等有效的支持模式，而且为整个社会构建了强大的社会心理防线。“一方有难，八方支援”，这是任何其他发达的资本主义国家都无法比拟的。但面对巨灾仍然存在公共安全投入总量不足的问题。保险资金、社会资金和民间资本尚没能有效地引导和投入城市公共安全的建设中。

此外，在科学研究方面，我国的公共安全科技问题研究仍处于初级阶段，涉及城市公共安全问题的许多深层次技术和管理问题没有解决，在研究方法上，以少数灾害领域为主，较少进行跨领域、跨学科的系统研究。尤其是对城市新的致灾因素认识不足，研究不深，对其防范、控制和治理都显得力不从心。

2020 年 3 月，中国工程院院士陈晓红针对新冠肺炎疫情接受《中国科学报》访问时指出，当前我国公共卫生应急管理体系建设主要存在四个方面的不足，包括：重大疫情应急管理顶层规划设计落后；公共卫生基本设施保障落后；应急管理体系中的信息采集、风险评估、决策指挥、应急响应等环节存在脱节；专业化应急人才培养不足，复合型救援队伍欠缺。

第四节　城市公共安全问题的应对

范维澄等（2009）提出公共安全三角形理论框架，认为公共安全科技框架可以用三角形来表征，它的三条边分别代表突发事件（危险性）、承灾体（脆弱性）和应急管理水平。连接三条边的节点统称为灾害要素，分别包括物质、能量和信息。突发事件指可能对人、物或社会系统带来灾害性破坏的事件，如危险化学品泄漏和大规模传染病（物质作用）、地震（能量作用）、社会恐慌（信息作用）。承灾体是突发事件的作用对象，一般包括人、物、系统（人与物及其功能共同组成的经济社会运行系统）三方面。掌握了承灾体的破坏机理与脆弱性，才能在事前采取适当防范措施，在事中采取适当救援措施，在事后实施合理恢复重建。应急管理指可以预防或减少突发事件及其后果的各种人为干预手段。应急管理可以针对突发事件实施，从而减少事件的发生或降低突发事件作用的时空强度；也可以针对承灾体实施，从而增强承灾体的抗御能力。因此，城市公共安全问题可以从三个方面来应对：①更好地认知风险、减少暴露；②减少承灾体脆弱性；③提高应急管理水平，增强应对能力。

城市公共安全研究的理论基础是风险理论，在危机管理领域，联合国曾提出以下风险评估模型：

$$R=H\times V/C \tag{9.1}$$

式中，R 为风险；H 为灾难；V 为脆弱性；C 为容量。灾难的破坏程度取决于原发事件与承灾体脆弱性和应对能力之间的相互作用。

一、准确识别风险源、减少暴露

2009 年，联合国国际减灾战略署对致灾因子（风险源）的释义为，“可能造成人员伤亡或影响健康、财产损失、生计和服务设施丧失、社会和经济混乱或环境破坏的危险的现象、物质、人类活动或局面”。修订后的定义内涵更加广泛。美国联邦紧急事务管理署（Federal Emergency Management Agency，FEMA）给出的定义是：“潜在的能够造成死亡、受伤、财产破坏、基础设施破坏、农业损失、环境破坏、商业中断或其他破坏和损失的事件或物理条件”。

致灾因子和承灾体相互作用才有可能形成灾害，如果没有承灾体，也就不存在灾害。如 2001 年 11 月 14 日，在我国西部昆仑山口西发生了一次强度超过汶川地震的大地震，但这次地震发生在人迹罕至的青藏高原，没有造成人员伤亡，也没有造成严重的财产损失，并未形成灾害。

暴露要素是指暴露于灾害风险下的各种要素，如人口、经济活动、建筑、基础设施等，即承受灾害的对象（表 9.7）。暴露性分析是指在致灾因子分析的基础上，找出某种特殊致灾因子强度下的暴露要素、暴露的数量及暴露要素分布等。

致灾因子的决定因素包括位置、时间、强度和频率，降低致灾因子危险性需要做好灾害风险的识别，即对潜在灾害风险加以识别、归类和评估。随着人口、经济总量增长，我国各类承灾体的暴露度不断增大，需要进行暴露分析，减少暴露在致灾因子下的承灾体的数量。如上海虹桥机场，在设计之初就充分考虑到地震、暴力袭击事件、乘客换乘引发的交通事故等城市公共安全风险，采用科学的结构抗震和消防安全方案；选用简洁的指示牌标识，使乘客在提高通行效率的同时大大减少公共安全事件发生时人员疏散的难度；各种交通方式之间有专门的衔接换乘通道，从而减少乘客因换乘而引发的交通事故。虹桥交通枢纽作为城市人口流动量最大的地方之一，通过各种措施极大降低了承灾体的暴露度，从源头上减轻了致灾因子的影响。

表 9.7 暴露要素分类

基本分类	详细信息
物理要素	基础设施：道路、铁路、桥梁、港口、机场等 关键基础设施：应急避难所、学校、医院等 公共事业：电力供给、水供给等 公共服务：运输、通信等

续表

基本分类	详细信息
经济要素	商贸活动、劳动力影响、生产成本、机会成本 脆弱性人群 低收入人群
社会要素	无土地的/无家的 性别 单亲家庭
环境要素	环境资源：空气、水体、植被、生物种群、生物多样性景观

二、降低城市的脆弱性

在相当长的历史时期内，人们主要是从灾害发生的机制和规律上探求减灾的途径。然而，自然灾害的孕育、发生、发展，人为手段很难控制，事实证明，致灾因子研究的开展和大量防灾减灾工程的建设，并没有减缓灾难越演越烈、损失越来越大的趋势。20 世纪 80 年代，灾害研究向承灾体的脆弱性研究转移，把注意力更多地集中于经济社会系统。事实证明，灾害造成损失的大小，与暴露于灾害的承灾体数量、价值相关，还与承灾体本身抵御灾害能力的大小有关，致灾因子是灾害形成的必要条件，脆弱性是导致灾害最终形成和不同区域灾情产生差异的主要原因，降低承灾体（经济社会系统）的脆弱性是区域防灾减灾的关键。例如，日本作为一个多地震的国家，特别重视对地震的预防和应对：政府提供补贴对木质结构的房屋进行防火和防震改造、频繁进行防灾演练、构建应急救援体系、民间自发震后救援组织效率很高。因此，日本虽然有很多地震，但因为脆弱性较低，所以历次重大地震灾害引发的物质、人员损失相对较小。

脆弱性分析是减少承灾体脆弱性和提高可持续性能力的重要工具。承灾体既有自然属性，也有社会属性（如人的决定和适应行动）。灾害研究正在从自然脆弱性到社会脆弱性的范式转型，特别是社会（经济）脆弱性的研究已成为灾害社会学研究的重要内容。

关于脆弱性的构成要素，多数学者认为脆弱性与社会群体的敏感性、灾害暴露程度以及与经济社会文化背景相关的应对灾害能力相关。脆弱性是一个地区自然脆弱性和社会脆弱性的综合衡量。联合国提出，脆弱性是由自然、社会、经济和环境因素及过程共同决定的系统对各种胁迫的易损性，是系统的内在属性。综合来看，脆弱性指人群、系统或其他受体由于环境或社会经济方面的干扰和压力而受伤害的能力。脆弱性主要体现在以下几个方面：物质方面（如地理位置、地理环境、逃生能力、建筑物的结构等）、组织方面（如通信系统、应急预案、救援计划等）和意识方面（如对待危机态度积极与否、警觉性如何等）。

脆弱性研究为我们分析城市公共安全问题提供了一个新视角：即将注意力转向这样几个方向：哪些人、事物、地区面对人文与环境条件的变化较脆弱？这些变化及其结果在不同的社会与环境条件下是怎样被减弱或增强的？通过什么措施可以减少对这些变化的脆弱性？怎样建立更具恢复力和适应性的环境和社会？

脆弱性评估是风险管理研究近年来高度关注的问题。由于脆弱性本身具有复杂性、耦合性、时变性和不确定性，会给分析评估带来一定困难，通常需要建立一个评估—减控的循环工作模型。刘铁民（2011）建议，第一步是把脆弱性管理列入危机管理总体规划和日常工作计划之中；第二步是按照事先制定的评估指标体系和方法开展评估，对收集的辨识、评估数据进行汇总统计和归一化处理，据此做出脆弱性分析报告；第三步是依据分析评估结果，结合危机灾难风险评价和应急能力评估情况，并参考危机管理总体规划设定的目标，制定脆弱性减控计划和措施，并组织实施；第四步是通过专项评估或应急演练等活动具体检验评估脆弱性减控计划与实施的具体效果，进一步提出今后减控脆弱性的管理建议。通过周而复始的持续循环使脆弱性不断被识别、评估、减控。脆弱性无疑是在面对潜在风险时唯一可以真正控制的因素，通过对脆弱性的减控，提高物理层面的抵抗力和社会层面的抗逆力，正是公共危机预防体系的价值所在。

前文已经提到，现阶段我国危机管理实践中存在的突出问题之一，就是危机预防和风险防范意识不强、重视不够、做得不实，隐患排查和脆弱性评估不深入，对一些苗头性、倾向性的问题和隐患重视程度不够，危机事件早期发现和风险预判能力不足，导致一些本可避免的突发事件未能得到有效预防，或突发事件引起的社会危害未能及时得到控制。例如，一些城市往往是在出现暴力袭击等公共安全事件后严加管控，却几乎不会在人流量大的区域提前布置安防设施，因此在公共安全事件的应对方面较为被动。今后，应高度重视危机预防，做好脆弱性评估，做到关口前移，防患于未然，从制度上降低风险。

现代社会中发生的危机事件具有明显的复杂性特点，灾难行为和脆弱性现象几乎涉及从自然到社会的所有领域，而且互相交叉、融合，脆弱性存在于危机管理的各个层面和应急准备、响应及恢复的全过程。脆弱性是在危机发生前即已存在的客观条件，在事故发生过程中才显现出来。在危机发生之前，脆弱性具有潜在性、隐蔽性和不确定性，这种当其被感知或辨识之后，更重要的是采取与风险相匹配的控制措施。同样重要的是，在危机发生前，使导致危机发生的潜在脆弱性能被识别、评估和控制。

三、科学设置安全避难空间

以往灾难中的教训表明，防灾和避难空间、避难通道，以及相关设施的合理设置对减轻城市型综合灾难的损失具有极其重要的作用。它们能使人们在紧急情况下找到安全的栖身之所，为人们搜集和获取真实可靠的信息、实施救援和互助、组织应急物资分发、提高救护行动效率提供有力保障。

城市避难场所分为城市、地区、社区等不同等级，从功能上看，有紧急避难场所、集中避难场所、远程避难场所等。为规范城市避难场所的规划设计和建设，国家住建部门出台了《城市社区应急避难场所建设标准》，对包含避难场地、避难建筑、避难设施等在内的社区避难场所的建设规模、选址与规划布局、面积标准及场地、建筑与设施的构成提出了具体要求。城市社区应急避难场所建设的基本原则是“以人为本、安全可靠、平灾结合、就近避难”，合理确定建设规模，满足发生突发性灾害时的应急救助和保障社区避难人员的基本生存需求，应符合所在地城市规划要求，统一规划，一次或分期实施。同时，应充分利用社区周边的防灾资源和现有的城市应急避难场所，实现资源共享，满足就近避难的需求；还应该和其他公共服务设施统筹建设，充分发挥综合服务功能和服务效益。

提高城市避难场所的服务效率是确保避难疏散安全性的首要科学问题。现有规划标准主要建立在避难场所服务效率的模型之上。例如，在《城市社区应急避难场所建设标准》中，按照社区规划人口或常住人口将避难场所分为一类、二类和三类，分别对应于10000～15000人、5000～9999人和3000～4999人的社区；避难场地面积要求按照人均1m^2的标准建设。在空间布局方面，提出城市社区应急避难场所的服务半径不宜大于 500m，优先结合社区花园、社区广场、社区服务中心等公共服务设施进行规划建设。

可见，应急避难空间服务效率模型主要是以发生灾害时全体居民在一定时间内到达避难场所为目标，考虑的因素主要是服务半径和人口覆盖率等。避难者的年龄、性别、健康状况等对避难逃生能力也有直接的影响，为了体现避难者的个体差异，这些因素在一些研究中得到了考虑。从理论上说，基于要素的分析模型属于规范性模型，主要的空间分析方法包括最短路径模型、最小避难时间模型等。

实际上，在人口密集和复杂的城市环境下，人们的避难行为并不完全是单独个体的行为，也服从一种群体行为规律。这就好比在马路上行车，速度必然要受到密度的影响，当车辆达到一定密度时，再宽的道路也会发生堵车。

群体避难行为具有很多特殊性。首先，普通的人们不会像军队一样在行进速度和方向上整齐有序，而是由很多不同独立个体的行为构成整体行为；其次，在城市密集地区，人们的群体行为与人口较少的地区有显著差异，每个个体更多地受到周边人群的影响，独立判断下降。此外，在人流汇集的地方，经常会发生拥挤。由于存在这些十分实际的原因，传统的应急避难空间服务效率模型是有很大缺陷的，缺少对避难者的空间布局和避难行为等避难需求的考虑，会使评估结果造成偏差，从而容易引起资源配置的低效率。

为避免上述问题，在城市安全管理和应急避难场所规划中需要采用群体避难的理论和方法，构建针对城市密集地区的新的避难安全效率模型。例如，采用多主体模拟的方法，首先设定模拟的环境条件和场景，然后对具有不同属性的个体的行为以及不同个体之间的相互作用进行调查和分析，设定合理的行为规则，然后对群体避难行为进行模拟。这方面的一个案例是季珏等（2017）运用多主体模型模拟避难者灾后对避难场所的选择、奔跑、安置等关键疏散行为过程，对比了两种评估指标在同一案例场景下评估结果的差异性：一种是传统的空间可达性（服务半径覆盖率）；另一种是利用疏散行为模拟计算避难成功率。实证研究显示，两种方法的评估结果在同一案例区有很大差异。结果充分证明了仅利用服务半径覆盖率这一指标来分析避难场所布局现状及规划的合理性存在不足。

关于群体行为有很多生物学、物理学和社会学理论可资借鉴，如社会学的追从理论、物理学的流体力学理论、生物学的粒子群算法等。通过避难疏散行为的深入研究，将大大提高真实城市场景下安全避难的效率。以下指标的使用有望辅助提高评估的真实性：为避免由于设施的不均衡设置导致避难场所超容或闲置，在充分考虑避难场所的有效服务面积和服务人口的基础上，设计"人均避难面积"等反映避难场所的设施利用效率的指标就显得十分必要。此外，在群体避难中，避难标识系统的引导性有重要意义。避难模拟的实验显示，避难标识系统可能对避难者逃生疏散具有分流和引导作用，因而标识系统的连续性也是评价安全服务效率的关键指标。

四、增强适应和恢复能力

城市公共安全管理应从战略高度加以重视，在以下方面增强适应和恢复能力。

（一）强化全民城市公共安全宣传和教育

一方面，要借助专业训练机构常态化、制度化地对各级党政领导干部进行安全风险意识灌输和相关管理知识及技能的培训，努力使他们了解城市公共安全管理的重要性和职责所在，并掌握城市公共安全管理的程序、方法及有关法律法规，切实提高各级部门防范和处置各类城市公共安全问题的能力。另一方面，要充分发挥宣传部门和新闻媒体的作用，多样性、经常性地对公众进行防灾减灾知识宣传和自救互救能力培训，学校、医院等人员密集的地方还应定期开展火灾、地震等危机应急演练，力争让广大群众在面对城市公共安全危机时不仅能够沉着冷静地开展自救，而且能积极主动地开展社区互助，并协助政府实施救护救援。此外，还可以利用高科技手段加强安全教育效果，如使用灾害图上演练游戏（disaster imagination game，DIG）、虚拟现实（virtual reality，VR）技术等进行灾害及避险的模拟体验，使民众身临其境地感受灾害的严重性，了解掌握避险应急知识与技术的必要性。

（二）加强城市公共安全基础设施建设

在国土空间规划和城市建设规划中强化防灾减灾的内容，对公共交通、通信、电力、煤气、水利、热力、气象等重要基础设施，在规划设计、建设运营的各个环节，严格落实抗灾设防标准，积极开展灾害风险评估，划定灾害风险分区，增强抗灾基础能力。提高企业、医院、学校、大型商场、文化娱乐等人员密集场所抗灾设防标准，统筹兼顾安全性和经济性，定期深入开展地毯式、全方位的公共安全隐患排查和整治工作。合理规划和建设应急避难场所，加强应急物资储备体系建设，科学确定储备物资的品种和规模。

（三）从城市公共安全"应急管理"转向"综合风险管理"

综合风险管理区别于灾害临近或已发生时的灾害危机管理。风险管理贯穿于灾害发展和发生的全过程，倡导灾前预防，并将之纳入灾害应急管理和灾后恢复重建过程中。风险管理强调在灾害发生前预防、预测、预警工作，对可能出现的灾害预先处理，将许多可能发生的灾害消灭在萌芽或成长的状态，尽量减少灾害出现的风险；进行风险评估，预先确定重点风险区域和控制措施，以便当灾害发生时，有充分的准备来应对灾害，减轻损失。如建设长江三峡水利枢纽防控洪灾，海南沿海城市种植红树林以抵御海啸，西北干旱地区通过防护林工程、退耕还草等措施防治沙尘等气象灾害。根据各个城市的自然地理、社会人文状况应因地制宜采取各种防控措施，从源头上减少公共安全隐患。

将风险管理纳入公共安全管理中，对整个社会可能遇到的各种风险进行识别、评估，并在此基础上综合利用法律、行政、经济、技术、教育与工程手段，通过整合各组织机构、社会协作以及全过程的管理建立起一个全面整合的公共安全管理体系和模式，从而保障公共利益以及人民的生命、财产安全，实现社会的正常运转和可持续发展，是现今城市公共安全管理的重中之重。

综合风险管理的基本内涵体现在：①公共安全管理的组织整合。建立综合管理的领导机构、应急指挥专门机构和专家咨询机构。②信息整合。加强公共安全信息的收集、分析及处理能力，为建立综合管理体系提供信息支持。③资源整合。旨在提高资源的利用率，为实施综合管理和增强应急处置能力提供物质保证。其核心是要优化综合管理系统中各主体、各部门、各环节的内在联系，并创造顺畅的协调运作模式。

第五节　城市人口脆弱性评价研究案例

灾害脆弱性评价是风险评估的重要步骤和制定有效防灾减灾规划的前提条件，是应急管理和灾后恢复重建的重要依据。在本案例中，我们对城市人口面对地震灾害的脆弱性进行评估。中国历史上发生过近源地震等效震级 $M\geqslant 4$ 的城市有 281 个，占城市总数的 41.82%，其中地级以上城市 39.86%；发生过 $M\geqslant 7$ 的近源地震的城市有 27 个；发生过 $M\geqslant 8$ 的近源地震的城市有 3 个。综合考虑人口密度、建筑密度和经济密度，有 37 个城市地震灾害危险度很高，79 个城市地震灾害危险度较高，为防震减灾的重点城市（徐伟等，2004）。科学评估地震灾害的人口脆弱性，可为政府防灾减灾、应急管理以及灾后恢复重建提供科学并具有可操作性的依据。

一、城市人口脆弱性评估模型

（一）人口脆弱性评估指标的选择

国际国内已有较多关于社会脆弱性的研究，社会脆弱性指标和类型有很大差异（Nelson et al.，2015）。社会脆弱性最常用指标包括人口特征（Cutter et al.，2003）和社区、政府政策、公共资源等反映宏观地区差异的指标，如个体的年龄、性别、职业、教育、健康、家庭关系、社会依赖性、民族与种族等，社区的人口密度、人口结构、医疗服务可及性、住房保有和所有状态等。社会脆弱性的评估应充分考虑空间尺度的影响，因为有一些因素仅在特定的空间尺度上才发生显著影响（Lee，2014）。在人口脆弱性的宏观指标方面，不同属性的人口比例是最常用的，但实际上，不同要素的相互作用也是产生社会脆弱的重要原因，这些因素在较小的尺度上才能识别。

因此，本研究从人口特征和结构入手，进行微尺度的人口脆弱性研究。研究参考了以往研究文献中的人口脆弱性指标①，并根据中国国情对指标进行了调整。例如，民族和种族差异并不是显著影响人口脆弱性的因素，所以筛除了该指标；中国与大多数发达国家的不同之处还在于，获得外来流动人口在公共服务的获取和环境行为方面与户籍人口有一定差异，因此，脆弱性指标中增加了流动人口一项。具体指标选取见表 9.8，选择这些指标的文献和研究依据详见文献（Yuan et al., 2019）。

表 9.8　人口脆弱性评价的指标体系及权重

属性	影响因素	对应指标（总人口的百分比）	指标权重（0～1）
自然属性	性别	女性	0.12
	年龄	老年人	0.13
		婴儿	0.14
		幼儿	0.11
		小学生	0.07
		中学生	0.07
社会属性	健康程度	病人	0.11
	教育程度	初中以下	0.06
	就业情况	失业者	0.07
	特殊人群	流动人口	0.05
空间属性	人口集聚度	人口密度	0.09

（二）人口脆弱性指标权重的确定

研究选择了国内外脆弱性研究中常用的指标体系法，用专家评分方法来获得人口脆弱性影响因子的权重（Huynh and Stringer，2018），共发放问卷 120 份，要求专家为表 9.8 中各项指标对人口脆弱性的影响在李克特量表上直接打分：影响非常大（7）；影响很大（5）；影响较大（3）；影响一般（1）。共收回有效问卷 110 份，有效率为 92.5%。由此得出每一项人口脆弱性指标的权重，如表 9.8 最后一列所示。

① Cutter S L, Emrich C T, Webb J J, et al. 2009. Social Vulnerability to Climate Variability Hazards: A Review of the Literature. Final report to Oxfam America. http://citeseerx.ist.psu.edu/viewdoc/download;jsessionid=C4DE17C38EE8894FE654 E16A1623ADDB?doi=10.1.1.458.7614&rep=rep1&type=pdf. 2020-05-30。

（三）昼夜（脆弱）人口评估模型

估算小地区人口的空间模型经常遇到的一个问题是可塑性面积单元问题（modifiable area unit problem，MAUP），分析结果随统计单元的定义和划区方案的不同而变化。此外，已有的大部分研究忽略了人口随昼夜时间的波动变化。

以上两个问题可以通过空间和时间尺度的精细化处理得到一定的纠正。所以，我们利用现状土地利用数据和详细的建筑物数据，将街道尺度的人口统计数据细分到由城市道路和居住小区构成的街区和细小的格网。因为每种土地利用类别都有其特征性的人口密度，所以我们首先把握土地利用类别之间的人口密度差异，同时利用建筑物类别数据来识别同一土地利用类型内部人口的空间和时间差异。Openshaw（1989）指出，小地区空间分析的误差来源包括：对象的位置、对象的属性和对象空间变化的建模假设。例如，白天商业区和写字楼的人口密度是比较高的，而晚上下班以后人们回到家，住宅区的人口密度就会显著增加。这说明人口分布根据用地类型和时间的不同是不均匀的。如果空间分析单元太大（如以街道为单位），其潜在的人口均匀分布的假设就会出现很大问题。在建筑物级别上估算人口分布，可以大大减少这三个方面的误差来源，因为我们知道建筑物的确切位置和属性信息（包括建筑结构、面积、楼层数和用途类型等），就能够根据这些信息对人口的分布加以区别。建筑物级别数据的汇总可以大大减少空间聚集误差并减轻 MAUP 和时间波动的影响。

这种采用精细化辅助数据（土地利用及建筑物数据）的评估方法，大大提高了时空精度，由此可获得街区和 500m × 500m 格网尺度的昼夜（脆弱）人口数据。该方法的具体过程可参见我们前期的研究成果（Gao et al.，2014；Yuan et al.，2019）。

（四）人口脆弱性测度模型

根据脆弱性影响因子及各影响因子权重，即可计算各个地块单元的人口脆弱性指数，具体方法为

$$M_i = \frac{\sum_{j=1}^{n} Y_{ij} k_j}{\sum_{j=1}^{n} k_j} \tag{9.2}$$

式中，M_i 为第 i 个地块单元的人口脆弱性指数，指数越大，人口脆弱性越强，反之亦然；k_j 为第 j 个指标因子对应的权重，由表 9.8 计算可得；Y_{ij} 为第 i 个地块单元第 j 项人口脆弱性指标的标准化值。

二、北京市海淀区人口脆弱性的实证研究

（一）北京市海淀区昼夜人口脆弱性评估结果

海淀区位于北京城区西部和西北部，是六个中心城区之一，面积 431km^2，西部为山区，东南部为平原，属华北平原北部边缘，山区与平原之间，有宽 1～2km 过渡地

带。平原区分为两部分：位于海淀区中央的百望山以南称为山前平原区，百望山以北称为山后平原区。山前、山后从气候、降水、到水资源赋存情况都有明显差异，因而城市建设和人口主要集中在山前平原区。海淀区拥有 22 个街道，7 个地区办事处。按照城市支路、住宅区对研究区进行切分，可将其划分为 1394 个街区单元。在平原地区切分街区单元的面积明显小于山区，反映了地理环境和人口、道路密度的差异。

为分析比较，我们还建立了 500m×500m 格网，对昼夜人口进行了估计。

根据人口脆弱性评估方法计算了格网和街区单元昼夜人口脆弱性指数值。按照脆弱性指数值的分布特征，采用标准差分级方法，评估结果如图 9.3～图 9.6 所示。总体而言，格网和街区单元的评估结果均显示，白天人口脆弱性程度偏高，白天格网尺度有近 8%左右的面积处于高及很高脆弱性水平，而街区单元相应面积比例超过 20%，夜晚高和很高等级空间单元的面积占比有所减少。人口脆弱性高值区域都集中分布在海淀区的东部产业区和南部城市生活服务区，主要是白天这些地区分布着较多的脆弱人口（中小学生、幼儿、患病人口），且白天海淀区中心城区人口密度较大，人口集中分布在中心区的写字楼或产业园区等。

与白天相比，夜晚处于人口脆弱性高值区的格网、街区单元数量及其面积占比都相应减少，主要原因是夜晚住宅用地上的人口密度比白天各类用地上的人口密度更大。海淀区土地利用数据的分析表明，住宅、高校等各类居住用地的面积比例为 30%多，而二、三产业用地面积占比为 60%左右，夜晚各类脆弱性人口更加集中地分布在居住用地上。因此，夜晚居住用地的人口密度总体上高于白天各土地利用类型上的人口密

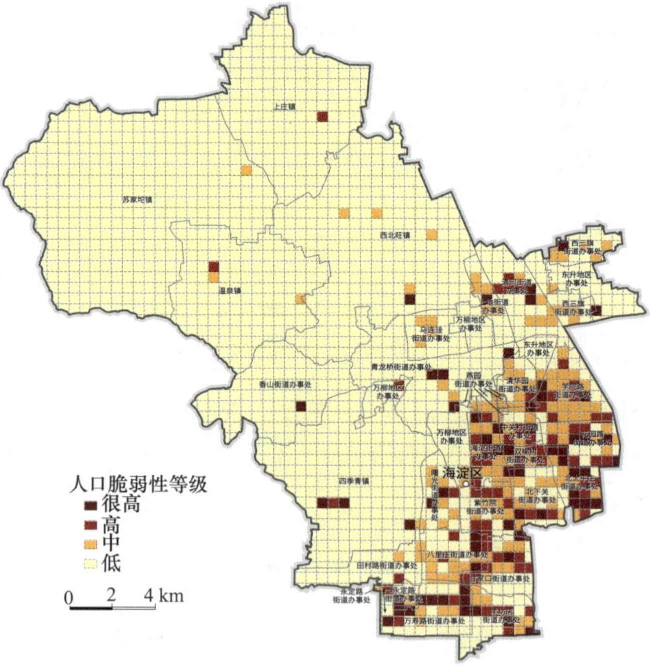

图 9.3　500m×500m 格网的昼间人口脆弱性水平等级图

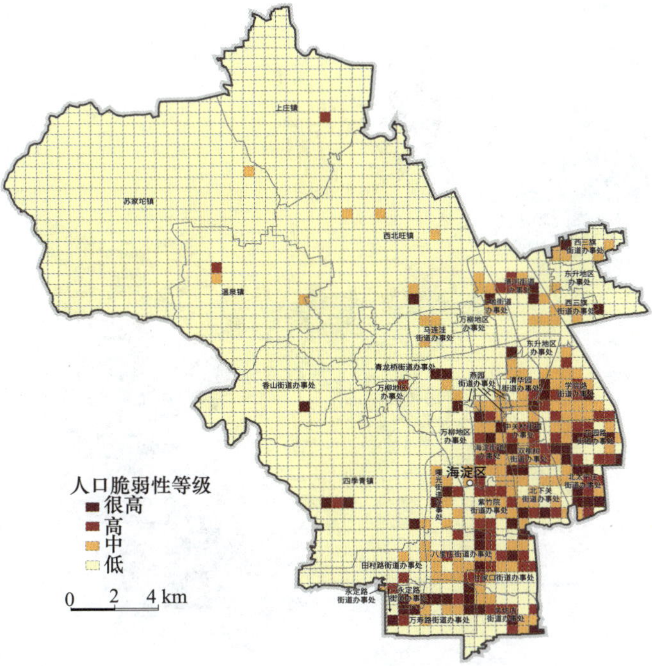

图 9.4　500m×500m 格网夜间人口脆弱性水平等级图

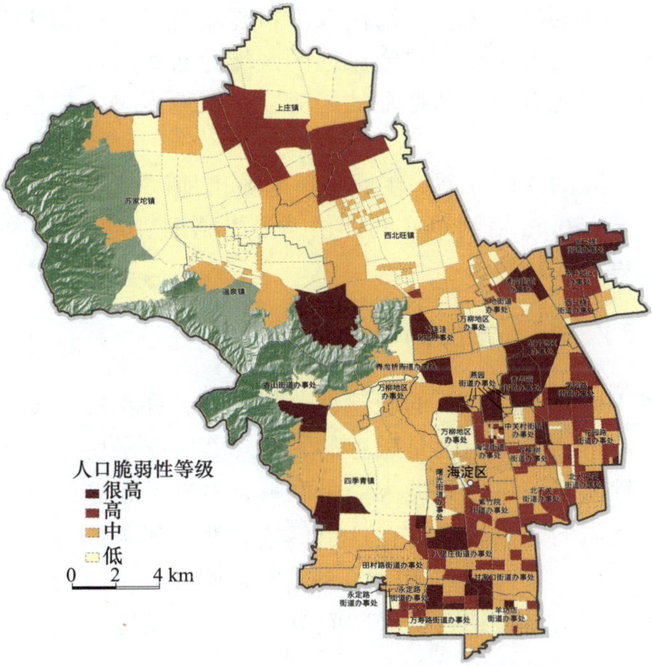

图 9.5　街区单元昼间人口脆弱性水平等级图

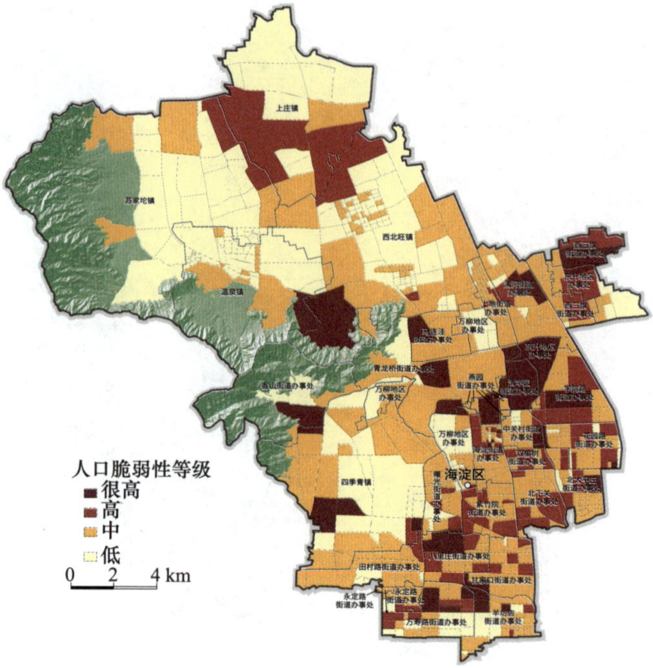

图 9.6　街区单元夜间人口脆弱性水平等级图

度。但夜晚人口脆弱性的高值区分布与白天人口脆弱性高值区相比则相对分散，主要原因是与产业园区和办公区相比，住宅用地的区域分布更为广泛，在街区尺度上夜晚脆弱性高值区与白天相比有向北部移动的趋势，主要原因是不少住宅区分布在中心城区的外围地区。

从格网与街区单元的比较来看，在最密集的城市地区，街区单元的结果更为精细，而在其他地区，500m×500m 格网单元的评估结果更精细。街区单元的数据信息在政策制定和空间治理上更有实际意义。

（二）昼夜人口脆弱性的敏感性分析

利用 Zhang 和 Huang（2013）的敏感性分析方法，在街区尺度上进行人口脆弱性的敏感性分析，可以得到哪些街区是敏感的，对什么因素敏感，有多敏感。识别每个街区最敏感的脆弱性因素，可以帮助人们采取有针对性的措施减低脆弱性。

由于人口脆弱性影响因素较多，在这里仅选取两个较为典型、影响较大的因素，即人口密度和老年人口比重。图 9.7 和图 9.8 分别举例展示了白天对人口密度和黑夜对老年人口比重这两个因素最敏感的街区空间分布。人口密度的敏感系数很高，受人口密度影响的街区数也最多。从图 9.7 中可以看出，这些街区面积都较小，主要分布在城市北五环的周边及百望山东部的产业园区，白天，这些街区高密度地分布着大量就业人口，一旦发生灾害，人员和经济损失将会很大。老年人口比重是夜间人口脆弱性的敏感因素，从图 9.8 来看，最敏感街区主要分布在东南部的中心城区、北五环以外的大型居住区，以及北部人口比较集中的乡镇社区。

图 9.7　对人口密度最敏感的街区(白天)

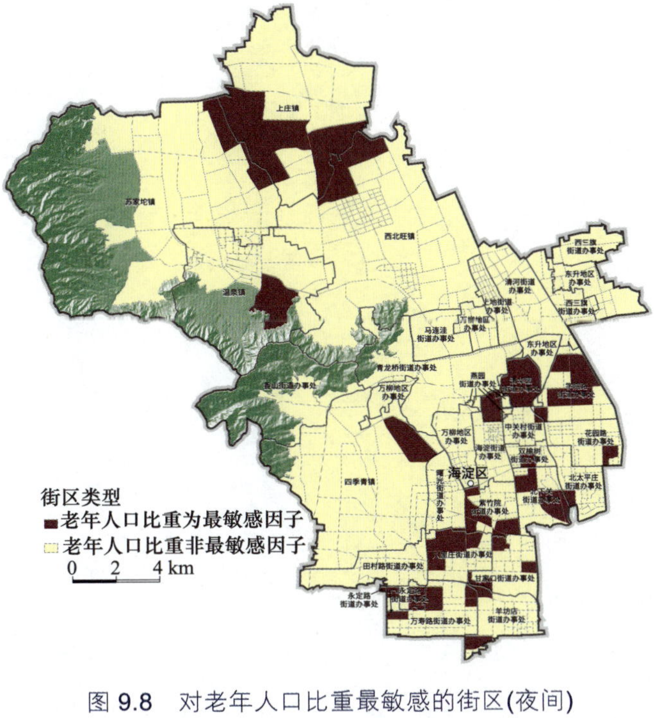

图 9.8　对老年人口比重最敏感的街区(夜间)

总体而言，人口脆弱性的敏感因子分析结果显示，昼夜人口脆弱性的关键影响因子有所差异，具体到各街区人口脆弱性的影响因子又有所差异，这就要求城市管理者根据关键影响因子的昼夜差别及地区差异，有针对性地采取措施减小人口脆弱性，如加强对夜间居住人口密度大，低教育程度人口集中地区的安全宣教及防灾演练，增强人们的自我避险和紧急情况下的应对能力；在昼间工作人口密度比较高的地区要保证疏散通道畅通及避难场所充足；开展一系列专门针对妇女、老人等脆弱人口集中地区的应急演练与培训，也可针对家里有老人、婴幼儿的家庭展开有针对性的培训，重视对学生及学校教师的应急教育和培训等。

第十章　城市规划管理和主题城市建设

20 世纪以来，生命科学对于生命现象的解释和生命科学研究方法的进步带动了认识论的一场革命。人们开始认识到城市和生命体在很多方面具有相似性，现代城市越来越像一个高级生命。从生命体的角度来看城市，只有一切要素保持自然和谐才能达成健康和圆满。在生长发育、走向成熟和生命演替的过程中，随着内部和外部形势的不断变化，城市这个复合生命体当然也可能会“生病”或遭遇危机。梁思成先生说过，“城市是一门科学，它像人体一样有经络、脉搏、肌理，如果你不科学地对待它，它会生病的。”如何有效应对城市发展中出现的各种问题，使城市维持正常运转最终实现可持续发展，是现代城市管理者无法回避的问题。

前面各章列举的人口、资源、环境、住房、贫困、安全等各种城市问题，是中国城市当前遇到的一些比较普遍和显在的问题。从这些问题的分析可以看出，很多问题和症状都存在城市规划管理体制和机制方面的原因。因此，需要对城市规划管理中的缺陷有所认识，追本溯源。

工业革命后的西方发达国家在城市发展过程中也曾有过很多类似的问题，经过不断研究和实践，已经摸索出一些行之有效的做法，如各种“主题城市”（theme city），为中国城市的治理提供了参考与借鉴。本章旨在对我国城市规划管理存在的问题进行系统分析，通过对主题城市的建设思路和关键特征的概括与分析，从城市治理角度为中国城市问题的应对之策提供借鉴。

第一节　城市规划和管理的缺陷

随着城市的扩张和城镇化的不断推进，城市管理压力与日俱增。城市是由很多要素相互联系、彼此配合形成的复合体，任何要素发生变化都可能带来整体影响，可谓牵一发而动全身。综观上述各章对城市问题的分析，不同城市问题的成因虽有不同，但均存在深层次的规划和管理原因。因此，在城市管理和解决城市问题的过程中，除了对各类城市问题的原因进行具体分析，还要立足整体，从顶层设计出发，总结分析以往城市规划管理的经验教训，以免再出现类似的问题。

虽说城市问题是由人口过度集聚造成的，但对比来看，东京、纽约等世界城市的人口规模和城市面积数倍于我国大城市，有些问题就不是如此突出。从比较的观点来看，中国城市规划和管理的主要缺陷体现在以下几个方面。

一、空间规划的科学性与城市可持续发展

城市规划是城市建设的总体安排和全面部署，在城市建设中起着先导和统筹的作用。科学的规划可以鲜明地展示城市形象，提升城市经济活力和生活舒适度，提高空间利用效率，避免无效建设和重复建设。而不合理规划却会成为城市问题的重要诱因，给城市发展带来一系列问题。

（一）城市建设与规划缺乏科学性

规划缺乏科学性，首先体现在规划中公共服务配置标准与实际发展要求不匹配。虽然城市规划对主要公共服务设施的配置标准有明确的规定，然而面对城市的快速发展和变化，规划的前瞻性和预见性明显不足。例如，大多数服务设施均是根据规划预测的人口规模进行配套，但很多地方实际人口已经超过规划预测的目标，公共服务供给能力捉襟见肘，有的城市则规划预测人口过高，导致公共服务过度供给，运行保障艰难；城市发展没有给道路预留足够的空间，支干道路过少，道路改造只能以扩建的形式进行，通过填填补补难以解决根本问题；城市公共服务以户籍人口为依据，对那些有大量外来人口或季节性旅游人口的城市，缺乏足够的合理性。随着改革开放，沿海城市快速发展，一些小城镇实际已经达到中小型城市的人口规模，但各项公共服务指标仍然按照镇级标准进行配置，难以满足实际需求。

另一个不足是城市建设中城市功能区划分不合理。功能区划不合理引发了城市功能在部分地区过度集聚，或同质化的商业空间、产业空间大规模集聚。从城市空间格局来看，商业中心、政府部门和优质公共资源集中在城市中心区域，随着城市的发展和人口的不断增加，城市建设不断“摊大饼”式延伸，增加了城市的运行负担。新建居住区被统一集中规划在城市外围，使工作地和居住地的分离越加明显，人们的日常出行更加依赖汽车、地铁等交通工具，城市运行压力倍增。高等级教育、医疗资源过度集中带来的问题也十分明显，陆铭（2016）发现，家长开车送孩子上学增加了北京的拥堵程度，每年寒假和暑假期间，道路拥堵程度均为全年最低。另外，功能区划分不合理还会对弱势群体产生驱逐效应，如将社会底层群体挤压到城市边缘区，逐渐形成了社会排斥。

（二）各类规划的交叉与不协调

不同规划分属各自的规划行政体系，有着不同的规划定位、规划范围和规划依据。缺少规划体系的顶层设计，在缺少统筹协调的前提下，就会出现规划内容矛盾、衔接不畅、管控空间不统一、管理职责交叉、多部门审批烦琐等问题，大量时间和精力被用于规划部门之间的协调与配合。

以土地使用为例，城市规划和土地利用规划都会对城市建设用地规模做出限定，土地利用规划强调耕地的保护和耕地总量的动态平衡，而城市规划则是根据人口发展趋势和人均用地指标确定用地规模，由于主观发展意愿的影响常常有意做大用地规模。因此，两种规划确定的城市建设用地规模经常存在较大差异，造成城市发展空间的不一致。生态环境保护是近年来城市发展的重点内容，城市总体规划包含生态环境保护专项规划，城市环境功能区划也对生态环境保护提出了要求。然而，由于缺乏执行力度，环境规划中设置的环境保护指标缺少强制性的监督和保障机制，难以在城市规划中得到充分反映，最终往往流于形式，失去规划制定的初衷。在规划实施过程中也存在相互矛盾之处，以项目建设为例，城市规划部门和土地规划部门均要对项目进行审批，分别给出项目选址意见和项目用地审批意见，在实际操作过程中就会出现一方同意一方拒绝的情况。有时，还会出现“越位”现象，如土地规划部门在项目未获得建设用地规划许可的情况下，审批通过土地使用权属证明或修改土地出让合同的规划设计条件等。

近年来，我国开展了“多规合一”的试点工作，试图理顺规划间的相互关系。但“多规合一”的重点主要是放在规划部门的对接和协商，而规划体系混乱的根本问题未得到解决。在这一背景下，国家开始推动国土空间规划体系改革。2019 年 5 月，中共中央、国务院印发了《关于建立国土空间规划体系并监督实施的若干意见》，提出建立国土空间规划体系并监督实施，将主体功能区规划、土地利用规划、城乡规划等空间规划融合为统一的国土空间规划，实现“多规合一”，强化国土空间规划对各专项规划的指导约束作用。2019 年 11 月，中共中央办公厅、国务院办公厅发布《关于在国土空间规划中统筹划定落实三条控制线的指导意见》，要求按照生态功能划定生态保护红线，按照保质保量要求划定永久基本农田，按照集约适度、绿色发展要求划定城镇开发边界。城镇开发边界是在一定时期内因城镇发展需要，可以集中进行城镇开发建设、以城镇功能为主的区域边界，涉及城市、建制镇以及各类开发区等。城镇开发边界划定以城镇开发建设现状为基础，综合考虑资源承载能力、人口分布、经济布局、城乡统筹、城镇发展阶段和发展潜力，框定总量，限定容量，防止城镇无序蔓延。科学预留一定比例的留白区，为未来发展留下开发空间。城镇建设和发展不得违法违规侵占河道、湖面、滩地。

（三）法律保障不足，规划实施与实际建设存在偏差

规划作为城市发展的重要战略指导，规划实施是经济、行政和法律共同作用的结果。健全的法律机制可以确保规划实施的完整性和统一性，弥补行政行为和市场行为的不足，缺少法律保障，规划会受到行政意志的主导，执行效果将会大打折扣。然而目前，规划的执行尚缺少足够的法律保障，监督管理和后期惩罚机制也不健全，城市规划建设并不规范。合理的规划设计可能由于执行过程的监督不力，而无法顺利执行；随意更改建设标准、调整用地性质的情况在城市发展过程中时有发生；不少地方政府为了追求经济指标，随意拓展产业园区建设范围，在项目未通过审批的情况下开工建

设；开发商进行住宅小区建设时，私自增加容积率，违反国家规范中规定的住宅建筑日照标准；城市建设无视规划中的强制性规定，将公共服务类用地改为其他性质建设用地，导致公共服务空间分布不均、人均公共设施占有量不足等问题。

针对违规现象，缺少法律层面的惩罚内容，很多处罚都是依靠行政命令，虽然起到威慑作用，但经常出现“一刀切”的情况，难以达到规划的初衷。

二、体制机制不完善带来的管理缺失

城市管理是协调人与城市发展要素关系的过程，许多城市问题的出现和延续都是由于城市管理者没有正确处理人与人、人与社会、人与环境的关系而引起的。城市管理理念滞后，管理体制不顺、责任和权利不明晰，是我国城市管理存在的普遍性问题。理顺城市管理的体制和机制，让城市管理成为解决城市发展问题、避免新问题产生的抓手，是预防和解决城市问题的重要途径。城市治理需要尊重客观发展规律，充分认识城市的综合性、动态性和复杂性，运用现代科学方法管理城市。城市管理的体制和机制问题主要表现在以下几个方面。

（一）城市发展理念滞后

当前，我国城市发展理念存在过度追求经济发展和政府主体权力过大等方面的问题。自改革开放以来，城市管理者将大量精力和资源投向经济发展，物质水平大幅提高，这一做法虽然提升了城市发展体量，强化了城市的综合实力，但是却忽视了城市的内在协调和人的实际需要。从城市空间结构来看，物质要素不断向中心区集聚，城市空间同心圆式的扩张发展正是“以经济为中心”的发展理念的体现：最优质的资源集聚在城市中心地区，并且与外围地区形成梯度，产生明显的极化现象。中心极化虽然有利于发挥资源的集聚效应，但是也产生了人口压力过大、环境恶化和交通拥堵等问题。在经济至上的发展理念下，招商引资、开发区建设等经济发展内容比居民的实际需求受到了更多的关注。例如，重视新区开发忽视老城区的改造；城市公园绿地空间分布不均，特别是在绿地水平不高的中小型城市，难以实现 500m 服务半径的全覆盖；建设了很多宽马路、大广场和气派的公共建筑，城市公共空间使用价值不高，便利性和舒适性不足，没有发挥休憩娱乐的功能，只是“面子工程”。

在城市发展过程中，以政府为主导的单向治理体制有利于政策的向下传达，表现出较其他治理模式更高的效率。然而在社会发展日趋多样化的今天，复杂性和异质性的社会特征使得政府难以做到大包大揽，原有行政管理体制在新时代表现出局限性。

（二）管理职能交叉和责权不统一引发管理矛盾

由于管理体制不完善，城市治理过程中出现了许多管理职能的交叉和空白，部分城市问题也由此引发。如社会各界普遍关注的城中村，它们位于新成立的城市街道办事处的辖区范围内，但由于“城不管乡、村不管居”的管理体制原因，管理主体仍然是原来所属的乡镇，未实行属地化管理。城中村的治理在法律和政策方面存在大量缺位，管理主体的职责和义务也缺乏明确规定和有效约束。作为政府派出机构的街道办事处本身职能有限，在管理主体和管理职能模糊的情况下，难以涉足城中村的管理和监督。面对非属地城中村，街道没有足够的管理合法性与管理权威，也没有获得村民和村集体的认可，村民对街道的管理和监督并不“买账”。街道难以涉足城中村的日常管理工作，也就无法根据实际情况对城中村进行有针对性的指导和有效的管理，产生城中村与街道的疏离关系，形成街道“有责无权”，乡镇“有权无责”的管理局面。

建制镇作为我国行政管理的基层组织，也容易随着人口的不断增加而出现责权不统一的问题。部分沿海地区的建制镇人口规模已经达到近百万，但是管理权限却没有变化，“小马拉大车”的问题十分明显。建制镇管理能力有限，不具备独立财政、行政许可和处罚的行政权力，无法承担公共服务和管理能力，“镇级权力、市级要求”成为这类地区的真实写照。

（三）体制机制不顺引发历史遗留问题

城市管理的政策措施往往以解决当前问题为目标，容易忽略对未来的长期影响。以城市开发或基础设施建设征用农村土地为例，大部分征地工作以利益为出发点，政府和开发商通常只征收需要的、容易征收的、具有开发价值和潜力的土地，对于难以开发或经济价值不高的土地则不予征收。剩下了部分细碎化程度很高、缺乏经济价值的“边角”土地难以处理，成为农村“土地账本”上的“呆账”“坏账”。一般而言，城市街道是无权管理农村集体土地的。一些城市农民转居也与村庄集体用地征收相挂钩，如北京市建设征地补偿安置办法规定：按集体土地征用比例来决定人口转居的比例。这样，就会出现村民无法彻底转居、村级编制无法撤销的情况，使历史遗留问题最终成为城中村转制过程中的障碍。

（四）多方参与的合作机制不健全

随着城市规模的不断扩大，城市发展要素之间的相互作用关系更为复杂，社会管理难度不断增加，政府单一化行政管理模式在城市治理过程中难以发挥全面和及时有效的作用，需要其他管理主体予以补充和完善。因此，缺少了多方参与的合作机制，城市治理势必会出现空白与缺失。

长期以来，政府是公共服务配置的唯一主体，利用行政命令进行由上至下的城市管理。在复杂的社会环境下，缺少合作机制的社会政策难以实现周全的考量，也容易引发新的社会问题。由于政府缺乏对公民意愿和需求的充分了解，公共服务容易出现配给错位、质量低下、高成本低效率等问题，居民的多元化需求难以满足，而居民对政府也常有不满。供需失衡一方面表现在符合公民意愿、可以满足实际需求的养老、医疗、休闲娱乐设施的严重缺位，另一方面表现在一切不切实际、居民日常难以利用的大型服务设施的过剩与浪费。此外，很多民间社会资源也没法有效调动起来。

第二节　城市问题治理的国际经验

城市问题是工业化以来世界各国存在的普遍现象。世界各国在城市治理过程中积累了丰富的经验，了解先进的城市治理经验有助于解决我国城市发展中的问题，构建和谐宜居的城市环境。从发达城市经验来看，城市问题从来不是单独出现的，而常常是多种问题集中涌现，因此，解决城市问题也要采取综合的手段，进行全面的城市治理。为此，有了“主题城市”（theme city）的概念。这里的“主题”，指的是城市发展的总体思路和理念。今天，人们习惯于用“形容词+城市”的形式来表达城市发展的总体思路，如宜居城市、智慧城市、安全城市、绿色城市、幸福城市、弹性城市、海绵城市等。最早由霍华德提出的“田园城市”（garden city）就是主题城市的典范，很多主题成为解决城市问题的综合方案。

西方国家在主题城市建设方面已有大量尝试，主题城市建设是近年来城市治理的总体趋势，其主要思路是在特定城市发展理念的指导下，通过综合的城市管理手段，强化城市治理能力，提高城市发展的综合水平。主题城市的尝试与探索为应对中国城市问题提供了宝贵的经验。

一、绿色城市

（一）绿色城市的起源与内涵

绿色发展常被人们视作可持续发展的同义词，但绿色城市的想法并不是当代城市发展的产物。早在1889年，英国绅士霍华德就在其著作《明日的花园城市》中提出了“花园城市”的理念，提倡将城市形态与乡村形态相结合，在城市郊区建设一种兼有城市发展活力和乡村美丽环境的理想城市。20世纪30年代，西方国家进入经济大萧条，刺激经济增长和积累物质财富成为各个国家的主要目标，绿色城市的思想在当时一度沉寂。但是，随着城市的不断发展，城市区域不断蔓延，人口密度不断提高，城市绿色空间极为稀少，无法满足居民的日常需求。20世纪60年代，人们重新认识到绿色和环境的重要性，“回到自然界”的口号被重新提出，花园城市、绿化城市、自然城市等一系列主题城市成为发展潮流，直接影响到当时的城市建设。

“生态城市”的出现标志着人们对绿色城市的建设进入了更高的层次。20世纪末期，全球变暖、臭氧空洞等全球性环境问题逐渐被人们所了解，全球性的环境保护浪潮迅速兴起。在城市建设中，人们开始重视环境问题，试图从多元化视角进行城市的规划和布局，生态城市的概念逐步被人们所认识。苏联生态学家Yanitsy于1984年首次正式提出生态城市概念，认为生态城市是一种理想城模式，其中技术和自然充分融合，人的创造力和生产力得到最大限度的发挥，而居民的身心健康和环境质量得到最大限度的保护，物质、能量、信息高效利用，生态良性循环。此后，生态城市的研究迅速成为热点，生态城市设计的原理、方法、相关政策受到了学者的不断探讨。

随着生态城市和可持续发展的不断深入，1990 年，Gordon 撰写了《绿色城市》，正式提出绿色城市的概念。2005 年 6 月，全球 60 多个城市的市长在美国旧金山举办“世界环境日”纪念活动，探讨城市发展和环境保护问题，并签署一项保护环境的《城市环境协定——绿色城市宣言》。这一宣言将环境保护转到人类居住区环境等更为广阔的区域，将绿色城市的内涵进行了极大地丰富和拓展。该宣言把绿色城市落实到 21 项行动中，涵盖了能量、废物减少、城内设计、城内自然环境、交通、环境状况和水等 7 个方面。

绿色城市作为一种新颖的城市发展理念，强调城市相关利益主体尊重自然、与环境和谐共处。绿色城市是一个动态的概念，其本质是生态城市，强调能量和物质输入和输出的动态平衡。在城市可持续发展的基础上，绿色城市还强调城市内部结构关系、城市与自然的关系，以及城市中人与人的关系。从发展角度来看，绿色城市从人与自然和谐发展出发，试图构建经济、社会、环境的协调发展和资源的可持续利用。绿色城市的内涵包括：第一，保护自然资源，依据最小需求原则来利用资源，减少甚至消除废弃物，对不可避免的废弃物进行循环再生利用；第二，关注人类健康，提倡人类在自然环境中生活、运动、娱乐并食用绿色食品；第三，拥有广阔的自然空间以及与人类和谐共处的生物物种；第四，基于想象力、创造力以及与自然的关系，按美学原则对城市的要素进行规划安排；第五，为人类提供全面的文化发展机会并使其充满欢乐与进步（Gordon，1990）。从生态角度来看，绿色城市是通过制度改革与技术创新，在生态系统承载力范围内转变城市的生产和消费方式，挖掘城市内的潜力资源，建设生态高效的产业、生态健康的环境和生态文明的社会。从城市设计角度来看，绿色城市设计是建立在生态哲学的基础上，设计基于系统和谐的城市审美价值体系、生态和谐与社会公平的城市设计原则、学科开放与可持续发展的设计理念、生态优化与景观协调的城市特色塑造方法和生态特色可持续性的建筑创新手法，强调多种因素的动态协调与有机统一，追求经济发展、社会平等和环境保护等多重目标，力图实现城市多功能相互协调、多种价值体系综合优化，使自然、经济、社会和文化多因素动态平衡与协调统一（曾坚和左长安，2006）。

（二）绿色基础设施建设

绿色基础设施（green infrastructure，GI）是伴随人们环保意识的提高和对生态建设要求的提高而出现的，为强调自然生态环境的“生命支撑”作用，将生态化的绿色环境网络设施从其他常规基础设施中分离出来，称为“绿色基础设施”。这一概念的提出源于人们对土地永续利用和可持续发展的不断认识。美国总统可持续发展委员会在《可持续发展的美国——争取 21 世纪繁荣、机遇和健康环境的共识》报告中，将绿色基础设施确定为社区永续发展的重要战略之一，并指出“绿色基础设施是一种积极寻求理解与平衡，评价自然资源系统不同的生态、社会和经济功能，从而指导可持续土地利用与开发模式，保护生态系统的战略措施”。欧盟通讯《绿色基础设施：强化欧洲的自然资本》中提出，绿色基础设施是通过战略规划打造的由自然和半自然地区构成的网络，其包含三个重要的功能：环境保护、生态系统多功能维护和生态连通性。

为了减少城市绿地的破碎化，避免将敏感的生态环境隔离起来进行保护，生态学提倡通过发展生态廊道的办法增加绿地间的连接。生态连接对于物种的分布和迁移、种群的发育都有着至关重要的作用，因此，在绿地间建立适当的连接对于绿地生态网络的发展以及生物多样性的保护都有着十分重要的意义。作为自然与人工化的绿色空间网络系统，绿色基础设施由集聚区（hub）和廊道（link）共同组成。集聚区是面积较大的自然区块，它们为物种的生活和汇聚提供了空间，是物种迁徙的起点和目的地，一般包括：①自然保留区，处于原生状态的重要生态景观保护区，包括野生动植物的栖息区域；②自然保护区，具有很高自然和休闲游憩价值的公共土地；③生产区，具有生产功能的土地，包括农场、牧场、林场等；④开敞空间和公共绿地，拥有优良的自然资源，能为公众提供休闲游憩机会的地方，包括公园、绿道、运动场等；⑤生态修复区，由于自然资源的过度利用造成损害后，重新修复或开垦的土地。廊道为生物物种在集聚区之间的流动和转移提供了通道，保证了自然生态过程的连续性，一般包括：①水域廊道，为野生生物提供导管作用的河道和溪流，并且具有娱乐功能，如河岸缓冲带；②植被廊道：包括带状的山地、林地、草地、农田或其他生产性的绿色空间；③风景廊道：连接独立生态单元且具有景观价值的开放空间、公园、绿道等，它们为本土植物和动物的生长提供了充足空间（吴伟和付喜娥，2009）。

绿色基础设施将城市规划和公共政策等社会科学领域的问题与生态学、环境保护等自然科学联结起来，强调城市地区绿色空间的质量和数量，以及绿色空间提供的生态效益。与道路、给排水、电力等传统基础设施一样，绿色基础设施的合理规划和管理能够有效发挥其生态保护作用。

目前，绿色基础设施已广泛应用于西方国家的城市规划与建设中。美国为了阻止城市蔓延和土地的过度消耗，避免土地开发对生态系统平衡引起的破坏，积极倡导将绿色基础设施纳入州、地区和地方的规划和政策。如纽约的 PlaNYC 战略，马里兰州的绿色基础设施评价体系等。同时，欧洲国家也在积极推动绿色基础设施建设，试图提高城市绿色空间质量、保护物种多样性、美化城市景观、提升市民健康，已经实施的包括英国东伦敦地区以社会经济发展和环境重塑为目的的绿色网格规划、英国东北部的 Tees Valley 地区为实现城市中心区经济复兴而展开的绿色基础设施战略规划等。

目前，国外对于绿色基础设施的规划与实施已形成比较成熟的流程，大致采用以下步骤。第一步：确定合作伙伴和优先事项。通过对现有地方或区域战略的解读，识别绿色基础设施建设的利益相关者，确定绿色基础设施的战略重点和优先事项，制定政策评估框架，为随后的规划确定方向和重点。第二步：数据搜集和整理。通过资料的收集和综合分析，辨识现有绿色基础设施的结构、空间分布、连接性及其与周边土地利用、人口分布之间的关系。利用地理信息系统建立土地利用、社会、经济和生态的空间数据库，为规划方案编制提供支撑。第三步：功能评估。从土地利用、历史景观、城乡布局以及生态环境等方面，综合分析规划区内绿色基础设施的数量和质量，剖析现有绿色基础设施的功能及其潜在效益。第四步：必要性评估。包括现状评估和未来预测两个部分，前者是在功能评估的基础上，以生态和经济社会效益最大化为目标，结合本地特色，判断现有绿色基础设施对当地发展的支撑情况；后者是结合城市发展战略，判断现有绿色基础设施的不足及其发展潜在，最终确定哪些绿色基础设施需要维护提升、哪些需要建设，并编制规划图。第五步：干预性计划，即指导绿色基础设施规划实施的行动方案。通过以上过程，一是建立完备的基础数据库，并制定绿色基础设施规划方案；二是积极参与到区域、次区域及战略伙伴地方政策的制定和磋商中，形成现实可行的执行机制；三是积极推广绿色基础设施规划的思想和策略，将其植入土地利用等发展规划中，实现规划编制的统筹协调；四是关注规划实施的可行性，制定切实可行的资金筹措计划（周艳妮和尹海伟，2010）。

绿色基础设施对于指导城市生态环境建设和管理具有十分重要的意义。它从管理角度对绿色空间在城市发展中的重要性进行了强化，强调城市绿色空间的整体性和有机性，强调生态要素以集聚区（hub）为节点、以廊道为连接的流动性。绿色空间和生态要素是城市发展过程中必不可少的基础设施，需要从战略层面予以保障。此外，在城市规划建设过程中应该优先考虑将城市生态要素纳入一个完整的区域系统加以评价和管理，避免因行政边界的分割对生态环境规划造成干扰。

（三）低碳城市的发展与建设

低碳城市是在全球气候极端变化、人类温室气体过度排放的背景下提出来的。英国在 2003 年的《能源白皮书》中首次正式提出“低碳经济”概念，倡导人类在可持续发展理念的指导下，通过技术和制度创新、产业转型、新能源开发等多种手段，尽可能地减少高碳能源消耗，减少温室气体排放，达到经济社会发展与生态环境保护双赢的目的。此后，各个国家都积极倡导低碳城市（low-carbon city），试图建立以低碳经济为发展模式，以低碳生活为理念、以低碳社会为发展目标和蓝图的城市。

英国是国际低碳城市的倡导者和实践先行者。2003 年的《能源白皮书》指出，低碳经济是通过更少的自然资源消耗和环境污染，获得更多的经济产出，创造实现更高的生活标准和更好的生活质量的途径和机会，并为发展、应用和输出先进技术创造新的商机和更多的就业机会。英国政府为低碳经济发展设立了一个清晰的目标：到 2050 年 CO_2 排放量减少 60%，从根本上把英国变成一个低碳经济的国家。同时，英国着力于发展、应用和输出先进技术，引领世界经济朝着有益环境的、可持续的、可靠的和有竞争性的方向发展。为此，建立了完善的减排政策措施体系，包括推动立法，通过了《气候变化法案》（Climate Change Act，2008 年正式生效）；制定气候变化税等经济政策，推动建立全球碳交易市场；在技术上，加大对可再生能源和低碳技术的投入；同时强调建筑和交通等重点部门的减排（仇保兴，2008）。

英国低碳城市的建设不仅注重战略性，也非常重视实用性和可操作性，强调技术手段、政策手段和治理手段并重。首先，大力发展新兴技术，通过产品技术的研发，有效减少碳排放；其次，出台相应政策，鼓励居民、企业和各部门降低碳消费，发挥政府的引导和示范作用，鼓励各方主体的积极参与；此外，通过规划建设，对重点工程进行改造，落实低碳城市的全面建设。在城市规划方面，重点在建筑和交通领域积极推动低碳发展，试图从碳排放的重点领域对其进行有效的控制。同时，英国也积极推广可再生能源的应用，在控制非必需能源需求的前提下提高能源使用效率。为推动城市尽快向低碳城市转型，英国政府成立了碳信托基金会（Carbon Trust），负责联合社会各界和政府公共部门，宣传低碳理念，发展低碳技术，协助各部门共同降低碳排放。在碳信托基金会的推动下，英国开展了低碳城市项目（Low Carbon Cities Programme），并把布里斯托、利兹、曼彻斯特作为首批低碳示范城市，在项目专家和技术顾问的支持下，制定城市低碳规划。同时，作为英国首都的伦敦也就低碳城市发展制定了相应的规划，于2007年颁布了“市长应对气候变化的行动计划”，对低碳城市的发展起到了良好的示范与推动作用。

除了英国以外，日本也在“低碳城市”方面进行了大量努力与尝试。日本环境大臣咨询机构、中央环境审议会提出，低碳社会的基本理念是摆脱大量生产、大量消费、大量废弃的经济运行模式，将温室气体排放控制在能被自然吸收的范围之内。日本低碳社会遵循三个基本原则：在所有部门减少碳排放；提倡节俭精神，通过更简单的生活方式达到高质量的生活，从高消费社会向高质量社会转变；与大自然和谐共存，保持和维护自然环境（刘志林等，2009a）。可以看出，日本低碳行动强调居民生活和消费方式的转变，强调社会各部门的共同参与，试图通过生活方式的转变降低日常活动的碳排放，促进温室气体减排。

日本政府于2007年颁布了“日本低碳社会模式及其可行性研究”，并设定了2050年CO_2排放量在1990年基础上减少70%的目标。2008年，日本首相福田康夫提出日本防止全球气候变暖的政策，并出台“低碳社会行动计划”，将温室气体减排的目标定为2050年日本的温室气体排放比当前减少60%～80%。同时，这份计划还阐述了降低碳排放的一系列举措，如在未来3～5年将家用太阳能发电系统的成本减少一半；日本太阳能发电量到2030年提高到当前的40倍；进一步落实包括补助金在内的鼓励政策，推动民众购置家用太阳能发电系统；大幅提高电动汽车等新一代节能环保汽车的普及程度，并在日本建立半小时即可完成汽车充电的快速充电设施；在企业间试行温室气体排放权交易制度及收费标准；等等。

日本低碳社会规划的重要举措是在所有部门实现碳排放的最小化，构建各部门的协同参与，最大程度挖掘各方碳减排潜力。不论是企业还是家庭，都从各自角度出发，改变行为方式，选择环保产品，降低碳排放水平。规划目标涉及了多个领域，以交通、住宅和办公、工业、消费、城市等作为减少碳排放的重点领域。如在交通领域，重点加强智能交通系统和节能环保车辆的投入；在住宅和办公领域，重点提高节能设备的使用率，并重点提高住宅的隔热水平，避免能源浪费；在工业领域，提高低碳能源的使用率，加大对重点低碳技术研发的投入；在消费领域加大对消费者的低碳宣传力度，使低碳生活深入人心，改变消费者的消费行为，更多考虑低碳因素；在城市领域，提高土地使用效率，从城市规划与发展角度出发，构建紧凑城市。

在低碳社会建设方面，日本政府发挥了很好的主导与带动作用。政府加强公共交通网络建设，引导市民的出行方式；根据企业或组织对环境的影响征收环境税，并出台相关政策措施，对不利于温室气体减排的经济活动进行了很好的控制；推行紧凑的城市布局和规划，方便居民步行或依靠自行车出行；引进高效、低价的可再生能源，推广生物燃料汽车的使用；加强低碳基础设施建设，为低碳社会的建设奠定了良好基础。

二、弹性城市

（一）弹性城市的概念与起源

联合国研究报告预测，2050 年世界城市化水平将超过 70%。人类活动在城市中高度集聚，不断改造着城市及其周边的自然环境，城市所面临的各种风险也在不断增加。有研究数据显示，在自然风险中，洪水是最主要的威胁因素，全球至少有 233 个城市处于或接近洪水发生的高风险区域，其次是干旱，另外还包括飓风、地震、火山、泥石流等。除此之外，石油危机、食品安全、金融危机、流行疾病、恐怖袭击等也是导致城市灾难的风险因素。在这些灾害面前，城市往往会表现出极大的脆弱性。例如，2005 年 8 月，“卡特里娜”飓风袭击了美国的佛罗里达州，随后登陆美国墨西哥湾沿海地区，飓风夹着暴雨，所经之处电力中断、道路淹没，使新奥尔良市防洪堤决口，市内 80%的地区被淹没，造成至少 1800 多人死亡、100 多万人被迫转移，物质财产损失巨大，是美国历史上最严重的城市自然灾害之一。如何提高城市系统面对风险因素的承受能力、提高灾难发生后城市系统的恢复力是当前城市规划面临的重要现实课题。近年来兴起的“弹性城市”理念为此提供了新的研究视角和规划思路。

“弹性”（resilience）原指物体或系统在承受压力后恢复和回到初始状态的能力。20 世纪 70 年代后期，加拿大生态学家霍林将其引入生态系统研究中，将其定义为“生态系统吸收变化和干扰后仍然保持种群或状态变量之间的关系的能力”。随后，弹性概念逐渐从生态学领域扩展至社会学、经济学、控制论等多个领域。弹性控制理论认为，在外部变化和扰动的影响下，①系统应该有较强的抵制力，保持系统参数在安全范围内；②遇到干扰时即便局部失效，也不致使整个系统遭到毁灭性破坏；③干扰过后容易恢复。为减少不良事件的影响，弹性系统应具有预测、适应、感知和回应的能力。在公共安全领域，弹性概念已得到广泛应用，如生态系统弹性研究、经济弹性研究、灾害弹性研究、城市安全弹性研究等（黄晓军和黄馨，2015）。

弹性联盟（Resilience Alliance）将弹性城市定义为：城市或城市系统能够消化并吸收外界干扰并保持原有主要特征、结构和关键功能的能力。一个有弹性的城市需要具备吸收针对其社会、经济和技术系统的冲击和压力，而仍然能够维持其基本功能、结构、系统和地位的能力。也就是说当灾害或者新的挑战发生时，弹性城市能够迅速地调整发展状态，保存自己并维持发展活力。另外，弹性城市不仅包括城市系统能够自我调整，应对各种消极的不确定性和突然袭击的能力，还包括能将那些积极的机遇有效转化为资本的能力。

（二）弹性城市的特征

西方国家的弹性城市一般有如下特征：第一，是可再生能源城市。从区域到建筑的各个方面，都使用可再生技术。第二，是零碳排放城市。每个家庭、社区以及办公区都以零碳排放为目标。第三，是分散型城市。城市不再采用大型、中央化的供电、供水和废弃物处理系统，而是变为小型、以社区为基础的系统。第四，是清洁能源城市。积极开发可再生能源、在本地解决食品和生活必需品供应成为弹性城市建设的重要组成部分。第五，是生态循环城市。城市及其周边区域形成废弃物回收再利用的循环系统，使多数能源及原材料需求可以通过废弃物再生系统获得。第六，是有生活空间归属感的城市。再生能源是推动当地经济发展和培养居民归属感的有效途径，这将在城市和区域范围内达成广泛共识。第七，是拥有可持续交通和公交系统城市。城市提供步行系统，以公共交通为导向，有完善电动汽车服务体系。

在弹性城市建设过程中，需要遵循减量化、多样化、持久性、灵敏性、本地化的规则。城市规划设计必须考虑到化石燃料利用的减量，采取有效策略降低碳排放，减轻气候变化带来的压力。城市要想变得更加有弹性，就必须尽可能地减少对特定资源的依赖，城市建设应注重增加系统多样性，通过多样化来分散风险、增加面对外来冲击和压力时的应对途径。城市规划设计必须考虑未来气候变化、自然灾害等对城市的潜在损害，考虑高强度、高频度灾害对基础设施的影响，切实增强基础设施的耐用持久性。城市系统对变化和冲击的探测、感知和反馈越灵敏，城市主体的应对将越及时、越有效，即城市的弹性潜力越大。为此必须为城市社会、经济和技术系统设计高效灵敏的反馈环路。为提高反应及时性、减少资源消耗，城市和社区需要创造可持续的产品和服务供应体系，在本地区或相邻地区实现自给自足。

弹性城市包括城市生态弹性、城市工程弹性、城市经济弹性和城市社会弹性四个方面的内涵（蔡建明等，2012）。城市生态弹性即城市生态系统在重新组织且形成新的结构和过程之前，所能化解变化的程度。气候变化和城镇化是影响城市生态弹性的最重要因素。自然栖息地碎片化、物种构成同质化、能量流和营养循环的中断，降低了不同尺度的弹性，增加了生态系统的脆弱性。这就要求人们加快城市创新的步伐，建设一种应对各种不确定性冲击且能够维持生态系统服务功能的组织体系，提高城市自组织能力，实现人与环境系统的协调发展。城市工程弹性主要强调城市基础设施系统、城市人口和社区快速而有效地从自然和人为灾难中恢复的能力，主要包括评估城市基础设施弹性以及采用减灾技术，坚固城市基础设施，确保其在全球经济中的正常运行等方面。城市经济弹性涉及企业、家庭和宏观市场经济不同层次，是个体和社区在外来冲击发生及发生后，为避免损失所采取的灵活应对策略（行为学），它是系统对灾害的内在响应与适应能力。城市经济弹性研究主要以经济地理和城市规划为视角，采取生态弹性相关的评价标准，如网络化、多样性和自组织能力，来研究城市经济和产业系统的弹性。城市社会弹性是指为社区或者人群应对由社会、政治和环境变化带来的外来压力的能力。社会弹性更多是指社区的能力，从社会和团体的社会资本等方面来评价，拥有较多社会资本的群体则弹性较强。

（三）弹性城市的建设与发展

目前，一些城市在弹性建设方面已获得了比较突出的成就。例如，英国在零碳排放城市建设方面很值得学习。伦敦在2002年就开发建设了贝丁顿零排放社区，其碳足迹比普通社区减少三分之二。另一个突出的案例是瑞典的马尔默市，它宣称已经成为零碳排放城市。在可再生能源方面，美国能源部曾宣布到2030年全美国20%的用电量将源于风能发电。而德国的弗莱堡市也在很多建筑上安装了太阳能电池板并在部分地区推行了“能源+”计划（energy-plus），旨在使每栋绿色建筑产生的能源不仅满足自身使用，还能产出多余的能源供其他建筑使用。1997年10月，美国国会将金融、电力、油气资源的生产、存储运输、应急服务、信息、供水等七项基础设施指定为构建弹性城市的关键设施。2002年，关键名单拓展到农业、食物、水、公共卫生、政务、防御产业基地、化工、邮政等部门。

弹性城市建设是一个长期的动态过程，特别是面对气候变化等长时间尺度因素的影响，要在科学分析城市脆弱性的基础上，不断地评估、调整和创新规划建设方案。弹性城市的建设规划要首先集中关注城市系统最脆弱的部分，不仅包括硬件方面如基础设施体系，也包括软件方面的内容，着力增强不同社会群体的适应能力和弹性，整合土地利用、能源管理、生态环境保护、住房、交通、公共卫生等多个部门，发挥地方政府的引导作用，进行有效的城市管治，完善法律和政策框架。为此，必须首先强化政府和民众的危机风险和公共安全意识的教育培训，努力塑造发达的城市应急文化；要加强风险危机和公共安全预警监控系统建设，积极开展城市公共安全规划与评估工作；提高城市风险危机管理和公共安全管理能力，努力提高应对突发公共安全事件的能力；强化信息沟通机制建设，促进政府、媒体、社会民众在危机管理中的良性互动。

三、创意城市

（一）创意城市的内涵与特征

20世纪80年代，科学技术的迅猛发展和数字交互式媒体的广泛引用为创意产业的发展提供了技术基础。人类社会发展划分为农业经济时代、工业经济时代、服务经济时代和创意经济时代，虽然服务经济目前依旧占据主导地位，但创意经济增速迅猛，已有超过服务经济的趋势。目前全世界创意经济每天创造220亿美元，并以5%的速度递增。进入生命周期后期的城市，面临衰退与再生的抉择。当代城市发展面临的经济衰退、生活品质下降、缺乏发展动力等问题，要通过创意的思维和创意城市的构建予以解决。

创意城市（creative city）是在城市发展进入后工业化时代的背景下伴随产业转移、城市重生和创意产业兴起而出现的一种推动城市复兴和重生的模式，是着眼于文化、艺术创造过程中所表现出来的创造、创新能力的驱动力与活力进行城市规划并建立在消费文化和创意产业基础上向社会其他领域延伸的城市发展模式（刘平，2010）。经济学家Romer指出，新创意会催生出无数的新产品，创造广阔的新市场，提供大量获取财富的新机会，所以新创意是推动一国经济成长的原动力（金元浦，2006）。创意产业是以实现城市文化资源产业化经营为目的的经济形态，是传统产业发展到一定阶段的产物。创意形成创意产业，创意产业构筑创意城市。创意产业对城市文化资源的整合和城市创新发展有着巨大的经济影响，是新时期城市发展的核心特征和内在动力。城市要达到复兴，只有通过城市的创新，而其中的关键在于城市的创意基础、创意环境和文化因素，任何城市都可以成为创意城市，或者在某一方面具有创意①。通过创意城市建设，可以有效吸引创意人才和团队，提高创意产业发展水平，为城市带来新的发展动力。随着以知识和创新为基础的创意经济时代的到来，创意城市建设成为未来城市发展的主流趋势。

Hall 从历史角度对创意城市进行了分类，并归纳出了四种不同的城市类型，包括技术创新型城市、文化智力型城市、文化技术型城市、技术组织型城市。技术创新型城市（technological-innovative cities）大多是新技术的发源地或发生技术革命的地方，通常由一些创新企业家创造某种新的生产方式，从而促使城市的繁荣发展。其中较为典型的城市是美国底特律市，亨利·福特在此建立起美国自 1900 年以来汽车工业的基础。与此类似还包括 19 世纪的曼彻斯特（纺织业）、格拉斯哥（造船业）、鲁尔工业区（煤与铁）、柏林（电力）、美国硅谷（信息技术）等。文化智力型城市（cultural-intellectual cities）是较为“软性”的城市形态，一小群具有创新思维的艺术家、哲学家、思想家的创造性活动引起了文化艺术上的革命，随后形成连锁反应，促进了城市的飞跃式发展，如以民主为发端的雅典、文艺复兴时期的佛罗伦萨。伦敦（歌剧）、巴黎（绘画）、维也纳（科学与艺术）、柏林（歌剧）都是这类城市的典型代表。文化技术型城市（cultural-technological cities）是一类将前两种城市形态相融合的城市，文化与科技共同发展并逐渐产生了“文化产业”。例如，美国的电影工厂好莱坞、孟菲斯的音乐工业、巴黎与米兰的时尚工业、多伦多的多媒体产业，等等。这些城市将科技与文化相结合，具有十分广阔的发展空间。技术组织型城市（technological-organizational cities）是因城市发展遇到瓶颈与问题而不得不提出创意的解决对策的城市，如巴黎针对大量人口修建的地下铁路系统、巴尔的摩针对城市衰退提出的城市更新，等等。这类城市大多是由政府主导开发建设的城市。

（二）英国创意产业与创意城市的发展

1990 年，英国政府着手起草文化发展战略；1993 年，英国首次以官方文件的方式颁布国家文化发展政策，提出“国家文化艺术发展战略”，并明确“创造性的未来”的发展主题。1997 年，时任首相布莱尔为振兴英国经济，推动文化、媒体和体育部成立“英国创意产业特别工作小组”，重点研究英国创意产业现状并制定相关发展战略，并于 1998 年和 2001 年发布相关研究报告。报告对英国创意产业的营业收入和就业人数等情况进行调查与统计，1995 年，英国创意产业收入大约为 250 亿英镑，占 GDP 产值的 4%，出口额达到 75 亿美元。1997～2001 年，英国创意产业产值每年都以 6% 的速度增长，大大高于同期 2.8%的英国经济年均增长率；创意产业的从业人口年均增长率为 5%，而同期社会就业人口年均增长率仅为 1.5%；创意产业的年均出口增长率约为 15%，而同期英国所有产业的年平均出口增长率只有 4%；创意产品的年均出口

① Charles Landry.2005 Creativity and the city: thinking through the steps。

额保持在 80 亿英镑左右，贸易额已占世界文化产品交易市场的 16%（张胜冰，2006）。1998 年，英国创意产业产值增长 16%，创意产业产值接近 600 亿英镑，直接从业人员 100 万人，间接从业人员约 45 万人，就业人口占全国的 5%。2000 年，创意产业增加值达 500 亿英镑，产值约占国内生产总值的 7.9%。2001 年，创意产业产值达 1120 亿英镑，占英国 GDP 的 8.2%，从业人口 195 万，占全国劳动人口总数的 4.3%（Florida，2002）。英国创意产业已经成为仅次于金融业的第二大产业，英国经济也顺利实现了从加工制造业向创意服务业的转型。

创意产业不仅对英国经济发展起着重要作用，对于世界城市伦敦，创意产业同样也扮演着举足轻重的角色。创意产业在伦敦已经打下了良好的发展基础，成为伦敦经济发展的主要支柱之一。据“伦敦市长文化战略草案”，伦敦的创意产业的年产值为 250 亿～290 亿英镑，从业人员达到 52.5 万人。2000 年伦敦创意产业人均产值是全国创意产业人均产值的两倍。英国三分之一以上的设计机构都在伦敦，产值占设计业总产值的一半以上，伦敦也是英国的游戏产业中心。作为全球创意中心，伦敦的地位也很重要，它是全球三个广告产业中心之一，全球三大最繁忙的电影制作中心之一，它还拥有国际设计之都的美誉和世界一流的教育与设计机构。文化与创意形成了一股巨大的浪潮，在伦敦经济发展过程中起到了巨大的推动作用。

创意城市建设与城市创意产业的发展有着密切的联系。因为拥有创业产业集群的城市通常表现出较强的竞争力，所以创意产业已经成为城市发展的重要因素。越来越多的城市开始注重城市文化规划，通过相关政策的制定，将文化元素导入城市发展过程当中，并以此改善城市和建成环境，通过文化要素推动城市的不断发展。2003 年，英国伦敦提出成为“世界卓越的创意和文化中心”的发展战略目标，希望提升伦敦的文化城市地位，成为世界级的文化都市。2004 年，伦敦发展局成立了“创意伦敦”工作协调小组，负责伦敦创意产业发展战略实施。该小组以政府和民间合作的方式进行运作，广泛征求各方建议，从而培育、支持和促进伦敦的创意产业。通过“创意伦敦”工作组，政府希望保持伦敦创意产业活力，促进创意产业的多样性发展，并解决创意产业在投融资、房地产和人才开发等方面的障碍。同时，伦敦发展局也积极扶持创意产业发展，通过发放研发基金和科技基金的形式，支持创意企业和团体的成长与发展，并在商务服务与资源供应等方面提供诸多便利。2005 年，伦敦发展局成立“创意之都”基金为优质创新企业提供资金支持，迄今基金资产总额已经超过 1 亿英镑。

在英国创意城市发展过程中，来自政府的文化政策与规划起了决定性作用。英国是世界上首个运用政府政策推动创意城市发展的国家。出台的文化政策顺应了当时社会发展的潮流和趋势，成为创意城市发展的重要推动力。通过出台相关政策，英国政府为创意产业的发展营造了良好的社会环境，使各个创意企业都可以在公平竞争的市场环境中发展。对于创意产业来说，知识产权是其中的核心部分，也是创意产业生存与立足的关键。因此，英国政府从法律和制度方面为创意产业提供了有力的保障，从 1996 年开始，英国政府接连颁布了《广播电视法案》《版权法》等法律法规，这些法律法规的出台为英国创意产业的发展提供了良好的、公平的竞争环境，确保了创意产业和创意城市的持续稳定发展。

文化规划对于创意城市的发展也是十分重要的。文化规划是在对城市文化资源挖掘的基础上，探讨城市文化资源如何有助于城市的整体发展，在此基础上进行创新项目和创新计划的设计，整合各类资源、指导创新战略实施的过程（尹继佐，2003）。为此，英国创意产业小组特意通过了解国际创意产业发展的潮流和趋势，规划英国创意城市的发展方向，为创意产品和创意企业的长足发展提供国家整体规划和战略构想。此外，英国政府还提出了一系列创意城市的发展规划。1998 年，布莱尔领导的创意产业专门小组发表了“英国创意工业路径文件”，要求政府在从业人员的技能培训、企业财政扶持、知识产权保护和文化产品出口等方面努力支持创意产业的发展；在组织管理、人才培养、资金支持和生产经营等有关方面逐步加强机制建设，对文化产品的研发、制作、经销、出口实施系统性的扶持；在资金方面，逐步推行促进创意产业发展的财政扶持计划，包括以奖励作为投资、成立风险基金、提供贷款及举办区域财务论坛等[①]。在创意文化国际战略的指导下，英国各个城市纷纷制定出台了针对本城市的创意文化发展规划。同时，地方机构也积极开展与地方政府的合作，如曼彻斯特的创意产业发展服务局，默西赛德郡的艺术、文化与媒体公司，西约克郡的创意产业发展局，伦敦哈姆雷特堡的创意产业发展推介中心等。这些机构在资金、企业经营和人员培训等方面都为创意产业的发展提供了支持与帮助。

（三）神户的创意城市规划与发展

神户是日本第六大城市，也是日本重要的港口城市之一。1995 年“阪神”大地震给神户带来了巨大的损失。1995 年，神户市制定了“复兴计划纲要”，并提出以“创造性方式实现灾后复兴”的战略构想。在这一构想的基础上，神户市积极推动产业转型，将大批加工制造企业转移出去，积极发展以时尚设计为主的第三产业。在 2008 年，神户获得联合国教科文组织命名的“设计之都”称号。

神户选择发展创意城市并把城市发展定位为设计之都，有两点重要的基础性条件。一是神户拥有作为港口城市的开放性和包容性。在贸易往来的过程中，神户不断吸收外来文化，逐渐形成了十分开放和包容的文化氛围。这使得神户在很早就已经确定了时尚文化风向标的地位，同时，多元的文化也让神户拥有了更多创新意识。特别是在“阪神”地震之后，神户将创新的设计理念融入城市的重建过程中，实现了创造性发展。二是神户在发展创意产业过程中有着良好的社会基础。神户在 20 世纪 70 年代就开始着重发展设计产业，通过数十年的努力，发展战略与产业规划都十分完善。以时尚设计为例，在其周边建成了“时装城”、服装美术馆、服装批发城等一系列相关基础设施，通过举办各类时装活动，实现创新设计理念的分享与传播。同时，神户的创意产业也有着很好的市民参与度，设计已融入神户市民的日常生活当中。例如，1995 年“阪神”地震后，居民积极参与城市重建活动，并延伸拓展到神户设计之都建设中，“神户设计日”已成为市民广泛参与设计活动的重要载体（褚劲风等，2011）。

① Department for Culture, Media and Sports. 2005.Comparative Analysis of the UK’s Creative Industries. London: Frontier Economics。

神户在发展过程中面临的是人口减少、产业空洞化等社会经济问题。面对这样的形势，神户在制定创意城市规划的过程中，把不断满足提高市民生活质量和城市可持续发展的要求作为首要目标：城市可以充分激发市民的创造性活动、激发文化与产业的创造性，同时，大量生产制造的革新转向柔性城市经济系统，城市内培育出大量的创意场所，以创造性地应对全球性的环境问题、地方性的社会问题等诸多情况。结合自身“流行时尚”“兼收并蓄”的特点，神户把产业设计作为发展创意城市的切入点，恰如其分地发挥了神户在地方特质、城市资源和地区魅力的优势。2008 年神户获得“设计之都”称号后，又给城市设计产业赋予了新的内涵，不仅加强视觉形态、色彩的设计，同时也在理念策划、规划组合等意义上对设计内涵进行拓展，力图把神户发展成个性化的、动态而富有活力的、各种要素交相辉映的、新的魅力层出不穷的“设计之都”。为了向城市居民提供精细化的服务，满足民众差异化、多样化的需求，神户在制定“设计之都”规划时也确定了五个设计发展方向，具体包括丰富多彩生活的设计，个性与魅力洋溢的设计，经济蓬勃发展的设计，创造力高涨的设计，滋养心灵、提高境界、世代相传的设计。由此建设一个满足市民个性化需求、拥有无穷魅力和生活丰富多彩的可持续发展的城市。

在“设计之都”发展规划的基础上，神户制定了相关的政策措施，在制度上保证神户创意产业的快速发展。具体措施可以归纳为以下三点。第一，注重培养创意人员。神户不仅重视培养本土创意设计人员，也重视吸引外来外创意设计师。为此，神户艺术工科大学设立了包括绘画、平面视觉设计、时装设计、产品设计、环境艺术设计、建筑设计等多个设计专业和横跨不同专业的艺术工学课程，并成立了拥有顶尖设备的创意中心，因教学研究方式新颖独特而备受瞩目，培养了许多优秀的创意设计人才。同时神户积极推广“神户设计之都论坛”“神户设计日”等相关设计活动，并以此为载体，为世界各地的创意设计师提供交流展示平台，为神户广泛吸纳专业人才。依靠专业的设计团队，神户对城市进行了富有针对性的设计。一方面，将具有神户地方特色的博物馆、精品店、办公室等历史建筑保存下来，延续城市文脉；另一方面，将西方风格的街道与现代社区景观规划结合起来，赋予其神户特质。以神户城市景观设计为例，既有现代城市景观元素，同时也注意保有城市近郊约 770 户茅草房的乡村景观元素，使居民可以在不同地理尺度空间，从任何一地出发移步换景，享受神户城市设计带来的美丽景观。

第二，提倡全民参与创意城市建设。为了让居民完全参与到创意城市和设计之都的建设当中，并充分认识到设计对其生活的重要作用，神户以时尚设计为核心，制定发展措施。通过举办神户时装周、神户设计节，在辖区多个区域筹办各式各样的与设计相关的活动，提高居民的参与度。如今，神户设计节、神户时尚潮流盛典等活动已经成为日本具有重要影响力的活动。同时，神户时装博物馆、美术馆等也积极开展各类展览展示活动，传播创意理念，提高居民文化创意水平。成立于 1997 年的神户时装博物馆是日本第一个以时装设计为主题的博物馆，拥有 2.8 万余册有关时尚设计图书；著名建筑师安藤忠雄设计的兵库县立美术馆于 2000 年建立于神户东部新城市中心

“HAT 神户”(happy active town 首字母，即幸福活力之城)，收藏了 7000 多件艺术品[①]，成为普通民众学习交流文化艺术思想的好去处。

第三，扶持中小企业的创新发展。中小企业是创意设计的又一重要力量。神户根据中小企业面临的不同现状，积极推动中小企业的创新发展。同时开展“设计复兴工程”，以培训、研讨、交流的形式对中小企业从业者进行创新设计方面的支持，宣传设计理念。在“神户设计日”“主题设计日”等活动中，还会对优秀作品进行展出，面向市民和企业进行推广与宣传[②]。

四、知识城市

（一）知识城市的概念与源起

自 20 世纪 80 年代以来，科学技术迅猛发展，经济全球化进程不断加快，人类正逐步从工业社会向知识社会迈进。在人类生活的许多领域，知识已经成为最重要的战略资源。自 18 世纪开始,在古典和新古典经济学中人们早已认识到知识对经济的作用，1962 年经济学家马克卢普 · 博尔丁系统阐述了知识产业和知识的商品性，使“经济学的知识”完成了向“知识经济学”的理论跨越（代明等，2016）。

著名美国经济学家 Friedman 在其全球畅销书《世界是平的：21 世纪简史》中说：“我们已经从一个国家积累财富的关键是看它占领、开拓领土的观念，转向一个国家和公司积累财富的关键是搜集、分享和捕获知识的能力。”进入 21 世纪以来，许多国家意识到世界未来的发展将以知识为竞争基础，谁能掌握最前沿的知识、技术，谁就能引领世界经济，发展知识经济已成为各国的共识。

“知识城市”（knowledge city）是随着知识经济的发展而提出来的新概念，以信息化、数字化、网络化为主要特征的知识经济催生了“知识城市”。知识城市的概念出现于 20 世纪 90 年代的欧洲，由欧盟 2002 年的《尤里卡计划：迈向知识城市战略》报告提出，泛指那些通过研究、智力等知识要素来创造高附加值产品输出，从而实现持续发展的城市，其特征是源自教育、培训、研究等投入社会产出比重明显偏高（代明等，2016）。“知识城市”是知识经济的产物和城市转型的客观需要，其核心就是充分利用城市创新引擎和自身的文化资本、技术资本、环境资本等，强化以“知识为基础发展”（knowledge-based development， KBD）的基础设施建设，促使城市空间结构、社会结构和产业结构的转轨，提升参与全球竞争的核心地位，最终实现可持续发展（陈柳钦，2010）。

欧洲著名知识管理专家 Haines 在《知识城市伦敦》一文中这样定义“知识城市”：一个在知识经济和社会发展进程中，有目的地实施鼓励知识培育、技术创新、科学研究和提升创造力战略的城市。希腊学者 Ergazakis 在《知识城市：概念性分析和成功案

① United Nations Educational,Scientific and Cultural Organization. 2009.10 Things to know about KOBE UN-ESCO City of Design. http://unesdoc.unesco.org/images/0018/001838/183833E.pdf. 2020-05-30。

② Kobe Design Hub. City of Design Projects. 2011. http://kobe-designhub.net/_en/design_city_03/in-dex.html. 2020-05-30。

例》一文中提出了知识城市的六个关键的成功因素：政治、战略、金融、技术、社会、环境。Davis（2004）提出从地理空间视角，知识城市包括“知识走廊”“知识港”“知识带”等。Florida（2002）[①]认为知识城市不仅强调信息、知识的重要性，而且由于创新给人们的工作、休闲、社区和日常生活带来的改变，知识城市也要注重社会文化、资源环境、高质量的基础设施、多元文化的容忍度和包容性、自由度、高效透明的政府以及人力资本之间的相互作用。可见，作为城市，知识城市的功能是综合性的，既可在物质环境和体制制度方面发挥城市科技园的职能，又是人们的宜居之所。

（二）知识城市的特征

知识城市强调城市的知识化、网络化、虚拟化、人文多样性和以知识资本为核心的城市竞争力。但知识城市的这些特性需要通过特定的环境、手段和平台才能实现，如商业、教育和艺术等方面的创新能力、市民分享知识的网络、倡导市民终身学习的政策机制、环境机制、城市内的“知识区”（knowledge zone），等等。所以，知识城市建设的核心是为知识生产、知识交流、知识共享、知识服务以及合作研究等创造良好的知识基础设施（陈柳钦，2010）。

Sassen（1995）认为，城市转型为知识城市具备以下几个特征：①强化所有经济部门和社会活动的创新动力。②营造更好的教育服务网络。③当需要知识时，知识社区可以提供及时的信息。④市民积极参与自己城市的开发，打造具有可识别性和独特个性的城市。⑤创造更多高报酬的就业机会。⑥社区收入和财富快速增长。⑦经济持续发展。⑧激活传统工业。⑨刺激旅游业繁荣。⑩提升城市的荣誉感和市民的自信心，使之成为资本注入地方经济再投资的平台。⑪营造对待少数族群和移民的包容环境。⑫通过在公共领域如公共运输、文化设施等领域的投资，提供分享财富的机会，维持社会安全。王东等（2007）认为，知识城市一般具有以下五个显著的特点：①城市基础设施健全完善，成为“数字城市”。②以创新为动力，成为“创新城市”与“科技城市”。③资本市场发达，成为“金融之都”。④有完善的文化艺术基础设施，成为“人文城市”。⑤吸引人才，成为“智本城市”。王志章（2007）认为，知识城市除了达到硬件标准，一般具有几个显著的特点：①信息基础设施完善。②强化城市产业结构调整。③注重城市的多样性（diversity）和广域性。④城市创新生态环境优良，公共空间多元。⑤资本市场完善，机制健全灵活。⑥切实做好人才移民和人才储备。⑦充分发挥“瞭望塔”的作用。

（三）知识城市的实践

在知识经济的驱动下，许多国家通过“城市复兴”（urban regeneration）计划，迅速将原有一些综合性城市、工业城市或显现“颓势”的城市转型为国际公认的“知

① Florida R.2002.The Rise of the Creative Class: And How It’s Transforming Work, Leisure, Community and Everyday Life. NewYork Basic Books 。

识城市”，如英国的伦敦（London）和曼彻斯特（Manchester）、西班牙的巴塞罗那（Barcelona）、瑞典的斯德哥尔摩（Stockholm）、爱尔兰的都柏林（Dublin）、荷兰的代尔夫特（Delft）、德国的慕尼黑（Munich）、葡萄牙的里斯本（Lisbon）、美国的纽约（New York）、波士顿（Boston）和匹兹堡（Pittsburgh）、加拿大的蒙特利尔（Monterrey）、日本的东京（Tokyo）、新加坡（Singapore）等。

世界知识城市的成功经验证明，并非所有城市都可以转化为知识城市。依据衡量知识城市的标准来看，下列城市可以更好地转型为知识城市。①政治经济中心城市。在城市发展过程中，政治与经济往往紧密相连。大多数跨国公司都愿意把总部设在政治经济中心城市，以便于其有与政治权力密切接触与联系的机会，企业与政府间也更容易共享信息，以便做出有利决策。②金融中心城市。金融中心城市既有良好的软件环境，又可以得到来自政府和组织的帮助与支持。它们正是依托于强大的知识基础实力构建起来的。③时尚潮流城市。时尚潮流城市不仅引领着潮流走向，也吸引着大批具有创造天赋的人才，为城市提供了多元化思维与创造力。④文化旅游、教育城市。城市代表了一个国家的经济发展水平和文明程度，文化旅游、教育类城市凭借着各自独特的文化魅力吸引人们，同时也传播着自身的文化价值观。⑤技术枢纽城市。技术枢纽是技术传播的重要环节，是技术、知识扩散的纽带，它们为知识城市发展创造了条件。

西班牙巴塞罗那的城市发展是知识城市转型的出色案例。20 世纪 90 年代，巴塞罗那城市发展日益显露出乏力与疲软的颓势。在强有力的政府领导下，巴塞罗那选择知识城市作为其总体发展战略，希望以知识经济兴起为契机，利用本土文化资源优势，促进城市经济转型。这一计划将文化产业确定为新的都市圈变革引擎，超过 160 万居民和 200 多个公共机构自发地参与了知识城市战略的制定和实施。具体举措包括成立专门的办事机构负责战略与计划实施；优先将文化视为“知识城市创新引擎”；在市政机构中增加新议员，以加强议会与城市行政机构的横向联系和直接主导“知识城市”项目；强化文化与社会和谐，从知识创新入手推动知识经济发展，增加就业岗位，尤其是增加知识工作者的就业机会。在 2007 年和 2009 年，巴塞罗那两次被世界知识城市峰会授予“最受世界尊重的知识城市”称号。

澳大利亚的墨尔本也是知识城市建设的典范。墨尔本是澳大利亚的历史文化名城，其城市化进程是以知识产业兴起为特征的。在这一背景下，政府制定并实施了基于知识的城市发展规划，即“墨尔本 2010 城市规划”。规划的目标是将墨尔本建设成为繁荣、创新、具有文化底蕴、富有吸引力、以人为本和可持续发展的知识城市。同时，基于同样的战略目标制定了墨尔本都市圈战略规划——“墨尔本 2030”。这一规划更加强调都市圈的增长管理和地区间的数字和交通连接,并寻求社会和环境的平衡发展。在这一战略规划当中，知识城市建设并不仅仅局限于产学研的集群，旅游、体育、文化和艺术集群的重要贡献同样得到重视。通过知识城市建设，墨尔本在纳米技术、生物科技、自动化、航空技术、金融服务和设计等研究领域不断深入，并成为亚太地区的“文化艺术之都”。

瑞典首都斯德哥尔摩是一座典雅而繁华的城市，具有丰富的传统文化。20 世纪八九十年代，由于城市产业结构单一，城市发展缺乏活力。随着知识经济的发展，斯德哥尔摩依托其底蕴深厚的传统文化，进行知识城市的开发与建设。在知识城市发展战略中，政府依托文化基础，完善公共服务设施建设，为创新活动和知识人才营造良好的环境。在城市规划过程中，开发了“知识城市创新模型”，将科技园的功能与城市的功能融为一体，并将高科技产业整合到城市社区内，确保知识城市的功能与科技社区网络相连接。同时，政府也加大了在知识产业领域的投入，将大量资金用于信息网络建设和知识基础设施建设，为知识的传播与分享提供了良好的条件。近年来，斯德哥尔摩不断成为世界会议和重要活动的举办地，成为最具影响力的知识城市之一。

第三节　中国城市未来发展的展望

城市问题是城市转型和发展过程中的必然现象，从国外发达城市和我国城市的发展经验可以看出城市问题的普遍性特征。首先，城市规模扩张必然会遇到多种资源约束。城市人口、产业的长期发展呈现螺旋式上升的趋势，使得城市资源供求关系不断变化，当土地、水等资源的承载力达到上限时，必然出现资源环境与城市发展的矛盾。其次，城市发展的不同阶段存在特定的城市问题。尤其是产业转型关键阶段，隐藏的城市规模扩张、经济社会发展与资源环境不匹配的深层次矛盾集中涌现，并呈现出多种类型的城市问题。再次，城市发展会经历不同的生命阶段，由此必然会产生城市更新与空间重构的需求，城市新格局、新体系、新模式、新功能都对传统城市设施和空间布局提出了变革的新要求。最后，社会和经济的发展、科技的进步必然对城市运行和管理模式带来新的要求，而城市治理的理念和技术方法滞后与不适应也必然以城市问题的形式表现出来。因此，需要正视城市问题的出现，对城市发展过程中的矛盾与问题进行有效引导，促进城市的协调稳定发展。

前面介绍的绿色城市、弹性城市、创意城市、知识城市等理念及政策措施是发达国家在解决城市问题的实践中总结出来的宝贵经验，值得我国借鉴。此外，应认识到，中国城市问题虽然表现为环境污染、交通拥堵、住房短缺等不同方面，但各类问题产生的原因有一定内在规律可循。另外，现代城市是多要素综合的复杂系统，即使想要针对性地解决某一方面的城市问题，也需要涉及多个方面。因此，解决城市问题不能就事论事，而应在把握城市问题总体内在规律的基础上，探讨综合性的城市问题解决对策和治理思路。

（一）重视城市发展的协调性

综合发挥集聚和扩散效应，促进大中城市和小城镇协调发展。大城市和城镇密集区要充分发挥辐射带动作用，合理控制人口规模，中小城市要发展自身优势，改善城市基础设施，优化人居环境，增强经济实力和吸纳农村富余劳动力的能力。应引导教育、医疗资源向中小城市流动，使不同地域层次、不同发展阶段的城市形成规模结构合理、各具特色、协调发展的综合体系。为实现地区和城市间的协调发展，要不断健全人才、资本和技术市场，有序清除市场生产要素流动的障碍，依托比较优势制定发展战略和政策，从产业、技术和金融等不同方面为企业发展提供支持。

对于已有城市问题的治理，也要重视跨区域的协作治理，促进跨区域的城市协调发展。例如，建立城市间的大气、水体污染防控机制，联合预防和治理；以区域为单位，建立污染事故紧急处理体系，加强城市问题的整体处理能力；建立生态补偿和转移支付机制，确保生态环境保护政策的有效落实。

（二）保障空间规划的法律效力，增强规划的科学性

全面审视土地开发、产业发展、环境保护、人口增长、交通运输、旧城改造等相关课题和彼此间的联系可以发现，制定科学的空间规划是预防和解决城市问题的重要途径。科学合理的规划，关系到城市的总体发展方向。要从实际出发，合理确定城市的发展定位、发展战略和发展重点，把现实与未来、区域发展与整体发展、城市规划与人口规划结合起来，加快产业结构优化，完善基础设施，提升城市整体功能。例如，在进行城市总体规划时，要改变以往以人口决定建设用地的规划模式，注重城市的资源承载力，把城市的自然环境和资源禀赋作为城市发展规模的重要依据。对于外来人口较多的地区，应该充分考虑外来人口对公共服务设施的需求，按照常住人口规模配置公共资源。

城市发展的过程具有长期性特征，城市规划也要注重延续性、系统性和前瞻性。科学的城市规划要对城市的长远发展有所预判，应考虑未来的人口规模以及相应的交通、绿地和各类公共服务设施的配套发展，为城市的未来提供预留空间。

空间规划的管理是规划能否有效实施的关键。在城市发展过程中，应进一步加强空间规划的立法和管理，通过立法确定规划地位，保证其权威性。例如，城市开发建设时，地块性质、建筑高度和密度、绿地比例、容积率等是受到法律监管的强制性指标，标准一旦确定，就不能随意更改。同时，规划本身应该预留一定的弹性空间，为内部调整留有余地。此外，有必要确立调整的程序，以便有法可依，有法必依，违法必究。特殊情况下的规划变更，如有涉及改变开发强度、土地利用方向、重大布局等内容的原则性修改，都必须经过严格的调整审批程序，这不仅能有效遏制违法违建行为，而且可避免规划管理的失当和由此引起的纷争。另外，需要重视规划管理中的公众参与，让公众关心、了解、支持规划，发挥社会力量在城市规划和管理中的监督作用。

（三）积极培育社会组织，构建城市合作治理机制

培育社会组织，提高社会力量的参与程度是提高城市治理水平的重要保障。在日趋多样的今天，政府的单方管理力量已经难以有效覆盖社会的各个方面，不仅会由于缺乏竞争，出现效率偏低和资源浪费的现象，而且也会受到政府财力限制，产生公共服务资金的短缺。因此，需要通过培育社会组织的方式，弥补其城市治理过程中的缺

失和不足。社会组织包括社会团体、社会服务机构（民办非企业单位）和以从事公益事业为目的的基金会。社会组织的适当参与，有利于政府和社会力量的治理机制互联、服务功能互补和管理力量互动，使政府的公权力和社会组织的实践能力实现优势互补，提高社会治理的总体效率。

首先，要通过完善法律体系，为社会组织具有独立于政府和市场的法律主体地位提供依据。社政分离是社会组织独立发展的前提条件，是转变城市治理模式的必然要求。在缺少法律主体地位的情况下，难以发挥社会组织的应有作用。因此，要尽快完善社会组织发展的相关法律体系，健全社会组织发展的制度安排，规范政府的管理职责和管理边界，明晰社会组织的功能、地位，为社会组织的健康发展奠定法律基础。

其次，要鼓励社会组织广泛参与城市社区治理。社区是城市社会的基本单元，是市民生活的基本平台。习近平总书记指出，社会治理的重心必须落到城乡社区，社区服务和管理能力强了，社会治理的基础就实了。社会组织参与城市社区治理，能充分激发基层群众的智慧和活力，构建共建共享的治理格局。政府要为社会组织的发展提供必要的政策支持，通过购买服务、设立项目基金、补贴经费等措施加大扶持力度；建立社区社会组织综合服务平台，从人才、场地等方面加强支持，营造良好的发展环境。要保障社会组织行使独立决策的能力：社会组织可以根据市场的发展现状和需求，在一定的制度框架下自主确定发展方向和服务功能，使社会组织可以真正弥补政府治理的不足。要尊重市场发展规律，社会组织的发展不能单纯依靠政府的资金扶持，而要具有“造血”和自我维持的能力，政府要在资金和政策方面提供一定的支持，提高其运营和发展能力，但最终目标还是使社会组织能够在市场环境下独立发展。

城市问题是世界各国城市化过程中的必然现象，在人口集中的大城市表现得更为突出。今后，在积极借鉴发达国家城市治理经验的基础上，摸清城市问题产生的原因，理顺防治思路，既要积极解决各类城市问题，也要加强城市问题的预知和预防。在城市问题治理过程中，要树立“以发展克服问题”、“以规划减少问题”和“以管理医治问题”的全新观念，全面综合解决城市发展过程中的各类问题。同时，也要认识到城市发展在时间、空间和速度上的非均衡特征，有些问题是难以回避的，因此，需要以积极的态度面对城市问题、应对城市问题，努力推进城市内部、城市之间和城市乡村的协调发展。中国正处于高速城镇化发展时期，城市问题的治理虽然任重道远，却也充满机遇。随着城市治理能力的不断提升，中国城市发展必将充满活力。

参 考 文 献

安树伟. 2013. 近年来我国城市环境污染的趋势、危害与治理.城市发展研究, 20（5）: 134-139.

包淑芳, 郭伟. 2016.私人资本投资城市环保基础设施动力机制的探讨.生态经济, 32（2）: 44-47.

北京市社会科学院“北京城区角落调查”课题组. 2005. 北京城区角落调查 No.1. 北京: 社会科学文献出版社.

蔡建明, 郭华, 汪德根. 2012. 国外弹性城市研究述评. 地理科学进展, （31）10: 1245-1255.

柴彦威, 陈零极, 张纯.2007.单位制度变迁:透视中国城市转型的重要视角.世界地理研究, 16（4）:60-69.

柴彦威, 张艳, 刘志林. 2011. 职住分离的空间差异性及其影响因素研究. 地理学报, 66(2): 157-166.

陈丙欣, 叶裕民. 2013.中国流动人口的主要特征及对中国城市化的影响. 城市问题, （3）: 2-8.

陈春娣, 荣冰凌, 邓红兵. 2009. 欧盟国家城市绿色空间综合评价体系. 中国园林, 25（3）: 66-69.

陈海嵩. 2009. 科技风险认知的差异及其解释——从心理学到社会学. 东北大学学报(社会科学版), 11（5）: 389-393.

陈良文, 杨开忠. 2007.生产率、城市规模与经济密度:对城市集聚经济效应的实证研究. 贵州社会科学, 2:113-119.

陈柳钦. 2010.知识城市发展研究. 西华大学学报（哲学社会科学版）, 29（2）112-120.

陈劭锋, 刘扬, 李颖明. 2014. 中国资源环境问题的发展态势及其演变阶段分析. 科技促进发展, （3）:11-19.

陈秀端. 2011. 中国城市土壤重金属空间分布与污染研究. 环境科学与技术, S2: 60-65.

陈志成. 2001. 从“单位人”转向“社会人”——论我国城市社区发展的必然性趋势. 温州大学学报, （3）: 70-74.

谌丽, 张文忠, 党云晓, 等. 2012. 北京市低收入人群的居住空间分布、演变与聚居类型.地理研究, 31（4）:720-732.

褚劲风, 香川贵志, 崔国, 等.2011.创意城市网络下日本神户设计之都的规划与实践. 世界地理研究, 20（3）: 44-54.

丛梅.2019.新时期我国城市犯罪若干热点问题分析.河南警察学院学报, （5）: 29-37.

代明, 陈俊, 陈景信.2016.知识经济学: 50 年回顾与展望.经济学动态, （12）: 4-13.

戴帅. 2015.我国城市道路交通安全问题及对策.综合运输, 37（7）:9-12.

党云晓,董冠鹏, 余建辉, 等. 2015. 北京土地利用混合度对居民职住分离的影响. 地理学报,70（6）:919-930.

邓国良. 2005.公共安全危机事件处置研究. 北京:中国人民公安大学出版社.

丁成日. 2009. 城市增长与对策: 国际视角与中国发展. 北京:高等教育出版社.

丁成日. 2010. 城市空间结构和用地模式对城市交通的影响. 城市交通, 8（5）:29-35.

丁怡欣, 李柳. 2015.汞矿冶炼区土壤重金属汞污染健康风险评价. 城市地理, （8）: 184-186.

杜凤莲, 高文书. 2004. 中国城市流动人口: 特征及其检验. 市场与人口分析, （4）:16-21.

段成荣. 1998. 流动人口的概念和度量问题. 南京人口管理干部学院学报, （3）: 30-32.

段成荣, 吕利丹,邹湘江. 2013. 当前我国流动人口面临的主要问题和对策——基于 2010 年第六次全国人口普查数据的分析. 人口研究, 37（2）: 17-24.

段成荣,杨舸,张斐, 等. 2008. 改革开放以来我国流动人口变动的九大趋势,人口研究, 32（6）: 30-43.

段辉. 2015. 对“S 型曲线”城市化理论的再讨论. 技术经济与管理研究, （10）:119-123.
段小梅. 2003. 人口流动模型与我国农村剩余劳动力转移研究. 农村经济, （3）: 62-65.
樊平. 1996. 中国城镇的低收入群体——对城镇在业贫困者的社会学考察.中国社会科学,（4): 64-70.
范维澄, 刘奕, 翁文国. 2009.公共安全科技的“三角形”框架与“4+1”方法学.科技导报, （6）:3.
方创琳,王岩. 2015.中国城市脆弱性的综合测度与空间分异特征.地理学报, 70（2）:234-247.
冯健, 刘玉. 2007. 转型期中国城市内部空间重构:特征、模式与机制.地理科学进展, 26（4）:93-106.
冯健, 周一星. 2003. 近 20 年来北京都市区人口增长与分布. 地理学报, 58（6）: 903-916.
冯健, 周一星. 2008. 转型期北京社会空间分异重构.地理学报, 63（8）: 829-844.
福建省厦门市公安局课题组. 2011. 流动人口犯罪及其防治对策探析. 公安研究, （2）: 45-51.
傅京燕, 李丽莎. 2010. FDI、环境规制与污染避难所效应——基于中国省级数据的经验分析. 公共管理学报, 7（3）: 65-74, 125-126.
盖文学. 2004. 西部中小城市发展问题与对策. 人民论坛, （11）: 38-39.
高晓路. 2007. 住房政策的技术标准及其研究方法.住区, 27:16-19.
高晓路. 2008. 北京市居民住房需求结构分析. 地理学报, 63（10）:1033-1044.
高晓路. 2012. 中国城市居家老人养老行为调查分析——以北京市为例. 装饰, （9）: 27-31.
高晓路, 浅见泰司. 2010. 完善我国公共住房体系的思路. 中国住房, 14:47-48.
高晓路, 吴丹贤, 许泽宁,等. 2015. 中国老龄化地理学综述和研究框架构建. 地理科学进展, 34（12）:1480-1494.
高晓路, 颜秉秋,季珏. 2012. 北京城市居民的养老模式选择及其合理性分析. 地理科学进展, 31（10）:1274-1281.
高新福, 石鑫. 2015.环保产业现状和未来走向刍议.城市地理,20: 50.
谷一桢, 郑思齐, 曹洋. 2009. 北京市就业中心的识别:实证方法及应用. 城市发展研究, 16（9）: 118-124.
顾朝林. 1992. 中国城镇体系——历史、现状、展望. 北京: 商务印书馆.
顾朝林. 2015. 论中国“多规”分立及其演化与融合问题. 地理研究, 34（4）: 601-613.
顾杰, 姚流盛. 2014. 我国现阶段小微企业人才流失问题及其对策. 武汉理工大学学报（社会科学版）, 1: 37-41.
关信平. 2003. 现阶段中国城市的贫困问题及反贫困政策. 江苏社会科学,（2）: 108-115.
郭济. 2004. 政府应急管理实务. 北京:中共中央党校出版社.
郭秀云. 2014. 特大型城市流动人口的社会风险及其治理. 探索与争鸣, （8）:25-28.
国家人口和计划生育委员会. 2012.中国流动人口发展报告（2012）. 北京: 中国人口出版社.
汉森 · 苏珊. 2009. 改变世界的十大地理思想. 肖平, 等译. 北京:商务印书馆.
侯慧丽, 李春华. 2010. 北京市流动人口住房状况的非制度影响因素分析. 北京社会科学, （5）: 10-14.
何深静, 刘玉亭, 吴缚龙, 等. 2010.中国大城市低收入邻里及其居民的贫困集聚度和贫困决定因素. 地理学报, 65（12）:1464-1475.
胡鞍钢, 童旭光, 王亚华. 2010. 当代中国交通发展：一场静悄悄的革命. 湖南社会科学, （1）:47-52.
黄国桂, 陈功. 2017.北京老年贫困状况的变化趋势及对策研究. 北京社会科学, （5）:90-98.
黄鹄, 陈卓如, 王丹青. 2001.城市缺水问题的对策探讨.环境保护, （11）: 14-15.
黄晓军,黄馨. 2015. 弹性城市及其规划框架初探. 城市规划, 39（2）:50-56.
黄怡. 2006. 城市社会分层与居住隔离. 上海:同济大学出版社.
季珏, 高晓路. 2011.城市居住区环境性能的评价方法研究.中国土地科学,25（10）: 27-34.
季珏, 高晓路. 2012.基于居民日常出行的生活空间单元的划分. 地理科学进展, 31（2）: 248-254.
季珏, 高晓路,徐匆匆,等. 2017.基于疏散行为的震灾避难场所服务效率评价.地理科学进展,(8): 965- 973.

贾庆，卜正学. 2010. 资源型城市产业结构的优化发展研究. 中小企业管理与科技（上旬刊），（1）：174.
贾绍凤，何希吾，夏军. 2004. 中国水资源安全问题及对策. 中国科学院院刊，（5）：347-351.
蒋积伟.2011.1978 年以来中国自然灾害管理存在的问题分析.贵州社会科学. (04) : 36-41.
金碚. 2008. 中国工业化的资源路线与资源供求.中国工业经济，（2）:5-19.
金凤君，张平宇，樊杰，等. 2006. 东北地区振兴与可持续发展战略研究. 北京:商务印书馆.
金三林. 2007. 我国房价收入比的社会差距与住房政策体系的基本构想. 经济研究参考,（62）:16-21.
金晓芳. 2015.浅谈雾霾对人体健康的影响.城市地理,（16）:274.
金元浦. 2006. 当代世界创意产业的概念及其特征. 电影艺术,（3）:5-10.
康雯琴,丁金宏. 2005. 大城市开发区流动人口居住特征研究——以上海浦东新区为例. 城市发展研究,（6）: 45-48.
况伟大. 2010. 预期、投机与中国城市房价波动. 经济研究, 45（9）: 67-78.
昆斯曼・克劳兹，唐燕. 2008. 多中心与空间规划. 国际城市规划,（1）: 89-92.
雷光和,傅崇辉,张玲华,等. 2013. 中国人口迁移流动的变化特点和影响因素——基于第六次人口普查. 西北人口, 34（5）: 1-8.
李宝娟，王政，王妍，等. 2015. 基于调查统计的环保产业发展现状、问题及对策分析. 环境保护, 43（5）: 54-58.
李林涛，徐宗学，庞博，等.2012.中国洪灾风险区划研究.水利学报，43（1）:22-30.
李龙萍. 2013. 浅议城市规划问题.学园，（12）:199-201.
李漫莉，田紫倩，赵惠恩，等. 2013. 绿色城市的发展及其对我国城市建设的启示. 农业科技与信息（现代园林）, 10（1）:17-24.
李苗裔，龙瀛. 2015. 中国主要城市公交站点服务范围及其空间特征分析, 城市规划学刊,（6）:33-40.
李培林. 1995.新时期阶级阶层结构和利益格局的变化. 中国社会科学，（3）:47-63.
李培林. 2006. 研究中国当前社会冲突意识的七个发现. 理论参考，（5）: 62-64.
李培林. 2013. 小城镇依然是大问题.甘肃社会科学，（3）: 1-4.
李培林，李炜. 2010. 近年来农民工的经济状况和社会态度. 中国社会科学，（1）:119-131.
李强. 2004. 社会学的“剥夺”理论与我国农民工问题. 学术界，（4）: 7-22.
李强，洪大用. 1997. 中国社会转型中的城镇贫困层及缓解对策. 新视野，（4）:46-49.
李汝资，宋玉祥，李雨停，等. 2016. 吉林省资源型城市转型阶段识别及其特征成因分析. 地理科学, 36（1）:90-98.
李善同，刘勇. 2001. 分权制下的地方政府职能. 经济参考报, 5（30）: 5.
李生才，笑蕾. 2017. 2016 年 11-12 月国内生产安全事故统计分析. 安全与环境学报, 17（1）:395-396.
李秀霞，刘金国. 1996. 城市边缘区空间演化调控机制研究.吉林师范大学学报（自然科学版），（1）:69-72.
李扬，刘慧. 2010. 人口迁移空间格局模拟研究进展与展望. 地理科学进展, 29（10）:1162-1170.
李志刚，吴缚龙. 2006.转型期上海社会空间分异研究.地理学报,61（2）:199-211.
李志刚，吴缚龙，高向东. 2007.“全球城市”极化与上海社会空间分异研究.地理科学,27（3）: 304-311.
李志刚，吴缚龙，卢汉龙. 2004. 当代我国大都市的社会空间分异——对上海三个社区的实证研究. 城市规划，（6）: 60-67.
林琳. 1996. 旧城区的老龄化问题研究——以广州市金花街为例. 城市问题,（2）:33-38.
林琳，马飞. 2007. 广州市人口老龄化的空间分布及趋势. 地理研究, 26（5）: 1043-1054.
林志群. 1982. 中国住宅建设存在的主要问题及改革建议. 建筑学报,（1）: 42-46.
林志群. 1986. 住宅的建设、使用及住房消费. 城市规划，（1）:29-37.

林志群. 1989. 住宅建设四十年. 城市规划, （6）: 9-12.
蔺雪芹，方创琳. 2008.城市群地区产业集聚的生态环境效应研究进展. 地理科学进展，27（3）:140-144.
刘长岐，王凯. 2004.影响北京市居住空间分异的微观因素分析.西安建筑科技大学学报,36（4）:403-412.
刘刚, 刘慧. 2012.我国东中西部地区经济发展格局比较分析. 调研世界, （8）: 11-14.
刘海猛，石培基，潘竞虎，等. 2015. 中国城镇房价收入比时空演变的多尺度分析. 地理科学，35（10）: 1280-1287.
刘茂，王振.2013.城市公共安全学——应急与疏散. 北京：北京大学出版社.
刘茂, 赵国敏, 陈庚. 2005. 建立城市公共安全系统的研究. 中国公共安全, 1（1）:40-46.
刘明君，朱锦，毛保华. 2011. 伦敦拥堵收费政策、效果与启示. 交通运输系统工程与信息，11（S1）:6-13.
刘平. 2010. 国外创意城市的实践与经验启示. 社会科学, （11）:26-34.
刘钦文. 2012. 我国财政支出存在的问题及优化对策. 中国市场, （39）: 48-50.
刘涛, 齐元静, 曹广忠. 2015. 中国流动人口空间格局演变机制及城镇化效应——基于 2000 和 2010 年人口普查分县数据的分析. 地理学报, 70（4）: 567-581.
刘铁民. 2011. 突发事件应急预案体系概念设计研究.中国安全生产科学技术, 7（8）: 5-13.
刘晓虹，崔毅，马交国. 2007. 和谐规划:城市规划人本主义的回归. 规划师，（S1）: 50-52.
刘小平，黎夏，陈逸敏，等. 2010. 基于多智能体的居住区位空间选择模型. 地理学报，65（6）: 695-707.
刘欣, 杨荫凯, 吕昕. 2000. 中国城市机动化的基本特征及其宏观发展对策研究. 地理科学进展, 19（3）:57-63.
刘修岩. 2009. 集聚经济与劳动生产率:基于中国城市面板数据的实证研究. 数量经济技术经济研究, 26（7）: 109-119.
刘瑶, 贺海韬. 2016.公众参与环境管理的模式创新及试点探讨. 城市地理, （6）:99.
刘毅，黄建毅，马丽. 2010.基于 DEA 模型的我国自然灾害区域脆弱性评价. 地理研究，29（7）:1153-1162.
刘毅, 杨宇. 2012.历史时期中国重大自然灾害时空分异特征. 地理学报, 67（3）:291-300.
刘玉亭,何深静,顾朝林,等. 2003. 国外城市贫困问题研究. 现代城市研究, （1）:78-86.
刘云刚. 2000.大庆市资源型产业结构转型对策研究.经济地理, （5）: 26-29.
刘志林, 戴亦欣, 董长贵, 等. 2009a. 低碳城市理念与国际经验. 城市发展研究, 6（6）: 1-7.
刘志林, 张艳, 柴彦威. 2009b. 中国大城市职住分离现象及其特征——以北京市为例.城市发展研究, 16（9）, 110-117.
柳随年, 吴群敢. 1985.中国社会主义经济简史. 哈尔滨: 黑龙江人民出版社.
卢显国. 2010. 农民工：社会距离与制度分析. 北京:社会科学文献出版社.
陆大道, 樊杰. 2009. 2050: 中国的区域发展. 北京: 科学出版社.
陆红.2013. 我国城市贫困者的主体解释与缓解贫困的对策探析. 经济研究参考,（23）: 82-84.
陆凯. 2012. 分权制下我国中央政府与地方政府经济博弈行为简析. 求实, （5）:44-47.
陆铭. 2016. 大国大城——当代中国的统一、发展与平衡. 上海:上海人民出版社.
骆建华, 马辉, 张婧. 2010.中国环保产业发展与创新.中国科学院院刊, 25（2）: 146-153.
吕江林. 2010. 我国城市住房市场泡沫水平的度量. 经济研究, 45（6）: 28-41.
吕萍, 周滔. 2008. 农民工住房保障问题认识与对策研究——基于成本-效益分析. 城市发展研究, 15（3）:110-114.

吕艳，扈文秀. 2010. 保障性住房建设方式及选址问题研究. 西安财经学院学报, 23（5）:35-39.
吕忠梅. 2010. 环境法导论（第二版）. 北京：北京大学出版社.
马斌. 2013. 中国当代城市发展中的城市问题研究. 产业与科技论坛,12（6）:21-22.
马清裕，陈田，牛亚菲，等. 1999. 北京城市贫困人口特征、成因及其解困对策. 地理研究，18（4）:400-406.
马万里，陈玮. 2008. 建立健全面向农民工的城市住房保障体系研究——杭州农民工基本住房状况调查与政策建议. 城市规划, 32（5）:38-44.
马小红，段成荣，郭静. 2014. 四类流动人口的比较研究. 中国人口科学，（5）: 36-46，126-127.
毛蒋兴,何邕健. 2008. 资源型城市生命周期模型研究. 地理与地理信息科学，（1）:56-60.
孟斌. 2009. 北京城市居民职住分离的空间组织特征. 地理学报, 64（12）:1457-1466.
孟翔飞，苏春艳. 2010. 莫地的变迁——内城贫困区整体改造与社区治理研究. 社会科学辑刊，（5）: 58-62.
苗红军. 2017. 城市老年人口反贫困的政策取向研究——基于老年贫困形成的机制视角. 辽宁大学学报（哲学社会科学版）, 45（2）: 71-76.
倪鹏飞. 2013.中国部分城市已患上严重"城市病". 中国经济周刊,（8）: 24-25.
宁越敏. 2012.中国城市化特点、问题及治理. 南京社会科学,（10）: 19-27.
牛明. 2015. 我国中小城市发展现状、问题及政策建议.中国物价，（4）:75-77.
欧阳海燕. 2012. 15 城市公共服务满意度调查　超过半数人肯定新医改　八成人对保障房不放心.小康，（3）:58-63.
彭希哲. 2009. 辉煌六十年人口与人口学. 上海: 上海人民出版社.
齐家福，张秀春，于晨颖. 2012.关于我国城市化若干问题的探讨. 石家庄学院学报, 14（5）:107-111.
钱刚毅，余廉，张凯. 2009.重大公共安全事件的预警及应急管理: 现实挑战与发展建议. 科技进步与对策, 26（12）: 25-28.
秦蒙，刘修岩，李松林. 2016. 中国的"城市蔓延之谜"——来自政府行为视角的空间面板数据分析. 经济学动态，（7）: 21-33.
仇保兴. 2008. 创建低碳社会提升国家竞争力——英国减排温室气体的经验与启示. 城市发展研究,（2）:127-134.
饶传坤，韩卫敏. 2011. 我国城市蔓延研究进展与思考. 城市规划学刊，（5）: 55-62.
任光欣. 2010. 我国中小城市发展问题分析.才智，（5）: 20.
容志. 2014.从分散到整合特大城市公共安全风险防控机制研究. 上海:上海人民出版社.
邵帅，杨莉莉. 2010. 自然资源丰裕、资源产业依赖与中国区域经济增长. 管理世界，（9）: 26-44.
沈昊婧，冯长春. 2012. 经济适用房空间布局分析——以北京市为例. 城市发展研究, 19(6):111-116.
施凤丹. 2014.我国东中西部地区全面建成小康社会发展差异研究.调研世界，（2）:8-13.
世界银行.1995. 1994 年世界发展报告：为发展提供基础设施. 北京: 中国财经出版社.
宋林飞. 2002.中国社会转型的趋势、代价及其度量.江苏社会科学，（6）: 30-36.
宋伟轩，陈培阳，徐旳. 2013. 内城区户籍贫困空间剥夺式重构研究——基于南京 10843 份拆迁安置数据. 地理研究, 32（8）:1467-1476.
宋伟轩，吴启焰，朱喜钢. 2010.新时期南京居住空间分异研究.地理学报, 65（6）: 685-694.
宋玉祥，满强. 2008. 东北地区资源型城市经济结构转型研究. 世界地理研究，（4）: 91-97.
苏飞，马莉莎，庞凌峰,等. 2013. 杭州市农民工生计脆弱性特征与对策. 地理科学进展, 32(3):71-81.
苏勤，林炳耀，刘玉亭. 2003. 面临新城市贫困我国城市发展与规划的对策研究. 人文地理，（5）: 17-21.
孙陆军,张恺悌. 2003. 中国城市老年人的贫困问题. 人口与经济, 140（5）: 1-7.

孙荣庆. 2009.城市环境保护基础设施建设投资现状、问题及对策.城乡建设，（1）: 66-68.
孙施文. 2007.现代城市规划理论. 北京：中国建筑工业出版社.
孙铁山，李国平，卢明.2009.京津冀都市圈人口集聚与扩散及其影响因素——基于区域密度函数的实证分析.地理学报，64（8）:956-966.
孙威，李洪省. 2013. 中国资源枯竭城市的区位条件辨析. 地理学报, 68（2）:199-208.
孙秀林，周飞舟. 2013. 土地财政与分税制：一个实证解释. 中国社会科学,（4）:40-59, 205.
谈明洪，李秀彬，吕昌河.2004.20 世纪 90 年代中国大中城市建设用地扩张及其对耕地的占用.中国科学（D 辑），34（12）:1157-1165.
唐小飞，李琛，王铮. 2012. 2012～2015 年：中国房地产走势预测. 宏观经济研究，（3）:69-73, 84.
陶希东. 2005. 国外新城建设的经验与教训. 城市问题，（6）: 95-98.
屠启宇. 2012. 国际城市蓝皮书：国际城市发展报告（2012）. 北京：社会科学文献出版社.
王冰，贺璇. 2014. 中国城市大气污染治理概论. 城市问题,（12）:2-8.
王朝庭. 2011. 浅谈城市人口老龄化问题及解决对策.才智，（25）:198.
王成新，梅青，姚士谋，等. 2004.交通模式对城市空间形态影响的实证分析——以南京都市圈城市为例. 地理与地理信息科学, 20（3）:74-77.
王德文，张恺悌. 2005. 中国老年人口的生活状况与贫困发生率估计. 中国人口科学,（1）: 60-68, 98.
王东，刘璐，苏婧. 2007. 深圳构建知识城市的战略思考 .开放导报，（5）:116-118.
王芳，高晓路，颜秉秋. 2014. 基于住宅价格的北京城市空间结构研究. 地理科学进展, 33（10）: 1322-1331.
王桂新，潘泽瀚，陆燕秋. 2012. 中国省际人口迁移区域模式变化及其影响因素——基于 2000 和 2010 年人口普查资料的分析. 中国人口科学，（5）: 2-13, 111.
王涵霏，焦长权. 2021. 中国土地财政 20 年：构成与规模（1998—2017）. 北京工业大学学报（社会科学版）, 21（2）: 26-38.
王缉慈，张晔. 2008.沿海地区外向型产业集群的形成、困境摆脱与升级前景.改革，（5）:53-59.
王松涛，刘洪玉. 2009. 土地供应政策对住房供给与住房价格的影响研究. 土木工程学报, 42（10）: 116-121.
王秀兰. 2000.土地利用/土地覆盖变化中的人口因素分析.资源科学, 22（3）:39-42.
王永中.2011.日本大地震的经济影响.中国金融，(7): 82-83.
王章华，颜俊. 2009. 城市化背景下流动人口社会融合问题分析. 江西农业大学学报（社会科学版），8（4）: 108-112.
王志强. 2006. 对近年来流动人口犯罪问题的实证分析. 中国人民公安大学学报（社会科学版），22（2）: 44-51.
王志章. 2007. 全球知识城市与中国城市化进程中的新路径.城市发展研究，（3）:13-19.
韦素琼，陈健飞. 2004. 福建晋江农村城镇化进程中的土地利用变化分析. 资源科学, 26（4）:111-118.
魏后凯. 2001. 中国大城市交通问题及其发展策略.城市发展研究，（2）:27-32.
魏津生. 1999. 中国城市流动人口的基本概念、状况和问题. 人口与计划生育，（6）: 6-12.
温兴祥. 2014. 城镇化进程中外来居民和本地居民的收入差距问题. 人口研究, 38（2）: 61-70.
吴刚. 2009. 城市居民住房支付能力研究——基于 2000-2008 我国 10 城市的经验数据. 城市发展研究, 16（9）: 20-27.
吴良镛. 2013. 明日之人居. 北京：清华大学出版社
吴唯佳. 2009. 中国特大城市地区发展现状、问题与展望.城市与区域规划研究, 2（3）: 84-103.
吴伟,付喜娥. 2009. 绿色基础设施概念及其研究进展综述. 国际城市规划, 24（5）:67-71.
吴晓. 2003. “边缘社区”探察——我国流动人口聚居区的现状特征透析. 城市规划，（7）: 40-45.

吴闫. 2014. 我国小城镇概念的争鸣与界定. 小城镇建设, （6）: 50-55.
吴颖，蒲勇健. 2008. 区域过度集聚负外部性的福利影响及对策研究——基于空间经济学方法的模拟分析. 财经研究, 34（1）: 106-113.
吴玉韶，党俊武. 2014. 中国老龄产业发展报告（2014）. 北京：社会科学文献出版社.
夏刚，任宏，杨莉琼. 2008. 城市不同收入家庭住房支付能力研究. 建筑经济，（8）:50-54.
胥玲. 2011. 中国城市住房价格形成机制问题研究. 北京:经济科学出版社.
徐匆匆，许士翔，汤飞.2017.基于疏散行为的震灾避难场所服务效率评价.地理科学进展, 36（8）:965-973.
徐江. 2008. 多中心城市群: POLYNET 引发的思考. 国际城市规划，（1）:1-3.
徐静，徐永德. 2009. 生命历程理论视域下的老年贫困. 社会学研究, 24（6）:122-144.
徐丽敏. 2010. 农民工子女在城市教育过程中的社会融入研究. 学术论坛, 33（1）: 197-201.
徐琴. 2008. 制度安排与社会空间极化——现行公共住房政策透视. 南京师大学报（社会科学版），（3）: 26-31.
徐伟，王静爱，史培军.2004.中国城市地震灾害危险度评价.自然灾害学报, 13（1）:9-15.
徐政辉. 1998. 若干城市企业下岗职工再就业问题的调查. 今日中国论坛，（3）:45-48.
许泽宁，高晓路. 2016. 基于电子地图兴趣点的城市建成区边界识别方法. 地理学报, 71（6）:939.
闫彦明. 2012. 产业转型进程中城市病的演化机理与防治研究. 现代经济探讨,（11）: 9-13.
颜秉秋，高晓路. 2013. 城市老年人居家养老满意度的影响因子与社区差异. 地理研究，32（7）: 1269-1279.
颜秉秋，高晓路，季珏. 2015. 城市养老设施配置的微观模拟及规划政策分析. 地理科学进展，34（12）: 1586-1597.
颜秉秋，高晓路，马妍，等. 2014. 基于 MAS 技术的城市养老机构布局决策支持. 清华大学学报（自然科学版）, 4（7）: 973-982.
央视. 2010. 伦敦:上涨拥堵费改善交通状况. 杭州，（12）:65.
杨晨，曾旭，付飞. 2016.浅谈城市大气污染存在的问题以及对防治措施的思考. 城市地理, 3(6): 204.
杨帆，韩传峰. 2011. 中国交通基础设施与经济增长的关系实证.中国人口·资源与环境，21（10）: 147-152.
杨菊华. 2007. 人口转变与老年贫困问题的理论思考. 中国人口科学，（5）:88-94, 96.
杨菊华. 2011. 城乡分割、经济发展与乡-城流动人口的收入融入研究. 人口学刊，（5）: 3-15.
杨菊华，陈志光. 2010. 老年绝对经济贫困的影响因素:一个定量和定性分析. 人口研究, 34(5):51-67.
杨军. 2007. 城市贫民阶层是一个信号. 南风窗，（1）: 36-38.
杨立雄. 2011. 中国老年贫困人口规模研究. 人口学刊，（4）: 37-45.
杨上广，丁金宏. 2005. 论社会极化及其影响因素. 社会科学辑刊，（2）:76-80.
姚士谋，陈振光，朱英明. 2006. 中国城市群. 合肥: 中国科学技术大学出版社.
尹继佐. 2003. 世界城市与创新城市——西方国家的理论与实践. 上海:上海社会科学院出版社.
尹伟，张力元. 2017. 新型化小城镇的现状特征与作用——以四川省温江区寿安镇详细调查分析为例. 中外建筑，（3）: 107-110.
尹衍雨，王静爱，雷永登，等. 2012. 适应自然灾害的研究方法进展. 地理科学进展, 31（7）:953-962.
于长明，郝石盟. 2016. 特大城市地区环境问题的文化制度根源及其规划治理. 建筑与文化，（2）: 76-78.
于静. 2008.城市空间环境与城市犯罪.兰州大学学报（社会科学版），（3）:116-122.
于学军. 2003. 从上海看中国老年人口贫困与保障. 人口研究，（3）:33-38.
于英华. 2008. 我国城市发展规划存在的问题及对策.时代经贸（中旬刊），（S6）: 41-42.

余科平，陈江海，汪冬冬. 2016. 杭州湾近岸海域环境容量研究.城市地理，（14）: 84-85.
余壮雄，林建浩. 2010. 谁推高了房价？开发商、置业者还是地方政府. 经济学家，（5）:30-38.
袁奇峰，马晓亚. 2007. 住房新政推动城镇住房体制改革——对“国六条”引发的中国城镇住房体制建设大讨论的评述. 城市规划, 31（11）:9-16.
袁媛，吴缚龙，许学强. 2009. 转型期中国城市贫困和剥夺的空间模式. 地理学报, 64（6）:753-763.
袁媛，许学强. 2008. 广州市城市贫困空间分布、演变和规划启示. 城市规划学刊，（4）:87-91.
岳晓武，王小映. 2006. 地价上涨是房价上涨的结果而非原因. 中国土地，（11）:15-20.
曾坚，左长安. 2006. 基于可持续性与和谐理念的绿色城市设计理论.建筑学报，（12）:10-13.
曾青. 2012. 中国特大城市的发展现状、问题及对策刍议.经济研究导刊，（13）: 174-175.
扎斯特罗·查尔斯·H, 阿什曼·卡伦·K. 柯斯特. 2006. 人类行为与社会环境（第六版）. 师海玲，孙岳译. 北京：中国人民大学出版社.
翟毅勃. 2015.关于加强城市环保基础设施建设的几点思考.城市地理，（20）: 54-55.
张敦富. 1999.区域经济学原理. 北京：中国轻工业出版社.
张尔薇. 2008. 从国外经验看我国的绿色城市之路. 城市环境设计，（3）:117-118.
张继权，冈田宪夫，多多纳裕一. 2006. 综合自然灾害风险管理——全面整合的模式与中国的战略选择. 自然灾害学报, 75（1）:29-37.
张久云. 2004. “三无农民”问题的形成原因及对策研究. 河南农业，（7）:36.
张雷. 2009. 中国城镇化进程的资源环境基础. 北京：科学出版社.
张茂林，程玉申. 1996. 社会转型时期城镇贫困人口特征、成因及测度. 人口研究, 20（3）:7-16.
张清勇. 2007. 中国城镇居民的住房支付能力：1991～2005. 财贸经济，（4）:79-85.
张润，吴松，刘培炎. 2016.城市水污染处理的相关对策和解决办法. 城市地理，（16）: 101.
张胜冰. 2006. 世界文化产业概要. 昆明:云南大学出版社.
张松. 2011. 短缺还是过剩——有关中国城市化问题的探讨. 城市规划学刊，（1）: 8-17.
张文忠. 2007.城市内部居住环境评价的指标体系和方法.地理科学,27（1）: 17-23.
张文忠，余建辉，王岱，等. 2014. 中国资源型城市可持续发展研究. 北京：科学出版社.
张熙. 2003. 一份沉重的调查报告——李培林谈下岗职工的再就业问题. 理论参考，（6）:43.
张小静. 2016. 谈小城镇规划建设存在的问题及对策. 建材与装饰，（29）: 110-111.
张妍云. 2005. 我国的工业集聚及其效应分析——基于各省工业数据的实证研究.技术经济与管理研究，（4）:23-24.
张艳，柴彦威. 2009. 基于居住区比较的北京城市通勤研究. 地理研究, 28（5）:1327-1340.
张雨浦. 2012. 资源型城市人才现状与问题透视——基于煤城鹤岗市的研究. 现代商业,（18）: 32-34.
张展新，侯亚非. 2009. 城市社区中的流动人口——北京等 6 城市调查. 北京：社会科学文献出版社.
张忠华，刘飞. 2012. 当前我国城市病问题及其治理. 发展研究,（2）: 84-85.
赵晖,杨军,刘常平，等.2011 职住分离的度量方法与空间组织特征——以北京市轨道交通对职住分离的影响为例.地理科学进展,31（2）:198-204.
赵沁娜. 2009.城市土地置换过程中土壤污染研究进展评述.土壤, 4（3）: 350-355.
赵映慧，修春亮，宋戈 ，等. 2009. 东北地区资源型城市经济发展差异分析. 经济地理，29（5）:726-730.
赵勇，裴源生，陈一鸣. 2006. 我国城市缺水研究.水科学进展，（3）: 389-394.
甄茂成，高晓路，袁海虹. 2017. 城市产业集中区环境性能评估体系的构建——基于北京市丰台区案例的探讨.自然资源学报, 32（10）:1664-1677.
郑杭生. 1997. 关于 21 世纪中国社会学发展的几点展望. 社会学研究，（2）:3-10.
郑士源，徐辉，王浣尘. 2005. 网格及网格化管理综述.系统工程，（3）: 1-22.

郑思齐. 2012. 城市经济的空间结构: 居住、就业及其衍生问题. 北京:清华大学出版社.
郑思齐，王寅啸. 2007. 房价上涨预期对住房需求的放大效应研究. 中国物价，（6）:52-55.
郑秀辉. 2007. 现阶段流动人口犯罪及治理对策. 福建公安高等专科学校学报，（1）: 76-81.
郑真真，杨舸. 2013. 中国人口流动现状及未来趋势. 人民论坛，（11）: 6-9.
中国城市经济学会. 2011. 中国中小城市发展报告. 北京: 社会科学出版社.
中国科学院可持续发展战略研究组. 2014 中国可持续发展战略报告——创建生态文明的制度体系.北京: 科学出版社.
中华全国工商业联合会. 2009. 我国房价何以居高不下. 辽宁经济，（5）: 12-13.
周春山，李一璇，童新梅. 2016. 2000-2010 年广州市人口老龄化空间变动及其影响因素研究. 中山大学学报（自然科学版）, 55（1）: 114-122.
周春山，叶昌东. 2013. 中国特大城市空间形态演变研究. 地理与地理信息科学, 29（3）: 70-75.
周海旺. 2001. 城市贫困人口的现状和解困政策研究——以上海为例. 人口研究，（2）: 10-16.
周加来. 2004. “城市病”的界定、规律与防治. 中国城市经济,（2）:30-33.
周仁，郝前进，陈杰. 2010. 剩余收入法、供需不匹配与住房可支付能力的衡量——基于上海的考察. 世界经济文汇，（1）:39-49.
周笑非. 2011. 中国城市化特征与存在问题研究. 唐山学院学报，（4）: 83-87.
周艳妮，尹海伟. 2010. 国外绿色基础设施规划的理论与实践. 城市发展研究,17（8）:87-93.
朱晓，范文婷. 2017. 中国老年人收入贫困状况及其影响因素研究——基于 2014 年中国老年社会追踪调查. 北京社会科学，（1）:90-99.
邹至庄，牛霖琳. 2010. 中国城镇居民住房的需求与供给. 金融研究，（1）: 1-11.
Adger W. 2006.Vulnerability. Global Environmental Change, 16（3）: 268-281.
Allee W C. 1938. The Social Life of Animals. New York: W.W. Norton & Company.
Beatley T. 1999.Green Urbanism: Learning from European Cities. Washington D C: Island Press.
Carrillo F. 2006. Knowledge Cities Approaches Experiences and Perspectives. Oxford: Butterworth-Heinemann.
Cervero, R, Day J. 2008. Suburbanization and transit-oriented development in China. Transport Policy, 15（5）: 315-323.
Cheshire P, Sheppard S. 1989. British planning policy and access to housing: some empirical estimates. Urban Studies, 26（5）:469-485.
Cutter S L, Boruff B J, Shirley W L. 2003. Social vulnerability to environmental hazards. Social Science Quarterly, 84（2）:242-261.
Dua A, Esty D C.1997.Sustaining the Asia Pacific Miracle: Environmental Protection and Economic Integration. Washington D C Peterson Institute Press.
Florida R. 2002. The Rise of the Creative Class. New York: Basic Books.
Fujita M. 1988. A monopolistic competition model of spatial agglomeration: Differentiated product approach. Regional Science & Urban Economics, 18（1）:87-124.
Gao X, Yuan H, Qi W, et al. 2014. Assessing the social and economic vulnerability of urban areas to disasters: A case study in Beijing, China. International Review for Spatial planning and Sustainable Development, 2（1）: 42-62.
Glaeser E. 2011.Triumph of the City: How Our Greatest Invention Makes Us Richer, Smarter, Greener, Healthier and Happier. Pan Macmillan:Penguin Books.
Gordon D. 1990. Green Cities: Ecologically Sound Approaches to Urban Space . Montreal: Black Rose Books.

Hall P. 2002.Cities of Tomorrow: An Intellectual History of Urban Planning and Design in the Twentieth Century. 3rd Edition. Oxford: Blackwell.

Huang Y Q.2003.A room of one's own: housing consumption and residential crowding in transitional urban China. Environment and Planning A, 35（4）:591-614.

Huynh L T M, Stringer L C. 2018. Multi-scale assessment of social vulnerability to climate change: An empirical study in coastal Vietnam. Climate Risk Management, 20:165-180.

Jacobs J. 1961. The Death and Life of Great American Cities. New York：Random House.

Jacobs J. 1969. The Economy of Cities. New York: Random House.

Lee Y J. 2014. Social vulnerability indicators as a sustainable planning tool. Environmental Impact Assessment Review, 44: 31-42.

Li S M. 2000. Housing consumption in urban China: A comparative study of Beijing and Guangzhou. Environment and Planning A, 32（6）:1115-1134.

Li X,Yuan D P. 2012. The process and main difficulties of the system of housing in China. Reformation and Strategy, 28（203）:13-18.

Mao H, Tang Z Y. 2012. Determinants of normal and extreme commute distance in a sprawled midsize Canadian city: Evidence from Windsor, Canada. Journal of Transport Geography, 25: 50-57.

Mercado R, Paez A. 2009. Determinants of distance traveled with a focus on the elderly: A multilevel analysis in the Hamilton CMA, Canada. Journal of Transport Geography, 17（1）: 65-76.

Mills E S, Hamilton B. 1994.Urban Economics. 5th Edition. New York: Harper Collins.

Motinola G, Qian Y,Weingast B N. 1995. Federalism. Chinese style: The political basis for economic Success in China.World Politics, 48 （1）: 50-80.

Mumford L. 1966.The City in History: Its Origins, Its Transformations, and Its Prospects. New York: Penguin Books.

Murad A A, Nuaimi H A, Hammadi M A. 2007.Comprehensive assessment of water resources in the United Arab Emirates（UAE）. Water Resource Management, 21（9）: 1449-1460.

Nelson K S, Abkowitz M D, Camp J V. 2015. A method for creating high resolution maps of social vulnerability in the context of environmental hazards. Applied Geography, 63: 89-100.

Openshaw S. 1989. Learning to live with errors in spatial databases//Goodchild M F, Gopal S. Accuracy of Spatial Databases. London: Taylor & Francis.

Rosen K T, Ross M C.2000.Increasing home ownership in urban China: Notes on the problem of affordability. Housing Studies, 15（1）:77-88.

Sassen S. 1995. Urban impacts of economic globalization//Brotchie J, Blakely E, et al. Cities in Competition. Cambridge: Cambridge University Press.

Schaltegger S, Sturm A. 1990. Ökologische Rationalität (German/in English: Environmental rationality). Die Unternehmung, 4（4）:117-131.

Song Y, Knaap G. 2004. Measuring the effects of mixed land use on housing values. Regional Science and Urban Economics, 34（6）: 663-680.

Tichy G. 1988.Clusters: Less Disensable and More Risky than Ever//Sterner M. Clusters and Regional Specialisation London: Pion Limited.

Wang F, Li Y, Gao X L.2016.A SP survey-based method for evaluating environmental performance of urban commercial districts: A case study in Beijing. Habitat International, 53: 284-291.

Wang Y P. 2001. Urban housing reform and finance in China : A case study of Beijing. Urban Affairs Review, 36（5）:620-645.

Wu J, Gyourko J, Deng Y H. 2012. Evaluating conditions in major Chinese housing markets. Regional Science and Urban Economics, 42（3）:531-543.

Wu W P. 2004. Sources of migrant housing disadvantage in urban China. Environment and Planning A, 36（7）:1285-1304.

Yan B Q, Gao X L , Werner B. 2015. Neighborhood determinants for life satisfaction of older people in Beijing//Wang D G, He S J, et al. Mobility, Sociability and Well-being of Urban Living. Switzerland: Springer. 231-248.

Yuan H H, Gao X L, Qi W. 2019. Fine-Scale spatiotemporal analysis of population vulnerability to earthquake disasters: Theoretical models and application to cities. Sustainability, 11（7）: 2149.

Zhang N, Huang H. 2013. Social vulnerability for public safety: A case study of Beijing, China. Chinese Science Bulletin, 58(19）: 2387-2394.

索　引

A

B

C

H

J

K

L

M

N

P

Q

R

S

T

W

X

Y

Z